本书受2007年教育部人文社会科学研究项目（2007JJD20043）和
教育部人文社会科学重点研究基地——山西大学科学技术哲学研究中心基金资助

科学技术哲学文库

丛书主编／郭贵春

语境实在论：一种新科学哲学范式

魏屹东 等◉著

科学出版社
北京

图书在版编目(CIP)数据

语境实在论：一种新科学哲学范式/魏屹东等著．—北京：科学出版社，2015
（科学技术哲学文库）
ISBN 978-7-03-043402-9

Ⅰ.①语… Ⅱ.①魏… Ⅲ.①语境学-实在论 Ⅳ.①H030

中国版本图书馆 CIP 数据核字（2015）第 031202 号

丛书策划：孔国平
责任编辑：侯俊琳　霍羽升　郝悦／责任校对：胡小洁
责任印制：徐晓晨／封面设计：黄华斌　陈　敬
编辑部电话：010-64035853
E-mail：houjunlin@ mail. sciencep. com

科学出版社 出版
北京东黄城根北街 16 号
邮政编码：100717
http://www.sciencep.com
北京厚诚则铭印刷科技有限公司 印刷
科学出版社发行　各地新华书店经销
*
2015 年 4 月第　一　版　开本：720×1000 1/16
2020 年 1 月第三次印刷　印张：18 1/4
字数：378 000
定价：95.00 元
（如有印装质量问题，我社负责调换）

“科学技术哲学文库”

总　　序

怎样认识、理解和分析当代科学哲学的现状，是我们把握当代科学哲学面临的主要矛盾和问题、推进它在可能发展趋势上获得进步的重大课题，有必要将其澄清。

如何理解当代科学哲学的现状，仁者见仁，智者见智。明尼苏达科学哲学研究中心于2000年出了一部书*Minnesota Studies in the Philosophy of Science*，书中有作者明确地讲："科学哲学不是当代学术界的领导领域，甚至不是一个在成长的领域。在整体的文化范围内，科学哲学现时甚至不是最宽广地反映科学的令人尊敬的领域。其他科学研究的分支，诸如科学社会学、科学社会史及科学文化的研究等，成了作为人类实践的科学研究中更为有意义的问题、更为广泛地被人们阅读和争论的对象。那么，也许这导源于那种不景气的前景，即某些科学哲学家正在向外探求新的论题、方法、工具和技巧，并且探求那些在哲学中关爱科学的历史人物。"①从这里，我们可以感觉到科学哲学在某种程度上或某种视角上地位的衰落。而且关键的是，科学哲学家们无论是研究历史人物，还是探求现实的科学哲学的出路，都被看做是一种不景气的、无奈的表现。尽管这是一种极端的看法。

那么，为什么会造成这种现象呢？主要的原因就在于，科学哲学在近30年的发展中，失去了能够影响自己同时也能够影响相关研究领域发展的研究范式。因为，一个学科一旦缺少了范式，就缺少了纲领；而没有了范式和纲领，当然也就失去了凝聚自身学科，同时能够带动相关学科发展的能力，所以它的示范作用和地位就必然地要降低。因而，努力地构建一种新的范式去发展科学哲学，在这个范式的基底上去重建科学哲学的大厦，去总结历史和重塑它的未来，就是相当重要的了。

换句话说，当今科学哲学是在总体上处于一种"非突破"的时期，即没有重大的突破性的理论出现。目前我们看到最多的是，欧洲大陆哲学与大西洋哲学之间的相互渗透与融合；自然科学哲学与社会科学哲学之间的彼此借鉴与交融；常规科学的进展与一般哲学解释之间的碰撞与分析。这是科学哲学发展过程中历史地、必然地要出现的一种现象，其原因就在于：第一，从20世纪的后历史主义出现以来，科学哲学在元理论的研究方面没有重大的突破，缺乏创造性的新视角和新方法。第二，对自然科学哲学问题的研究越来越困难，无论是什么样的知识背景出身的科学哲学家，对新的科学发现和科学理论的解释都存在着把握本质

---

① Minnesota Studies in the Philosophy of Science. Volume XVIII. Logical Empiricism in North America. University of Minnesota Press, 2000. 6.

的困难，它所要求的背景训练和知识储备都愈加严苛。第三，纯分析哲学的研究方法确实有它局限的一面，需要从不同的研究领域中汲取和借鉴更多的方法论的视角；但同时也存在着对分析哲学研究方法的忽略的一面，轻视了它所具有的本质的内在功能，需要对分析哲学研究方法在新的层面上进行发扬光大。第四，试图从知识论的角度综合各种流派、各种传统去进行科学哲学的研究，或许是一个有意义的发展趋势，在某种程度上可以避免任一种单纯思维趋势的片面性，但是这确是一条极易走向“泛文化主义”的路子，从而易于将科学哲学引向歧途。第五，由于科学哲学研究范式的淡化及研究纲领的游移，导致了科学哲学主题的边缘化倾向；更为重要的是，人们试图用从各种视角对科学哲学的解读来取代科学哲学自身的研究，或者说把这种解读误认为是对科学哲学的主题研究，从而造成了对科学哲学主题的消解。

然而，无论科学哲学如何发展，它的科学方法论的内核不能变。这就是：第一，科学理性不能被消解，科学哲学应永远高举科学理性的旗帜；第二，自然科学的哲学问题不能被消解，它从来就是科学哲学赖以存在的基础；第三，语言哲学的分析方法及其语境论的基础不能被消解，因为它是统一科学哲学各种流派及其传统方法论的基底；第四，科学的主题不能被消解，不能用社会的、知识论的、心理的东西取代科学的提问方式，否则科学哲学就失去了它自身存在的前提。

在这里，我们必须强调指出的是，不弘扬科学理性就不叫“科学哲学”，既然是“科学哲学”就必须弘扬科学理性。当然，这并不排斥理性与非理性、形式与非形式、规范与非规范研究方法之间的相互渗透、相互融合和统一。我们所要避免的只是“泛文化主义”的暗流，而且无论是相对的还是绝对的“泛文化主义”，都不可能指向科学哲学的“正途”。这就是说，科学哲学的发展不是要不要科学理性的问题，而是如何弘扬科学理性的问题，以什么样的方式加以弘扬的问题。中国当下人文主义的盛行与泛扬，并不证明科学理性的不重要，而是在科学发展的水平上，由社会发展的现实矛盾激发了人们更期望从现实的矛盾中，通过人文主义的解读，去探求新的解释。但反过来讲，越是如此，科学理性的核心价值地位就越显得重要。人文主义的发展，如果没有科学理性作基础，那就会走向它关怀的反面。这种教训在中国的社会发展中是很多的，比如有人在批评马寅初的人口论时，曾以“人是第一可宝贵的”为理由。在这个问题上，人本主义肯定是没错的，但缺乏科学理性的人本主义，就必然地走向它的反面。在这里，我们需要明确的是，科学理性与人文理性是统一的、一致的，是人类认识世界的两个不同的视角，并不存在矛盾。在某种意义上讲，正是人文理性拓展和延伸了科学理性的边界。但是人文理性不等同于人文主义，这正像科学理性不等同于科学主义一样。坚持科学理性反对科学主义，坚持人文理性反对人文主义，应当是当代科学哲学所要坚守的目标。

我们还需要特别注意的是，当前存在的某种科学哲学研究的多元论与 20 世纪后半叶历史主义的多元论有着根本的区别。历史主义是站在科学理性的立场上，去诉求科学理论进步纲领的多元性；而现今的多元论，是站在文化分析的立场上，去诉求对科学发展的文化解释。这种解释虽然在一定层面上扩张了科学哲学研究的视角和范围，但它却存在着文化主义的倾向，存在着消解科学理性的倾向性。在这里，我们千万不要把科学哲学与技术哲学混为一谈。这二者之间有着重要的区别。因为技术哲学自身本质地赋有着更多的文化特质，这些文化特质决定了它不是以单纯科学理性的要求为基底的。

在世纪之交的后历史主义的环境中，人们在不断地反思 20 世纪科学哲学的历史和历程。一方面，人们重新解读过去的各种流派和观点，以适应现实的要求；另一方面，试图通过这种重新解读，找出今后科学哲学发展的新的进路，尤其是科学哲学研究的方法论的走向。有的科学哲学家在反思 20 世纪的逻辑哲学、数学哲学及科学哲学的发展即“广义科学哲学”的发展中提出了存在着五个“引导性难题”（leading problems）：

第一，什么是逻辑的本质和逻辑真理的本质？

第二，什么是数学的本质？这包括：什么是数学命题的本质、数学猜想的本质和数学证明的本质？

第三，什么是形式体系的本质？什么是形式体系与希尔伯特称之为“理解活动”（the activity of understanding）的东西之间的关联？

第四，什么是语言的本质？这包括：什么是意义、指称和真理的本质？

第五，什么是理解的本质？这包括：什么是感觉、心理状态及心理过程的本质？①

这五个“引导性难题”概括了整个 20 世纪科学哲学探索所要求解的对象及 21 世纪自然要面对的问题，有着十分重要的意义。从另一个更具体的角度来讲，在 20 世纪科学哲学的发展中，理论模型与实验测量、模型解释与案例说明、科学证明与语言分析等，它们结合在一起作为科学方法论的整体，或者说整体性的科学方法论，整体地推动了科学哲学的发展。所以，从广义的科学哲学来讲，在 20 世纪的科学哲学发展中，逻辑哲学、数学哲学、语言哲学与科学哲学是联结在一起的。同样，在 21 世纪的科学哲学进程中，这几个方面也必然会内在地联结在一起，只是各自的研究层面和角度会不同而已。所以，逻辑的方法、数学的方法、语言学的方法都是整个科学哲学研究方法中不可或缺的部分，它们在求解科学哲学的难题中是统一的和一致的。这种统一和一致恰恰是科学理性的统一和一致。必须看到，认知科学的发展正是对这种科学理性的一致性的捍卫，而不是相反。我们可以这样讲，20 世纪对这些问题的认识、理解和探索，是一个从自然到必然的过程；它们之间的融合与相互渗透是一个由不自觉到自觉的过程。而

① S. G. Shauker. Philosophy of Science, Logic and Mathematics in 20th Century. London: Routledge, 1996. 7.

21 世纪，则是一个“自主”的过程，一个统一的动力学的发展过程。

那么，通过对 20 世纪科学哲学的发展历程的反思，当代科学哲学面向 21 世纪的发展，近期的主要目标是什么？最大的“引导性难题”又是什么？

第一，重铸科学哲学发展的新的逻辑起点。这个起点要超越逻辑经验主义、历史主义、后历史主义的范式。我们可以肯定地说，一个没有明确逻辑起点的学科肯定是不完备的。

第二，构建科学实在论与反实在论各个流派之间相互对话、交流、渗透与融合的新平台。在这个平台上，彼此可以真正地相互交流和共同促进，从而使它成为科学哲学生长的舞台。

第三，探索各种科学方法论相互借鉴、相互补充、相互交叉的新基底。在这个基底上，获得科学哲学方法论的有效统一，从而锻造出富有生命力的创新理论与发展方向。

第四，坚持科学理性的本质，面对前所未有的消解科学理性的围剿，要持续地弘扬科学理性的精神。这一点，应当是当代科学哲学发展的一个极关键的东西。同时只有在这个基础上，才能去谈科学理性与非理性的统一，去谈科学哲学与科学社会学、科学知识论、科学史学及科学文化哲学等流派或学科之间的关联。否则的话，一个被消解了科学理性的科学哲学还有什么资格去谈论与其他学派或学科之间的关联？

总之，这四个从宏观上提出的“引导性难题”既包容了 20 世纪的五个“引导性难题”，同时也表明了当代科学哲学的发展特征就在于：一方面，科学哲学的进步越来越多元化。现在的科学哲学比之过去任何时候，都有着更多的立场、观点和方法；另一方面，这些多元的立场、观点和方法又在一个新的层面上展开，愈加本质地相互渗透、吸收与融合。所以，多元化和整体性是当代科学哲学发展中一个问题的两个方面。它将在这两个方面的交错和叠加中，寻找自己全新的出路。这就是为什么当代科学哲学拥有它强大生命力的根源。正是在这个意义上，经历了语言学转向、解释学转向和修辞学转向这“三大转向”的科学哲学，而今走向语境论的研究趋向就是一种逻辑的必然，成为了科学哲学研究的必然取向之一。

我们山西大学的科学哲学学科，这些年来就是围绕着这四个面向 21 世纪的“引导性难题”，试图在语境的基底上从科学哲学的元理论、数学哲学、物理哲学、社会科学哲学等各个方面，探索科学哲学发展的路径。我希望我们的研究能对中国科学哲学事业的发展有所贡献！

郭贵春

2007 年 6 月 1 日

前　言

语境实在论（contextual realism）是20世纪80年代末出现的一种新解释框架。它将科学实在论和语境论相结合与融合，提出了一种不同于传统分析哲学式解释的、关于科学知识和科学发展的新模式。施拉格尔（Schlagel）指出了这种新模式不同于分析哲学模式的三个方面：

（1）它不是把语言作为哲学探究的首要材料，而是把经验探询的结果作为首要材料（如果科学家仅致力于数学形式主义而忽视了实验探究的发现，他们能取得如此大的进步吗?）；

（2）它不依赖逻辑作为澄清概念和论证的工具；

（3）它是系统的，因为它极力说明知识问题的不同方面，比如经验探询的层次，量子力学的自相矛盾的结论，神经生理学中的种种研究，心身问题困境，语言指称问题，真理的意义和标准，这些问题相互关联，并蕴涵了一种新解释框架：语境实在论①。

概括地说，所谓语境实在论，其实就是实在论的语境化，恰如逻辑经验主义是经验主义的逻辑化。实在论是一种传统哲学观，承认种种对象和属性的客观存在，虽然实在论有多种形式——朴实实在论、直接实在论、批判实在论、常识实在论、科学实在论等，但其中心思想不外乎是：某些或者全部事物的存在独立于我们的心灵，不论我们是否认知道或者相信它们存在。语境论发源于实用主义，形成于20世纪40年代，美国哲学家派普（Stephen C. Pepper）在《世界假设：一种证据研究》（1942）中，将语境论看做是一种不同于机械论和有机论的新世界假设。但把语境论引入科学哲学研究的则是20世纪80年代后期的事情，这一转折点以施拉格尔的《语境实在论》（1986）为标志。他把语境论引入科学哲学，用科学实在论和语境论的观点和方法审视科学，形成了语境实在论的科学哲学。

郭贵春教授在20世纪90年代就提出了科学解释的“语境纲领”——在本体论意义上，语境不仅是存在的，也是实在的，理论所描述的实体是在特定语境中实现的②。这其实就是语境实在论的总纲领。在《科学实在论的语境重建》（2002）一文中，他通过深刻反思20世纪科学实在论的演进，正确地指出了科学

---

① Schlagel, R H. Contextual Realism: A Meta-physical Framework for Modern Science. New York : Paragon House. Preface, 1986: xiii.

② 郭贵春. 后现代科学哲学. 长沙：湖南教育出版社，1998：88-91.

实在论的语境重建是历史发展的重要抉择，阐释了科学实在论在这一新方法论下的辩护，明确提出科学实在论的语境要求，而且面对21世纪的科学实在论的走向，科学地规划了科学实在论语境重建的原则。在《语境研究纲领与科学哲学的发展》（2006）中，他提出应将“语境”构建为科学哲学未来发展的基点和新的理论生长点，主张“语境”因其普遍的思维特征而成为构造世界的新的“根隐喻”，而作为根隐喻的“语境”平台的构造，其核心是形成科学哲学的“语境”研究纲领，语境纲领框架下的科学哲学已经成为科学哲学研究的一个新范式，“无论是以语境实在为特征的本体论立场，以语境范式为核心的认识论路径，还是以语境分析为手段的方法论视角，‘语境’所具有的元理论特征，使人们已经不能把语境论仅仅局限于‘使科学哲学融合起来’。事实上，作为一种普遍的思维特征，它在世界观的意义上，成为构造世界的新的‘根隐喻’（root metaphor）”。[①]

成素梅、郭贵春在《语境实在论》一文中[②]，从整体论出发，通过隐喻思考和模型化方法，提出了语境实在论的六个基本原理：

（1）本体论原理：不可被直接观察的过程独立于人心而自在地存在。

（2）方法论原理：一个真理过程的理论模型建构是对不可能被观察的真实世界的机理和结构的模拟。

（3）认识论原理：理论描述的可能世界与真实世界只具有相似性，它们之间的相似程度是它们具有的共同特性的函数。

（4）语义学原理：在一定语境中，理论模型与真实系统之间的相似关系决定理论的逼真性。在理想情况下，真理是理论描述的可能世界逼近真实世界的一种极限。

（5）价值论原理：科学理论的建构在最终的意义上总是要受到实验证据的制约，科学的发展总是向着越来越接近真实世界机理的方向发展。

（6）伦理学原理：包括人类在内的自然界具有不可分割的整体性，关于人类行为的评价标准应该建立在人与自然的整体关系上。

殷杰在《语境论世界观的特征》一文中认为，语境实在是一种本体论框架，一种科学的世界观和一种科学的形而上学框架；而语境范式是认识论路径，并形成了本体范式、心智范式和语境范式；语境分析是方法论视角，体现为语形、语义和语用的集合，满足了现代科学研究的需求。这三个方面基本构成了语境实在论的框架[③]。

在编者看来，语境实在论作为一种世界观或世界假设，它把整个世界和世界

---

① 郭贵春．隐喻、修辞与科学解释．北京：科学出版社，2007：2.

② 成素梅，郭贵春．语境实在论．科学技术与辩证法，2004，（3）．

③ 殷杰．语境论世界观的特征．哲学研究，2006，（5）．

上所有的事物包括植物、动物、人类看作是在多层次环境中不断相互作用、不断变化着的实在系统。这种多层次环境被设想为不断变化和积极影响它自己以及它的环境的整体。编者所著《广义语境中的科学》（2004 年）就是立足科学实在论立场，运用语境分析方法写成的，其中提出了广义语境矩阵模型，以及运用该模型分析科学在不同语境如历史语境、文化语境、认知语境等中的运行机制。事实上，科学实在论与语境分析方法的结合，其实质是方法论的语境实在论。在《语境论与科学哲学的重建》（2012）中，编者将语境实在论从方法论扩展到本体论和认识论，并概括了语境实在论的四条基本纲领[①]：

第一，事件变化纲领：人类行为或事件是一个不断变化着的实在的、积极的、能动的和发展的环节。这是关于人类活动的过程性质的本体论纲领。语境实在论者强调事件的变化、发展和意志力。现实是作为积极、持续和变化的实在，它是开放变化过程的不完善、非决定的事实。

第二，事件的意义纲领：人类活动或事件不是孤立于社会的，而是植根于意义与关系的社会历史语境之中的。这是关于人类交流语境性质的认识论纲领。

第三，事件的语境制约纲领：事件是边界开放和不断变化的，人对宇宙的最终探求是受语境制约的，获得的知识是相对的和暂时的。这是关于知识边界的方法论纲领。人类行动概念化的实质是：它由它的语境解释和建构。

第四，事件的文化嵌入纲领：科学认知不是纯粹的、无偏见的理想探索过程，而是负荷语境因素的、“被污染”的社会文化过程。这是关于科学活动的价值论纲领。

相应于这四个纲领，语境实在论具有四个基本特征[②]：

第一，人类活动的开放-变化性。变化和发展不是被当作某种自相矛盾、瞬息万变或有别于静态、稳定和结构有序的东西。实在被看作是建构或生成持续过程中的存在。生成不是衍生的，而是固有的。在变化过程中，个体被看作是具有意向性的人，而不是主动或被动的生物。人的意向性是在一个开放、非决定和不断变化的世界中发展的。语境实在论强调实在的变化特性，强调人类意志是在社会文化环境中发展这一事实的重要性。

第二，知识的可修正-相对性。要理解人类行为及其意义，就必须研究它的“语境”——人类行为得以展开的社会政治和历史条件。这种“语境”被认为具有时间和定向行为，即指向过去（行为何时何地发生），指向现在（保持行为此在特点的条件），指向未来（可能性和尚未实现的结果）[③]。

第三，理论-实践的统一性。由于事件的不断变化特点和嵌套事件的社会语

① 魏屹东．语境论与科学哲学的重建．北京：北京师范大学出版社，2012：160-165.

② 魏屹东．语境论与科学哲学的重建．北京：北京师范大学出版社，2012：20-22.

③ Peppers. World Hypotheses：A Study in Evidence. Berkeley：University of California Press，1942：232.

境的基本非确定性或边界开放性，人类经验的每一个概念组织需要得到修正，而且对事实的任何解释不能是自我确证的。因此，我们不能谈论关于社会行为任何超历史、超语境的有效的绝对原则。我们需要指明形成某种真理和知识陈述的语境边界。

第四，经验的实在-实证性。研究者不可能超越他们时代的文化边界，而是建构社会知识的积极参与者。事实也不是表征外在客观实在的绝对的、静态的形式，而是在具体的社会、历史语境中发展的，因为这些语境不仅能够影响“什么东西被当作事实”，而且能够引起研究过程本身。“科学产品是语境明确的建构物，它们具有语境化特点和形成过程的利益结构特征，不对其建构过程进行分析就不能恰当地理解它们。”①

上述就是语境实在论的基本观点。不过，语境实在论是开放的、发展的，相信它的内涵与外延会随着研究的深入不断深化与扩展。

魏屹东
2013 年 12 月 12 日

① Knorr-Cetina K D. The Manufacture of Knowledge：An Essay on the Constructivist and Contextual Nature of Science. New York：Pergamon，1981：5.

目　录

第一章　语境实在论的本体论

语境论（contextualism）被认为是继形式论、有机论、机械论后的一种新的世界观和方法论，是超越传统基础主义、真理符合论和融贯论的一种新的认识论。实在论特别是科学实在论已经成为一种非常有影响力的哲学流派，是自然科学家的主要世界观和方法论。将语境论与科学实在论相结合，构成了语境实在论框架。可以说，语境实在论整合了语境论与实在论的长处，是一种以语境为基底、以实在为特征的新的科学研究范式。

第一节　作为世界假设的语境论

语境论被认为是关于事件或行动分析的一种特别的世界假设和新的认识论哲学。美国哲学家派普（Stephen C. Pepper）运用他的根隐喻理论首先对语境论进行了系统研究。其后，不少学者纷纷对语境论的认识论、方法论及其应用进行了广泛探讨，提升和推广了语境论在解释现实世界发生事件中的意义和作用。这里我们对根隐喻、世界假设、语境论的概念范畴及其类型进行系统的梳理、分析和讨论。

一、根隐喻与世界假设

根隐喻是派普提出的观察世界和认识世界的隐喻理论。派普在寻求元哲学体系的起源时发现，哲学史上不同阶段总有一些概念被不断用来说明世界。例如，一台简单的机器经过一段时间后可以形成机械论的世界观，把世界看成能让人们思考和做事的机器[①]。他最初假设，人们借助一个熟悉的隐喻来理解事物，然后，根据这个隐喻说明事件的发展和变化。而一个特殊的隐喻本身包含着一些固有的假设，并构成一个唯一的“语言游戏”。他认为，根隐喻存在于日常生活和常识语言中，由常识证据支持。对这些基本隐喻进行提炼就会产生不同的世界假设。也就是说，世界假设源于日常生活的根隐喻。世界观是世界假设的模式，根隐喻是归纳这些假设的深层隐喻。一个特殊的世界观以独特的哲学范畴为描述这个世界提供基础。为此，派普提出了六个根隐喻：形式、机器、有机体、语境、洞察力和权威。前四个由于有常识证据支持而显得重要，后两个由于缺乏证据支持而不可靠。因为洞察力源于神秘性经验，本质上是“非证实的”，权威是“泛

① 胡壮麟. 认知隐喻学. 北京：北京大学出版社，2004：109.

灵论”的，依靠权威而非证据确定其可靠性。他之所以提出根隐喻，是因为他观察到人类的世界观总有一些互相联系的中心范畴正是来自根隐喻。根据形式、机器、有机体、语境四个根隐喻，派普概括出四个世界假设，即形式论、机械论、有机论和语境论①。

形式论的根隐喻是形式的相似性。它的常识证据是我们通常看上去是的东西，例如，一张纸、一片叶子。这个证据支持“世界由不同种类的相似事物组成”这个一般看法②。形式论有两种：内在的和先验的。内在形式论的任务是根据可观察形态的相似性对经验事件进行命名和分类。先验形式论假定了抽象的理想形式，关注这些想象形式和观察形式之间的相似性。例如，先验形式论者认为，柏拉图的“理想”橡树与我们先前看到的橡树符合。

内在形式论的基本范畴是特点、细节和参与。特点指事件的性质。细节是指单一的个体事件。参与是指特点与细节的结合。先验形式论的范畴主要是标准，以及标准例示的内容和物质化这些标准所例示的原则。两种形式论的唯一区别是特点和标准之间的不同。先验形式论开始于一套由特殊形式构成的特点。例如，“生物学家似乎有一个关于标准习惯非常确定的观点和它的种类的标准外形”③。它们都支持存在基本关系的观点。例如，在一起谈话的两个人的旁-侧关系和前-后关系，但这些“关系”也被看作由它们自己特有的特点确定的离散细节或形式构成。

机械论的根隐喻是机器。它假定了一个由某些力的相互作用和影响的事件构成的真实世界，还假定我们通过仔细观察和不断完善的描述，以及相关推论或“思索”不断地“发现”这个世界。机械论的目标是客观地“看”这个世界的部分及其相互作用，其常识证据是我们观察到的物质相互撞击并通过接触施加的力。我们也能“看”到远距离力的影响，例如，北极磁力转动指南针。机械论得到了累积的精确证据的支持，例如，通过观察和推理，我们能够建构原子的概念及其运动规律。

机械论有两种：离散的和统一的。前者以推-拉型机器为基础，根隐喻是杠杆；后者以远距作用为基础，根隐喻是电磁场。离散机械论假定，机器的功能可以根据其内在动力学来理解，很少关注位于其中的场。统一机械论的概念在机器的内在和外在功能之间做出重要区别，因为“机器一般被看作由确定部分构成的功能实体，这样，内部功能能够从这些部分知识得到理解，以及它们如何相互作用。为理解它的外部功能，即它所做的，我们必须知道它的环境”④。两种机械

① 魏屹东．广义语境中的科学．北京：科学出版社，2004：27.

② Pepper S. Concept and Quality：A World Hypothesis. LaSalle：Open Court，1967：151.

③ Pepper S. Concept and Quality：A World Hypothesis. LaSalle：Open Court，1967：165.

④ Gregory R L. Mind in science. Cambridge：Cambridge University Press，1981：13.

论共同假定：世界由某些类型力的相互作用构成。这一假定形成了所有机械论关于离散事件及其在语境内和语境之间的相互作用的话语。派普把离散机械论的概念范畴叫作第一范畴或“有效范畴”，间接通过推理获得。把统一机械论的概念范畴叫作第二范畴或“无效范畴”，直接通过经验掌握（见图1-1）。

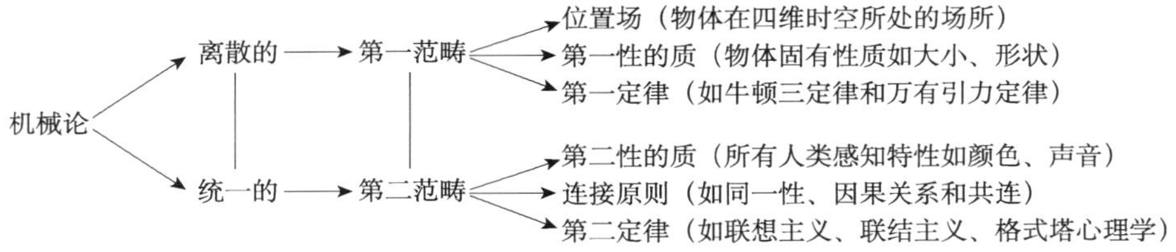

图1-1　机械论的两个范畴

第一定律是保持位置场中第一性的质的构造规律。连接原则指连接第二性的质与第一范畴的原则。第二定律是第二性的质之间的规律性。两个范畴之间的关系非常松散。例如，唯物主义机械论者霍布斯忽视或否认第二范畴，认为颜色和声音不过是物质的运动；主观唯心主义机械论者贝克莱忽视或否认第一范畴，认为“存在就是被感知”。这两种范畴对于使机械论成为相对适当的世界观所需要的范围都是必要的，而且“都更直接彼此需要。业已证明，我们对于这个结构的最终认知证据和通过第一范畴描述的这个宇宙机器的细节，完全来自第二范畴内的物质”①。

有机论的根隐喻是有机生长。“有机论者相信世界中每一实际事件或多或少隐蔽着有机过程。”植物和动物包括人类的生命循环现象，为有机论提供了有力的常识证据。有机论有两个范畴：现象和可知的最终有机世界。“现象”通过“步骤”或“阶段”模型表现。派普给出“现象”的七个范畴：“（1）经验片段同（2）联结一起出现，自发地导致（3）矛盾、差距、敌对或抵抗对分解力在（4）有机整体中的恶化，这些发现已经（5）隐含于这些片段中，而且依靠连贯的整体（6）超越先前的矛盾，这（7）节约、节省、保持经验的所有原始片段而没有任何损失。”② 这些范畴构成了有机论从低层到高层的一个分析序列。

片段指自然的独立可观察物的事实或信息。它是自然固有的，非人创造的，具有相对性，可根据人们获得的成就来决定。派普以天文学为例，指出对于阿那克西曼尼，片段是天空中明亮的星星及其运动部分；对于开普勒，片断是循环运动系统；对于牛顿，片断是开普勒定律。片段只有当被纳入内在系统并与其他事实相连接时才有意义。连结指片段之间的内在驱动而达到整合。矛盾指片段的整

① Pepper S. World hypotheses：A study in evidence. Berkeley：University of California Press，1942：195.

② Pepper S. World hypotheses：A study in evidence. Berkeley：University of California Press，1942：283.

合过程中出现的不一致或冲突。有机整体是片段连接成的系统。隐含指片段包含在整合它们的整体中。超越指要克服整合片段过程中的矛盾。节约指片段的最少化。

“可知的最终有机世界”根据包容性、确定性和有机性来描述。包容性通过历史整合获得，如天文学和力学的整合，物理学和化学的整合；确定性通过附加事实的包容和更多渗入这些事实的细节和分叉获得。有机性概念假定了一个理想系统，其中“每个元素包含每个其他元素”，“任何元素的选择和替代将改变其他每个元素或甚至破坏整个系统”①。

语境论的根隐喻是“历史事件”。“历史事件”是历史地“再现”的事件，它是现实的而非可能的，是进行的而非完成的，是发生的而非封装的，具有穿透性、辐射性和即时性。或者说，“历史事件”是现实中动态的、活跃的事件，是其语境中的行动。由“历史事件”衍生的一套范畴见图 1-2。

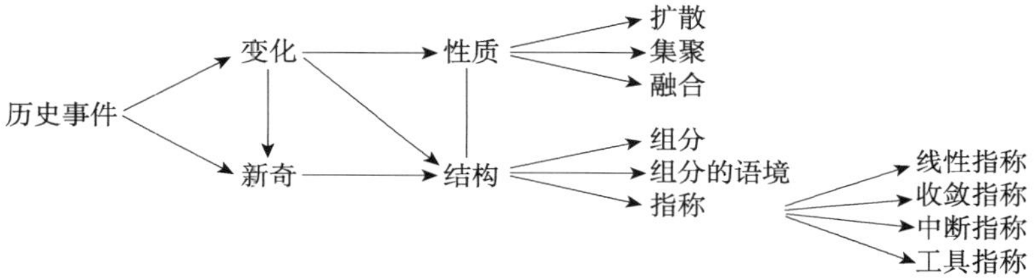

图 1-2　历史事件的范畴集

“变化”和“新奇”（novelty）是语境论的基本范畴。“在最根本的意义上接受的变化与新奇将被当作这个理论的基本预设。”② 变化是事件的演化、显现和重构，它可以“变慢”，可以“稠化”。这样我们就可以区别各种事件，可以进行定性描述和评价它们及其相互关系。事件的描述及其关系基于我们对它的体验，基于我们对它是什么和如何起作用的直觉感觉。通过实践，我们能够区别整个事件的性质（quality）和结构（texture）的性质。一般来说，“已知事件的性质是其直觉的整体，结构是对性质有贡献的细节和关系”③。

性质和结构是语境分析的概念基础。对语境论者来说，性质和结构没有区别整体及其部分，它们在我们关注的焦点与整体对其细节之间做出区别。或者说，事物的整体以整体方式被经历，并以定性的形式得到描述。当我们关注包含在整体中的结构时，每个结构本身作为整体被经历，这个整体也能够以另外定性的形式得到描述。整体及其细节的关系取决于我们每时每刻关注的目标取向。在任何

① Pepper S. World hypotheses：A study in evidence. Berkeley：University of California Press，1942：300.
② Pepper S. World hypotheses：A study in evidence. Berkeley：University of California Press，1942：235.
③ Pepper S. World hypotheses：A study in evidence. Berkeley：University of California Press，1942：238.

情形下，某物的整体及其细节由于它们自己独特的、明显的和整体的性质而呈现于我们面前。

事件的变化通过扩散、集聚和融合来体现。扩散是向外伸展的过程，即事件具有历史和朝向未来的传递过程。事件的扩散可以根据它在变化过程中的参与程度做进一步的分析。最简单的过程是线性过程。它是事件在传递过程中“从开始到结束伴随一个向前向后的连续扩散点”的描述[①]。当单一线性过程捕获事件的瞬时性质时，语境分析典型地包括集聚过程。“集聚过程是一个复杂的线性过程，在这个过程中，或有几个始点（事件 A1，A2，A3）集聚于一个结果（事件 B）或几个结果（B1，B2，B3）出于一个始点。”[②] 也就是说，多集聚事件可以产生一个结果，一个单一事件可以有多个结果。语境论者反对过于单纯化的线性分析，因为这种分析不能说明大多数事件的集聚过程。一个“单一事件”几乎总是被证明是一个复杂的结构和组分之网，这些结构和组分与它们各自的语境相互贯通，并从过去传递到未来。融合是集聚的一种特殊情形。它不仅表现事件的相互作用，而且吸收新的突现事件。或者说，融合是事件不同成分的混合，混合到无法分解。例如，柠檬、水和糖有各自的可感知性质，当把它们混合时，我们得到一个新的、具有独特性质的事件，即我们称之为柠檬水的东西。融合是单纯化和结构化的中介，事件的性质融合得越紧密，事件就越统一。一事件的性质是该事件自身的整体性，其结构是细节和构成性质的关系。性质和结构相互制约，没有性质的结构和没有结构的性质都不存在。例如，一个句子的性质是它表达的意义，结构是词句之间的语法关联。

结构的性质通过组分（strand）、组分的语境和指称来表达。组分是“结构中的一个起作用的细节，它可延伸到一个语境中，把这个语境的一些性质带入结构”[③]。例如，一个文本，段是其结构，句是其组分。不同的组分相互连接构成结构，结构相互连接构成文本。组分的语境是其结构，结构的语境是整个文本。因此，结构由组分构成，并存在于语境中。组分和语境之间没有明确的界限，因为组分之间的连接决定了语境。反过来，语境在很大程度上决定组分的性质。

组分的指称有四种：线性指称、收敛指称、中断指称和工具指称。线性指称是最简单的指称。它有一个始点，一个转换方向，一个终点，如一个句子的每个词是一束这种指称。它在本质上是一个前-后、未来-过去、始点-终点的活动，是从开始到结束的一次转换。收敛指称是一个复杂的线性指称。它描述几个始点收敛于一个终点，或者几个终点产生于一个始点。只有当收敛指称发生时，相似

① Pepper S. World hypotheses：A study in evidence. Berkeley：University of California Press，1942：253.

② Pepper S. World hypotheses：A study in evidence. Berkeley：University of California Press，1942：253-254.

③ Pepper S. World hypotheses：A study in evidence. Berkeley：University of California Press，1942：247.

性才出现。没有收敛指称，就没有相似性。中断指称是指称的间断。中断表达这样一个不能还原的事实，即组分不总是顺利地从始点达到终点，平滑连续的组分构成我们通常意指的有序的语境整合。因此，中断是无序的一个事实，它必然包含某些程度的新奇。组分的中断往往不是预料中的，出乎预料才是新奇。工具指称意指：①它本身是一个线性指称，有自己的始点和终点；②这个终点依赖它伺服的最初指称的终点，这个依赖性或伺服使工具因子绝对化，而且这个指称将工具组分与终端组分连接起来；③它是指向中断组分的指称。一个工具行动本身是一个有自己终点的结构，但它由它伺服的、被附加的最终行动引导到一侧，而由它中立的中断行动引导到另一侧。这两个后来的行动处于工具行动的语境中，但与工具行动连接非常密切。由于组分或指称的数目构成工具行动的部分结构，这些组分或指称直接从这个语境的这些行动进入工具结构。当一个工具行动与它的目标和障碍完全整合时，这三个要素一起形成一个整体结构。

二、不同世界假设之间的关系

这四种世界假设之间是什么关系呢？派普用三对相互对立的概念：精确-范围、分析-综合、整合-分散来说明它们之间的相互关系，见图 1-3。可以看出，不同根隐喻和基于它们的世界假设是正交地相关。

	精确的　整合的	范围的　分散的
分析的（隐喻）	机械论（2）（机器）	形式论（1）（相似性）
综合的（隐喻）	有机论（3）（有机发展）	语境论（4）（历史事件）

图 1-3　世界观之间的正交关系

形式论是分析的，因为它试图通过研究个体特点和通过把它置于适当的范畴使某物有意义。把完全不同但相似的事件置于普通范畴内使我们的观察和不同推理过程有序。形式论又是分散的，因为某人的分析以水平方式向外移动，并包含越来越多的事件。知识是增加的，但仅是在我们能够不断地分类更多事物，并能够产生更精确的范畴时。知识更加精细到我们能够把事件置于不断精细的亚范畴的程度。机械论也是分析的，它假定整体由合理相关的离散部分构成。它也是还原论的，因为就我们能够把它们还原到它们最小的部分及其合理的规律而言，我们逐渐接近事物真实存在的方式。它还是整合的，某物的整体被看作是它的组成部分之和。机械论者坚信，离散事实的积累将最终连在一起，揭示事物的内在结构和模式，以此来证实他们的统一世界的信念。机械论由于把事物分解成非常小的组成部分而使它精确，但在范围上相对弱。“部分”似乎可以无限可分，因此机械论的叙述在看不到整体图景时容易迷失在细节的海洋中。许多人反对机械论方法基于离散机器的原始概念，当根据统一机械论审视时，值得重新考虑。统一机械论给人印象最深刻的特征是，它包含许多类型的复杂现象，同时保持机械论关于离散部分根据合力被组合的基本假定。

有机论既是综合的又是精确的。它假定：所有事实迟早能够被整合到包容性更强的过程模型中，它不断展现这个单一而重要的、构成整个世界的有机过程。在有机论者看来，当事件能够被看作关于构成一个特殊有机过程的步骤或阶段时，事件才成为有意义的。在宇宙层面，有机论假定，在理想世界中所有“个体过程”成为整合的，并显示一个单一而巨大的有机世界。有机论者探寻“什么步骤或阶段描述了一个特殊过程”这个问题。为了回答此问题，他们建构阶段模型，寻求它们本身不变的变化规则。像机械论者一样，有机论者假定知识增长不断揭示事物的最终性质。派普通过天文学的发展来说明有机整合的途径。他指出，从阿那克西曼尼到爱因斯坦的天文学发展过程中，概念的突破如何导致产生新的和包容性更强的宇宙图景。

语境论既是综合的又是分散的。它诉诸“历史事件”的复杂网络，“历史事件”与现实事件相互渗透。这个网络包括每个观察者的独特历史。例如，解释一个文本的过程中，人们许多先前的经验功能地呈现，并成为人们所说的一部分。因此，“历史事件”是“似现在”（specious present），它包含的“过去信息”自动地呈现于现实事件中，成为现实事件不可分的一部分。语境论假定了一个真实的、以复杂和不断变化的方式呈现的开放世界，一个由个体以新颖方式经历的世界。它是唯一一个非本体论的世界假设，因为同机械论、有机论和形式论相比，它没有假设以某种方式组织起来的世界。语境论者通过基本范畴和描述这些基本范畴细节的相关范畴的“变化”看世界。

形式论和机械论之间有一种强烈的结合倾向，它们相互支持，结果具有可比性。形式论强的地方正是机械论弱的地方。如果在一起，它们会为支配权而竞争。机械论和语境论之间也有强烈的结合倾向。许多实用主义者和一些机械论者以各种比例显示了这种结合。这两种理论以许多方式互补。机械论为语境分析提供基础和实体，语境论为机械综合提供认识路径和方法。每个都可能在另一个强的地方不适当地发生。当混合时，两套范畴不能很好地协调。语境论和有机论之间非常相似，只是前者具有分散性，后者具有整合性。形式论和有机论之间相互敌视。有机论者喜欢破坏形式论者的“线性”与“原子”逻辑，而形式论者乐意打破有机论者的“混乱”与“心理的”逻辑。

在派普看来，即使经过不断提炼的这些世界假设，有些隐喻会产生“相对适合的”世界假设，有些则会产生“相对不适当的”世界假设。“相对适当性”以精确和范围这两个基本标准为基础。精确是对某一世界观捕获现象细节能力的量度。范围是对某一世界假设包含广泛现象能力的量度。我们没有完美的世界假设，只有相对适当的世界假设。之所以是相对适当的是因为它们要证明精确与范围。

三、语境论的表现形式

根据要实现的目标，一般来说语境论可分为两种：描述的和功能的。

描述语境论有一个相当个人化的分析目的。它通过检查整体的参与者来寻求对整体的正确评价。哈耶斯（S. Hayes）认为，这个目的是一种一致目标，不同于有机论的标准的地方在于：①没有假定存在任何最终分析。一种分析在某一时刻起作用，在另一时刻可能不起作用，对这个人起作用，对那个人可能不起作用。②在一个领域先进并不意味着在另一个领域也先进。这两方面的差异来自语境论的分散特性。③追求一致性是描述语境论通过使事件处于它的各种语境组分，寻求这个事件性质的积极评价。分析是语境中的行动，其结果不是客观的和抽象的，而是个人的和局部的①。

“历史”是理解描述语境论的一个恰当类比。历史包括建构和再建构历史记录或“事实”背后的故事。“事实”这个词是引用的，因为故事改变事件本身的实际性质。由于语境变化，性质也变化，反之亦然。例如，美国内战，既可以解释为解放奴隶的战争，也可以解释为北方对南方的经济征服。建构故事的目的是正确评价事件的性质，这场内战是如何发生的，它的意义如何。因此，战争是什么随故事的变化而变化。

历史学家可以提炼一些原则来帮助他们对记录进行解释，但每个历史境况是独一无二的，没有答案能通过别的分析而不被改变。即使当一个特殊分析有广泛意见支持时，新的说明可能也推翻这些意见。历史面临的困难是它难以知道知识何时真正进步了，这就是为什么有人把历史看成人性学科，而不是科学。描述语境论者把历史看成一个研究领域的观点，既受到知识极端分散性的冲击，也受到它依靠分析者个人历史背景的冲击。

描述语境论的优点是：保持了语境论的根隐喻“历史事件”的真实性，其目的不威胁整体论。它的缺陷是：①难以评价和分享它的目标的实现，难以建构基于描述语境论的进步科学；②当外在目的可能通过检验部分评价整体时，难以隔离更直接的实践目标；③语境分析时，个人主观性与实际客观性的矛盾很难避免。

功能语境论的分析具有强烈的实践目的——事件的预测—影响力。“工程”

---

① Hayes S C, Hayes L J, Reese H W. Varieties of scientific contextualism. Context Press, 1993: 21.

是理解功能语境论及其目标的一个好的类比。工程师对引起事件的预测–影响的物理世界感兴趣。这个目标是“双目的”的，因为如果没有能力改变事件的过程，纯粹预测知识用途不大。出于实际目标，工程师不只是在反复试验的基础上寻求实际结果，从实际目的出发，工程师对概括出的知识感兴趣，他们喜欢逻辑严密和综合性的知识，但不愿接受任何近似知识。喜欢综合原则不是本体论的陈述，而是强烈的实践陈述。

功能语境论的优点是：它能容易评价和分享其目标的实现。功能语境论者知道他们何时已经很好地建构了分析，知道何时能够用适当的精确和范围预测和影响行为。其缺陷是：它的方法威胁它的根隐喻。部分原因是语境论者可能借机械论方法把整体分解成部分为他们的目标服务，从而摇摆于机械论与语境论之间。部分原因是如果你对行为影响感兴趣，你必须区别原则上可操作事件和不可操作事件，但为了影响他人的行为，你必须操作语境，直接操作行为是不可能的。这样功能语境分析就会面临四个问题。

（1）功能地定义外部刺激偏向机械论。例如，当你把事件分成细节，并把可操作名词与动词分开时，你开始把语境当作一个机械客体。

（2）如果你正在操作刺激，而且刺激就是反应功能，你如何把刺激和反应区别开来？

（3）当你把行动与语境分开时，即使出于实用目的，除分析外你没有别的方法吗？你识别的语境特征不是你与世界相互作用的方面吗？例如，当你改变时钟时，你谈论的事件是你与世界相互作用知道的事件吗？

（4）在语境论的根隐喻范围内，分析的实际目的导致这样的区别——它们是实际上有用的并实现语境论的真理标准，但在根隐喻范围是不能理解的。功能语境论者要么必须忍受这类永久性模糊，通过放弃行为影响目标解决这个问题，要么通过放弃语境论来解决这个问题①。

两种语境论的差别在于它们所强调的目标不同。描述语境论者的首要目标是个人理解，强调分析个体和特性方面，因为理解总是或多或少个人的和情景的。功能语境论者既承认个人理解的合理目标，也承认某人的历史对其如何作为一个分析者起作用这样的事实。功能语境论者还对预测和影响的目标感兴趣。影响不仅包括信息和劝说谈话，也包括协商的结果和意义的协商。他们强调任何图式（schemata）如计划、策略、地图、方针、公式和规则等的价值，以及图式提高人在复杂和变化的环境中采取行动的能力。当图式被用于的环境依附于连续的变化时，在某人自己的时代发现有用的图式可能相当“完美无缺”。一个图式通常

① Hayes S C，Hayes L J，Reese H W. Varieties of Scientific Contextualism. Reno：Context Press，1993：25.

采取在特殊环境中导致满意行动假设的形式。假设蕴含行动，如果这个行动导致预期结果，就说这个假设是真实的。图式不需要揭示任何像形式论、机械论和有机论设想的世界的真实结构，它们只需对成功的行动做出贡献。

四、分析与讨论

第一，语境论描述的事件或行动与其语境不能完全区别开来，因为每个都对其他的性质有贡献。特别是事件或行动的分析在起作用的语境方向上移动，语境分析同时在起作用的事件或行动的方向上移动。例如，一个准备对一群特殊听众发表演说的人，他的语境分析将考虑听众的兴趣延伸和影响演讲者表演的方式。听众的语境分析将考虑演讲者的表演延伸和影响听众的反应。语境是作为历史，而非作为地方；作为行动的历史环境，而非作为行动的现存物理环境。或者说，语境由所有功能地与一件特殊事件的发生和性质有关的事件构成。一件特殊事件的描述仅就它对包括它的发生和性质有贡献的条件而言才是有意义的。

大多数语境论者把主体概念化为“追求目标的能动者、行动者，在社会语境中行动、谈话、对话和策略性相互作用的研究客体”，并强调“社会和文化形式、血缘关系和家庭、政治和经济、最近和遥远的历史”①。语境分析的综合和分散特征容易在描述的方法论中得到理解。语境叙述特别适合描述特殊事件在它们的过去和现在环境内的阐明方式。叙述的各种形式可以适合于修辞分析、对话分析、人种学、动物行动学、历史编史学、传记、解释学、记号语言学、角色扮演、剧场等更明确的目的。

第二，语境论提升了人类实际日常活动的重要性。这是它的一个特别重要的贡献。人们所说和所做的事情根据它们自己的价值成为合理的研究目标，而不需要把它们还原到更微观的层面，也不需要简单地把它们作为一个基础来推断在其他层面进行的认知活动。科学不必试图证明自己是趋向某些有序和无序的假想宇宙状态的进步事业。描述语境论者可能只是为了从一件事件产生某种意义去揭示一个特殊领域。功能语境论者可能仅为了帮助解决实际问题而应用和提炼某些规则。

然而，语境论的缺陷也是明显的。对于描述语境论，它关注对事件或行动意义的个人理解，且这种理解不必对他人理解的意义有贡献，因此，它的主观性强而客观性弱。对于功能语境论，在一个环境中对预测和影响事件有贡献的图式可能在另一个图式中没有影响，即这些图式不能在不同时间在同一环境中产生影响。

---

① Sarbin T R. The narrative as the root metaphor for contextualism//Hayes S. Varieties of scientific contextualism. Reno：Context Press，1993：56.

第三，“历史事件”存在于现实的、复杂的和不断变化的世界中。在变化加速和无序似乎控制世界的地方，“理解”是语境论者最希望的东西。有序的情形也一样，它太复杂和变化无限，使它被看作无序。在变化减慢和有序似乎支配世界的地方，语境论者至少就眼前情形来说接受工具主义的预测目的和影响。语境论者强调诉诸于变化的功能范畴，并追随通过某人自己的时代可能揭示的有序或无序的变化。也就是说，语境论者的根本兴趣是实践的而非本体论的，而现实的实践是“历史事件”功能地“再现”于现实环境的结果。

第四，语境分析具有多元性和任意性。这表现在以下几个方面。

（1）语境分析从哪里开始或结束没有任何规则。做出这样的决定具有任意性，类似费耶阿本德“怎么都行”的多元主义方法论。从理论上讲，语境分析可以从任何引起你注意的事件或行动开始。它可以一直分析下去，直到你的兴趣改变。在决定了实践目的后，语境分析从哪里开始或结束，最好根据某人先前的经验决定。先前经验不仅对语境分析有指导作用，也引导语境导向的图式，这种图式推动未来目标的获得，充当“过去社会经验的一个总结和未来经验的一个指南……它们构成叫做周期‘科学’的东西，并从周期到周期变化”①。

（2）预先选择人们应该关注的事件或行动也是没有什么规则的，因为“在许多特性中选择一个而不是另一个，具有内在的任意性”。你可以不断地在不同事件及其结构之间作选择，也可以永远追求结构的许多组分和它们进入不同语境的方式。

（3）范围大而精确性弱。范围通过这样的事实获得，即当捕获事件的性质和结构时，语境叙述连同它们在变化过程中的关系和含义内在地能够在许多方向移动。然而，这个范围的获得是以牺牲精确性为代价的。派普强调，“有许多平等地分析事件的有启迪作用的方法，仅仅依赖从这个事件进入它的语境中你所理解的组分”。语境分析本身蕴涵着范围的扩大，因为语境是向外延伸的。在语境确定的情况下，如何提高精确性是语境分析面临的一大困难。

第五，语境论具有强烈的哲学实用主义倾向。语境分析是实际目标导向的。实际目标保证语境分析不至于失控。为了达到实际目标，语境分析可以随时开始；当目的达到时，可以停止；当目的不能达到时，可能转移到新的目标。也就是说，语境分析本身没有重要意义，其重要性在于人们追求的目标。在描述语境论的情形中，核心目的是以理解的形式导致一个满意结果的实践行动。在功能语境论的情形中，核心目的是以预测的形式导致一个满意假定的实践行动。语境论的真理标准是可使用性（workability），从这个意义上讲，语境论是实用主义的，它寻求它那个时代的可使用性。另外，在大多数社会，成功的行动本身包括更多

---

① Pepper S. World hypotheses：A study in evidence. Berkeley：University of California Press，1942：250.

的“好”东西，也包括我们所做的对他人有益的东西，对我们的文化有益的东西。正是通过强调有用的社会制度和实践，人们才一代代地做出成功的工作，在这个意义上，语境论也是人文主义的。

第二节 语境论世界观的特征

随着语境观念在当代思维领域中的普遍渗透，一种语境论世界观（contextualism as a world view）① 逐渐显现在自然科学和社会科学各个学科的发展中。无论是在量子测量过程的整体性特征、生物学解释的语境相关性问题上，还是在社会人类学的语境诉求、心理行为的语境评价中，语境实在都为不同的本体论态度提供了共同的对话平台，使它们能够在语境的基础上，构建语义范畴和概念范畴的统一性；作为一种新的认识范式，语境为各个学科提供了可以达成一致的统一框架，为知识生产、真理探询提供了新的认识路经；语境分析的元方法论特征，在语形、语义和语用的内在一致的意义上，对各个学科的方法论做了有效的融合。作为一种普遍的思维特征，它在世界观的意义上成为了构造世界的新的“根隐喻”。

一、本体论构架：语境实在

语境思维之所以能够具有世界观的特性，跟“语境”这个术语本身的意义密切相关。在马林诺夫斯基（B. Malinowski）开创性的工作之后，语境观念从“言语语境”扩展到了“非言语语境”，包括“情景语境”、“文化语境”和“社会语境”②。自此，语境的观念就发生了根本性的变化，从“关于人们在语境中的所言、所作和所思”，转变为了“以语境为框架，对这些所言、所做和所思进行解释”③。这样一来，语境就跟语词和文本的意义所反映的外部世界的特征，从而也跟世界的本质尤其是知识和真理问题，关联了起来。

由此，“语境”具有了根隐喻的意义，成为人类概念系统中深层次的核心概念，对人类日常的思维方式和话语表达起到重要的作用。语境论注重动态活动中真实发生的事件和过程，即在特定时空框架中不断变化着的历史事实，而且可变的事件本身赋有主体的目的和意图，主体参与到了事件和语境的构造当中，同时，语境反过来也影响主体的行为，这是一种相互促动、关联的实在图景。语境

---

① Hayes Steven C, Hayes L J, Reese H W. Varieties of Scientific Contextualism. Reno: Context Press, 1993: vii.

② Malinowski B. Problem of meaning in primitive languages//Ogden, Richards. The Meaning of Meaning. Routledge&Kegan Paul, 1930: 296-336.

③ Dilley R. The Problem of Context. Berghahn Books, 1999: 4.

论将实体、事件、现象等具有实在特性的存在视为是在相互关联中表述的，不同的语境会形成不同的本体论立场，从而语词及其所指的对象就会具有不同的意义。这样，语境就具有了本体论性的特质，成为判定意义的本质基元。跟传统的“朴素实在论”、“指称实在论”和“关系实在论”等相比，语境论从“语境具有本体论性”的意义上[①]提出的这种“语境实在论”观点，具有更强的基础性、科学性和不可还原性。这主要体现在以下几个方面。

1. 语境实在论是基于现代科学发展形成的科学世界观

长期以来，包括本质主义、实证主义在内的各种流派都普遍认为，科学和哲学的任务就是去揭示现象背后所隐藏着的终极实体。但是现代科学的发展表明，尽管存在着隐藏的实体，但它们都不是终极的，而是体现为有层次的递进。例如，卢瑟福实验之前，原子是宇宙不可分的基元，卢瑟福则使我们认识到原子由大量的核子组成，是合成的。其后，随着更强粒子加速器的出现，质子、中子、强子、介子相继发现，于是物理学家越来越相信，这是一条逐渐迈向物质的最终结构和自然的基本规律的路径，但它只是一种不断的逼近，而非终极结果。

上述事实深刻表明，物理实在是由一系列的层次所构成的；在每一个层次上实在都具有独特的性质，这种性质为其后出现的更高层次的结构和实体提供解释。因为每一个新出现的层次中的实在，自身都不足以提供完全解释，而要依赖于科学研究的方式和研究工具。这种认识跟日常经验或古典科学基础上建立起来的“朴素的”、“直观的”世界图景具有很大的不同。世界绝不是它展示给我们的样子，科学研究所要做的也不仅是对世界的真实特征进行揭示和表达。自然的状态和过程是复杂的、有条件的存在，其性质不仅要依赖于人类的感觉器官和认识工具，也要依赖于未曾认识到的更深层的原因和结构，这正是语境实在论所揭示的世界观的核心特征。

2. 语境实在论是解释现代科学的“形而上学”框架

虽然世界在表象上是独立的和自足的，但无论是自然本身还是在现代科学实验中，相对于更深刻的背景条件而言，已知的所有物理现象都是偶然的和有条件的存在。通过修改其外界条件和内部构成，物质或元素就可以进行相互的转换。于是，所有知识都相对于特定的条件而存在，更进一步讲，宇宙就是由实体和过程的无穷变化着的无数语境所构成的，每一个语境构成了相对自主和可信的知识或真理，所有实在都是有条件的或依赖语境而存在的。从某一层面的语境实在向更高或更深层面的语境实在的递进及它们之间的必然联系，构成了我们当前的科

① 郭贵春. 论语境. 哲学研究，1997，(4).

学知识。不过，知识的语境化并不意味着无法达到确定的真理或可信赖的知识，相反，具有层次结构的语境之链，在每一个特定的语境链条上都展示出在该条件下的确定知识。这种语境实在论的图景，相比康德以来把现象与实体相分离的主张或者对实体进行还原的认识策略，更为符合当代科学发展的现状，也是对当前科学知识的比较合理的解释。

3. 语境实在论反映了现代科学的基本特征

20 世纪物理学、生物学等自然科学的发展已经表明，无论是古希腊的哲学传统还是近代的古典科学，它们所奉为至高追求的“确定性知识”或终极知识已经完全没有了可能。不确定性成为这个时代科学的最明显特征之一。传统上寻求世界之基本元素或构造基元的企图，实际上抹杀了认识新的微粒或实体的可能。语境实在的提出又为哲学和科学的这一追求注入了信心，因为即便是语境实在，也仅是暂时的和相对确定的，它不具有绝对的意义。例如，我们会认为量子现象具有波和粒子的特征，是“不能预测的”和“无法描述的”，它只具有不确定的和概然性的特征。因为科学理论给出的仅是对可能世界的描述，观察或测量结果跟对象之间的关系只是特定条件下的一种语境关系，而非传统认识论范畴内的再现。与此相应，所谓认识宇宙，追求单一、统一的规律，更只是相对于语境而言的；离开特定的技术条件和思维框架，这些都只是一种理想，否则世界就过于简单了。

总之，作为认识主体的人类在跟世界进行相互作用时，认识对象所展示出来的属性和对象本身所具有的特征之间，具有概念上的区别。这使得科学家普遍认识到，“对象应当在不同的条件或语境下，表现出不同的或未曾预料到的属性，这种语境实在的科学世界观，是现代科学的核心观念之一，它跟柏拉图或亚里士多德的实在论和本质论观念相比，具有完全不同的意味”①。

二、认识论路径：语境范式

知识问题是科学和哲学中最为核心和关键的问题之一。关于知识之本质、基础和限度的讨论占据着人类认识长河的重要位置，我们关于世界的认识就是由知识所构成的。这在很大程度上是因为，世界不是自明的，不同的实在和事件有着各异的理由而存在和出现，从而关于实在和世界的不同看法也就形成了本质上不同的认识范式和框架。基于现代科学发展而形成的语境实在论思想，也形成了能够反映新的认识论路径的语境范式。

当人们认识到事物本身与它展示给我们的表象之间具有很大不同之后，关于知识或认识的问题就具体化为：①界定独立存在的对象；②描述对象对于认识主

① Schlagel R H. Contextual Realism. New York：Paragon House Publishers，1986：xx.

体的影响；③阐明主体认识或经验对象的过程；④传达认识到的结果或知识。

历史地看，按照对这四个认识论问题的关注重心的不同，目前已经形成了三种认识论的范式。

1. 本体范式

这是最早形成的一种认识论路径，它更多地关注对外在于主体的世界进行客观的界定。例如，柏拉图就按照理想的、普遍的理念原型来界定现实中的具体事物，赋予这些对象以名称和意义。日常经验中的世界是变化的，形成的仅是意见和信仰，而永恒的理念则构成了真实知识，保证了获得真理的可能。亚里士多德则立足于经验，认为所有的知识都来自于感觉的归纳，根据事物的性质、形式和过程就可以理解世界的变化及存在，也就说，可观察性是获得知识的重要手段，其结果就是形成了常识性的、客观的和经验的知识。

可以看出，作为人类早期认识世界和自然现象的一种框架，本体范式更侧重于上面四个认识论问题中的第一个问题，即以界定独立存在的对象和真实世界为取向，关心的是世界的本质、构成和本源等。应当说，这种本体范式为客观知识提供了充分的保证，使得人类在早期就能够比较准确地把科学探索定位于工具性的成功之上。不过，这种比较简单的本体范式过分狭隘地对应于客观世界，把客观理性视为唯一的理性手段，从而事实上无法真正洞察到世界的真实面貌，尤其是无法理解外部的刺激是如何被主体经验到，并形成对事物的属性和本质等的认识结果的。这一缺憾部分地促成了笛卡儿后来的认识论转向。

2. 心智范式

作为现代哲学之父，笛卡儿思想的重要之处在于引入了一种新的认识论范式或认知框架，这就是寻求知识的心智路径。笛卡儿“我思故我在”的推理使人们意识到，个体对自身意识及内容的认识，要比对他人的认识具有更大的确定性。也就是说，个体自身意识的知识在认识论上要先于任何其他种类的知识，所以，从本体论的意义上讲，心智的存在独立于任何其他事物的存在。此后，洛克以作为意识之唯一对象的观念为认识的出发点，区别了独立存在的第一性的质和主观的第二性的质；贝克莱则把存在完全归结为感知；休谟把因果性和客观世界视为心理的一种状态；而康德更认为，我们之所以具有科学的知识，是因为主体本身的认知结构将它们呈现给了我们。肇始于笛卡儿的这一思想，根本改变了哲学发展的路径：既然只有心智及它的知识才是最明确的，那么在认识过程中，就必须以意识、观念、感觉印象等属于心智范畴之内的东西作为认识的开端，所有独立的客观都只是依赖于心智的，是从意识中推导出来的。

这种心智范式导致了主体/客体、心/身相对的“镜式”认识论模式。与本体范式不同，心智范式更侧重于上面四个认识论问题中的第二个和第三个问题，即探讨外延的、因果的和可观察的外部事物，与非外延的、非因果的和私人的心智之间的关系，也就是认识主体和认识客体之间的相互影响和作用。心智范式促使哲学开始去思考外部的客观世界是如何能够存在于精神中的，以及精神对世界的表征和真实世界之间的差异等问题。既然认识客观世界的感觉会欺骗认识主体，那么就必须转而在自明的原则中，来寻求更为可靠的知识基础，进而，澄清人类本身的理性认识能力就成为哲学探索的第一要务。不过，心智范式以主体世界为基本定位的目标取向，囿于狭隘的主观理性，过分地脱离了现实世界，因而在实际的哲学探索中造成了诸多无法解决的问题，如如何把做梦跟有意识的经验相区别的问题。尤其是心智范式容易导致假设过多的虚无实体，形成无休止的形而上学的争论或伪哲学问题，从而严重阻碍科学认识。这一点是 20 世纪初语言学转向形成的重要动因之一。

3. 语境范式

语言学转向使人们在思维上普遍意识到，哲学问题并非真正的论题，而是起源于语言的混乱和模糊，更为重要的是，“本体论所描述的对象依赖于人们使用变元和量词所意指的东西……因为在任一情况下，问题并不在于实在是什么，而在于人们所说或意含的实在是什么。这一切表明，实在依赖于语言”①。因此，人们不再全力关注知识的起源、认识的能力和限度、主体在认识活动中的作用等问题，而是转向探究语言的意义、语言的理解和交流、语言的本质等。这种探究把语言本身的一种理性知识提升到哲学基本问题的地位：哲学关注的主要对象由主客体关系或意识与存在的关系转向语言与世界的关系，语言问题成为哲学的基本问题。

这样一种解决哲学问题的策略最初以理想语言为主要诉求，通过寻找指称的唯一确定性和绝对所指，形成了语言和实在、命题和现实之间的同构性语义模式。不过，随着现代逻辑的发展提高了人们对自然语言的理解，尤其是以理想语言来“统一语言”这一尝试在解释实践中的失败，人们逐渐意识到，哲学的任务不只是根据特定意义和句法规则，去翻译、解译或解释任意符号的思想，这种形式主义的和理性化了的语言图景不具有覆盖所有哲学认识的能力。正如维特根斯坦所倡导的那样，对语言而言，使用才是最根本的，语言的主要功能在于实践，是人类的公共生活实践。哈贝马斯也表达了同样的洞识：“人与人之间通过符号协调的相互作用，在规则的引导下，进入人的语言的世界，从而以语言为媒介，通过对话，进而达到沟通与相互理解。”② 这样一种从认识的语义模式向语

---

① Quine W V. Existence//Yourgrau W, Breck A. Physics, Logics and History. Plenum Press, 1970: 94.

② 魏敦友．释义与批判：哈贝马斯的“交往合理性”述评．江汉论坛，1995，(7)．

用模式的转变，实际上导致了新的认识论路径——语境范式的形成。它更侧重于上面四个认识论问题中的第四个问题，即传达认识到的结果或知识。语境范式沿着语言分析的传统，构造了一种动态的、语境化的交流理性标准。它以语言的适当性作为判断命题是否具有意义的基准，把理论命题的实在性归于历史的、文化的和科学的语境维度中，通过语境的功能来形成和强化科学概念和理论的意义，其最终目的就是在科学语言的语境化当中、在主体间性的基础上，对科学理论进行新的意义重建。

语境认识论范式带来的最重要的结果就是"知识的语境相关性"：不仅"关于知识的主张是相对于言说语境的……对认识论结果的评价，也只能在具体的语境中来进行"①。从这一意义上看，知识不是命题和人之间的关系，而是语境相关的。也就是说，关于知识的主张的正确与否，会随着会话和交流的目的而变化，因而，知识主张的适当性也是随着语境的特征变化着。应当说，认识论路径的这一变化，在科学知识的产生、理解和评价当中具有极为重要的意义。事实上，语境范式也正是基于现代科学发展表现出的特征而形成的。玻尔就曾经讲过，"物理学中出现的新情况和问题一再地表明，在存在之舞台上，我们既是旁观者，又是参与者"②。因为现实世界展示给我们的是一个不确定的和概然性的状态，科学理论对世界进行的描述是对象和仪器之间的相互作用的结果，取决于我们探索事件和过程时所采取的方式。这种情况使得语境范式成为当代科学认识的必然结果。

三、方法论视角：语境分析

随着语境实在作为认识世界基元这一地位的确立，以及语境范式作为新的科学认识论路径的形成，语境分析作为语境论最核心的研究方法，在科学认识和哲学研究中也逐渐显现出它的重要性。语境分析方法具有一种普遍的方法论能力不是偶然的，这是由哲学思维的内在发展和科学实践的客观要求所决定的。这种方法主要体现为以下几个方面。

1. 语境分析方法是语形、语义和语用分析的集合

从历史上看，"分析哲学最伟大的成就之一，就是对本体论和语义学之间关系的强烈洞察"③，这种洞察使得语言分析方法介入到哲学和科学当中成为了必

① Hookway C. Questions of context. Proceeding of the Aristotelian Society, New Series, 1996, XCVI.

② Bohr N. Atomic Theory and the Description of Nature. Cambridge University Press. 1934：119.

③ Puntel L B. The Contextprinciple, universals and primary states of affairs. American Philosophical Quarterly, 1993, 30 (2).

然。哲学和语言学的相互结合和介入是一个逐渐发展的过程。一开始，哲学家希望通过形式的手段，在理想语言的基础上来构造世界的逻辑结构；其后，作为语言之指称的对象被引入了进来，语言意义进一步跟本体论域密切关联；最后，弗雷格提出了著名的“语境原则”，语言之使用者也成为了交流的必要因素。由此，符号-意义-使用者的三维模式成为了认识和理解世界的方法论手段。在此，语形学以句法形式为取向，形成“逻辑-语形”分析；语义学以言说对象为取向形成“本体论-语义”分析；语用学以语言使用者为取向，形成“认识论-语用”分析。如阿佩尔所言：“正是语用学才分析整体作用；而在这个整体作用的语境中，对语言系统或科学系统的句法-语义学分析才可能是有意义的。因此，唯有指号学语用学才能使当代语言分析的科学逻辑变得完整。”① 这三种分析方法的整合和扩张就是语境原则或语境分析方法的整个应用空间。

这样一种语境分析方法具有的独特功用是非常明显的。一般来说，一个具体的语境分析要涉及四个方面的参数，包括：①基架（setting），即社会和时空的框架；②行为环境，即会话中对身体和行为的运用；③作为语境的语言，即谈话本身所使用的语境，或者再语境化；④超语境即背景知识以及相关性的结构。

语境的这一动态构成实际上不仅涉及语言、自然环境、主体本身的心理和认知结构，而且还包括社会语境和生活形式。由此，既是知识之生成原则又是认识结果的语境，使得行为者能够根据特定的意趣来构造语境，从而语境分析就是“一种在实践中通过相互作用构成的模式”②。语境分析使得哲学的提问方式发生了改变，求解问题的方式也随之得到了相应的改变。由此，语境分析方法成为了当代哲学运动的基本诉求之一。

2. 语境分析方法满足了现代科学研究的需求

随着物理测量的日益系统化和科学理论越来越远离经验的发展，语境分析方法作为理论解释的特定分析方法，在科学说明中具有了更加突出的地位。语境分析之于现代科学的意义在于：它用“科学可错论”的视角来思考科学的合理性和道德规范，认识到科学的世界图景不仅是对实在世界的客观表达，更是科学共同体间约定的语言世界；科学家所面对的除了自己的言语行为能力之外，更有自己深嵌于其中的社会历史的境况。由此，“解释者进入了一个言说者的任一言说所意谓东西的理论的言说情景中。讲话者进而说出了具有意向的某种东西，即它将在一种特定方式中被解释和将被这样解释的期望的意向。事实上，这种方式并不是由解释者的理论所提供。但此讲话者仍然被理解；解释者调整他的理论以使

---

① 阿佩尔，卡尔-奥托．哲学的改造．孙周兴，陆兴华译．上海：上海译文出版社，1997.

② Duranti A，Goodwin C. Rethinking Context. Cambridge：Cambridge University Press，1992：22.

它产生讲话者所意指的解释"①。它所显示出的哲学意义不仅体现在科学解释的认识论和方法论变化上，而且表明对科学理论的认识已不仅是科学解释问题，更应结合人文解释，从科学共同体的意向、心理、行为等各个方面进行认识；在科学语境基础上所建构的解释才能对科学理论的本质做出真正认识。

语境分析方法使得科学家和哲学家们认识到，科学理论已经不再是传统意义上的一种"叙事知识"，相反，其合法性只有经过科学共同体的论辩才成为可能。所以，通过语形、语义和语用分析方法在语境基底上的统一，可望使得本体论与认识论、现实世界与可能世界、直观经验与模型重建、指称概念与实在意义，在语言分析的过程中内在地联成一体，形成方法论的新视角。

语境分析方法在理解命题和知识时所使用的这种"语形-语义-语用"的综合分析模式，使得哲学对话真正建构在牢固的公共生活实践之上。其所展示的作为人类对话要素结构的特性，内在地规定了对话的公共性、实践性和历史趋向性，使人类思想的各种信念、欲望、语句态度、对象都被"语境化"，"一个确定的有归属的知识句可以在不同的语境中表达不同的命题，这意味着存在有多种知识关系，而非一个"②。因此，没有超人类权威的"上帝之眼"来选择真值，一切均取决于在当下情景状态中所进行的平等对话。信念的每一次变动、真值的任一重新取舍，都只是语用语境的再造或公共实践具体形式的变易，都是在公共实践具体的、多样化的关联之网内所进行的信念的重新编织。这就是说，人们是根据语用语境关联的整体性、公共实践的具体性、对话要素的结构性，而不是根据严格的逻辑推演，来进行哲学对话和科学探索。

综上所述，语境作为一种具有本体论特征的实在，为一切意向、态度和行为的产生发展提供了基本的框架，成为知识结构和理解模式的一个不可还原的基础。这种以语境范式为基本定位的思维路径，不仅本身就是现代科学发展的产物和结果，而且反过来为理解和把握科学哲学和语言哲学演变的历史进程、趋势定位和理性重建的模型及其各种特征，提供了最清晰和本质的脉络。可以说，语境作为一种具有普遍意义的思维观念，在本体论上，它可以使理论和流派之间做出有原则的改变和后退，有意识地弱化各自内在的规定性，从而使相互之间有融合的基底；在认识论上，它可以使认识疆域获得有目的的扩张，脱离给定边界的狭义束缚，获得以问题为中心的重新组合，趋向于从一个视点上来透视整个哲学的所有基本问题；在方法论上，它可以使科学方法论从给定的学科性质中解构出来，在形式上相互渗透和全面扩张，越来越成为核心的分析工具。

---

① Grandy R, Warner R. Philosophical Grounds of Rationality. Oxford: Oxford University Press, 1986: 166.

② Preyer G, Peter G. Contextualism in Philosophy: Knowledge, Meaning, and Truth. Clarendon Press, 2005: 2.

尽管语境观念本身仍有许多尚待解决的问题，如相对主义的困境和再语境化的问题，但是，反观今日包括哲学、社会学、人类学、心理学、物理学、生物学等在内的各个学科，无论是在理论的定位、知识的构造还是方法的使用上，语境论世界观的思想都已经深刻地渗入到了这些学科的方方面面之中。可以说，“所有的经验和知识都是相对于各种语境的，无论物理的、历史的、文化的和语言的，都是随着语境而变化的”①，这正是语境论世界观思维的要旨所在。

第三节　语境实在论的科学观

大约60年前，科学一直被誉为是真理的化身，是一项理性的事业，人们几乎毫无疑义地认为，科学规律是普遍有效的，科学术语是有指称的，科学理论向我们描述的世界图像是真实可信的，科学理论是发现而不是发明，科学的话语是关于自然界的。这是自启蒙运动以来形成的科学观，我们称之为传统科学观。长期以来，这种观念似乎是显而易见的，是对科学的一种约定俗成的理解，不需要为此提供更多的辩护。范·弗拉森把这种观点概括为：“科学的目的是在它的理论中向我们提供一个关于世界像什么的字面上真的故事；接受一个科学理论包括相信它是真的。”②

佩拉把传统科学观的这种形象概括为由科学的必然性、客观性、无错性和普遍性等性质描绘的，这些性质主要由两个分量来决定：一个是认识的分量；另一个是方法论的分量。传统的科学认识论认为，科学是建立在特定证据之基础上的，科学家根据证据来获得关于实在的知识，这些知识一旦获得便成为真理被接受下来。获得证据有两条途径：一是源于始于伽利略的“感觉经验或科学实验”，即基于感知的经验证据；二是来源于笛卡儿的“理性的逻辑推理”，即基于自明的纯粹原理，如经典力学的动力学定理、欧几里得几何的基本公设。在这两条途径中，科学方法的运用保证了获得证据与进行推理的合理性，确保科学认识能够把握实在、获得真理和结束科学争论③。

维特根斯坦早期哲学中所阐述的图像论的观点基本上与传统科学观相一致。其观点可以被简单地归纳为四个方面：第一，命题中的简单要素对应于事态中的简单要素；第二，基本命题对应于原子事实，基本命题是命题中最简单的命题，原子事实是事实中最简单的事实；第三，复合命题对应于复合事实，经过逻辑分析，可以把复合命题还原为基本命题，相应地，也可以把复合事实还原为原子事

① Schlagel R H. Contextual Realism. New York: Paragon House Publishers, 1986: xxxi.

② van Franassen B. The Scientific Image. Oxford: Clarendon Press, 1980: 8.

③ 马尔切洛·佩拉. 科学的话语. 成素梅，李宏强译. 上海：上海科技教育出版社，2006: 2-3.

实；第四，命题的总和对应于事态的总和。一方面，名称的组合构成基本命题，基本命题的组合构成复合命题，所有命题的总和构成语言；另一方面，对象的结合构成原子事实，原子事实的结合构成复合事实，全部事实的总和构成现实或世界。在这两个方面之间，各个层次都是一一对应的①。

尽管在20世纪初，以相对论与量子力学为核心的物理学革命的产生以及非欧几何的诞生及其成功应用，已经使部分科学家意识到，科学定律只在一定范围内有效，而不是普适的，这些认识带来了新的认识论革命，对一些传统的哲学范畴提出了挑战，也对科学方法的绝对可靠性提出了质疑，但是，在20世纪60年代之前，不论是以卡尔纳普为代表的逻辑经验主义的科学哲学，还是以默顿为代表的科学社会学，都没有对传统的科学形象提出任何实质性的质疑。前者虽然把“科学理论与世界”之间的关系问题作为形而上学的问题加以拒斥，但是，他们却把经验事实的无错性作为其论证的逻辑前提，以数理逻辑为工具来阐述科学的逻辑结构，揭示科学理论中语句与语句之间、理论与观察证据之间的逻辑联系，甚至描述相关领域内不同理论之间的逻辑联系。后者则很少对科学知识的可靠性与普遍性提出任何怀疑，而是把科学家视为一组特殊的人群，通过对科学共同体进行的社会学解析，来为科学家确保获得真理性知识提供社会基础。

1959年，斯诺在他的《两种文化和科学革命》一书中，以物理学家和文学爱好者的双重身份描述了当时的科学家与人文主义者之间的关系。他指出，人文主义者虽然不懂科学，但是，他们从来没有对科学知识的客观性提出过任何质疑，也从不断言，科学不是知识。与此同时，科学家也很少关注文学与历史，好像物理学的科学大厦不是人类心灵最美丽而神奇的集体智慧的产物。

自20世纪60年代以来，情况发生了很大的变化。许多人文主义者和科学知识社会学家对待科学的态度已经从漠不关心转向了对传统科学观和逻辑经验主义科学哲学的批判。他们试图立足于各自的研究领域揭示观察渗透理论、事实负载价值等新的思想。以库恩为代表的历史主义者通过对科学史的分析，看到了科学范式之间的不可通约性；科学知识社会学家的研究成果突出了科学活动中不可避免地蕴涵着社会因素；人类学家强调指出，科学知识不是普遍有效的，而是有条件的；人文主义者揭示了权力在科学知识产生过程中所起的重要作用。

20世纪90年代，人文主义者对传统科学观的这些极端批评，最终引起了科学家的反感，引发了著名的“科学大战”。这场科学大战带来了与“理解科学”

---

① 涂纪亮．分析哲学及其在美国的发展（上）．北京：中国社会科学出版社，1987：137. 也有资料表明：维特根斯坦的图像论是对赫兹的图像论观点的一种误解，他的工作只是试图将赫兹的图像论与弗雷格和罗索的逻辑联系起来。（参见：Majeu. Heinrich Hertz's Picture-Conception of Theories：Its Elaboration by Hilbert，Weyl，and Ramsey//Hertz H，Hughes RIG，Nordmann A. Dordrecht：Kluwer Academic Publishers，1998：233.）

相关的许多值得深思的问题，需要科学哲学家重新阐述科学的客观性、合理性、真理性以及科学进步等概念，重新反思实验证据与观察在理论选择中所起的作用，重新审视与评价传统科学观的直觉性与常识性所带来的局限性。特别是，综合考虑实验设计中伦理的、实用的和认识的问题之间的相互影响，系统研究成熟科学的逻辑结构与主体的认知能力之间的相互关系，认真分析科学理论形成过程中成熟科学的图像、模型、隐喻的作用，等等。根据传统科学观，科学研究活动中的社会与政治因素是权威科学的潜在“污染源”，应该尽可能地对其加以排斥。而对科学的文化与社会研究则立足于20世纪以来的当代科学实践，尽可能地揭示科学方法的局限性与科学活动的社会性，突出当代科学知识形成过程中必然蕴涵的各种形式的人为因素。他们认为，如果科学知识的增长和科学判断不可能只根据与人无关的证据、逻辑特别是科学方法做出充分说明，那么，社会、历史与政治等因素就会进入科学知识的说明或解释当中。因此，在科学知识的产生过程中，社会条件与政治因素不再成为科学知识的“污染源”受到排除，而是科学知识产生、保持、扩展与变化的必要前提或基本要素。正是在这个意义上，作为一个维度和一种影响的“社会”因素与证据、理性的因素相并列，在知识产生与理论选择中占有了合理的位置，从而使传统科学观最终陷人了难以自救的困境。

“科学大战”已经表明，对传统科学观的摒弃，并不意味着现有的科学观对科学的理解是适当的，而是意味着，需要我们在反思现状的基础上，阐述新的立场。事实上，这两类对立的科学观，都起源于同一种二值逻辑的思维方式：要么，基于强调科学知识的真理性与客观性，忽视主体性因素；要么，基于具体的科学案例分析，强调科学知识形成与理论选择过程中必然蕴涵的各种非证据类因素，由此认为科学是纯粹的社会建构，得出科学提供的不是知识的极端结论。情况之所以会如此，是因为知识社会学家、人类学家以及人文主义者在关注科学时，从一开始就肩负着批判传统科学观的重任。事实上，这一目标已经内在地决定了他们的出发点与传统科学观的拥护者是一样的，都潜意识地假定了真理符合论的前提，以及对科学方法论的信赖，并把科学理论的客观性作为科学研究的起点。正是基于这种潜在的共同前提，关于科学的文化与社会研究对传统科学观的批评与反叛，必然会走向其反面，得出完全排斥科学认识的客观性的各种观点。因此，虽然现有的各种科学观在揭示传统科学观的鄙良性、破除传统科学观带来的狭隘的思维惯性方面起到了积极的推动作用，但是，他们的观点同传统科学观一样，也是失之偏颇的。

这种思维方式实际上是以经典科学的研究成果为基础的，其最大的缺点是：没有把科学研究的成果看成是来自于一个过程，而是把这种研究的客观性作为思考问题的出发点。这个出发点没有为研究主体的存在留出任何空间，或者说，在科学认识的起点上，研究主体是局外人。当科学研究进入到人类永远无法直接感知的微观领域时，经验证据之外的其他因素的作用在科学研究过程中开始凸显出来。如果我们仍然沿袭传统的思维方式，一旦发现科学研究的现实过程有偏离这个起点的倾向，那么，理解科学的起点便会向着主观性的方向移动。然而，任何微量的移动都会掺入主观性的成分，这也就是为什么对科学的实在论辩护很容易陷入困境，而各种形式的反实在论很容易否定科学的客观性的原因所在。除此以外，从这个起点出发，人们往往基于常识，习惯于把科学语言理解为对自然界的直接描述，把科学理论理解为命题的集合，把命题与实在的符合看作是真理的判别标准，认为科学理论描绘的图像是关于自然界的真实图像。

然而，当我们立足于当代科学特别是当代微观物理学理论的研究成果，并接受各种反实在论科学观的合理批评，重新思考科学研究的出发点时，我们却发现，事实上，在科学认识的坐标轴上，科学研究的出发点并不是从纯客观性的认识开始的，而是开始于主客观的统一。在远离人类感知系统的科学认识过程中，当科学认识中介成为科学认识之所以可能的一个前提条件时，科学知识的客观性与真理性便成为科学追求的一个长期目标和人类认识的一个程度概念，而不再是主客观相符合的关系属性。如果我们接受这种观点，那么，我们就既不需要担心一旦发现科学知识的语境性与可错性，便会盲目地走向反面，也不需要在排斥人文文化的前提下来捍卫客观性。这是一种全新的“语境论的科学观”。之所以称之为“语境论的”，是因为科学认识总是在主客观统一的语境中进行的，并在不断地去语境化（de-contextualism）与再语境化（re-contextualism）的动态发展中得以完善。

这样，当我们承认科学研究的起点包含主观性因素，并把科学的客观性与真理性看成是科学追求的目标时，我们就不会因为对传统科学观的批评，而走向完全摒弃其客观性的反面。承认科学研究中从一开始就蕴涵有主观性成分的观点，一方面，能够包容反实在论的各种立场，使它们成为理解科学过程中的一个具体环节或一种视角而得以保留；另一方面，这也不等于把科学研究看成如同诗歌或散文等文学形式那样，是完全随意的主观创造和情感抒发。在科学研究实践中所蕴涵的主观性，总是要不同程度地受到来自研究对象的信息的约束，是建立在尽可能客观地揭示与说明实验现象和解决科学问题之基础上的。

这种思维方式的转变与对认识中介的强调，蕴涵着把科学理论理解为是在特定语境下对自然界内在机理的一种整体性模拟。在这种模拟活动中，科学的话语并不是在字面意义上对自然界本身的直接言说，即不是关于自然界的陈述，而是对理论思考与认知内容的表达，是科学家为了超越具体现象的限制，扩展认知范围，创造新符号的一种灵活的智力工具，或是我们如何形成具有预言能力的新的“理论观念”的表达。因此，科学认知的结果不再是与认识语境无关的绝对真理。在这里，与世界相关联的，不再是科学理论的具体内容、原理、概念和规律，而是它的图像与预言，或者说，科学理论的内容只属于图像本身，不属于自然界。这种观点提出了一种全新的图像论，称为“科学理论的图像隐喻观”（the view of picture metaphor for scientific theories）。这种观点不是新的创造，而是对物理学家赫茨所倡导的物理学理论的图像隐喻观的扩展与重新强调。赫茨早在19世纪末出版的《论电磁力的传播》与《力学原理）两本书中对图像隐喻论的阐述已经表明，图像隐喻决不是纯粹的哲学虚夸，而是具有新的支柱。在今天看来，这种观点仍然具有相当的革命性。

“科学大战”既揭示了这两类科学观之间的矛盾，也要求我们在接受科学的社会维度的基础上，重新反思科学的客观性问题。双方矛盾的根源在于都坚持了二值逻辑的思维方式。如果我们立足于当代科学的研究成果，认为科学理论不是在描述世界，而是在谈论世界，理论模型是对世界的模拟，科学的客观性与真理是人类认识的程度概念，而不再是主客观相符合的关系属性，我们就不需要担心由于一旦发现科学知识的语境性与可错性，便盲目地走向反面，不需要在排斥人文文化的前提下来捍卫科学的客观性。这是一种全新的“语境论的科学观”。

语境论的科学观提供了一套全新的思维模式，它不仅改变了对真理概念的理解，而且更重要的是改变了我们对科学话语的言说对象的理解。传统科学观与语境论的科学观之间的主要区别见表1-1。

表1-1　传统科学观与语境论科学观的主要区别

项目	传统科学观	语境论科学观
对真理的理解	坚持传统的真理符合论	真理是科学追求的长期目标
对科学语言与术语的理解	科学语言是在描述世界，科学术语在世界中是有指称的	是对科学认知结果的描述，是在谈论世界，科学术语是针对理论模型的，不是针对世界的
对科学方法的理解	科学方法是保证科学客观性的工具	科学方法是获得科学认识的途径之一
对科学仪器作用的理解	科学仪器只是主体感官的延伸	科学仪器是科学认识的中介之一，既为主体提供信息，也参加了客体的制备活动，起到了条件的作用
经验事实的地位	具有无措性，是形成科学理论的前提，结束科学争论的工具，等等	是依赖于语境的，是形成科学理论的前提之一，是结束科学争论的主要因素之一，但不是唯一的
科学共同体	是一个特殊的社会群体，具有默顿描述的精神气质：坚持科学成果的公有性、普遍性、无死刑和崇尚理性质疑	是遵守学科规范的一个复杂的社会群体，需要不断地在事实判断与价值判断之间进行调节，在多个群体之间的争论中达成共识
理论与实在的关系	理论中的定律是关于自然界的定律的发现	理论中的定律是针对理论模型的，理论模型或图像是对实在的模拟
对科学进步的理解	真命题的不断积累，或真理性认识的不断叠加	理论与实在的相似程度的提高

从表1-1的比较中，我们不难看出，与现有的其他科学观相比，语境实在论

的科学观至少具有下列值得重视的优势。

第一，它有助于内在地架起融合科学主义与人文主义的桥梁。科学主义者和人文主义者从共同的前提与假定和不同的视角与焦点出发，得出相反的结论与立场，是一件非常自然的事情。如果我们接受当代科学的教益，那么，就有可能为这种两极对立的观点提供一个对话的平台，使双方真正意识到，无论是把社会科学还原为物理学，还是把物理学还原为社会科学，都是失之偏颇的。科学认知的过程事实上总是不断理解世界的过程。在把理论看成是描述实在的意义上，范·弗拉森自称是一位反实在论者，但是，在把理论看成是谈论实在的意义上，范·弗拉森却可以归入实在论者的行列。

第二，在认识论意义上，它比较容易理解为什么后来被证明是错误的理论却在当时的研究语境中也曾起到过积极作用这个沿着传统的科学哲学思路所无法回答的敏感问题，有助于解答科学实在论面临的非充分决定性难题，从而为科学实在论坚持的前后相继的理论总是向着接近于真理的方向发展的假设提供了很好的辩护，也有力地批判了各种相对主义的科学哲学对科学实在论的质疑，更用不着担心会出现理论间的不可通约现象。

第三，在方法论意义上，它比较容易理解关于理论概念与观点的修正问题，科学研究越抽象、越复杂，研究中的主体性因素就越明显、越直接，科学家之间的交流与合作就越重要，科学研究的语境性特征也就越明显。

第四，在价值论意义上，它能更合理地理解与反映科学的真实发展历程。语境论的科学观作为反基础主义和反本质主义、消解绝对偶像、排除唯科学主义等的必然产物，在科学实践中结构性地体现了历史的、社会的、文化的和心理的要素，借鉴了科学解释学和科学修辞学的方法论特征，超越了逻辑经验主义所奠定的僵化的科学哲学研究进路，架起了科学主义与人文主义、理性主义与非理性主义、绝对主义与相对主义沟通的桥梁，因而是一种更有前途且更富有辩护力的新视域。

此外，有必要强调指出，我们主张把科学理论看成是理解实在，而不是描述实在，这种观点并不等于说，我们必须放弃长期以来形成的科学有可能使我们认识实在的直觉与追求，相反，这种理解方式更明确地表明，当科学研究的视野超越人类感官直接感知的闭限时，科学家的研究直觉、实验仪器、语言、推理规则等中介环节起着非常重要的作用，对仪器信息的解读、对语言概念的语义与语用的理解，以及对推理规则的灵活使用都会成为一件依赖于语境的事情。

这种理论观一方面承认追求真理是整个自然科学的事业，承认理论所谈论的实在具有某种程度的客观性与真理性，反对对科学知识无根基、无原则的怀疑与解构；另一方面也承认，科学知识蕴涵了历史性与社会性特征，承认科学认知过程中存在的辩护与修辞因素也是对科学真理的探索、论述和阐释。这种认识论有可能对把科学理论理解为描述实在的传统认识论进行合理的修正与完善，是介于封闭而僵化的传统认识论与开放而多元的相对主义认识论之间的一种中间领域的认识论，或者说，是一种语境论的认识论。

第四节　语境论的真理观

在当代科学哲学的发展中，语境实在论作为一种方法论与世界观，正在越来越受到人们的普遍关注。较有代表性的人物是女性主义者海伦·隆吉诺和认识论的语境论者基思·蒂罗斯。前者基于案例研究，揭示了语境价值在科学研究过程中产生的影响，并阐述了“语境经验主义”的观点。后者主要从命题的逻辑分析出发，认为语境论能最好地说明我们的认识判断，并且为解决怀疑主义产生的困惑提供了一条最佳途径。这些研究是开创性的。但是，令人遗憾的是，他们都没有对语境论的真理观做出明确的阐述。在我们看来，当试图站在语境论的立场上理解科学时，关于真理观的问题无疑是一个无法回避的重要问题。那么，语境论的真理观的核心主张是什么？与其他真理观相比，它具有哪些基本特征？表现出怎样的主要优势？当前，对这些问题的思考与回答，不仅有助于架起沟通科学主义与人文主义的桥梁，而且有助于解决其他科学实在论立场所面临的难题。

一、真理：科学追求的目标

在事实判断的基础越来越弱化、价值判断的地位越来越突出的当代科学研究中，研究对象的隐藏性、研究方法的多元性、理论与观察的交互渗透性以及研究活动中的社会性等因素的存在使得科学哲学家不得不进行非此即彼的选择，即从对客观真理的强调转向对主观真理的强调。

虽然当代科学的发展已经明显颠覆了真理符合论所塑造的理想化的传统科学形象，但是，无论符合论、融贯论、冗余论，还是实用主义，这些真理理论都是把真理理解为是科学研究结果的共同假设所决定的二值选择逻辑，即把真理要么理解为是对世界本质的揭示，要么理解为是对主观意愿的满足，因而都不足以反映当代科学研究的真实本性。如果我们站在语境实在论的立场上，不再把真理理解为是科学研究的结果，不再把单一的科学研究结果看成纯客观的，而是把真理理解为科学追求的目标，把科学研究结果看成对实在的理解，或者说，把真理理解为依赖于语境的概念，那么，我们就可以把已有的这些真理论看成从不同视角对真理的多元本性的揭示，看成互补的观念。在这种意义上，我们虽然承认，任何一个现实的科学研究过程都是对世界进行概念化的过程，这个过程是以一定程度上的客观理解为起点的，而且承认，科学研究的对象越远离人的感官世界，对研究条件的要求就越高，揭示其属性过程中的创造性与社会性因素就越多，其去主观性的发展空间也越大；但同时我们也认为，科学理论的发展变化、科学概念的语义与语用的不断演变、运用规则的不确定性、科学论证中所包含的修辞与社会等因素，却不仅不再构成关于科学的实在论辩护的障碍，反而是科学理论或图像不断逼近实在的一种具体表现。

这就使科学研究中蕴涵的主观性因素有了合理存在的基础，并作为科学演变过程中自然存在的因素被接受下来。这样，科学认知价值的语境化就体现了科学真理的语境化，形成了一种新型的真理论——真理的语境论。真理的语境论构成了语境论的真理观。

二、语境论真理观的主要特征

与现有的真理观完全不同，语境论的真理观把真理理解为是科学追求的理想化目标，而不是个别研究的单一结果。科学的形象既不像真理符合论所要求的那样，是对世界的镜像反映，也不像各种形式的主观真理论所描述的那样，是社会运行的产物或主观意愿的满足，而是关于世界机理的一种整体性模拟。模拟活动的表现形式体现了理论模型描述的可能世界与真实世界之间的相似性。这样，语境论的真理观使真理成为一个与研究过程相关的程度概念，而不再是一个与研究结果相关的关系概念。这些性质决定了这种真理观至少具有以下五个方面的主要特征。

（1）语境性。语境论的真理观把真理理解为科学追求的目标，首先，突出了科学认识的语境性或即时性特征，即它是此时此地的经验与认识；其次，突出了科学认识的动态性与过程性，承认任何一种形式的科学认识都既包括有真的成分，也包括有假的成分，是“在当下语境中形成的认识”。这种当下认识永远不会是最终形式，更不可能是绝对真理，而只能是特定语境条件下的认识，或者说，是特定语境中的产物，是有待于进一步完善与发展的认识。

（2）动态性。真理的语境依赖性决定了语境论真理观的动态性特征。这种动态性是通过理论与世界之间的相似性程度体现出来的。理论系统的模型集合与真实世界之间的相似程度决定着理论的逼真性。这是对基本的认识论概念的逆转：传统的逼真性理论是用命题或命题集合的真理作为基本单元，来衡量理论距真理的距离——这种做法由于没有可操作性而饱受批评；真理语境论则正好反过来，是通过对逼真性概念的理解来达到对真理的理解。

（3）层次性。基于相似性，用理论的逼真度来衡量理论的真理性认识的要求以及理论模型的更替发展，决定了语境论真理观的层次性特征。这种特征表明：其一，科学研究语境既是相对稳定的，也是变化发展的；其二，科学认识是从较低层次的主客观统一运动到较高层次的主客观统一。

（4）开放性。真理发展的动态性和层次性决定了语境论真理观的开放性特征。这种特征是科学家在科学探索活动中不断地去语境化与再语境化的结果。在科学实践中，语境的不断变迁与运动通常向着纵横两个方向同时发展。语境的横向运动是通过学科间的交叉与融合体现出来的，是对已有认识的扩展与检验；语境的纵向运动表现为学科自身的演进与变化。

（5）多元性。真理的语境依赖性以及把理论的逼真度作为理论选择标准之一的主张，决定了语境论真理观的多元性特征。在科学探索活动中，科学家对世界进行概念化的方式通常是多元的，即不是唯一的；语境论的真理观既允许存在着相互竞争的理论体系，也允许共存有多学派的观点。语境论真理观的多元性特征内在地表明，科学总是在探索中前进的，前进的道路并非是平坦的或一帆风顺的；科学探索的动力是不断地揭示世界的秘密，探索的方向是不断地逼进真理。

三、语境论真理观的主要优势

与把真理理解成科学研究的结果的现有的真理观相比，把真理理解为科学追求的目标的语境论真理观的上述基本特征，决定了这种真理观至少拥有下述特有的优势。

首先，在认识论意义上，它比较容易解释为什么后来被证明是错误的理论，却在当时的研究语境中也曾起到过积极作用这个传统科学哲学无法回答的敏感问题。从而为科学实在论所坚持的前后相继的理论总是向着接近于真理的方向发展的假设提供了很好的辩护，也有力地批判了各种相对主义的科学哲学对科学实在论的质疑，并使人们用不着担心会出现理论间的不可通约现象。

其次，在方法论意义上，比较容易解释关于科学概念与科学观点的修正问题。科学研究越抽象、越复杂，研究中的人为因素就越明显，科学家之间的交流与合作就越重要。2006 年的国际天文学联合会大会以投票的方式宣布了关于新的行星定义的结果，这种解决科学争端的方式就是典型事例。

最后，在价值论意义上，能更合理地解释与反映科学的真实发展历程。例如，诺贝尔物理学奖获得者丁肇中在中国的多次演讲中以人类认识宇宙构成单元的历史为例，阐述了“物理上的真理是随着时间而变”的观点。

可见，科学观念与科学事实上总是处于不断的调整之中，而进行这种调整的目标，正在于不断地探索实在的深层奥秘，不断地接近于真理。站在语境论真理观的立场上看，人类观点的这种不断调整与变化，不仅没有为各种不同形式的相对主义或反实在论提供了依据，反而证明人类对实在的认识，是在不断地修改偏见的过程中，向着客观理解的方向发展的。

真理语境论把科学理论看成是对实在或世界的理解，允许科学理论中含有主观的东西，承认主观性存在于科学研究的起点，追求客观性是科学研究的目标。

也就是说，在科学研究活动中，研究主体的意向性不仅参与了语境的建构，而且同时也受到语境的影响，从而构成了动态的、发展的、变化的、复杂的研究活动。正是由于人类渴望揭示包括自身在内的大自然的秘密，才赋予人类共同的求知欲望。

真理的语境论与符合论一样都承认科学的客观性，但是它们在许多方面是有很大差异的。首先，前提不同。真理的符合论通常与经典实在论联系在一起，是以经典实在观的下列三个基本假设为基础的：世界的独立性假设、因果性假设和可分离性假设。而真理的语境论是与语境实在论联系在一起的，是以语境论的科学实在观的下列三个基本假设为基础的：世界的独立性假设、统计因果性假设和非定域性假设。其次，出发点不同。真理的符合论忽略了认识中的主观性，从客观性出发阐述问题。而真理的语境论恰好相反，是以承认科学研究中始终包含主观性为出发点，探索与揭示更深层次的客观性。最后，思维方式不同。真理的符合论主要源于常识性认识，其基本思维方式是从宏观领域延伸外推到微观领域或宇观领域，其中认识者始终扮演着“上帝之眼”的角色：他只是科学研究活动的操纵者与观察者，而不是参与者。而真理的语境论则源于当代科学的前沿性认识，其思维方式是以微观领域，或宇观领域的新认识重新评价宏观领域内的常识性认识。

与各种建构主义和相对主义的真理观相比，语境论的真理观虽然也承认科学认识是依赖于人心的，承认科学研究活动中蕴含了主观能动性与创造性，但是，它不会走向相对主义或反实在论，因为它持一种弱实在论的立场。所谓弱实在论立场，是指在根本意义上坚持实在论立场，但又不同于经典实在论以纯客观性为出发点来阐述问题；它以主客观的统一为出发点，以提高客观性为目标来阐述问题。这种立场既避免了像社会建构论或各种反实在论那样抓住科学研究中存在的主观性因素而全盘否定科学的客观性的极端做法，同时又有利于把现有的各种主观主义的真理论有机地结合起来，使它们分别成为语境论真理观的一个侧面或一个维度，因而从个体性、社会性、实践性等多种维度，系统地揭示了语境论真理观的客观性、动态性、过程性、可变性、一致性、实用性、条件性等特征。

综上所述，语境论的真理观一方面维护了科学认识的客观性，另一方面也容纳了科学认识的社会性与建构性，从而使科学认识的社会化与符号化过程有机地统一起来，把逻辑和理性从先前高不可攀的高度降低到历史和社会的网络当中，把心理、社会和文化等因素从科学的对立面融入理性的行列。因此，语境论的真理观是一个有发展前途的值得进一步深入研究的真理观。

第五节　语境实在论的专长观

波兰尼曾把知识划分为两种类型：一种是明确知识；另一种意会知识。专长既包含有明确知识，也包含有意会知识。专长的获得是在实践中完成的，是建立在实践经验基础上的一种能力，并且能够不断地内化到人的身体当中。对“专长”问题的关注可追溯到古希腊的苏格拉底，他在《卡米德尔篇》中记录了想知道如何能分辨真假医生的问题。在当代社会生活中，“专长”概念是一个日常用语。在学术界最早关注“专长”问题的是心理学家和人工智能专家。他们试图通过对专家技能的研究指导学习过程或进行程序设计。一直到近十年来，关于专长的研究才引起了哲学家与社会学家的关注。

德雷福斯主要从现象学的角度，把人们获得技能的过程划分为五个阶段①：初学者阶段、胜任阶段、熟练阶段、专长阶段、精通阶段。在这里，德雷福斯把专长看成是获得技能的高级阶段。在此基础上，柯林斯进一步将人类特有的专长分为三个层次，这三个层次反映的不是获得专长的三个具体步骤，而是三种不同类型和不同程度的专长②：第一层次是普遍存在的专长，主要指人类特有的、生下来就会具备的专长。第二层次是素质，主要指个人素质，即个体的语言表达能力和分析问题的天赋，包括个人的交互能力和反射能力。第三层次是专家的专长，柯林斯进一步把专家的专长划分为两种类型进行讨论，一种是可贡献的专长，这是指实践者拥有了某种专长并能贡献出来，是最高阶的专家技能，相当于德雷福斯技能模型的高级阶段；另一种是互动型专长，这是柯林斯自己新发现的一种全新的专长类型，这种专长是指只掌握了相关学科的专业语言但不能从事科学实验的专长，或者说，是在缺乏实践能力的情况下，只通过与专家的语言交流来获得专家技能或实践能力。

不难发现：德雷福斯的进路强调的是认知个体在获得技能过程中的自我意识。但是，在柯林斯看来，这样的进路是把专长“作为个人的属性，而不是社会共同体的互动”来研究的。德雷福斯研究的“专长”主要强调的是经验，柯林斯研究的专长，不但强调经验，也强调能力，能力的培养离不开社会语境的作用。

尽管有差异，但他们的目标基本上是一致的，即他们都是试图通过对专长获得过程或存在类型的研究，揭开获得专长的神秘面纱，特别是，通过对科学家获

① Dreyfus H. How Far is Distance Learning from Education? //Selinger E, Crease R P. The Philosophy of Experise. New York: Columbia University Press, 2006: 200-208.

② Collins H. A New Programme of Research. Studies in History and Philosophy of Science, 2007, 38(4): 619.

得专长的过程的研究，达到更真实地理解科学的目的。此外，二者都强调“经验”或者实践。所不同的是，德雷福斯认为只有通过自身的实践才能获得技能；而柯林斯认为除了自身实践外，通过语言实践也能获得技能，即互动性技能。不管持哪种态度，共同之处是，他们都直接或间接地强调了专长的实践性。这种强调在实践中理解与把握专长的观点，我们称之为“语境论的专长观”。

在谈到如何区分初学者与专家的问题时，德雷福斯曾谈到“语境的敏感性”问题。他认为，专家之所以有别于初学者，是因为专家超越了恪守规则的无语境阶段，只有通过以经验为基础的实践活动，才能认识到获得技能的某些重要特征。柯林斯主要强调社会语境对获得专长的影响。互动型专长的获得不仅包括人与人之间的相互作用，也包括人与环境之间的相互作用。从认识论意义上讲，获得专长的过程是人的一种认知过程。专长是一种“意会知识”。

之所以把在实践中获得专长的观点称之为是“语境的”，是因为专长的获得总是在语境中进行的，是在“不断地去语境化与再语境化的动态发展中，得以完善的”。在从新手到专家的过程中，新手经历了从自身的亲身实践中获得经验、形成认知，然后逐步摆脱经验、用认知指导自己的实践，直到最后可以用自己的认知对其它技能进行判定的一系列转化过程。这说明，“专长”是一个程度概念，没有一成不变的专长，也没有永远的专家。在不同阶段、不同层面上的专长不尽相同，它总是处在一种动态的变化中。只有随着经验的积累，对专长的认识才会逐渐变得清晰；只有在真正获得了某种专长之后，才能说清楚它是什么、是怎样获得的。获得专长的过程，既是关系的转化过程，也是认知主体与认知客体的互动过程。

第六节　语境论的自然进化观

语境论作为一种新的哲学世界观，由于它继承并发展了生物进化论，其实质是一种进化的语境论。哈恩（Lewis E. Hahn）把这种语境论哲学的核心思想概括为两点：一是变化与处理变化的方式；二是根据经验的生物学基旨（matrix）建构的自然主义方法①。依据这种变化观，语境论完全接受达尔文的生物进化思想，主张生物进化是自然选择的结果。根据语境论，最重要的事实莫过于变化，语境论者发现，大到广阔的宇宙，中到人类社会，小到原子的构成，无一例外地充满变化。每个存在都是一个事件或历史，有自己的始点、质变和终点；宇宙中的每一事物都经历了一个生成、质变和灭亡的过程，然后让位于其他事物；一个

① Hahn L E. A contextualistic worldview: essay. Southern Illinois University: the Board of Trusteses, 2001: 13.

静止事物的固定世界不再适合语境论的和后达尔文主义的观点。我们将从本体论、认识论和方法论角度探讨语境论的自然进化观。

一、自然作为有层次的本体

在本体论的意义上，语境论把自然看成是有层次、有结构，并不断进化的复杂实体，其要点可以概括为以下三点。

第一，自然是一个由事态（affair）、事项（transaction）和历史构成的，并以持续不断的开始和结束为标志的复杂体。在我们这个不断变化的世界里，我们期望着不可预测的新奇事物、新质事物、正在生成的不完整事物、真实偶然发生的事物和不确定不稳定境遇以及相对稳定事物的境遇。为了探索这类事物的发生，我们必须以新观念和新方法应对持续发生的事态。语境论就是描述这些事物的新观念和新方法。它不是要发现不变的模式，而是发现变化的模式及其这些变化之间的相对不变关系。语境论者发现，我们越是关注自然秩序中的具体变化，构成我们世界的事态的多样性和变化性就越清晰。例如，达尔文进化论方法就是描述这种具体变化的方法。它揭示了这样的事实：我们的世界是异质性和多样性的，而非同质性和同一性的世界，或者说，我们的世界并非是一个严格有序的逻辑系统，而是充满偶然和混沌的复杂系统。这样的世界与机械论和有机论描述的世界截然不同。

第二，自然是一个整体，但不是“铁板一块”的单一整体，而是一个由许多元素相互作用构成的有机整体。语境论因此赞成多元论，反对一元论，不绝对地说“所有”“一切”“绝无”等这些绝对的词语。语境论主张，世界的每个部分以某种方式与其他部分相联系，同时以某种方式与其他部分相分离。也就是在整体联系的意义上，语境论主张每个事件与其他部分的联系与分离，而且认为我们能够以经验的方式探索这些联系。在我们以经验方式与这个由复杂事物、变化事物构成的世界打交道的过程中，不容置疑性或确定性是没有位置的，而可错论和或然论（probabilism）更为适合。虽然在日常言语中可能存在实际确定性，但是在事实问题的探索中，认知确定性原则上是难以保证的。语境论反对任何形式的绝对确定性，包括绝对可靠的教义、不容置疑的绝对真理、不言而喻的原理等。因为绝对确定性会阻止我们进一步的探讨。在语境论者看来，确定性是相对于语境的，是与证据密切相关的。当把我们关于事实的推理置于不容置疑的真理基础上时，容易导致怀疑主义或非理性主义。事实上，我们既不能发现绝对可靠的原理，也不需要去发现它们。我们只能把我们的说明置于证据链上，每个证据都是可能的而非绝对的。如果许多证据指向一点，可能性就会增加，我们关于某事的信念就会增强。信念指导我们去行动，但是不会发现所谓的不容置疑的真理。

第三，自然是有层次的相互作用的存在。语境论不是把物质、生命和心灵看成存在的截然不同的独立类，而是把它们理解为相互连接和相互作用的不同方式，理解为描述相互作用事件的各种特殊场的不同途径。用杜威的话说，它们是变化的复杂性、范围、密切度相互作用的结果。我们可以根据要解决的问题区分存在物的许多“层次”，也即相互作用的方式，如物理的原子层次、化学的分子层次、生物学的大分子或基因层次，某个层次都有自己明显的特征。杜威描述了自然存在物的三种层次[①]：①质量-能量相互作用的物理-化学层次，在这个层次，物理科学根据事物呈现的方式寻求发现那些事物的性质和关系；②心理-生理层次，或需要-要求-满足活动的有机模式；③心灵或人的经验层次，在这个层次社会事项包括语言和意义产生了。

这三个层次从①到③是一个从低级到高级发展的过程。它们的相互作用显示了复杂性、不同功能、各种结果和多种性状模式的不同程度。我们称为物质体、生命体和心灵的东西，都是从具体的事项或境遇中通过抽象形成的。

根据以上问题，我们可以把物质体看成行为客体或物理刺激。这些抽象概念是物理学家直接从具体行为境遇中概括出来以支持所有可能的操作的，以便为广泛的相互作用范围提供尽可能好的工具。例如，物理刺激可以用一给定频率的空气振动描述，或根据质量来描述。空气振动和质量就是抽象概念。如果我们用一个公式描述一给定的质量，至于这个质量是什么并不重要，它可以是树木、硬币、纸、人体肌肉组织、石头等，因为这些东西都是由原子构成的物质。而且，公式描述的是它们的数量和定性关系，与它们是什么东西没有联系。在语境论者看来，物理图表是一种好的分析工具，有着广泛的应用。如果图表应用不广泛，我们就会修正它们以得到更适当的范围，在其中一个范围确定一个给定组分的可能性，这对于发现许多问题是有用的。这样一个物理客体的关键问题，或描述这个问题的陈述是：它是否能让我们做出准确的预测并解决这个问题。为此，我们会进入物理学的图表结构追踪这个组分。

当然，在物理-化学层次形成的概念对这个层次的许多问题是有用的，但是，对于其他两个层次则不一定有用。也就是说，物理-化学层次的概念和原理不一定适合心理-生理层次和心灵层次。语境论反对用物理-化学层次的概念和原理说明其他高级层次的事物，反对心理-生理层次和心灵层次的事物只不过是物理-化学层次的组合的观点，如生物体只是物理材料加上其他东西的混合，成年人只是儿童加上其他几个因素而已。这些解释显然忽视了不同组分之间的相互作用，忽视了相互作用产生的不同功能和结果。因此，如果不坚持语境论，就会走向还原主义。如果接受语境论关于变化和可错论的观点，我们就会以新的眼光看世界，

---

① Dewey J. Experience and Nature. Chicago: Open Court, 1925: 261-262.

去发现新的事物。在语境论者看来，如果我们坚信新的性质一定会出现，而不是简单地去探索一种解释，我们就会产生新的理解。例如，生命和心灵是从没有生命和心灵的事件中进化而来的，如果承认这个事实，当生命和心灵以适当的发生方式和支持条件相互连接起来时，我们就能够说明生命和心灵的可能性、变化的具体方向是如何指向进化状态的。但是，在变化的知识面前，我们所做的预测可能是错误的，我们期望通过观察和实验使我们的预测更准确。

二、自然主义作为认识的根本方式

在认识论方面，进化的语境论坚持自然主义立场，主张对人与自然关系的解释不仅与生物学特征有密切联系，而且也与心理学特征密切相关。这就要看我们采用哪种心理学理论去解释了。如果采用洛克、贝克莱和休谟的哲学心理学或传统内省心理学去解释，人与自然似乎是彼此孤立的，因为这种老式心理学根据相关感知或印象以及由联想构成的观念来描述经验。也就是说，人借经验与自然联系起来，而经验又借所谓的感知或印象说明，这显然是缺乏说服力的。如果采用新式心理学或实验心理学解释人与自然的关系，人就是自然的一部分，经验的生物学基质是其核心。这种新式心理学利用生理学和实验心理学的发展观，并根据目的行为的持续过程来描述经验。语境论把这种科学的心理学作为自己的核心，米德把它作为语境论的首要来源。在米德看来，语境论有两个来源：一是行为主义心理学，它能够使人们在行为内表达智力，并根据有机体的活动描述行为；二是研究过程，它唤醒人们通过研究工作检验假设①。这里说的行为主义心理学是指目的行为主义，这种心理学是基于摩尔②水平的而不是分子水平的，而且重视观察材料，特别是对活动个体的观察，而不是华生的行为主义，这种心理学基本是个体的、机械论的，与内省主义对立。语境论把自然主义作为根本认知方式主要表现在以下三方面。

其一，语境论主张人的行为基本上是社会性的。语言作为社会化的工具是在一个群体内相互作用的一种形式，而不是仅把个体行为作为解释的工具。心灵、意识不是被排除在解释之外的某种东西，而是被用来解释精神与行为关系的某种东西，而且精神与行为的内在与外在的区别不是抽象的形而上学说教，而是根据经验的合理解释。例如，图尔曼运用语境论的观点和方法对人和动物的目的行为做了非常系统的解释。他假设，摩尔行为-行动以重要方式与心理学和物理学中的事实相联系，每个这样的行为都有自己的识别特性。为了识别行为，图尔曼特

---

① Mead G H. Movements of Thought in the Nineteenth Century. Moore M H, ed. Unversity of Chicago Press, 1936: 351.

② 摩尔是化学单位，1 摩尔等于 6.23 × 10^{23} 个分子。

别指出，我们首先要描述：“（a）目标-客体或要到达或源于的客体；（b）当与方法-客体短期接触而产生如此到达或源于的客体时与方法-客体交流的具体模式”①。其次，识别行为也要详细指明两类特性：一类是初始原因，即环境刺激和初始心理状态；另一类是行为决定因素，即目的和认知的固有决定因素②以及目的和认知能力。哈恩认为，这种摩尔行为的显著特点是它的有目的特性，无论是动物还是人类。这种行为为了满足各种要求才得以实现，如达到某个给定的环境类型，或为了心理的安宁或不安，或为了获得生存所需的必需品如水、食物、居所等。生物体不断尝试着保持所需的环境条件，如果必要，它们就会改变这些条件以实现它们的目的③。

其二，语境论把人置于自然之中，并在人与其环境、自然、社会和文化之间设定了一个基本连续性。作为有意识的生物体，人类以多种方式与其环境相联系，并在相互作用中成为一个整体，以至于我们很难把彼此分开。这个道理看似简单但是做起来却很难。目前的环境污染就是源于人类自己对环境的破坏。语境论的自然主义方法有利于我们唤起人们的环境保护意识。我把这种语境论称为自然主义的语境论。自然主义的语境论是一种一元论，它反对任何形式的二元论的绝对二分法，如自我与世界，主体与客体，心灵与物质，意识与存在，等等。根据语境论，自我与世界之间的关系不是一种对抗关系，而是一种相互交流的依赖关系。个人内在的思想形式与外部物质世界不相容的观点，与语境论的结构及其语境、指称的组分从一个结构进入另一个结构的思想不一致。语境论也不接受独立主体与独立客体的观点，因为我们不是从主体和客体开始的，而是从一个整体事态或境遇开始的，在这个境遇中，出于实践或智力控制的目的，我们能够区分作为实验者的主体和作为被实验对象的客体，能够区分自我和非自我。也就是说，在适当的语境中，为了一定的目的，运用适当的分析手段（如语境分析），能够识别任何不同的或相似的事物及其性质，解决可能遇到的问题。语境论反对对事物的超自然主义的任何解释。超自然主义借用特殊创造物、奇迹等词语超越自然系统解释自然现象，语境论完全根据自然法则说明自然事件，而不用跳出自然系统。它更关心自然系统内从事态产生的问题而不是试图发现某些由神灵设计的事件的整体性，特别反对那些神性化的词语如“上帝”“神灵”等，这些超自然神灵以任意方式通过特殊的超自然措施介入对自然的解释。达尔文主义与神创论的长期论战就是典型的例证。因此，语境论奉行的是自然主义进路。

① Tolman E C. Purposive Behavior in Animals and Men. New York：Century，1932：12.

② 目的和认知的固有决定因素还包括行为调节，这是图尔曼用来替代有意识认识和心灵主义观念的概念。

③ Hahn L E. Contextualistic Theory of Perception//Adams G P ed. University of California Publications in Philosophy（22）. Berkeley：University of California Press，1942：8-9.

这里需要说明的是，语境论虽然不赞成超自然主义对事件的解释方式，但这并不能说明它一概地反对宗教和神学。用什么方式或什么范畴解释事件是一回事，是否信仰神灵和宗教则是另一回事。例如，杜威也使用“上帝”这个概念，但是他是用自然主义术语解释这个概念的，而不是用神学或宗教术语解释的。我们日常也使用“上帝”这个概念，但我们在做解释时并不使用它。前者是一种解释方式，后者是一种信仰，两者不能混淆。

可以看出，语境论的自然主义方法在较不复杂存在形式和更复杂存在形式之间假设了一个基本连续性，以便低级形式的存在产生高级形式的存在。这并不是说，高级形式的存在及其活动可以还原为低级形式的存在。不过，我们必须认识到，生命、有意识活动、语言交流、各种文化形式，是以自然秩序的方式从低级形式发展而来的。在那些低级形式中这些现象是不显现的。也就是说，高级的人类活动现象是以低级的物理、化学和生物现象为基础的。这是不争的事实。更准确地说，这些高级事物是如何发展的是科学要研究的问题。但是，语境论主张，原则上，追踪这些现象从低级阶段到高级阶段的发展机制是可能的，因为存在的层次问题在现代生物学的范围已经得到相当科学的解释。而且，语境论者运用遗传性假设（性质的可传递性）解决变化的模式问题是指日可待的事情。

其三，语境论的自然主义倾向必然奉行经验主义。传统公认的观点认为，经验是一种知识状态。实用主义者拟或语境论者杜威认为，经验是我们人类与我们的自然和社会环境相互交流的事情，一个做和经历的过程，在这个过程中，我们为了间接产生进一步的功能而使用直接环境条件。经验不是一种与客观实在分离的个人主观内在状态，它部分地与外部世界相联系，正是通过它我们生活、从事活动、感知我们的世界。而传统经验观把经验看成是人们对过去发生事件的经历或感受，强调过去的感受，与现在没有多少关系。语境论的经验观强调经验的语境的、境遇的、交互作用的和场特征，把经验看成与现在联系的体验的过程。杜威反对特殊论（particularism）的经验观，即主张忽视经验与世界的连接性、关联性和连续性，注重孤立的感觉材料、印象和观念。语境论不是在推理的意义上把经验与思想对立起来，而是把经验看成充满推理的过程。根据语境论，经验负载了推理，通过推理追踪方向和关系，并孕育了对未来趋向和运动的预测。这种经验观并不神秘，经验与真实世界相联系，在经验过程中有假设、行动计划、问题的可能解决方案和反思方法，这些因素在探索过程中起到了预测可能变化的重要作用。

从语境论的经验观看，真理是一种观念在实践中如何形成的问题，无论这些观念是不是所期望的，是不是提供了定性的证实。由于实践本身就是一种语境形式，这种真理观也就是一种语境论的真理观。进一步讲，在实践中获得的观念是知识，这种知识是被置于问题语境和反思探询中的，因此知识也是语境依赖的。

柏格森区分了直觉知识和分析性相关知识，认为前者是真正的知识，即领会性质，后者是衍生知识，即根据经验和逻辑推出的。哈恩认为经验感知有两个极限，一个是领会性质或识别性质，另一个是诱发实践动因的东西，一个不比另一个更真实①。派普主张性质的直觉知识与对事物本质信息的分析一样，应该被看成是一种认知形式②。哈恩进一步认为杜威承认柏格森关于直觉知识作为领会性质先于概念而且更深刻的观点是正确的，但是杜威希望保留“相关知识”这个术语③。其实杜威认为直觉知识具有普遍性，它描述了一个整体问题境遇，引导了探询过程。对直觉知识这个唯一性质的深刻认识不仅对感知知识重要，而且对整个人类的生存都是重要的。在这里，这些哲学家强调了直觉对于形成知识的作用。用语境论的术语说，境遇越新奇，事件变化的过程就越迅速，出于适用目的直觉地探询知识就可能越有用。

概言之，语境论强调直觉知识并不是贬低实践知识。实践知识超越了直接认识和感觉材料。感官本来就不是产生知识的通道，而是对行动的刺激。感觉也不是知识，而是重新改变行动的信号，或是解决问题的征兆。感觉先于我们拥有性质可能是我们知道的条件，或是相关知识的开始，但是这类知识是我们使用感觉识别的一个事态，它是通过推论得出的，是探询的一个产物。问题是，探询过程是如何被引导获得确定结论的。这个过程包括控制观察的操作、检验和实验。

三、境遇分析作为核心方法

语境论坚持一种自然主义的境遇分析方法，主张事件的意义是在特定境遇中显现的，也就是特定语境决定特定事件的含义。

首先，科学规律在特定语境或范围是准确和精确的，但是在另一个语境中则是无效的。例如，语境论不赞成机械决定论运用科学规律来说明确定性和普遍性，然后再使用它们推出每个特殊规律的做法。语境论认为，这个过程主要是基于这样的事实：以这种方式进行推理的个人不熟悉包括形成规律的测量和实际程序。在依据根本变化或基本新奇性解释科学规律的过程中，我们应该清楚这些构想是一致性陈述和统计平均。它们具有的这种必然性是惯用的而不是经验地获得的。虽然这些规律对于许多类实例是准确的，但是不能应用于具体事项，如牛顿定律不能说明原子运动。在这种意义上，它们更像是人寿保险的保险精算图，而不是机械论的理想模型。因为这些图也许能够准确预测某年有多少人死亡，但是

① Hahn L E. Contextualistic Theory of Perception//Adams G P ed. University of California Publications in Philosophy (22). Berkeley: University of California Press, 1942: 8-9.

② Pepper S. Aesthetic Quality: a Contextualistic Theory of Beauty. Greenwood Press, 1937: 29.

③ Dewey J. Qualitative thought. Philosophy and Civilization, 1930, (101): 93-116.

不能准确预测某一个人在某年死亡。为了避免这类结果，我们需要某些更好的方法，而不需要像独裁主义或沙文主义、先验准则、简单猜想一类的东西。语境论强调使用实验方法，认为它是我们得到更准确的预测和更好控制问题境遇的方式。问题越是重要，越是需要实验方法。现代科学实际上就是实验的科学，物理学、化学和生物学概莫能外。因为“一个实验就是决定结果的一个行动纲领，因此也是一种把智力引入境遇的途径”①。例如，在生物学中，一个实验就是我们发现一个生物体如何调节使它能够趋利避害的一个智力指导程序。尽管实验方法不能提供确定性，但是它能够帮助我们从自然环境、社会环境获得所需要的大量测量数据。如果通过实验方法我们能够发现或引入适当的工具，那么我们就能够更好地探索未知世界。

其次，在探索事物的变化及其变化的方式过程中，明确目的和语境是非常重要的，这样就趋向了相对主义而避免了绝对主义。从语境论看，相对主义比绝对主义更适当，因为相对主义强调语境、境遇和关系。虽然语境论还不是相对主义，但与相对主义有许多共同之处。例如，事物的意义是相对于一个境遇而言的，脱离这个境遇谈论意义就会扭曲和损失意义。哈恩指出：“把一个结构置于不同的语境中，然后改变它的性质。不论这个变化对于给定的目的重要与否，它都依赖这个目的或这个语境。至少，性质的恒常性从一个语境到另一个语境不是某种假定的东西，而是某种必须被探索的东西。它需要规划并建立适当的控制结构。因此这种观点排除了绝对，而且无条件概括可能是误导性的。语境论者主张，如果我们能够说明所指的目的、依据的标准、在哪些方面、如何描述所满足的条件，描述任何事态，或详细指明它的关系就是一件非常容易的事情，而且通常进行地很顺利。幸运的是，日常目的语境的存在使得这些事情足够明确。”②也就是说，对于某事或某物如果目的和语境明确的话，行动起来并不是困难的事物。例如，一把小刀，用来削苹果是适当的，而用来劈柴则是不适当的。一种教学方法对于一组具有相应知识背景和兴趣的学生是有效的，而对于缺乏相应知识背景和兴趣的学生则是无效的。苹果树适合于北方的土壤和气候条件而不适合于南方的土壤和气候条件，如果我们要在南方栽培苹果树，其效果就可想而知了。因此，只要做事的目的和语境明确，做起来就是容易的。相反，如果做事的目的和语境不明确，做起来就很困难。在行动之前，明确目的和语境是非常重要的。

再次，对事物的还原分析是必要的但不是绝对的。语境论反对绝对的还原主义，赞成相对的还原主义。在分析事物的过程中，语境论反对把复杂事物还原达

---

① Hahn L E. A contextualistic worldview：essay. Southern Illinois University：the Board of Trusteses，2001：16.

② Hahn L E. A contextualistic worldview：essay. Southern Illinois University：the Board of Trusteses，2001：16.

到绝对或固定的元素，如把生物体还原到分子水平，认为还原是追踪变化模式的过程，赞成对事件的遗传性解释。也就是说，在把一个整体事物分解为原子单位或不能再分解的某类构成物如基本粒子的意义上，语境论反对元素分析的可能性。正如派普所说的那样，分析是展示一个事件结构的事态，这一过程包括对这个事件组分的识别，但是这些组分的部分性质来自这个事件的语境并进入这个语境[①]。所以，分析还原是一个追踪指称从一个语境到另一个语境的过程。我们应该追踪哪些指称，追踪多远，依赖于那个引起我们分析的问题。我们可以追踪一个给定结构的组分进入方便控制的结构如图表。例如，色柱或音阶结构，我们可以追踪它们并用光波或空气振动图表示。而光波或空气振动图示与构成物理学的图示系统相联系，并以各种方式与其他科学的图表结构交缠在一起。任何色彩都可以相当精确地按照色调、饱和度、价值被置于色柱之上，这样的话，我们就可以根据此图表在将来生产它们。

我们知道，柏拉图的实在论和机械论的自然主义已经假设，任何整体都能够被完全分解为它的构成元素。至于这些元素是什么则是有争议的。但有一点是肯定的，那就是一个整体可以被还原为它的构成元素，如德莫克利特的原子论所主张的那样。然而，语境论是坚决反对这种还原的可能性的。根据语境论，不存在任何最终完全被分解的东西，某物能够被分解是因为我们对它和分解本身缺乏了解。分析探询既包括对一个结构的构成组分的识别，也包括对相关语境指称的识别，而且传统说明倾向于把它限制在结构的一个具体形式方面。

例如，当我们把一个给定事件分解为 A、B、C 时，这并不是说这个事件仅由 A、B、C 构成而没有任何其他东西，而是说我们追踪连接这个事件的 A、B、C 的关系模式。当然，这并没有排除我们追踪这个事件与其他组分 D、E、F 之间的关系模式的可能性，或者这个事件与许多其他可能性之间的关系[②]。对语境论者而言，终极宇宙单位或元素是不可靠的实体，把事物还原到这些我们以为是最终成分的解释是对分析探询方法的极大误解。因此，不存在对任何事件任意分解的方法。一个事件的结构能否以许多方式展示出来，取决于分析的目的或产生这个问题的性质。按照派普的说法，一个事件的性质是其组分性质的融合，而且任何给定结构的部分性质由于它的环境结构的性质而增加到这个事件上，而环境结构的性质翻过来部分地依赖于它们语境中其他结构的性质。这个过程远不是分解还原可以做到的。至于这个过程依赖于我们遵循的哪个所指组分，我们追踪的哪个结构，可能有许多种分析，而每个分析或多或少适合它的目的。

① Pepper S. World Hypotheses: A Study in Evidence. Berkeley: University of California Press, 1942: 248-252.

② Hahn L E. A Contextualistic Worldview: Essay. Southern Illinois University: the Board of Trusteses, 2001: 18.

进一步讲，如果分析还原是展示一个事件结构的事态，那么根据条件和结果的遗传性说明就是非常有序的。因为这是展示事件结构的一个非常重要的手段。按照语境论的主张，自然是一个不停地开始和结束的场所，始点、完成、中断与它们连接的指称和介入其中的方法-客体（means-objects）或在某一个语境中操作的工具，本身就是范畴化的东西。而且，这些范畴的区别是在一个时间过程中进行的，忽视这一事实的分析省略了极其重要的东西。尽管这种分析提供了一个无时间的逻辑分类，但它不可能随着时间的推移展示一个事件的结构。因此遗传性说明更加具有清晰的说服力。

最后，语境论的自然主义和生物学倾向使它坚持主张反思性思维或批判性探询的科学方法。那么什么是反思性思维或批判性探询呢？所谓反思性思维或批判性探询，在语境论者看来，就是问题解决或怀疑消解（doubt-resolving）过程。这种方法有着广泛的应用，特别在计算机科学和认知科学中被用来解决这个变化世界里我们面临的许多问题，如计算机能否思考问题、处理常识知识问题。这些问题应该是具体的、明确的，如果我们运用语境论方法就可能解决这些问题；如果不受语境约束地任意提出问题，任何方法对它恐怕都无能为力。也就是说，反思性思维或批判性探询是以语境的存在为前提的，即在语境中解决所提出的问题的。笛卡儿的普遍怀疑是有问题的，因为我们不能不受语境约束地怀疑，或者说，怀疑的发生也是有语境限制的。

那么这种方法的具体步骤是什么呢？其实杜威已经对此方法做了详细的论述，并把它分为五个步骤①。

（1）提出问题。也就是在复杂的现象中提炼或概括出问题。这是探询的开始，也是发现问题的开始。这种境遇可能是冲突、矛盾倾向、困惑、怀疑、模棱两可等之一。

（2）澄清问题。通过观察和分析我们收集阐明困难或确定问题所需的经验材料，用清晰阐明的问题取代一些模糊的想法。

（3）清晰地表达问题。清晰地阐明问题后，我们尝试提出如何解决所提问题的假设或解决方案。此时，我们有解决问题的多种想法，这些想法包括进一步的观察，引导我们找到相关事实。我们对问题的陈述越适当，我们寻找的解决方案就越有预测性。

（4）演绎地论述。我们通过推理获得各种假设的意义，弄清哪一个是我们所期望的。在某些情形中，在我们演推出一个给定假设的含义前，我们需要更多信息。然后，在详细分析和审视提出的各种解决方案的可能结果的基础上，我们确定一个可行的研究计划。

① Dewey J. Logic：Theory of Inquiry. New York：Henry Holt and Company，1938：1-527.

（5）证实或证伪问题。也就是通过观察或实验，检验最有希望的假设。如果其中一个假设得到确证，问题就解决了，怀疑也消除了，一个新的研究阶段又开始了。这些探索步骤与科学哲学家波普从问题开始的科学发现模式非常类似。

然而，这些研究阶段又过于简单。在实际研究中，具体过程也不完全遵循这些步骤，也可能是其中几个，也可能有压缩或合并步骤的情形。例如，如果在第一步所提解决方案的可能结果没有多大希望，我们可能返回到第二和第三步骤，重新考虑我们的问题，看看是否考虑其他可能的方案。对于复杂而困难的问题，精心设计的研究规划是必要的。不过，杜威的方法尽管简单，但还是清晰的、准确的，基本反映了实际研究过程的情况。这就是解决问题的反思探询方法，它适合于个人问题，社会问题和科学问题，比单纯的试错法和解决一个问题并提供如何解决这个问题的某些解释性陈述更有优势。

第二章　语境实在论的认识论

这一章，我们首先对哲学史上的认知思想进行梳理与评述，然后探讨基于语境的认知推理，语境中的心理意向，认识的语境论和语境认知构架问题。因此，深入挖掘语境实在论形成的思想根源、不同表现形式、本质特征、认识论与方法论，对于科学哲学的发展及科学研究有重要的价值。

第一节　哲学史中的认知思想

认知现象是一种复杂的精神现象。在认知的行为主义产生之前，认知的研究几乎是哲学家的专门领域，从古希腊到现代的哲学家几乎都对认知现象进行过思考，提出了一些重要的哲学思想。本节我们对亚里士多德、笛卡儿、洛克、哈特莱、休谟、康德的认知哲学思想进行梳理与挖掘，试图厘清认知现象探讨的哲学进路。

一、亚里士多德的认知“目的论”

对认知现象最早进行思考的可以说是亚里士多德。虽然他不限于生物学范围去理解人类生命问题，但亚里士多德把概念的相同体系用于所有科学的发展。在《形而上学》和《后分析学》中，他大体上对这些观念进行了陈述。在他的《论生命》中提出的许多观念在当代认知科学中仍有影响。

在亚里士多德看来，不同个体存在的属性要以特殊的方式来解释。在这种特殊方式中，它们所属的种类的必要形式或结构在构成它们的特别物质中得以实现。各种存在之间的差异突出地以它们的形式或必要组织的差异来说明。每种有机生命有其特有的形式。每一个体生物具有说明那种形式的某种本性。例如，所有的熊都由相同的方式构成，但熊的形状不同于马的形状，因此熊不同于马。

亚里士多德根据生物的本能和能力把有机生命分为四个等级：①通过吸收营养和生长的能力表现植物的特点；②通过它们对环境的敏感性以及吸收营养和生长的能力表现较低级动物的特点；③较高级动物有迁移能力以及吸收营养和敏感能力；④人类不仅具有所有三个较低级能力，同时具有他们特有的认知能力[①]。

也就是说，人不仅能解决问题，而且能从许多特殊事物抽象出一般观念。等

---

① Harre R. Cognitive Science：A Philosophical Introduction. London：Sage Publications，2002：93. 这本书已经由魏屹东翻译成中文，书名为《认知科学哲学导论》，2006 年 12 月由上海科技教育出版社出版。

级结构中的每个生命的能力，起源于动物或植物的物质被结构化的形式。亚里士多德把认知现象应用到人类和动物的根概念（root concept）体系，实现了生命的某些目标的一种能力或多种能力的概念体系。

这个构架有两个基本问题需要研究：①哪个目标适合于一种特殊种类？它们如何与它的生命形式相关？②在动物生命的具体情形中，靠什么实现这种和那种能力呢？

亚里士多德认为动物由它的环境中的目标驱动。例如，当熊看到蜜蜂在一棵树上飞出飞进时，它就会走近这棵树，蜜蜂的运动引起熊的运动。在亚里士多德看来，动物是自我行动者，熊找到蜂蜜是因为得到蜂蜜对它是一个天生的目标。熊就是这样被构造的，以便尽量达到对它有益的目标。也就是说，动物是目标驱动的。这就是亚里士多德的认知“目的论”。

亚里士多德还进一步认为，一种现象的一个动因说明包括四个构成因素：①原因是结果或事件发生的必要和充分条件；②因果条件或与结果同时发生或在它之前发生；③当因果条件发生或发生之后，如果没有什么干扰，结果一定发生；④结果不在刺激条件中被表征。

在条件②和④中，一种认知现象的“目的论”说明不同于动因说明。在这个说明中，未来状态或事件在现象发生的解释中被表征，这是因为渴望得到的结果在因果条件产生效果的系统中被表征了。按照亚里士多德的看法，这项认知成果通过幻想的认知能力成为可能，这种能力把事物看成与实际目标相关。例如，熊找蜂窝，因为熊知道蜂窝包含蜂蜜，而且蜂蜜对它有好处。认识一个复杂目标并追求它的能力被嵌入动物的本性。人类的目标是获得知识，取得功效。因此，在亚里士多德看来，追求知识是认识人类本性最有特点的东西。

在亚里士多德“目的论”范式中，任何认知研究必须包括四个问题：①构成生命的物质材料是什么？②在物质实现的、赋予生命必要能力作为那类生命繁荣的形式是什么？③那类生命的适当目标是什么？④哪种情形引发了动物的活动性？亚里士多德在他的方案中强调从植物到人类生命特征方面的深刻类似性。动物的不同类型的不同性质通过它们的不同组织方式得到解释，这赋予每个类型的生命以适当的能力。

在亚里士多德看来，解释的模式总是“目的论”的，即生命活动总是指向自己的目标。动物是自我行动者，那仅是因为它们被建造出来把事物当成对它们自己的生命有益的东西。“把某物当某物感知”的能力是常识直觉起作用。当熊把蜂窝当成蜂蜜的一个来源感知时，它已经超越了蜂窝的可观察物质特性。因此熊的行为也是意向行为，因为把某物当成某物感知是意向性现象。一个思想总是某物的一个思想。情绪表现和感觉也指向超越它们自己的东西。可以说，人类和其他动物本质上执行相同的社会行为和相似的认知操作。动物行为学研究表明：

动物的许多活动受目标引导，包括更高秩序行为的追踪以及对刺激的简单反应。按照行为学的观点，人类活动在类型上与动物的社会和认知行为没有什么不同，只是在复杂和精确程度方面存在差别。

二、笛卡儿的认知“预示论”

笛卡儿认为独特和清楚的心理实体存在于每个人心中，它与身体物质材料密切地交织在一起。心理实体被赋予特殊的心理特性，而心理特性在每个方面不同于构成人身体的物质实体的特性。思想是心理实体的属性。虽然每个人的身体由相同的材料构成，但每个人的心智由独特的心理材料构成。笛卡儿的认知“预示论”可分为两个阶段：第一阶段是他试图通过对普通经验的分析说明每个人的心理一定归于心理实体；第二阶段是他追踪研究心理属性的性质及其相互关系。笛卡儿相信心理状态和过程确实存在，因为在他看来既然心理状态和过程与物质材料没有共同之处，一定存在它们可以适当地归入的心理实体。同时，笛卡儿想确定他与他相信已经显示是个体实在的一个必要成分的心理实体是同一个东西。

笛卡儿针对这个论题通过一个系统性纲领来怀疑他所有思想的真实性。这就是笛卡儿的“怀疑方法”。这个纲领没有直接走向建立一个有关人类知识范围的彻底怀疑论。它被设想为是在似有道理和可靠事实的次序中的一个等级信念。他问自己，我能确信什么呢？我不能超过所有可能怀疑来确定我的感觉以外存在一个物质世界。他甚至怀疑他自己身体的存在。笛卡儿贯彻这个纲领直到不能进行下去，于是便开始怀疑一切。然而，这个纲领确定某种怀疑物存在，即使不相信怀疑物存在也是要例证它的。怀疑物是思维的一个种类。这样，思想的存在大体上得到证明。

笛卡儿想确定他作为一个思考者存在。他试图确立他作为思考的事物，即思维的东西。著名论点“我思故我在”假定了一个“我”，这已经包括笛卡儿作为思想者存在的预设，因为他以第一人称开始陈述。笛卡儿能合理地从这个论点论证一切是思维的存在。那作为怀疑方法使用的结果已经得到确立。因此，作为物质实体的人的存在这个论点并没有显示出来。笛卡儿的方法论的怀疑仅产生了思维现象存在的确定性，而不是思维必须是心理实体的一个属性。

心理实体是为人的本质吗？如果我能感知我身体的属性，而且我能意识到我的思想是我心智的属性，甚至当我怀疑它们的真实性时，好像我不能既是我的身体又是我的心智。只有它们是它们的思想和感觉的总合时，一个人如何知道他所想或所经历的私人知觉是什么东西呢？隐含在这个方案中似乎一定存在另外的“东西”，既非心理的也非物质的。当然一定存在一个感知这些私人状态的内在观察者的“内心之眼”。它是同一个感知物质世界事物的存在吗？笛卡儿认为是肯定的。

笛卡儿的“预示论”预先假定了一个行动者，知道自我以及一个心理实体，其特征是思想和感觉。为了说明作为心理实体的心智不同于作为物质实体的身体，笛卡儿开始说明心智既不是空间可延伸的东西，也不是可分为部分的东西。他宣称物质的本质是延伸性，心智的本质是思想，它没有任何延伸性。确立了心智没有部分也不能被延伸的观点后，笛卡儿提出了一个包罗万象的“预示论”来解释心智。在他的“预示论”中，他吸收了关于活力的物质领域的假设和关于灵魂的心理领域的假设。他把思想分为两类：一类是灵魂的行动，另一类是它的感情。一方面，他称之为灵魂行为的东西是我们的全部意志，因为我们通过经验发现它们直接来自我们的灵魂；另一方面，当发现在我们身体中存在的所有情形可以称为它的感情时，它时常不是我们的灵魂使它们所是原来的样子，还因为它总是从它们呈现的事物接受它们。

笛卡儿认为意志有两类：一类在灵魂，如乐意使自己信仰上帝；另一类在身体，如乐意使自己早晨起床。灵魂也有两类：一类由灵魂本身引起，如感知意志的一种行为能够知道做某物；另一类由身体引起。笛卡儿“预示论”的核心是他试图把神经和脑中的活力行为和灵魂行为联合成一个整体心理实体。因此，他相信，身体的精神和灵魂的行为在松果腺中集合起来，而且由意志驱使的灵魂将趋向于同时在腺体中受到刺激，因为在我们身体内只有一个灵魂，这个灵魂在它本身内部没有部分之间的差异；那个非常敏感的东西是理性的，它所有的欲望是意志。笛卡儿的非物质心理实体假定并不意味着他是彻底的唯心主义者。在他的解释中，身体起着不可缺少的作用。这表明，认知现象是涉身的。这与当代的认知涉身性理论是一致的。

三、洛克的认知“观念论”

与笛卡儿不同，洛克把心智描绘为一个容器而不是一个实体。但它的内容是心理和观念，如思想、感情、概念、意志等心智内部的实体。洛克认为，人们在他们的思想中毫无疑问地具有一些观念，我们的感觉把一些清楚的感知传入心智。这些就是观念。洛克运用隐喻对认知现象做了说明，即心智把观念作为其内容的容器。他认为不论是应用于外部有感觉的物体和心智的内在操作，还是感知和反映我们自己，我们的观察是用所有思维材料提供我们理解的东西。

洛克的简单观念就是心理原子，它根据牛顿定律描述了物质以原子聚集成为复杂分子的方式聚集成为复杂观念。在洛克看来，存在一位感知这些观念的内部观察者，因为观念是心智独有的内容。那只“内部之眼”能专注一阶观念并形成关于它们的反省观念，这也是心智内部的实体。也就是说，洛克尝试构造一个模型来表征认知过程。洛克认为简单观念以聚集方式进行着，这就是它们在心智中逐渐联合起来的原因。心智有能力形成复杂的观念，并创造它自己的联合。

洛克把观念分为两类：一类来自感觉感情的观念，如黄的、热的、软的、苦的；另一类来自我们自己心智操作的感知，如感知、怀疑、相信、推理、知道、乐意。洛克假定存在着执行这些二阶知觉行为的某个东西，每个范畴包括简单和复杂观念。洛克指出，没有什么心智不能对它本身产生任何观念，也没有任何观念不能整个地由它们组成。当心智在接受所有简单观念过程中整个是被动的时候，它尽力发挥自己的作用，无论简单观念来自哪里。这样，一个活跃的认知过程产生了复杂观念。这个过程就是洛克的认知“观念论”的基础。

在洛克看来，心智对简单观念施加它的力量有以下几种方法。

（1）把简单观念结合成复合观念，这样，所有复杂观念就形成了。

（2）拿来两个观念，不论是简单的还是复杂的，把它们结合为一个就能立刻观察到它们，通过这种方式获得它的关系观念。

（3）把它们与所有其他观念分开，这些观念在它们的真实存在中与它们在一起，这称为提取。这样，所有一般观念便产生了。洛克认为这展现一个人的能力以及它在物质和智力世界中相同的操作方式，也说明了个人及其心智之间构造的意会性同化作用。

洛克还把观念进一步细分为三种：关于实体属性的“模态的观念”、关于独立生存事物的“实体的观念”、关于一个观念与另一个观念比较的“关系的观念”。感觉的观念还有子型或亚型：仅感知的观念如颜色、噪声、味道等。然后有更多感知的观念：正方形、雨燕等。同样，反映的观念也有子型，如知觉、思维和意志。洛克认为还可能有第四个类型，它既可以归入感觉的观念也可以归入反映的观念。它是一个有点异类的成分（lot），包括“快乐的观念”和“痛苦的观念”。这一对观念既可以来自感觉也可以来自我们自己心智操作的反映。这个类型也包括“存在的观念”，它在感觉的观念中或在反映的观念中都存在。

洛克还提出第一性质和第二性质观念。他试图使用它来发展知觉心理学。他的策略是主张一些观念，如形状的观念与它们的物质原因、物质事物的真正性质相似，于是指出一条直接进入非认知世界的通道。其他观念如温暖的观念不与它们的物质原因相似，如分子运动。而且我们只能说世界上的事物有能力引起我们心智中这样的观念。一个其知识只由观念和它们的相互关系组成的实在，如何能够不断发现支持这样一个主张是洛克从没有解决的问题。为了认识一些观念与它们的原因相似而一些不相似，认知哲学家需要观察观念和物质性质，并研究它们的相互关系。然而，依照洛克的看法，除了观念以外人的心智中从来没有任何东西。我们不能说洛克建立了任何可表征认知和知觉机制的解释模型，他最多建议心智主动把简单观念结合成为复杂观念。其实，他是以简单观念被表征的模式化为基础，并没有采用这个作为复杂观念中它们继续联合的解释。不过，在复杂观念的形成中肯定存在着心智的活动。

四、哈特莱的认知"实在论"

洛克没有把关联观念（associated ideas）与大脑和神经系统的获得性特征（acquired properties）联系起来，认为人类理解的认知领域只由观念组成。17 世纪早期，霍布斯已经指出了在大脑和神经系统中观念和物质微粒运动之间的一一对应关系的可能性。然而，他的认知观念是唯物主义的，在那个系统中不仅微粒是真实的，观念和大脑状态及神经系统在它自己的领域都是真实的。

哈特莱认为，人在思考时总有大脑和神经系统的一些状态不作为特别重要的东西在大脑中闪现。然而，如果发现相同的脑状态类型与相同的思维或感觉类型在一起，人就更倾向于在观念系列和大脑状态系列之间设置至少一个因果关系。1749 年，哈特莱在他的论文集中详细地论述了统一心理学的规划，当把它应用于神经系统时，它能把心理联想规律与心理物理学规律结合起来。很显然，哈特莱的认知观是实在论的。人注意他或她自己心理过程的可观察心理联想是通过一个基本联想得到解释的，而不是通过那个人脑和神经系统中的不可观察物理状态得到解释的。

哈特莱坚持这样的观点：观念这种居于人类经验王国的实在，是由脑和神经系统中相应的微小"震动"引起的。他运用牛顿的机械论的粒子说和因果关系理论来解释神经系统。他把物理学作为他的认知模型的一个来源。然而，与洛克利用原子论说明他的简单和复杂观念相比，他转向了原子论物理学的一个不同部分。但正是他的统一论题对后来的认知心理学有最重要的影响。正如通过在我们经验中它们同时或相继一起出现的重复经验而形成的联想引起观念聚集一样，在我们的神经系统中一定存在关联震动。

观念由神经系统震动产生的主张使哈特莱进一步认为，感情是心智的内在感觉，它起源于我们身体中不同部分产生的印象。在他看来，我们所有其他内在感觉可被称为观念。感情的观念很简单，所有其他观念是复杂的。如果在感情和观念中找一个位置，那就是快乐和痛苦。由于"感情的不断重复"的结果，哈特莱用经验术语描述心理联想。观念之间的联想一旦建立起来，当只有一部分被呈现时便允许整个联合体被提取而得到回忆。哈特莱把相应的神经联想描述为："我们在猜想，与这些简单观念一致的简单微小震动是以同样的方式（关联的）进入一个复杂的微小震动中，与产生的合成观念一致。"① 同样，在他看来，词也通过一种相似的简单机制与观念关联，词和观念的经验模式与一个相似的震动模式相匹配。尽管哈特莱提供了许多混合联想的例子，但是他没有概括联想的基本规律。因此，在牛顿力学和观念心理学之间的平衡仍没有得到解决。随着神经

① Hartley D. Observations on Man. Bath: Leake & Frederick, 1749: 790.

学的发展，也许还有认知与分析哲学的介入，我们仍能找到二者之间的关系，并发现有意识经验的结构和成分的现象分析与神经系统的因果过程模式之间的一个紧密联系。

五、休谟的认知“实证论”

受牛顿物理学的鼓舞，17～18 世纪的哲学家试图发现心理联想规律。休谟就是典型的代表，他提出观念联想三原则——相似关系、时间和空间的接近关系、因果关系。就它们对后来心理学的影响而言，可与牛顿三定律媲美。休谟认为借助这些原则就可以把各个观念联系起来。20 世纪的认知科学把联想原则发展为相邻原则、相似原则和对比原则，为语义网络和联结主义模型的发展提供了思想基础。休谟把“心智的知觉”分为“思想”、“观念”和“印象”。前者不比后者更真实但有相同的内容，如印象起源于听、看、摸、爱、恨、愿望和意愿。心智的创造力以这些基本认知单元为基础，通过“组合、调换、增加、减少感觉和经验负担的材料”的方式得以训练①。如果它们接近而且与因果关系相关，假如彼此相似，观念趋向聚集。观念的重复出现在人类经验中以这些方式中的任何一个聚集，导致它们不断被思考并被联想。

休谟还对被还原为邻近事件重复的结果进行因果关系分析。例如，我们为什么认为弹小提琴上的弓弦引起听者听到一种声音？在经历遵循声音的听觉印象的运弓法（bowing）的视觉印象的规则序列后，运弓法的观念便与声音观念关联起来。一个人看见某人在弓弦上弹奏就预期听到一种声音。联想规律和一个必要过程是通过彼此相似的一对印象的重复而形成心理习惯的。这样，观念的类型是成对的，观念是印象的心理剩余。一个类型的印象发生，关联印象观念跟着发生。

休谟没有深思什么可能是一个人经历的观念序列和观念簇的物质原因的不可观察领域的东西。在他的哲学中，他既不承认有不可观察原因的力量，也不承认任何地方有可观察的物质实体。他的认知观是严格实证主义的，在讨论因果关系概念时他明显依赖实证原则。他认为因果关系包括两个主要的根观念：一是存在着一个原因类型事件和结果类型事件之间相互关系的规则模式；二是在表示这种规律性的一对事件之间存在联系。在休谟看来，只有可察觉的才是真实的。那么我们如何解释我们关于原因是其结果所必须的信念呢？休谟回答说，我们获得了希望结果类型事件在原因类型事件发生后产生的习惯，仅仅是因为我们已经经历过去有规则的相似的序列。事实上，因果关系中的必要性信念仅是关于规律性的心理结果。

---

① Hume D. Enquiries Concerning the Human Understanding and Concerning the Principles of Morals. Oxford：Clarendon Press，1963：18-19.

六、康德的认知“先验论”

康德在《纯粹理性批判》中提出了人类经验的12条规划和判断的12种形式，主张理性的人仅依照这些原则思考和感知。在康德看来，这是因为我们依靠这些源于不完全印象流来综合我们的经验内容。这样一来的结果是，我们感知稳定事物的一个有秩序世界和作为原因及其结果的事件序列。同时，我们综合有意识和有秩序思想的心理王国。这意味着理性的人能够思考或感知的每件事物将展现与12条规划一致的特性。

康德指出：“虽然我们所有的知识始于经验，但这并不意味着它全部源于经验。因为很可能是，甚至我们的经验知识由我们通过印象所接受的和我们自己的知识（只适合于场合的有感觉印象）能力从自身供给的东西组成。”① 因果关系是12条规划之一，它与条件判断形式“如果A，那么B”有关。这样，“如果有人用锤敲铃，铃会响”这个判断表达了锤击和钟鸣之间的一个因果关系。我们为什么能做出这样的判断呢？在康德看来那是因为在我们对世界的体验中，事件是以这样的（因果）对被感知的。然而，我们可能问：为什么世界如同我们经历它的一样，到处体现原因结果序列呢？依照康德的看法，之所以这样是因为我们感知的世界和我们经历的思想是从一个原始的感觉流综合而来的。也就是说，这个“经验世界”与因果图景符合。我们能经历的每件事物将以因果相关事件序列出现在我们面前。

然而，康德认为我们不是总按本能刺激或纵情我们的需要行事。人类生活不是用因果律可以完全说明的，其中还有道德在起作用。我们的确遵照道德律做事。在这样做的过程中，我们不由原因驱动，我们是按照理性规定行动的自我能动的人。在一个由因果关系支配的世界中，道德地做事何以可能呢？康德认为肯定有人类存在的另一面。我们如何知道自己是有能力根据理性行动的人呢？康德认为不是因为我们能把自己的注意力转移到自己的能动自我，这需要我们有一种自我进行体验的经验。正如康德所说：“我不能够决定我的存在是一个自我能动的实在；所有我能做的是把我思想的自发性再现给我自己……我的存在仍然只能被感知地决定，也就是说，作为外在东西的存在。但是，正是由于这个自发性，我赋予我自己以智力。”②

康德进一步认为在经验世界中没有任何行动者。你不能作为一个行动者体验自己。有时你的确自然地行动，也就是说与因果流动相反。至少在某些情况下，你的行动是根据理性而不是原因说明的。人类存在于因果的世界中，一个由感觉

---

① Kant I. Critique of Pure Reason, trans. Pluhar WS, Indianapolis IN Hackett. 1787 [1996].

② Kant I. Critique of Pure Reason, trans. Pluhar WS, Indianapolis IN Hackett. 1787 [1996].

揭示的外在和内在世界。人类也一定存在于一个理性的世界。在因果世界中，存在完全根据经验的自我。在理性的世界中，人类是能动行动者。我们不能完全根据经验，根据观察认识那个世界。我们根据理性而不是根据感觉认识世界，它是先验的。康德称理性世界中我们的存在方式为本体自我。

因此，人类生活必须被当成因果关系游戏的一个混合物和理性使用。虽然康德没有那样表达这个问题，但从他对人类是什么的分析不难得出这个结论。我们存在于一个物质世界，依照植根于我们知识能力中的规划进行综合。然而，我们也存在于道德世界中，存在于规范世界中，它是理性要求我们每个人应该遵守的标准。

七、结　语

认知现象与哲学有着天然的联系。从亚里士多德到康德的认知理论没有一个是完全一致的，但是每个理论标志着一个划分思想和感觉的主要途径——作为心理属性和作为心理实体，没有一个情形是通向另一个有感觉人的思想和感觉的直接通道的可能。亚里士多德的“目的论”是动物行为学或者生物学的，它不能解释认知的发生；笛卡儿的“预示论”是二元论的，也是唯心主义的，它关于松果腺的假设虽然缺乏科学根据，但仍然有一定的积极意义，至少说明认知现象是涉身的；洛克的“观念论”是机械原子论的，简单观念通过机械式组合成为复杂观念，但简单观念是如何获得的他并没有说明；哈特莱从心理联想的可观察知识开始，遵循实在论范式提出的关于脑和神经系统中不可观察“震动”假设，这可用来解释观念在人类经验中被关联的方式。这个措施以牛顿物理学的以太假设为基础，以太震动是作为颜色的可见光谱这种现象的不可观察的原因；休谟的联想原则似乎提供了理解思想模式是如何形成的一种有力的基础，关联观念的分析提供了可观察的和实际的维度，震动的假设提供解释的维度；康德的“先验论”为我们提供了一个综合的认知理论，认知是理性的而不完全是经验的。认知现象的这些哲学版本的任何一个都不能够满足科学知识的一个基本标准——假设必须能够是主体间的和正确性公开检验的。不过，这不要紧，因为哲学不是科学，哲学的功能是反思与概括，为科学提供她需要的预设。

第二节　语境与认知推理

语境之于语境论，犹如系统之于系统论。语境不仅具有本体论性和结构性，而且具有实在性、制约性、历时性、共时性、基底性、整体性和关联性。然而，什么是语境呢？它的结构如何？如何表征计算？意义在语境中如何变换？在语境中如何进行推理？这是本节要探讨的问题。

一、语境的定义与分类

关于语境这个概念，学界有不同看法。普遍的看法认为语境是“语形、语义和语用的统一。”从词义上看，语境一般指的是语言环境。系统功能语言学派的哈利德（Halliday）根据特点把语境抽象定义为：场（field）、旨（tenor）和式（mode）。布郎（Brown）和优勒（Yule）区分了物质语境和文本语境。胡壮麟将语境分为语言、情景和文化三类。在我看来，这些定义都忽视了一个重要因素——认知。因为理解，无论是对文本的理解，还是对话语和事件及行动的理解，都是人的一个基于语境的认知过程。因此，认知是理解语境的核心。

斯珀伯（Sperber）和威尔逊（Wilson）的“关联理论”（theory of relevance）就是从认知出发对语境做了这样的描述：“用于说明某语段的一组前提（除该语段产生时的前提）构成了通常所说的语境。语境是一个心理上的构成，是听者关于这个世界的设想的一个子集。当然，影响话语说明的正是这些设想，而不是世界的真实状况。这种意义上的语境并不限于当下的物质环境信息，或刚发出的语段的信息。对于未来的期望、科学假设或宗教信仰、轶事、普通文化设想、对说者心理状态的看法，在说明中可能都起一定的作用。”显然，他们把语境看成是说明某一语段的前提的集合。具体而言，斯珀伯和威尔逊所说的语境包括：①物质环境中可感知的信息；②记忆中可提取的信息，包括从上文获得的信息和存储在记忆中的任何知识；③从记忆中可以推出的信息。

赵彦春把语境分为明晰语境与隐含语境。明晰语境是指能够直接找到一个词的线索的语境。隐含语境是指一个词在使用时“隐藏”的语境。在此基础上，他进一步把语境分为：语言语境（包括句法搭配和文本的上下文）、社会-文化语境（世界知识）、物质语境（情景）和心理语境（认知处理）。这有一定的合理性。不过，社会-文化语境和物质语境可以合并为实践语境，心理语境就是认知语境。

概括以上语境观，根据语境的本义和延伸意义，我把语境分为三大类：一是文本语境，也叫语言语境，或狭义语境；二是境遇语境，也叫实践语境，或广义语境；三是认知语境，它介于文本语境和境遇语境之间，兼有这两种语境的某些特征，如语言的运用与事件的发生，也有其独特性如应用仪器和数学。这些语境不是定性的、模糊的，相反，它是可表征计算、结构清晰的，具有可表征性、可计算性和可变换性。可表征性是指语境的构成要素是有限的，可通过某种形式表达出来。可计算性是指语境的这些要素可通过算法（或步骤）获得数值或非数值的结果。可变换性是指语境是发展变化的，语境的变换，导致意义的变化。

二、文本语境的表征计算与意义变换

对于文本而言，其边界是语言，它的语境是由语形、语义、语法和语用组成的。文本语境 C_t 可表示为 $C_t=(N, S, G, P)$。其中，N 为语形，S 为语义，G 为语法，P 为语用。或者说，一个文本，语言的或符号的，都是由词、句、段构成的，意义由它们的组合体现。文本语境意义的产生是语用者阅读文本的结果。

当然，文本的意义其实是衍生意义或二次意义，它是文本作者在其原始语境中的作品。在这种意义上，文本本身是语境化的产物，它的意义是再语境化的结果，而文本语境是文本与语用者相互作用的构成物。

就文本来说，它的结构为 $T=(N, S, G)$，这是一个静态的二维结构或平面结构，其意义是潜在的，也就是还没有被人理解。当它被纳入理解者的阅读范围时，即进行语用实践 P 时，潜在的意义才显现出来，变为显在的意义。或者说，文本的原始意义变换为理解意义。意义显示的过程是一个映射，即 F：$(T)\to Y$。其中，(T) 为文本的特性集（如字体、颜色、版式、语种等），Y 为文本对理解者的意义集（有意义、无意义，好、坏、是、非等）。

在文本语境中，如果 N，S，G，P 之间的相互作用关系 $R_i(N, S, G, P)$ 可以用 -1，0，1 表示，其中，-1 表示负意义，0 表示无意义，1 表示正意义，则，$(T)=(-1, 0, 1)$。它们产生的意义可以用 -1，0，1 表示，分别代表负意义，无意义和正意义，即 $Y=(-1, 0, 1)$。它们之间的对应关系如下。

如果 $R_1(N, S, G, P)=-1$，则，F：$R_1(N, S, G, P)\to Y=-1$。

如果 $R_2(N, S, G, P)=0$，则，F：$R_2(N, S, G, P)\to Y=0$。

如果 $R_3(N, S, G, P)=1$，则，F：$R_3(N, S, G, P)\to Y=1$。

这些对应关系表明：文本语境 (N, S, G, P) 有什么样的组合性质，理解者就会获得什么样的意义。也就是语境决定意义。

同样，当 $(N, S, G, P)=(R_i, R_j)$，相应的，F：$R_1(N, S, G, P)\to(Y_1, Y_2)$。也就是说，当文本语境的组合关系由 R_i 变化到 R_j，它对理解者的意义也相应由 Y_1 变化到 Y_2，这种变换关系可表示如下。

如果 $C_{ti}\to C_{tj}$，则，

$$F_i: R_i(N, S, G, P)\to Y_i\to F: R_j(N, S, G, P)\to Y_j \tag{2-1}$$

式（2-1）就是文本语境的变换模型。文本语境以文本为主的变换有三种情况。

（1）同一文本，语用者 P 不同，意义不同。变换关系为

$$F: R_i(N, S, G, P_i)\to Y_i\to F: R_j(N, S, G, P_j)\to Y_j$$

（2）不同文本，同一语用者，意义不同。变换关系为

$$F: R_i(N_i, S_i, G_i, P)\to Y_i\to F: R_j(N_j, S_j, G_j, P)\to Y_j$$

（3）文本和语用者都不同，意义必然不同。变换关系为

$$F: R_i\ (N_i,\ S_i,\ G_i,\ P_i) \rightarrow Y_i \rightarrow F: R_j\ (N_j,\ S_j,\ G_j,\ P_j) \rightarrow Y_j$$

前两种属于部分变换，后一种属于完全变换。不论哪种情况，只要文本语境发生变换，意义一定发生变化，只是变换的程度上有差异。

例如，同一部《哈姆雷特》，“一千个读者就有一千个哈姆雷特”。不同版本的《哈姆雷特》，“一个读者有不同的哈姆雷特”。不同版本的《哈姆雷特》和不同的读者，“不同的读者有完全不同的哈姆雷特”。

三、境遇语境的表征计算与意义变换

对于事件或行动而言，其边界是社会或自然，它的“语境”是由时间、地点事件、行动者、背景要素组合而成的。境遇语境 C_s 可以表示为 $C_s=$（T，W，A，E，B），其中，T 为时间，W 为地点，E 为事件或行动，A 为行动者，B 为背景因素包括社会、历史和文化。在这个语境中，事件是其他因素的函数，即 $E=f$（T,W，A，B），也就是说，事件随其他因素的变化而变化。事件不同，其他因素一般也会不同。

根据事件或行动的背景的主次不同，即社会因素、历史因素和文化因素对事件或行动的起作用程度不同，境遇语境可分为：社会语境、历史语境、文化语境。分别表示为

$$C_a = (T,\ W,\ A,\ E,\ B_a)$$

$$C_b = (T,\ W,\ A,\ E,\ B_b)$$

$$C_c = (T,\ W,\ A,\ E,\ B_c)$$

其中，B_a 为社会因素集，B_b 为历史因素集，B_c 为文化因素集。它们的结构为

$$B_a = (a_1,\ a_2,\ a_3,\ a_4)$$

$$B_b = (b_1,\ b_2,\ b_3,\ b_4)$$

$$B_c = (c_1,\ c_2,\ c_3,\ c_4)$$

其中，a_1，a_2，a_3，a_4 分别为政治、经济、军事和教育。b_1，b_2，b_3，b_4 分别为前理论、思想、范式，方法。c_1，c_2，c_3，c_4 分别为哲学、宗教、文学、艺术。

对于一个境遇 S 而言，它的结构为 $S=$（T，W，A，E）。这是一个动态的四维结构，因为 $TW=$（x，y，z，t）是一个四维时空。事件（包括行动者）在这个四维时空中发生。背景因素也历史地嵌套在四维时空中。行动者在四维时空中作用或参与事件产生的效用也是一个映射，F：（E）$\rightarrow D$。其中，（E）为事件的性质集（颜色、体积、温度、形状、性质等），D 为事件对行动者的效用集（真、假、好、坏、利、害、是、非等）。

在境遇语境中，如果 T，W，A，E，B 之间的相互作用关系 R_i（T，W，A，

E，B）可以用 -1，0，1 表示。其中，-1 为负价值，0 为无价值，1 为正价值，则（E）$=(-1, 0, 1)$。它们产生的价值可以用 -1，0，1 表示，分别为负价值、无价值和正价值，即 $D=(-1, 0, 1)$。它们之间的对应关系如下。

如果 $R_1(T, W, A, E, B) = -1$，则，$F: R_1(T, W, A, E, B) \rightarrow D_1 = -1$。

如果 $R_2(T, W, A, E, B) = 0$，则，$F: R_2(T, W, A, E, B) \rightarrow D_2 = 0$。

如果 $R_3(T, W, A, E, B) = 1$，则，$F: R_3(T, W, A, E, B) \rightarrow D_3 = 1$。

这些对应关系说明：境遇语境有什么样的组合，行动者就会获得什么样的效用或价值（意义）。或者说，事件或行动的意义由境遇语境决定。

同样，当 $(T, W, A, E, B) = (R_i, R_j)$ 时，相应的，$F: (T, W, A, E, B) \rightarrow (D_i, D_j)$，也就是说，当境遇语境的组合关系由 R_i 变换到 R_j 时，它对主体的价值或意义也相应的由 D_i 变换到 D_j。或者，当境遇语境发生变换时，其对行动者的价值或意义也发生变换。这种变换关系如下。

如果 $C_{si} \rightarrow C_{sj}$，则，

$$F: R_i(T, W, A, E, B) \rightarrow D_i \rightarrow F: R_j(T, W, A, E, B) \rightarrow D_j \quad (2\text{-}2)$$

式（2-2）是境遇语境的变换模型。境遇语境以事件为主的变换一般有六种情况。

（1）同一事件（地点、行动者、背景不变），时间变化，意义发生变化。变换关系为

$$F: R_i(T_i, W, A, E, B) \rightarrow D_i \rightarrow F: R_j(T_j, W, A, E, B) \rightarrow D_j$$

（2）同一事件（时间、行动者、背景不变），地点变化，意义发生变化。变换关系为

$$F: R_i(T, W_i, A, E, B) \rightarrow D_i \rightarrow F: R_j(T, W_j, A, E, B) \rightarrow D_j$$

（3）同一事件（时间、地点、背景不变），行动者不同，意义发生变化。变换关系为

$$F: R_i(T, W, A_i, E, B) \rightarrow D_i \rightarrow F: R_j(T, W, A_j, E, B) \rightarrow D_j$$

（4）同一事件（时间、地点、行动者不变），背景不同（社会的、历史的、文化的），意义发生变化。变换关系为

$$F: R_i(T, W, A, E, B_i) \rightarrow D_i \rightarrow F: R_j(T, W, A, E, B_j) \rightarrow D_j$$

（5）不同事件，其他因素完全相同，意义不同。变换关系为

$$F: R_i(T, W, A, E_i, B) \rightarrow D_i \rightarrow F: R_j(T, W, A, E_j, B) \rightarrow D_j$$

（6）不同事件，其他因素也不同，意义必然不同。变换关系为

$$F: R_i(T_i, W_i, A_i, E_i, B_i) \rightarrow D_i \rightarrow F: R_j(T_j, W_j, A_j, E_j, B_j) \rightarrow D_j$$

前五种属于部分变换，后一种属于完全变换。不论哪种情况，只要境遇语境中有一个因素变化，语境就发生变换，意义就不同，只是程度上有差异。所有因

素都不同，意义必然不同。

四、认知语境的表征计算与意义变换

对于认知活动来说，其边界是社会或自然，它的语境是在特定时空和语言范围由认知者、认知对象、仪器和方法组成的。认知语境 C_e 可以表示为 $C_e=(A, O, I, M)$。其中，A 为认知者，O 为认知对象，I 为仪器，M 为方法。

就认知活动本身而言，它由认知者和认知对象构成，仪器和方法是中介。其结构为 $C=(A, O)$，这是一个动态的二元结构。当仪器介入时，变为三元结构。按照一定的方法 M，认知者 A 利用仪器 I 探测对象 O，产生知识 K。这一过程是一个映射，即 $F:(O)\rightarrow K$。其中，(O) 为认知对象的性质集（包括物理和化学性质），K 为认知对象对认知者的效用或价值（包括有用、无用，有意义、无意义等）。

在认知语境中，如果 A, O, I, M 之间的相互作用关系 $R_i(A, O, I, M)$ 可以用 -1，0，1 表示，其中，-1 为负价值，0 为无价值，1 为正价值，则，$(O)=(-1, 0, 1)$。它们产生的价值 K 可以用 -1，0，1 表示，分别为负价值、无价值和正价值，即 $K=(-1, 0, 1)$。它们之间的对应关系如下。

如果 $R_1(A, O, I, M)=-1$，则，$F: R_1(A, O, I, M)\rightarrow K_1=-1$。

如果 $R_2(A, O, I, M)=0$，则，$F: R_2(A, O, I, M)\rightarrow K_2=0$。

如果 $R_3(A, O, I, M)=1$，则，$F: R_3(A, O, I, M)\rightarrow K_3=1$。

这些对应关系表明：认知语境有什么样的组合，认知者就会获得什么样的结果或价值。同样，当 $(A, O, I, M)=(R_1, R_2)$ 时，相应的，$F:(A, O, I, M)\rightarrow(K_1, K_2)$，即 A, O, I, M 之间的组合关系由 R_1 变换到 R_2，它对主体人的意义或价值相应地由 K_1 变换到 K_2。也就是说，认知语境发生变换时，其价值或意义也发生变换。这种变换关系如下。

如果 $C_{ei}\rightarrow C_{ej}$，则，

$$F: R_i(A, O, I, M)\rightarrow K_i\rightarrow F: R_j(A, O, I, M)\rightarrow K_j \tag{2-3}$$

式（2-3）是认知语境变换的模型。认知语境以认知者为主的变换一般有五种情况。

（1）认知者不同时，其他因素相同，意义不同。变换关系为

$$F: R_i(A_i, O, I, M)\rightarrow K_i\rightarrow F: R_j(A_j, O, I, M)\rightarrow K_j$$

（2）认知者相同，认知对象不同，意义不同。变换关系为

$$F: R_i(A, O_i, I, M)\rightarrow K_i\rightarrow F: R_j(A, O_j, I, M)\rightarrow K_j$$

（3）认知者相同，仪器不同，意义不同。变换关系为

$$F: R_i(A, O, I_i, M)\rightarrow K_i\rightarrow F: R_j(A, O, I_j, M)\rightarrow K_j$$

（4）认知者相同，方法不同，意义不同。变换关系为

$$F: R_i (A, O, I, M_i) \to K_i \to F: R_j (A, O, I, M_i) \to K_j$$

（5）认知者、认知对象、仪器和方法都不同，意义必然不同。变换关系为

$$F: R_i (A_i, O_i, I_i, M_i) \to K_i \to F: R_j (A_j, O_i, I_i, M_i) \to K_j$$

前四种属于部分变换，后一种属于完全变换。不论哪种情况，只要认知语境中有一个因素发生变化，意义就发生变换。例如，同一实验室的不同研究者，即使运用相同的仪器和方法研究相同的对象，结果会有差异。同一研究者，会因对象、仪器、方法的不同，得出不同的结论。不同科学学派的理论必然不同。

这里主要谈的是利用仪器的科学认知，非科学认知一般没有仪器的介入。例如，宗教认知、艺术认知显然不同于科学认知。对于宗教认知，其语境为 $C_r=(A, O, M)$，认知者是教徒，认知对象是抽象的“上帝”，认知方法是神学顿悟和哲学思辨。语境变换模型为

$$F: R_i (A, O, M) \to K_i \to F: R_j (A, O, M) \to K_j$$

对于艺术认知，其语境 $C_n=(A, O, M)$，认知者是艺术家，认知对象是自然和人，认知方法是观察和内省。语境变换模型与宗教认知相同。

五、科学语境的表征

计算与意义变换对于科学来说，它既是一个“文本”（知识体），也是一个事件或行动（活动）和认知过程（探索过程）。因此科学语境 C_g 由文本语境 C_t、认知语境 C_e 和境遇语境 C_s 共同构成。可表征为 $C_g=(C_t, C_e, C_s)$，或者 $C_g=C_t \cup C_e \cup C_s$。

由于 $C_e=(C_a, C_b, C_c)$，所以，$C_g=(C_t, C_a, C_b, C_c, C_s)$，或者 $C_g=C_t \cup C_a \cup C_b \cup C_c \cup C_s$

这些不同语境的协同作用使得科学得以发展。

科学活动的主体是科学家，因此这些语境的主体是相同的，即科学家既是语言的使用者，也是事件的行动者和认知者，他们在社会的、历史的、文化的、语言的和认知的语境中行动，产生科学知识并加以应用。这也是一个映射，即

$$F: (O) \to H$$

其中，(O) 为研究对象的性质集，H 为研究对象对科学家的效用集。

在 C_g 系统中，如果 C_t，C_e，C_s 之间的相互作用关系 $R_i (C_t, C_e, C_s)$ 可以用 -1，0，1 表示，其中，-1 为差，0 为中间状态，1 为好，则，$(O)=(-1, 0, 1)$。科学家对研究对象性质的认知形成（知识）的价值或意义也可以用 -1，0，1 表示，分别代表负价值、无价值和正价值，即 $H=(-1, 0, 1)$。它们之间的对应关系如下。

如果 $R_1 (C_t, C_e, C_s)=-1$，则，$F: R_1 (C_t, C_e, C_s) \to H_1=-1$

如果 $R_2 (C_t, C_e, C_s)=0$，则，$F: R_2 (C_t, C_e, C_s) \to H_2=0$

如果 R_3（C_t，C_e，C_s）$=1$，则，F：R_3（C_t，C_e，C_s）$\rightarrow H_3=1$

这说明，（C_t，C_e，C_s）有什么样的组合性质，它对科学会产生什么样的影响。同样，当（C_t，C_e，C_s）=（R_i，R_j）时，F：（C_t，C_e，C_s）→（H_i，H_j），即当 C_t，C_e，C_s 之间的组合关系由 R_i 变换到 R_j，它对科学的价值影响也相应由 H_i 变换到 H_j。也就是说，如果科学的语境发生变化，科学的意义也相应地发生变化。变换关系为

如果 $C_{gi}\rightarrow C_{gj}$，则，

$$F: R_i(C_t, C_e, C_s)\rightarrow H_i\rightarrow F: R_j(C_t, C_e, C_s)\rightarrow H_j \qquad (2\text{-}4)$$

式（2-4）就是科学的语境变换模型。

科学语境的变换一般有四种情况。

（1）文本语境不同，认知语境和境遇语境不变，意义不同。变换关系为

$$F: R_i(C_{ti}, C_e, C_s)\rightarrow H_i\rightarrow F: R_j(C_{tj}, C_e, C_s)\rightarrow H_j$$

（2）认知语境不同，文本语境和境遇语境不变，意义不同。变换关系为

$$F: R_i(C_t, C_{ei}, C_s)\rightarrow H_i\rightarrow F: R_j(C_t, C_{ej}, C_s)\rightarrow H_j$$

（3）境遇语境不同，文本语境和认知语境不变，意义不同。变换关系为

$$F: R_i(C_t, C_e, C_{si})\rightarrow H_i\rightarrow F: R_j(C_t, C_e, C_{sj})\rightarrow H_j$$

（4）三种语境都不同，意义必然不同。变换关系为

$$F: R_i(C_{ti}, C_{ei}, C_{si})\rightarrow H_i\rightarrow F: R_j(C_{tj}, C_{ej}, C_{sj})\rightarrow H_j$$

前三种属于部分变换，后一种属于完全变换。这就是说，对于科学语境来说，只要其中一个子语境发生变换，意义就发生变换。例如，运用不同语言的科学家、不同实验室的科学家、不同境遇中的科学家，对不同客体的认知肯定不同，即使同一客体，认知结果也有差异。

六、基于语境的认知推理

斯珀伯和威尔逊的关联理论把语境当作某理论体系内诸因素的终极参照和整个理论构架的支点。这是关联理论优于其他理论的地方。不过在该理论将推理看作语言解码的结果和激活的最佳相互作用的过程中，语言形式和其语境是分离的，似乎语言是外在于语境的。这一点我不赞成。在我看来，语言与其语境是一个整体，语言形式及其意义是语境的一部分。推理和理解是在语境中进行的，脱离语境的认知不是推理。斯珀伯和威尔逊的推理模型虽然对于传统语用理论是一个好的认知模型，为认知活动提供了一个统一的理论框架。但它并没有提出具体的推理步骤，仍然停留在理论假设层面。我试图给出具体的推理过程。在给出具体推理过程前，还需要对“语境”这个概念从结构上进行剖析。就“语境”这个概念而言，英语的“context”是不同文本的关联，关联是这个概念的应有之义。汉语的“语境”从字面看就有“语”和“境”之分。“语”是语形、语义

和语法的统一，包括词、句、段、陈述、命题、理论等，它的意义是语用者在掌握的语言知识和理论知识基础上通过解码获得的常规意义。“境”是“语”调用推理用到的语言和非语言环境。非语言环境包括精神世界（社会的、文化的、历史的、认知的）及物质世界两方面。具体讲，精神世界是人们对社会、自然、认知规律的认识结果，包括信念、概念、假设、事实、理论、逻辑规则、定律等；物质世界是客观事实，如雷电、社会事实如事件、人的行为等。

把“语境”和“电场”这个概念做比较就更清楚了。“电”相当于“语”，“场”相当于“境”。“电荷”与它的“场”不可分。

同样，“语”与它的“境”也不可分。正如任何“电”都有其“场”存在一样，任何“语”都有其“境”的存在。基于这一思想，我以关联理论为框架，给出具体的推理过程，我称之为 SCL 模型，其中，S 为陈述，C 为语境，L 为逻辑。推理为

问题 + 语境 + 逻辑 → 结论

这是一个非论证性认知推理，因为这种推理只是说明一个陈述的意义所在，而不是要解释该陈述为什么会具有那样的意义，如陈述“地球是圆的”，非论证性模型要说明“地球是圆的”语境关联及逻辑蕴涵，至于“地球为什么是圆的”是需要进行论证和解释的，它遵循另一种模型，如亨普尔的 D-N 解释模型。

在以上模型中，陈述是事实或事件的“语言表征”，是“语”的部分。它可分为显式陈述和隐式陈述，其中，显式陈述是根据字面意思就可以直接掌握其意义的陈述，如“这是一个杯子”。隐式陈述是根据字面意思不能直接掌握其意义的陈述，隐喻、暗语、成语和歇后语属于这种语句，如“爱屋及乌”“under the weather（感冒）”。语境是该事实或事件的“语言表征”的语言和非语言环境，是“境”的部分。逻辑是二者的关联规则（形式的和常识的），它包括在“境”之中。我将通过两个不同的陈述或命题来说明这个模型。

例 1：李长清被“双规”了。

陈述：李长清被“双规”了。

语境：李长清是人。
　　　李长清是官员。
　　　他是党员。
　　　他贪污受贿。
　　　贪污受贿的事实被查处。

逻辑：违法必究。

推理：（大前提）违法必究。
　　　（小前提）李长清作为党员干部知法犯法。

结论：李长清得到了严惩。

例2：水在0℃结冰。

陈述：水在0℃结冰。

语境：水是一种液体。

水是纯净的。

在一个标准大气压下。

测量标准是摄氏温度。

温度达到0℃。

逻辑：液体达到其冰点时开始结冰。

推理：（大前提）液体达到其冰点时开始结冰。

（小前提）水达到其冰点的条件。

结论：水开始结冰了。

从以上分析可以看出，在交流认知活动中，不论认知从什么陈述开始，陈述都是用语言表征的。因此，对语言话语的理解是选择或重构最佳关联认知语境的过程，是话语与语境之间逻辑建构的过程，也即话语与其语境之间的语境化过程。正如斯珀伯和威尔逊认为的那样，“推理以一组前提开始，以一组由前提按照逻辑推出的，或者至少由前提保证的结论结束”。它是一种非论证性的演绎推理过程。语用者根据陈述激活关联语境，陈述和其语境作为前提，按照一定的逻辑关系推出结论（意义）。

如果一个陈述是用隐喻表述的，这个模型同样可以做出解释，只是语用者需要做出更多的努力，因为隐含的意义是非字面意义，更难以理解。这就需要语用者首先识别一个陈述是不是隐喻，其次充分利用认知语境进行意义推理。因此隐式陈述较显式陈述更依赖语境。以“泰森是老虎”为例。

陈述：泰森是老虎。

语境：泰森是拳击运动员。

泰森非常凶狠、勇猛。

泰森常常击倒对手获胜。

老虎是百兽之王。

老虎是食肉动物。

老虎非常凶狠。

老虎捕食常常成功。

逻辑：勇敢强悍者胜。

推理：（大前提）勇敢强悍者胜。

（小前提）泰森强悍，老虎强悍。

结论：泰森凶狠如老虎。

在科学中，隐喻式概念和陈述比比皆是，如“电流”、“波动”、“场”、“粒子”，“势”、“力”、“熵”，等。以“光是粒子流”为例。

陈述：光是粒子流。

语境：光是一种自然现象。

光是明亮的。

光直线传播。

光可以折射。

光是由微粒组成的。

微粒是看不见的。

光是运动的。

逻辑：发光粒子运动。

推理：（大前提）发光粒子运动。

（小前提）光是发光粒子，光传播。

结论：光可能是粒子流。

如果语言形式不是事实陈述而是问题，如“光是什么？为什么运动？”则推理模型是不同的，这涉及假设、解释和实验，是一种论证性的推理。这种推理我称为 PCL 模型，其中，P 为问题，C 为问题语境，L 为逻辑。这种模型可表示为：

$$\text{问题} + \text{语境} + \text{逻辑} \xrightarrow{\text{推理}} \text{结论}$$

我通过一个简单的例子来说明论证性推理过程。拿一个不透明的杯子、一个不透明的盖子和一枚硬币。让某人掷硬币而你不能观察。如果硬币是正面，把硬币放入杯子并盖上盖子；如果是反面，把硬币放到别处，用盖子盖住杯子。现在问：杯子里有硬币吗？这个问题的推理过程如下。

问题：杯子里有硬币吗？

语境：（条件）杯子和硬币存在。

（证据）我看见硬币。

（预设）看蕴涵存在。

逻辑：看见意味着存在（肯定前件式）。

推理：（大前提）看见意味着存在。

（小前提）看见杯子，杯子里有硬币。

结论：杯子里有硬币。

可见，无论是非论证性推理，还是论证性推理，都是一个寻求语境的过程。而语境寻求的过程，也就是认知推理过程，或者说，推理过程是一个基于语境的认知过程。

第三节　语境与心理意向

当代科学哲学大致经历了逻辑-语形学架构、语义-解释学架构、语用-修辞学架构三种理论框架。然而，如我们所知，这三种思想框架均面临着无法克服的困难。逻辑-语形学架构局限于逻辑句法的刚性界域，无法容纳科学本质上固有的诸多文化内涵。语义-解释学架构虽然一定程度上克服了逻辑-语形学的狭隘性，虽然揭示了科学概念和科学理论的语义维度，但它仍然是在语言-世界的二元结构中讨论问题，本质上仍然是以“上帝之眼”审视宇宙。普特南的本质主义指称理论和语义学、其著名的孪地球思想实验，所试图构建的正是一种无“人”的科学哲学。在这里人及其意向仍然被排斥于科学语言的意义之外。

20世纪90年代以来，从语用-修辞学层面求解科学哲学难题一直是西方哲学界的一个重要趋向。G. 格罗斯和M. 凯斯编著的《修辞解释学：科学时代的发明与解释》（1997）、F. 海伦等编著的《科学中的隐喻和比拟》（2000）、J. 帕维特的《科学哲学与交流理论》（2001）是近年来朝着这一方向探索的代表性成果。语用-修辞学架构的这种探索从人-语言-世界的三元结构深刻地揭示了科学中长期被忽视的诸多重要内涵。但是，这种语用-修辞学架构却难以有效地容纳科学在逻辑-语形学和解释-语义学层面上的核心要素，它往往以语用的无界域流变模糊科学在次语言层面上的根本属性和特征。

显然，只有把科学语形、科学语义和科学语用分析的离散性统一起来，才能够真正把握不同层面的科学操作之间的一致性，也才能够对科学运动和理论演变做出更合理的理解。而能够把语形-逻辑、语义-解释和语用-修辞层面的诸多因素整合起来的理论基底只能是语境。“把语境作为语形、语义和语用结合的基础，从而在语境的基底上去透视、扩张和构建整个语言哲学的大厦，将是一个不容否认的趋向。”具体而言，语境之所以能够成为我们求解科学哲学难题的思想基底或理论框架，是由于语境具有如下这些重要特征。

首先，语境包括了表达主体、表达形式、指称对象、隐喻意义、相关联的理论背景、社会背景和历史背景，因而构成了创生和确立意义的一个完整的立体结构。

其次，作为思想框架，语境分析能够有效地克服语用分析的流变性，因为语境分析本然地要求对问题的分析、论证、判断和解答必须是在特定的表达环境中进行。

最后，语境尽管是开放的，但无论如何它都必定是有着次语言边界的特定思想空间。换言之，语境既能够把语形和语义的因素吸收进来作为探讨科学哲学问题的重要维度，又可克服逻辑与语义的强硬刚性；它既把语用分析作为一种重要的方法论原则，又能以语境的相对确定性约束语用分析的无限制流变性。例如，作为科学哲学核心论题的科学解释问题。传统的 D－N 模型固然因其强硬的逻辑刚性而无法对科学解释给出真确的把握。但局限于语用层面的分析也只是达到了以聋治哑之效，因为它仅把科学解释看作人如何使用语言满足愿望的问题，所以，使科学解释相对于其他人类语言活动的特异性在“语用”中暗淡消退了下去。范·弗拉森从语用学得出的最后结论是：科学解释只是一种微不足道的“美德”，只是“以人为中心的愉悦”问题。而从语境论视域来看，科学解释问题虽然也是语言问题，但它还要求这问题要落实在“科学”和“解释”等这样的语境层面上来解决。所以在语境论中科学解释不会流变为一般人类语言行为问题。显然，语境应是求解科学哲学难题的一个非常恰当的思想平台。

在所有的语境因素中，心理意向因素处于核心地位。

首先，不仅科学活动本身与心理意向性密切相关，而且与科学概念和理论直接相关的理解、意义本质上也都是由心理意向性赋予的，正是心理意向性构成一切科学活动的根由。

其次，在诸多语境因素中，其他一切因素都是外在的、显像的、确定的东西，如作为语境要素的文本、诸物理因素等，只有意向性因素是一种内在的、能动的和驾驭性的因素；其他一切因素居于怎样的地位、具有何种意义、发挥何种作用都处于心理意向性因素的能动支配之下。

再次，作为语境构成要素的社会背景、历史背景、指称和意义的背景关联等都是由主体意向性地引入的，正是主体的心理意向性使诸语境因素具有了即时的、在场的和生动的意义，从而为科学语境中的解释和理解展开了空间。

最后，语境的运作过程实际上是诸语境要素不断调配、整合并把新的意义和指称要素引入进来的过程，而语境要素的整合、新语境要素的引入以及新意义的生成等，归根结蒂都要通过心理意向网络构建新的意向性对象来完成。因此，虽然心理意向性也是语境要素，但它与其他语境要素有着实质性的不同，它在语境中居于驾驭性和能动性的地位。基于上述分析，我们认为，构建科学哲学的语境-意向论思想平台，以之作为求解当代科学哲学难题的理论基底，这既是当代科学哲学发展演变的逻辑必然，也是科学哲学目前最有前途的发展方向。

第四节　认识的语境论

认识的语境论（epistemic contextualism，或者 epistemological contextualism）是近十多年发展出的一种新的认识论。它是 20 世纪后半叶以来各种关于知识问题之理论，包括经验的实用自然主义、知识判断标准的多元主义、理解知识的相关选择理论（relevant alternatives）、盖蒂尔问题（Gettier problem）引发的社会建构论和知识确证产生的社会认识论的重叠、竞争、合流与融合的结果。也就是说，这些不同理论是认识的语境论的思想根源，它们的共同之处就是将语境因素作为认识论问题的核心，主张知识是语境相关的、语境敏感的和语境依赖的，是语境而不是别的什么东西决定命题知识的意义。这样一来，认识的语境论便成为当代认识论的核心。

一、经验的实用自然主义

实用主义作为20世纪上半叶的一场哲学运动，其主要代表人物有詹姆斯、皮尔斯、杜威、米德（G. H. Meda）和哈恩（L. E. Hahn）等。它之所以是语境论的早期根源之一，是因为它的某些思想与语境论很相似甚至一致，哈恩把实用主义的这些语境论观点称为实用的自然主义①。我将它的思想概括为以下五点：

第一，詹姆斯以来的实用主义者，将时间看成通道、持续的过程，或者感知的期间（felt duration）。这与语境论是一致的，如派普的语境论就主张在时间过程中行动，事件是语境中的发生物②。大多数实用主义者关注变化的实体、过程中的事物和模式化的事件；他们反把对实体看成是静止的、永恒的和不变的，主张关注生成过程中的事物，因为在他们看来，除了变化，没有具体的事物存在。一些具有实用主义特征的过程哲学家，寻求的不是所谓持久的实体和属性，而是过程中的事物、与其他历史关联的历史、变化的事件，并同时追求它们的新奇性、偶然性和稳定性。这些模式化的事件彼此之间相互运动，总是在语境中发生，并在这些语境中与其他事件关联。

第二，实用的自然主义的范畴特征主要有两点：①一套结构性状（textural traits），它们显示事件的性质。②一套语境或者环境性状，它们表示一个事件在与其他事件的关系中的位置；结构范畴包括结构、组分（strand）、性质、融合和指称（reference）③；语境性状主要包括环境、始点（initiation）、方式（means or instrument）、终点（termination）、完成（consummation）和中断（frustration or blocking）。这两个特征与派普的语境论范畴非常相似④。正如实用主义哲学家哈恩指出的那样：

“语境论者开启的模式化事件不是一个具体的原子单元，而是一个具体个体特性、完全融入一个整合整体的所有倾向的复杂相互关系。术语“结构”借自编织艺术，它意指每个历史事件是诸多发生事件的一个网络，一个其他历史事件

① Hahn L E. A Contextualistic Worldview: Essay. Southern Illinois University: The Board of Trusteses, 2001: 82.

② Pepper S. World Hypotheses: A Study in Evidence. Berkeley: University of California Press, 1942: 232.

③ 是一个表示方向和距离值的概念，不是指一个名称或者概念。

④ 魏屹东. 作为世界假设的语境论. 自然辩证法通讯，2006，(3)：39-45.

以某种发生进入的中心。结构可以分解为构成组分，而且结构、组分和语境相互关联。一个更大语境中的组分可以成为另一个小语境中的结构。组分作为结构的一个细节，它伸展并进入语境中，把语境的某些性质带入结构。由于结构的特点是它的组分性质的融合，而且组分是部分地来自语境，分解结构就会把我们带入其他事件的结构。

指称既是一个事件性质的一部分，又与它的语境相联结。组分伸出并指向其他结构。它们从始点运动，通过运用方式-目的或者工具，到达中断和完成。为了控制事件的方向，我们必须提醒我们重视方式。”①

第三，每个事件有某种组织或者结构，这些结构可以通过分析知晓。这是实用主义者早已认识到的。例如，詹姆斯和杜威曾经认为，经验事件不必具有从其他领域附加给它们的关系。构成一个事件的不同因素和性质根据结构和组分这些术语共同形成一个相关的模式。这些术语能够清楚地说明，构成因素与模式或者整体相关，而不是与要素或者部分相关。独立的“实体”“本质”“实在”是在独立的关系中孤立地发生的。这里提出了一个分析的新观念：分析不是把复杂的东西还原为不变的或者固定的元素的过程，而是通过追踪变化的模式展示一个事件结构的过程。这一过程需要识别事件的组分，这些组分从事件的语境中获得它们的部分性质，并找到进入语境的途径。因此，分析就是跟随指称从一个结构到另一个结构的过程。不过，我们跟随指称多远，追踪哪些指称就依赖于我们探寻的问题了。这样，依赖哪些我们跟随的指称的组分以及我们追踪并进入的哪个环境的结构，我们可能有许多分析，每个可能或多或少适合它的目的。尽管我们做了许多分析，但我们从来不能达到终极元素，也没有这样的东西作为分析的要素，这是因为，事件的结构可能以许多不同的方式得到显示，这取决于分析的目的，或者取决于产生它的问题的性质。

第四，实用主义演化出进化的语境论和生态的语境论。语境论的范畴对于分析以及感知性质是非常重要的。特别是“语境”概念，它是语境论的核心，对于哲学思维的重要性无论怎样强调都不为过。杜威曾经深有体会地说：“哲学思维最普遍的错误是忽视了语境。”② 把结构置于一个不同的语境中，会改变它的感知性质，不论这种改变对一个给定目的重要与否，都依赖这个目的或者这个语境。如果使用一个合适的语境，任何事件都可能增强美的特性；通过运用适当的工具，建立可控制的结构，我们就能够解决我们的理论和实践问题。

---

① Hahn L E. A Contextualistic Worldview: Essay. Southern Illinois University: the Board of Trusteses, 2001: 6-7.

② 转引自 Hahn L E. A Contextualistic Worldview: Essay. Southern Illinois University: the Board of Trusteses, 2001: 84. 原文见 Dewey J. Context and Thought. Berkeley: Berkeley University of California Press, 1931: 203-224.

对于任何事件，我们可以发问：它什么时候什么地点发生？从哪里开始？目的是什么？如何发生或者以什么方式走向终点？这些问题我们可以通过运用语境论加以解决。为了指明一个事件的语境，我们需要弄清它的环境、它的始点、演化过程以及它的中断与终点。每个事件都与其他事件的环境相关，它们支持或者阻止它的性质，但它与这些事件不是彼此分离的，而是密切地相互作用的。正如生物体的生存和进化与其环境不能分离一样，每个事件与其环境因素也同样不能分离。因此，保护生态环境就是保护动物包括我们人类自己。这一观点必然导致文明生态观，也就是我称之为进化的和生态的语境论。

第五，实用的自然主义的反思探询方法为语境论提供了新的方法。实用主义奉行的经验方法，杜威将其称为科学方法，哈恩则将其称为反思探询方法。这一方法与语境分析极为相似，它不同于其他方法，如试错探询法和观察法的地方主要有两点：一是它由某些问题或者困难引起；二是它不仅导致问题的解决，而且形成它如何被解决的某些描述或者解释陈述。按照这一观点，反思探询从问题或者困难开始，当出现错误时，通过观察和分析予以澄清，并寻求假设来解决问题，推出这些可能解决方案的意义，最后用观察和实验加以证明。这一过程是科学中常见的，也是成功的，但是语境论者相信，将这一方法用于更复杂、更困难的问题（如价值问题），也许同样重要和有效。例如，在传统的内省心理学中，洛克、贝克莱和休谟早就将人类与其环境关系的解释与他们采用的心理学紧密地联系起来，而实验心理学和行为主义心理学则将这种解释与生物学联系起来，不论是传统心理学还是科学的心理学，都考虑到人类与环境关系解释的语境因素——心理的和生物的。后来发展的认知心理学和社会心理学还将智力、社会、文化因素作为语境条件。总之，对事件发生的相关语境条件的分析，是所有持语境论观点的人的共同特征。语境思维无疑是一种普遍思维方式。

二、判断知识标准的多元主义

在不同的语境中，认识的标准是不同的，有高的有低的，有强的有弱的。在关于知识标准的讨论中，当我们做出一般的认识评价时，怀疑主义者要求在高标准和低标准之间做出区别。语境论者则认为两个标准在各自适当的语境中都是合法的。维特根斯坦关于意义与使用的关系以及“语言游戏”的多样性的主张，设置了不同的标准，从而开创了关于观念或者术语的语义多元主义。在预示着语境方法论的案例研究中，也存在着多元主义。亚卡斯塔（Castañeda）以哥伦布发现美洲大陆为例①，讨论什么才算作知道。人们是否知道哥伦布 1492 年 10 月

① Castañeda H. The theory of questions, epistemic powers, and the indexical theory of knowledge. Midwest Studies in Philosophy, 1980, V: 217.

12 日发现美洲在不同的语境中［如电视问答比赛、中学课本、著名历史学家的考证（1492 年 10 月 11 日）］中是不同的，这是因为判断知识正确性的标准在不同的语境中是不同的。这是理解知识本质的关键所在，也因此容易导致相对主义。

在多元主义知识标准问题上，科学哲学家费耶阿本德以其“怎么都行”而闻名，对认识的语境论的形成产生了深刻影响。费耶阿本德的多元主义表现在认识的、理论的和方法的三个方面。

在认识方面，费耶阿本德认为是多元的，他反对科学是理性的传统观点，主张科学在很大程度上是非理性的。在他看来，非理性保护新理论或为新理论辩护，传统、成见等非理性因素在理论的承认中起重要作用。例如，伽利略成功地为哥白尼理论辩护，他称之为“伽利略诡计”。科学并不是构成世界观必不可少的唯一条件，它只是人类用来应付环境的工具，目前已经成为“最新的、最富于侵略的‘最教条的宗教制度了’”。为此他提出了三种方法来消解科学知识的唯一性：一是解除一切强加给科学的所谓“普遍规则”，主张认识上的“无政府主义”；二是建立一个与现存社会不同的“自由社会”，主张科学与国家分离；三是科学家与教育分离，目的是防止科学家把绝对真理思想强行灌输给青少年。

在理论方面，费耶阿本德认为是多元的。这包括三个方面：一是理论与经验事实可以不一致。逻辑经验主义强调理论与事实的一致，他反对事实对理论的判决作用，主张理论可以与事实不一致，这是因为科学研究中的“观察偏见”、“实验期望”、“背景渗透”这些语境因素起作用的结果；理论具有韧性，即理论并不因与经验事实不一致而被证伪；理论可以脱离经验而存在，经验不一定进入检验过程，或者说获得知识的过程不一定依赖经验，如靠直觉，在理解过程中消除感知。二是理论之间不必一致。逻辑经验主义强调新理论与已经确认的理论之间的一致性，费耶阿本德认为二者不必一致。如果一致性的基础是理论与经验事实的一致，那么经验事实就是检验理论的标准。这与科学的实际不符。不同理论在不同证据误差范围内可能不一致，因为一致性条件隐含这样的假设：经验事实独立于理论而存在。这样就预设了经验事实先于理论存在。三是理论之间不可通约。费耶阿本德继承了库恩的“范式不可通约”的观点，认为不一致的理论可以并存，它们并不是“你死我活”的关系。这些并存的不一致的理论是不是可通约，也就是一个是否可以用另一个表征。费耶阿本德对此持否定态度。在他看来，由于理论的形成与文化背景有关，文化的差异将导致理论的差异，表现为不可通约，如不同民族的思想和语言；不同理论之间也必然存在差异，如概念系统不同，不能相互翻译；还有本体论不同，不同理论的本体论假定不同，如经典力学的绝对时空观和相对论的相对时空观。

在方法方面，费耶阿本德也认为是多元的。费耶阿本德坚持了理论和认识上的多元主义，在方法上也必然是多元的。归纳法要求理论与事实一致，这正是费耶阿本德要反对的。在他看来，理论无需完全从归纳获得，他主张科学家要敢于提出与现存理论和经验事实不一致的新假设、新概念和新思想，敢于坚持新提出的理论，敢于引入一些新的观察术语，而不是当遭遇反驳时简单地抛弃它。因此他主张科学研究的无规则性，反对一切现成规则，认为规则即约束，与科学研究的“自由性原则”相悖。于是，“唯一的规则就是怎么都行”。

三、理解知识的相关选择理论

知识的相关选择理论是一种以确证为中心（justification-centered）的关于知识说明的选择理论。德雷特斯克（Fred Dretske）和古德曼（Alvin Goldman）是这一理论的代表人物①。它的核心思想是：如果 q 是 p 的一个相关选择，那么知道 p 不要求你提供证据，证据能够使你排除 q。也就是说，知道 p 与任何相关非 p 的选择不被排除是不一致的。这提供了限制怀疑主义者威胁的方式，因为怀疑的可能性是不相关的，至少是不常见的。例如，假如你在动物园的围栏中看到的一只斑马可能是一只被精心伪装的骡子，这是不相关选择，此时为了知道那是一只斑马你不需要提供证据反驳这个选择。

相关选择理论与语境论天然地结合在一起，因为作为相关的选择是语境的一个功能，在语境中产生并评价知识归因。早期相关选择理论的支持者如德雷特斯克，否认知识封闭于已知的逻辑结论中②，但是现代语境论的相关选择理论的支持者主张，我们应该保留闭合原则（closure principle）③。闭合原则是说：假如 q 是某些你不能排除的选择，而且在一个给定的语境中 q 是不相关的，如果你知道 p 而且知道 p 包含非 q，那么你就被认为也知道非 q。语境论者主张，当你明确提出问题——不论你是否知道非 q，并使 q 相关，由于你不能排除 q，你就不能被认为知道非 q，也不能被认为知道 p。他们认为，不存在单一的语境，在这样的语境中，你知道 p 的同时又不知道非 q。在 q 是相关的诸多语境中，你被认为不

① Dretske F. Epistemic operators. The Journal of Philosophy，1970，67（24）：1007-1023；Dreske F. Knowledge and the Flow of Information. Cambridge：The MIT Press，1981；Dreske F. The pragmatic dimension of knowledge. Philosophical Studies，1981，40：363-378；Goldman A. Discrimination and perceptual knowledge. The Journal of Philosophy，1976，73：771-791.

② Dretske F. Epistemic operators. The Journal of Philosophy，1970，67（24）：1007-1023；Dretske F. The pragmatic dimension of knowledge. Philosophical Studies，1981，40：363-378.

③ Stine G C. Skepticism，relevant alternatives，and deductive closure. Philosophical Studies 1976，29：249-261；Cohen S. Contextualist solutions to epistemological problems：skepticism，gettier，and the lottery. Australasian Journal of Philosophy，1998，76（2）：289-306；DeRose K. Solving the skeptical problem. The Philosophical Review，1995，104（1），1-52；Lewis D. Elusive knowledge. Australasian Journal of Philosophy，1996，74（4）：549-567.

知道其中任何一个。在 q 是不相关的诸多语境中，你被认为是知道二者的①。

当然，相关选择理论与语境论也不是必然联系的。一些相关选择理论者相信②，选择所相关的东西完全是由认识者及其环境这些事实决定的，它不因知识归因的语境变化而变化。这被称为没有语境论的相关选择理论。

不同种类的相关选择理论是有差别的。这主要表现在两个方面：一方面，“排除”意指什么，是不是行动者、他或者她的证据，以及别的什么东西做排除的工作；另一方面，不同的相关选择理论者提出不同的相关性标准。例如，德雷特斯克主张相关性标准与客观情形中实际存在的种种可能性有关③，而古德曼则认为，是关于主体心理或者谈话环境的那些事实决定了哪些选择是相关的④。也就是说，当我们选择认为是相关的东西时，是心理因素和社会环境因素这些事实起决定作用。这与语境决定意义的观点是一致的。

四、盖蒂尔问题引发的社会建构论

盖蒂尔问题也称盖蒂尔悖论，它是盖蒂尔 1963 年在“确证的信念是知识吗?”一文中提出的，目的是质疑知识的确定性问题。我们知道，自柏拉图以来，命题知识一直被定义为确证的真信念。这种传统的知识证明过程为：*A* 知道 *P*，当且仅当：①*P* 是真的；②*A* 相信 *P*；③*A* 有充分的理由相信 *P*。

盖蒂尔通过一个反例对此三重分析提出了质疑。这个反例是这样的：史密斯与琼斯申请同一工作。史密斯相信琼斯将会得到这份工作，并知道琼斯口袋里有十枚硬币。他据此推出这样的信念——得到这份工作的人口袋里有十枚硬币。最后的结果是史密斯本人得到了这份工作，碰巧他的口袋里也有十枚硬币。这个结果进一步强化了史密斯的信念：相信将得到这一工作的人口袋里有十枚硬币，就是真实的了。但是史密斯并不知道这一点。这一案例表明：传统对知识的分析是有问题的，因为 *A* 并不知道 *P*，尽管所有三个条件都得到了满足。

盖蒂尔问题引发了对命题知识性质的长期争论，有人认为传统的知识分析不充分，需要补充条件，有人认为盖蒂尔反例并不可靠，应该放弃。虽然许多建议已经提出，但问题依然存在，没有达成一致。正如达米特指出的那样：“我们从盖蒂尔悖论中得知，没有一个合理的对真信念的确证足以使信念的持有者有权陈

① Pryor J. Highlights of recent epistemology. British Journal for the Philosophy of Science, 2001, 52: 98.

② Dretske F. Knowledge: sanford and cohen//McLaughlin B P. Dretske and His Critics. Cambridge: Blackwell: 185-196; DeRose K. Contextualism and knowledge attributions. Philosophy and Phenomenological Research, 1992, 52 (4): 913-929.

③ Dretske F. Knowledge and the Flow of Information. Cambridge: The MIT Press: 131.

④ Goldman A. Liaisons: Philosophy Meets the Cognitive and Social Sciences. Cambridge: The MIT Press: 147.

述知识；确证必须与使这个信念成真的东西有着适当的联系。”①

索萨（Sosa）②、哈曼（Harman）③ 对盖蒂尔问题做了深入讨论，波洛克（Pollock）后来做了进一步发展④。他们主张，某些东西是我们在社会上期望知道的，而且这些期望与我们是否知道有关。如果是这样，并且在这些期望中有某些变化性，那么，就会在知识标准中存在一个相似的、基于社会性的变化。盖蒂尔问题表明：似乎没有证据能够克服关于知识的主张，也即确证的真信念不是知识。就这类证据影响认识立场而言是随着语境变化的。

普莱尔（Pryor）提供了一个相关例子来说明这一点⑤。假设在白宫工作的一位朋友告诉你总统在墨西哥，进一步假设你的确相信这个陈述“总统在墨西哥”。同时也假设，你不知道华盛顿邮报印错成了总统不在墨西哥，而是在缅因州度假。在某些语境中，我们可能想把你的合理的真信念作为知识，而不考虑误导性报纸报道的存在事实。在其他语境中，我们承认报纸报道广泛地传播的事实阻止你把关于总统下落的信念当作知识。语境论者能够通过语境的变换说明这一事实。

盖蒂尔问题直接导致了社会建构论（constructivism）的形成。社会建构论假定：理论之外不存在一个“真实”的世界，理论是人为建构起来解释这个世界的。它强调实在的社会建构和个人意向性在建构社会实在中的作用，主张真理不是对外部世界的真实反映，而是人们用来解决实际问题的可行的、适当的工具，没有哪个理论比别的理论更能反映实在，这否认了科学知识的客观性和实在性。社会建构论者格拉瑟菲尔德（Glaserfeld）就声称：“……我们的知识是有用的、相关的和可行的，然而，我们要求评价实证目标。如果知识支持经验，能够使我们做出预测，根据情况产生或避免某些现象。……如果知识不能够服务于这个目的，它将是有问题的、不可靠的、无用的，并最终被贬斥为迷信。”⑥这种立场也与科学知识社会学中的人类学走向密切相关。

语境论者基本赞成上述观点，只是在“社会实在是一个完全和充分的个人意向性的建构”这个主张的范围上有所不同。语境论者强调在创造知识过程中社会文化和背景信息的建构作用，主张人在与外部世界的联系中的语境化关联，并不

---

① 转引自尼古拉斯·布宁，余纪亮. 西方哲学英汉对照词典. 北京：人民出版社，2001：412.

② Sosa E. The analysis of “S knows that P” . Analysis, 1964, 25: 1-8.

③ Harman G. Knowledge, inference, and explanation. American Philosophical Quarterly, 1968, 5: 164-173; Harman G. Reasoning and explanatory coherence. American Philosophical Quarterly, 1980, 17: 151-158.

④ Pollock J L. Contemporary Theories of Knowledge, Savage. Maryland: Rowman & Littlefield: 1986, 190-193.

⑤ Pryor J. Highlights of recent epistemology. British Journal for the Philosophy of Science, 2001, 52: 97.

⑥ Glaserfeld E. An introduction to radical constructivism//Watzlawick P. The Invented Reality: How do We Know What We Believe We Know? Contributions to Constructivism. New York: Norton, 1984: 23-24.

否认科学知识的客观性和实在性。他们强调“语境”不是被看作条件的外在环境，而是被看作社会行动本身的不可分割部分。而且强调，在一般和特殊的意义上，“语境”被规定为是从宏观的政治和社会制度层面到微观的人际间的交流层面不断变化的东西。日常生活事件和由它们创造的语境在它们被嵌入更广阔的社会文化和历史环境中显现。

为了防止回归到一元论立场（唯心的或唯物的），语境论者强调不同语境之间的相互关系和连续性的重要性。宏观层面的语境进入日常生活的微观层面的语境，并成为一体，而且日常生活实践可能以意向或非意向的方式在它们发生的更广阔语境中激起变化。也就是说，人们在论说、交流和通信中建构语境。从语境论的优势观点看，说这个建构总是反映人们的意向活动和这个建构采取的方向总是反映一个期望的结果的观点是过于简单化的。之所以说这个辩护过于简单化，是因为它否认社会结构（宏观层面的语境）的真实性和人类行为表现的实际的“约束”（constraint）和“给予”（affordance）的真实性①。总之，建构论倾向于忽视更广阔、宏观层面的语境和它们表现的实际约束，而语境论则集中于人际间的关系及其与自然、社会的多元建构方面。

五、知识确证产生的社会认识论

社会认识论是关于知识或者信息的社会维度的研究②。这一研究近年来受到一些哲学家（如罗蒂、安尼斯和古德曼）的关注。而在此前，关于认识的社会性一直被忽视。罗蒂将这一理论称为“认识论的行为主义”③。而第一个明确表述语境论社会认识论的则是安尼斯④。在安尼斯看来，人是社会动物，当涉及信念的确证问题时，哲学家倾向于忽略社会因素，特别是忽略语境因素的存在对于知识确证的重要作用。这样一来，基础主义和融贯主义仅把知识的确证描绘为关于主体的某些事实的功能，而忽视他或她的社会环境。安尼斯认为这对于知识确证的社会特征来说是不公平的。他举例说，假如琼斯没有受过医学训练，我们想知道他是否具有“小儿麻痹症是病毒引起的”常识知识呢？如果琼斯说他是看到医学专家的论文是这么说的才知道的，那么这已经足够了，因为他已经履行了已有的问题语境（issue-context）。假如这个语境是硕士学位的考试，那么我们就

---

① Georgroudi M. A prospective look: the need for constructive integration. Contemporary Social Psychology, 1985, 11 (1): 19-21.

② Goldman A. 2007. Social Epistemology. The Stanford Encyclopedia of Philosophy. 2007. Zalta E N. http://plato.stanford.edu/archives/spr2007/entries/epistemology-social.

③ Rorty R. Philosophy and the Mirror of Nature. Princeton NJ: Princeton University Press, 1979.

④ Annis D B. A contextualist theory of epistemic justification. American Philosophical Quarterly, 1978, 15 (3): 213-219.

会期待的更多。如果考试者仅像琼斯做的那样，那么我们就会认为他是一个非常缺乏医学知识的人。因此，相对于一个问题语境，一个人相信命题h可能是合理的，而相对于另一个语境可能就是不合理的。这表明：社会信息包括信念、知识、各种理论等，在知识确证方面起到相当重要的作用。

古德曼在《社会认识论》一文中对传统的认识论和反传统认识论做了总结。他认为，在如何理解“知识”，“社会”的范围是什么，社会认识论的研究目的是什么这些问题上，研究者并没有达成一致。在他看来，传统进路研究真理、确证与合理性问题；反传统进路主张放弃这些问题，侧重研究知识形成的社会因素、信念形成的社会实践，强调知识在共同体、文化或者语境中的“制度化”，寻求知识产生的社会力和影响力。因为“不存在无语境或者超文化规范的合理性”[①]。20世纪70年代兴起的科学知识社会学是这一进路的代表。这些科学知识社会学家彻底或者部分否定科学知识的客观性、实在性、真理性和合理性，主张科学知识是社会建构的[②]，并由此引发了著名的“科学大战”，也导致了认识论的社会转向[③]。总之，社会认识论无论在理论上还是在实践上都是非常重要的，理论上重要是因为它把社会置于知识形成过程中的中心位置，实践上重要是因为它在信息相关的社会机构的重新设计中起到可能的作用。

六、结　语

以上讨论的各种观点，虽然名称各异，但是都将“语境”作为认识论的核心概念，也就是语境关联或者基于语境的认识论。例如，安尼斯把语境论看作基础主义和融贯主义的选择方案，以此来说明知识和确证本身；亚卡斯塔不是关注知识和确证，而是关注我们解释事件时使用的语言材料，阐明“知道”的语境的语义学。这是两条不同的认识论路线：一条是实在论的，探讨主体关于知识的实在性；另一条是语义学的，探讨知识内容的真实性。关于实在论路线，威廉姆斯（M. Williams）的认识论的实在论[④]最有代表性。这一理论认为，认识探询的对象具有某些根本的“结构统一体”，它使得它们成为一个特定类的实例，而不依赖于任何“情景的、规范的和其他语境的变化的因素”。相比之下，语境论者主张探询对象的“情景的、规范的和语境的变化的因素”，否认“结构统一体”

---

① Barnes B, Bloor D. Relativism, rationalism, and the sociology of knowledge//Hollis M, Lukeess. Rationality and Relativism. Cambridge: MIT Press, 1982: 27.

② Latour B. Woolgar S. Laboratory Life: The [Social] Construction of Scientific Facts. Princeton: Princeton University Press, 1979.

③ 魏屹东. “科学论战”为哪般? 自然辩证法通讯，2005，(1).

④ Williams M. Unnatural Doubts: Epistemological Realism and the Basis of Skepticism. Cambridge: Blackwell, 1991: 108-119.

的存在。其实，在我看来，这两种观点并不矛盾，只要将“结构统一体”看作语境即可，因为语境是具有结构的东西。关于语义学路线，柯恩（S. Cohen）、德罗斯（K. DeRose）、赫勒（M. Heller）、刘易斯（D. Lewis）和内塔（R. Neta）① 是代表。他们一致强调知识归因者（而非主体）这个事实的重要性，知识的归因者是说者说出的句子的目的、意图、期望和预设等。这两种认识论虽然立场和路线不同，但是对于探讨知识的本质都是重要的，特别是语义学进路最受关注。

第五节 语境作为认知构架

认知构架是对人类智力系统的理论建模，是认知科学的核心问题之一。它是指智力系统的内嵌信息处理能力和机制，包括智力系统现有的能力范围、做事方式以及潜在的能力。自 20 世纪认知科学形成至今，认知范式经历了认知主义、联结主义，以及第三代认知科学的发展历程，每一个理论范式的提出都为我们解读人类心智提供了新的构架。语境论作为一种新的认识论，其核心在于从语境联系中发现事物的本质。联结主义的兴起，使得语境分析成为认知研究中重要的方法论。我们以语境为工具来建构认知构架，分析语境在认知构架中的特征和优点、认知语境的工作机制，以及语境对于认知构架的作用和意义。

一、认知构架中的“语境”

在认知构架中，语境就是影响意识经验的较为稳定的无意识的表征。它是心灵对外部世界形成的表征。其实，在认知科学中已有许多指称对知识形成的心理表征的概念，如“被激活的知识结构”、“心理表征”、“语义网络”、“框架”、“基模”、“剧本”、“计划”、“预期”等，它是形成我们意识经验的内部世界。笛卡儿的知觉表征理论认为，我们所感受到的物质世界，并不是本原上的物质世界，而是物质世界映射到我们心灵的产物，或者说我们心灵对物质世界的感知。这里，“语境”仍然是表征的产物。外部世界毕竟不具备心灵的认知能力，心灵与外部世界间的相互关系无法回避表征问题。但是我们认为的表征并不是特定符号的功能，而是通过语境而呈现的一种全局状态。在认知系统中，语境有以下特征。

---

① Cohen S. 1999. Contextualism, skepticism, and the structure of reasons. Philosophical Perspectives (13): Epistemology: 57-89; DeRose K. Contextualism and knowledge attributions. Philosophy and Phenomenological Research, 1992, 52 (4): 913-929; Heller M. The Proper Role for Contextualism in an Anti-Luck Epistemology. Philosophical Perspectives 13: Epistemology. 1999b: 115-129; Neta R. Skepticism, contextualism, and semantic self-knowledge. Philosophy and Phenomenological Research, 2003, 67 (2): 396-411.

第一，语境是已经被神经系统适应的信息总和。以学习为例，就我们将要学习的新知识和我们已有的知识构成而言，后者就是我们所界定的语境。对一个新事物的识别总是在一定的背景、框架下展开的，语境就是新事物被界定的背景，它保留了过去的意识经验中的重要信息，这个重要信息在当前的环境中我们无法获得，但却是我们理解当前新事物所必需的信息。

第二，语境是一个无意识的心理表征。语境并不是指所有的心理表征，它更重要的一个特点是无意识性，我们并不能直接意识到它，"它形成、限定了我们有意识的意识经验，但其自身并不成为有意识"①。许多行为主义心理学家和格式塔心理学家的观察结果都表明，语境包括当前形成意识经验的无意识预测和当前形成有意识行为的无意识意图。语境在发生作用时是无意识的，尽管当它们协助形成或激发意识经验产生之前是有意识的。

第三，语境是一个相对稳定的联合体。任何只要能影响意识的经验，能够用一致的、稳定的方式来处理输入信息的相互合作的神经元功能块组成的联合体就可以被视为一个语境。在认知构架中，语境不是先在的，而是随着主体的认知活动逐渐形成的。当出现一个新刺激物时，神经元功能块包括知觉、行为图示、意象、计划、信念、自我控制等，只要与新刺激物有关都会被激活，它们通过合作或竞争的方式参与到新信息的处理过程，从而对新刺激物形成一个最终的输出结果。当该刺激物不断重复时，这些功能块就逐渐形成一个稳定的方式来处理刺激物负载的信息，而一旦这些功能块形成了稳定的处理机制，也就形成了一个语境（图 2-1）。

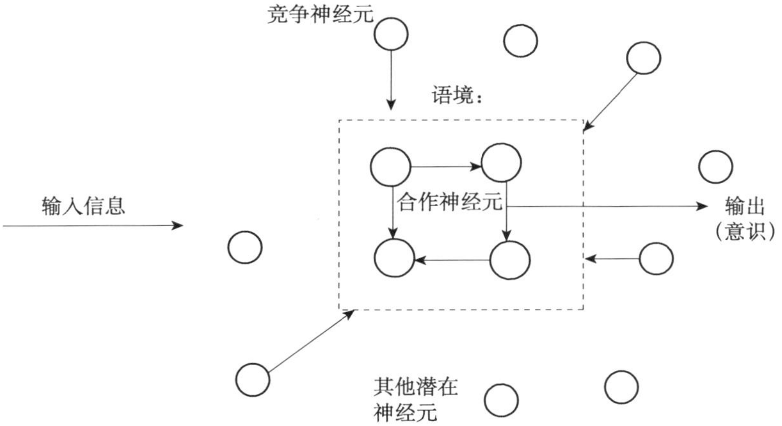

图 2-1　语境的形成

① Barrs B J. In the theatre of consciousness：global work space theory，a rigorous scientific theory of consciousness. Journal of Consciousness：Studies，1997，（4）：292-309.

相对于认知主义的“符号”、联结主义的“联结”，“语境”还是有其鲜明的哲学诉求的。认知主义的符号模式假设世界是被预先给予的，我们认知这个预先给予的世界的方式就是通过符号表征它的特征，然后在这些表征符号的基础上行事。因此认知主义借用了计算机的输入-输出系统这个隐喻来解释我们的认知构架，即信息被假定为预先规定的，它可以独立存在于世界中，代表了认知系统的输入系统，而认知过程就是心智表征过程，通过操作符号，计算出观点、行为，即输出。那么计算层次中物理形式的符号是如何获得意义的？为什么会出现相同的符号产生不同结果的情形？即使有人反驳说，虽然物理形式的符号没有意义，但是符号运算的规则是受语义约束的，因此符号可以获得意义。但是这也无法回答第二个问题，因为“符号”体现的是外部世界和认知主体一分为二的格局和关系，它无法涵盖认知主体之间的关系。但是当世界被认为是独立和外在的时，采用“符号”路径就必然面对它无法回答的“他心问题”。语境把世界视为人自我认知过程中不可分离的观念，认知过程不是对符号性表征的操作，而是以“拥有一个世界”的方式存在，认知者与世界彼此相互规定、相依共生。“认知是一个事件，在其中一个人有了一个世界，或更恰当地说，认知是一系列正在发生的具有相关意义的事件，在其中形成了一个人的世界”。①

因此，语境蕴含的前提就是人类的认知能力不但来自于自身的结构，而且来自于更广泛的历史文化领域，因此意义本身就在其中。联结主义的“联结”观点体现的是一种自组织的能力，这与语境观点是相同的。但是“联结”概念似乎完全偏向于认知的神经生物学描述层次，它只是描述性地指出了输入和输出，没有对信息的内部循环做出解释，即信息在哪里产生，如何产生，行为和感知又在哪里开始？而语境推断在认知过程中，不但大脑在不断地改变自身，外部世界也是这个不断修改过程的不可分离的结构。大脑与外部世界相互作用生成了一个世界，以此推论出自组织过程的结果就是自组织过程的本身。

二、语境构架的认知规则

语境认知构架作为一种神经系统内嵌的信息处理能力和机制，规定了如何识别新消息与旧信息，意识经验如何产生、消失（当然意识经验并不是消失了，而是因为变得冗余而语境化了）。那么，语境作为一种无意识系统又是如何作用于我们的心智？它是通过什么途径使认知发生的呢？

根据语境所影响或形成的意识经验的不同，巴尔斯把语境区分为知觉-意象语境、概念思维语境、目标语境、社会文化语境等。同一时刻影响意识经验的语境并非只有一个，而是受由许多语境组成的语境等级制约。也就是说，限定意识

① Jason M. The body in the mind. Chicago: University in the Chicago Press, 1990: 152.

经验的语境间会构成一个等级结构，低层级语境嵌套在上一位阶语境中，而上一位阶语境又嵌套在更上级位阶语境中，以此类推，直到最高位阶的类似自我的语境。显然巴尔斯的这种观点受到心灵的计算理论的影响，运用了其中递归分解的观点。所谓递归分解，就是在运行过程中直接或间接调用自身而引入的重入现象。就某个语境而言，它既是由下一位阶的语境或神经元功能块组成，同时又是上一位阶语境的一个组成部分。我们认为在质性意识经验（如各种知觉、意象）与非质性意识经验（如概念、预期、信念、计划等）之间的关系尚未明晰之前，谈论它们之间的等级次序还为时过早，因此，我们采用“语境联合体”这个术语，强调当前的知觉-意象语境、概念思维语境、目标语境、社会文化语境等工作语境间类似组成一个圆桌会议。当然，语境联合体形成之后，并不是固定不变的。当工作的语境联合体无法解释当前新的刺激物时，联合体中的组成部分就会被与其竞争的语境所代替，从而形成新的语境联合体（图 2-2）。

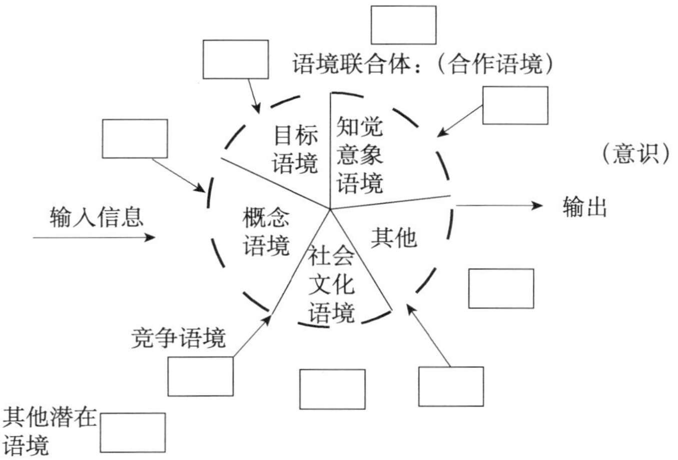

图 2-2　语境联合体的形成

建构任何认知构架的目的都是要揭示认知的运行机制。心灵的计算表征理解（CRUM）假设对思维最恰当的理解是将其视为心智中的表征结构以及在这些结构上进行操作的计算程序，因此它认为认知是通过在心理表征之上运行心理程序而产生出思维和行为的过程。这些心理表征包括逻辑、规则、概念、类比、表象、连接，它们分别支持不同类型的心理程序[①]。语境联合体也不例外，它也建立在一定的操作程序之上。我们将其归纳为三个规则：表象规则、合作/竞争规则以及句法规则。这三个规则不是孤立的，任何认知过程都是它们相互作用的

① 魏屹东．计算-表征认知理论的认知语境分析．自然辨证法通讯，2003，(1)．

结果。

表象规则是说，“表象是一种具体而微的主观经验”，“是当外在环境中并没有实际的物理刺激存在时，通过“心灵之眼”而产生的类知觉经验”①。在认知语境中，表象表达的仅是关于某物存在的意义，与认知主义中的表征理论所蕴含的强烈的本体论和认识论思想截然不同。例如，在你脑海里浮现的小学老师的印象，脑海里时常呈现的电影里某个感人至深的镜头。早在古希腊时期，哲学家就以敏锐的直觉思考了表象与认知活动密切的关联，柏拉图就以在腊块上烙下知觉与思考经验的印记来比喻记忆的加工方式；亚里斯多德也认为，没有表象，心灵就无法思考。表象有多种表现形式，包括视觉表象、听觉表象、动觉表象、嗅觉表象、味觉表象和触觉表象。现代认知心理学认为表象由人脑中刺激痕迹的再现引起，是以感知觉提供的材料为基础的，没有对客观事物的感知，表象就无法形成。但表象不是感知觉的翻版和重复，它是感知觉痕迹经信息加工后再作用的产物。心理地图和心理旋转实验表明，表象不仅是对信息的存储，还包括对信息进行编码、转换、提取，即表象并非被动地呈现事物，不是我们在照镜子时产生的一对一的折射，而是更加主动地再现事物，那么这种“再现”是否会运用逻辑、规则、概念等心理表征？如果答案是肯定的，那么心灵的计算主义将逻辑、规则、概念与表象视为同一层次的心理程序，在逻辑上就是混乱的，如果答案是否定的，那么表象的“再现”过程是如何实现的？而且这一答案也与现代心理学的研究发现相违背。因此把表象视为涵盖了逻辑、规则、概念、甚至类比等心理程序是可行的。

合作/竞争规则是指，任何时刻，影响意识经验的工作语境都是由知觉-意象语境、概念语境、目标语境与社会文化语境组成的一致的联合体，我们将语境间的一致性、相容性视为合作。同时将其他潜在的与工作语境竞争的语境视为竞争语境。例如，心理学中许多对知觉错觉的研究其实就是语境间的合作和竞争导致的语境联合体的建立和改变。以庞佐错觉为例，摆放在道路和围栏中间空地的两根木头，由于左边的道路从图片下方向图片上方延伸且稍微往右边倾斜，而右边的围栏从图片下方向图片上方延伸且稍微往左边倾斜，因此摆放木头的空地呈下宽上窄的梯形。尽管两根木头一样长，但是我们很难不去注意临近刺激的内在变化，会把整个图案视为一个连续体，尽管我们的目标（目标语境）只是两根木头，但是道路、围栏的由近及远以及向图案中间倾斜的视觉感受（知觉-意象语境）、摆放木头的空地从下到上逐渐由长变短（概念语境），这些语境合作产生的联合体已经形成，因此我们一开始会认为上面的木头比下面的木头长。但是随着竞争目标语境（要求我们仅比较两根木头的长短）的介入，它要求我们去除

① 陈烜之．认知心理学．广州：广东高等教育出版社，2006：274.

原有的视觉感知和概念预设，按照我们的术语，已建立起的语境联合体被改变了，因此我们对木头长短的意识经验也改变了。

现代神经生物学研究发现，人脑中有大约一千亿个神经元，神经元之间通过突触连接，大脑中总共有近十亿兆的突触，每一个突触都有目的地通过释放神经递质连接不同的神经元，因此任何神经元通过突触都可以和任何神经元相互连接。大脑中还包括胶质细胞，它的数量是神经元数量的五十倍。它能够为神经元提供营养，可以加速神经元的传导速度，促进神经元生长，对神经元进行管理和修复。另外，大脑中还有神经纤维束，它们集中在大脑中被称为白质的地方，神经纤维束可以隔绝脂肪，携带大脑的各种信号。如果将神经纤维束连接成一条线，其长度足可绕地球两周。可以想象当神经元、突触、胶质细胞和神经纤维束被接通，它们之间的激活（即合作）和抑制（即竞争），会导致语境联合体的生成和改变，从而产生各种想法、印象、冲动、抵触、忧虑、好奇、意念等信息。

句法规则是说，如果说表象规则和合作/竞争规则可以被归入生物学规则，因为就表象规则而言，动物也可以识别食物、感知危险。就合作/竞争规则而言，甚至不具备神经系统的单细胞生物体也会通过激活或抑制发出生物体是应当靠近还是远离某环境的强烈信号，那么句法规则更类似于一种文化习俗，当然在本文中，它并非某种具体语言的思维语法（不同的语言有不同的语法结构，如中文常用主动句，而英文常用被动句，日文常用的是主-宾-谓的句法结构），而是指主体从其周围多种可能的语法规则中去发现特定的语法规则的天性。首先，句法［强调的］是在你对事物的思维模式中一种关于相互关系的树型结构，句法不仅包括将无意义的音素进行有序组合形成有意义的单词，还包括将不同含义的多个词素组成拥有一个明确含义的短语结构，以及将不同的词语、短语组成一个语义结构，甚至包括将语言与身体动作结合起来表达某种意图，就这个意义而言，句法通过结构使主体能够识别事物。其次，有了句法，说者能够把关于谁对谁做了什么的一种思维模式迅速地传递给听者。尽管我们可能对传递信息的理解有所不同，但是句法保证我们同时定位于同一个事物，这也是事物同一性讨论的问题，即我所说的事物与你听到的事物是指向同一个事物吗？就这个意义而言，句法是交流的必要条件。最后，人脑的智力活动并不局限于语言结构，句法的思维结构会被扩张到其他的思维关系中。例如，超前计划的能力是借用了句法的思维结构对各种其他组合的可能行动进行判断。

三、语境构架的认知作用

第一，支撑作用。认知过程总是发生在特定的语境联合体框架之中，尤其是有意识的意识经验。没有语境就没有意识，当前工作的语境联合体会把无意识的限定条件施加到意识内容上，从而形成意识经验。从这个意义上看，语境对于意识经验具有支撑作用。例如，读者对本段落的理解，是建立在读者对本章前部分已建立的局部框架以及读者对本章论题早已形成的内心判断之上的。事实上，语境的影响无处不在。无论是知觉语境、概念语境，还是目标语境、社会文化语境，它们都是支撑新信息处理过程的背景结构。当我们面对一个新环境，接触一个新事物（如开始阅读一本新书、认识一个新朋友等简单的日常生活），我们预先假定的语境就会潜移默化地、无意识地影响、形成我们当下关于这本书、这个新朋友的意识经验。

第二，过滤作用。过滤和支撑是一个事物的两面，如果把语境形成有意识的意识经验理解为语境的支撑作用，我们就可以把语境处理可预测的、重复性信息的功能理解为过滤。语境联合体并不会限制输入的信息量，相反它是处理新信息的一个构架。当语境预设与输入信息不一致时，输入信息就会与现有的语境联合体产生竞争，要求联合体做出改变，由支持输入信息的语境替代联合体中排斥它的语境。当新的语境联合体建立后，我们就拥有了对输入信息的有意识理解，即语境形成了意识经验。相反，如果语境预设和输入信息一致，该输入信息就不会变得有意识，该输入信息会因为其可预测性，变得冗余而被自动化，即被语境过滤了。也就是说，我们对某个信息的无意识，是因为语境过滤了该信息，从而把信息处理的构架容量留给了新颖的信息。当然，被过滤的信息并不是消失了，而是变成语境的组成部分。因此，在语境支撑和过滤作用的不断循环运行中，新信息变成意识经验，然后随着新信息逐渐变得冗余，它又成为界定、形成下一个新信息的语境，由此人类的认知能力不断地向前发展。

第三、整合作用。实践证明，歧义在知觉模型、语言和抽象思维中是极为普遍的。事物的表征是众多的、分散的，甚至是互相矛盾的，语境会对这些纷繁复杂的输入信息进行加工、整合，从而形成一种具有内在连贯性的解释。如果对某个事物有两种不同的解释，在同一时间内也只有一个解释会变得有意识，我们不会同时思考两个互相排斥的观点，虽然另一个矛盾的解释并没有消失，而是仍然被无意识地表征着，甚至会续前一个观点之后，变得有意识。语境的整合作用与合作/竞争规则紧密相关。当语境联合体处于合作状态时，它会产生一个、且只可能产生一个关于某事物的有意识的解释，当语境联合体处于竞争状态时，如果竞争语境失败，那么原有的意识经验就会继续存在，如果竞争语境成功，原有的意识经验就会被新的意识经验替代，无论如何，我们始终都拥有一个一致的意识经验。

第四，修改作用。这里的修改是指整体性的、协同性的修改，而不存在一个核心的修改参照系，即认知并不是仅参照外部世界而修改，反之，外部世界也不是随着心灵而改变。事实上，在认知语境中，外部的输入信息、语境、意识经验，都在进行选择、合作、竞争，既在修改他方的，同时也被他方修改，它们之间是在特定的时空下，共同生成一个意义共享的世界。外部的输入信息因为语境获得了某种意义，生成了新的意识经验；意识经验反过来又会促使原有的语境发生改变，从而为新的外部信息预留认知空间。因此，因为语境，外部输入和意识经验之间的关系有了新的解释，它们之间不再是传统认知科学中所理解的“表征”与“被表征”的关系，而是自我修改过程中不可缺少的一部分，它们相互规定，相依同生。

语境还有助于我们理解一些认知现象。例如，惊奇现象①。当竞争语境获胜，原有语境再次变得有意识时，就会产生惊奇。这是因为原有语境作为工作语境时，其预设内容已经为我们默认，我们不会对我们已认可的事物感到惊奇。但是当竞争语境排斥了该语境时，默认值就不再是该语境的预设，竞争语境的预设就变成默认值，因此在此预设前提下，原语境的设定内容就会显得矛盾，从而让人产生惊奇。又如，长时记忆能力，语境和语境联合体被改变后，原有的连接方式并没有完全消失，而是被存储起来，长时记忆就是寻找原有连接方式的一种寻址能力。

四、语境构架的认知意义

在本体论上，语境分析为传统哲学的僵局开启了新的出路。无论是认知实在论还是唯心论，都是对立地看待观念与事物。首先，它们都认为观念与事物是各自独立存在的世界，它们之间不可通约，具有本质的差异。其次，观念与事物之间是一种表征关系。认知实在论与唯心论的对立是由它们的表征方向相反而产生的。认知实在论认为观念是对事物的表征，断定表征有效性的终极法庭是独立存在的外部世界。而唯心论认为，我们只有通过表征才能接触到外部独立的世界，因此无法通过外部世界的标准衡量表征与世界的匹配程度，所以除了把外部世界假定为我们表征的对象，什么都不存在。这种基于表征的模型必然会导致世界是被预先规定的推论，要么是被客观的物质规定，要么是被主观的先验规定。在认知语境框架下，观念与事物不是独自存在的，语境为观念与世界搭建了一座桥梁，它们构成了语境结构不可分离的部分。观念与事物也不是一种表征关系，它们与语境共同形成了一种类似于自组织的系统，这种系统不受外在机制的控制，而是由内在机制来规定的。在系统中，它们相互规定、相互修改，任何一方都没有被预先规定的属性，而是共同参与了“生成另一个有区别的世界”的过程②。因此，世界不是预先规定的，而是生成的。

---

① Baars B J. A Cognitive Theory of Consciousness Cambridge: Cambridge University Press, 1988: 189.

② Varela F J. Thompson E, Rosch E. The Embodied Mind: Cognitive Science and Human Experience. The MIT Press, 1993: 140.

在认识论上，对认知的理解也发生了重大的转变。认知主义以数字计算机为主导隐喻，认为智力能力就是以特定方式发生表征世界的能力。而且这种表征行为，无论是表征世界的特征还是表征世界运行的方式，都能够在大脑或机器中用符号编码这种物理形式实现。但是物理形式的符号是如何获得语义的，认知过程的意象状态如何与大脑中的物理变化联系起来的？认知主义始终没有给出满意的答案。联结主义是以大脑中的神经元网络为直接隐喻的。它认为认知是在分布式的大规模神经元互相联结之上而产生的。当大量单一、非智能的神经元被恰当联结时，就会产生智能。而且不同的神经元联结会导致不同的经验。事实上，认知架构中的“语境”概念正是从联结主义中发展而来。但是相对于联结，语境概念更明确地指出了信息的整个循环过程，即信息的产生、发展以及结束。同时，语境可以避免像联结主义那样被斯摩棱斯基纳入“亚符号范式”[①] 的境地以及被福多从功能主义出发将其批评为“是在切实履行传统的的认知构架提供一种生物神经结构”[②]。因为意义是存在于语境之上的，当语境被细分为其构成的细小单元，意义就不存在了。同时语境作为一种自组织，通过不断的返回自身，修改自身已然形成了一个意义共享的世界。再用功能主义来解释语境，就会显得过于狭隘了，它体现的不仅是一种功能，更重要的是一种生存方式，更接近于认知的本质了。

在方法论上，为整体论提供了更为有力的方法论说明。简化论与整体论的争论由来已久。早在 17 世纪，洛克就认为，人的头脑就像是一种感觉和记忆片段的积聚物，而康德则反驳说头脑运用整体化秩序，将想法和感觉模式化以求达到和预想一致的结果。整体论将大脑视为一个连贯的整体，将认知视为脑内因神经纤维相互交错而形成的精神模式。简化论则将大脑视为一台由零件装配合成的机器，认为应当根据大脑的许多零件来解释这台装置的运行原理。在符号模型中，大脑被拆分为程序、编码、输入与输出装置，体现的就是简化论的思想。联结主义从系统的全局属性阐释认知，当然是一种整体论的方法。但是如果仅局限于生物神经学层面，很容易遗漏经验的第一人称属性。语境却能够弥补这个缺陷，将认知在个体层面和社会文化层面中的时间历史性纳入其中，从这个意义上说，方法论是在从整体论走向语境论。

① Smolensky P. On the proper treatment of connectionism, Behavioral and Brain Sciences, 1988, 11 (1): 1-74.

② Fodor J A, Pylyshyn Z W. Connectionism and cognitive architecture: a critical analysis. http://ruccs.rutgers.edu/ftp/pub/papers/jaf.pdf. 2011.7.25.

第三章　语境实在论的方法论

语境论作为一种新的认识论和方法论，主张事件或行动是语境依赖、语境限制和语境敏感的。它的认识论主张实在是积极、持续、变化的事实，语境是事件或行动的整合，人类理解是人际间的互动，实际知识和理论知识没有绝对的区分。它的方法论主张对研究对象进行层次分析，通过纲领计划、启示法和洞见提高研究的创造性，使研究范式语境化、系统化，使理论、方法和语境多样化。语境论作为一种非本体论的世界假设，有着一套独特的概念体系和思想主张，即事件或行动是语境敏感、语境依赖和语境限制的。要理解事件和行动的意义，就必须研究它的"语境"——事件或行动得以展开的各种关联因素。在认识论上，语境论主张知识归属的真理性随语境变化，而且这种归属在语境中形成和评价。把这种理念用于科学解释，就形成了一种不同于传统观念的新认识论和方法论。

第一节　语境分析方法的起源

语境分析方法是当代分析哲学运动的基本诉求之一。这一导源于弗雷格的方法论原则，随着"在分析哲学的发展进程中，科学哲学的兴趣逐渐从句法学转移到语义学，进而转移到语用学"，① 它基于当代科学哲学发展的意义更为突显。然而，由其而致的"语境"观念，原本可以作为理论基点，对哲学的本体论、认识论、方法论中诸多问题进行重新求解，但由于语境原则，即便弗雷格也没有一以贯之地落实到自己的理论建构中，从而未能发挥其独特的方法论功能。更为甚者，长期以来，多数的分析哲学家、语言哲学家、数理逻辑学家都对语境分析方法漠然视之，在很大程度上，导致分析哲学、语言哲学和逻辑主义的科学哲学逐渐式微，走向了自我消解的路途。在今天，当我们朝向当代科学哲学的发展趋势，重新认识到语境分析方法之于科学哲学的重要意义时，首先需要做的，就是从其起源上，探究弗雷格概念逻辑定义三原则的内在关系，真正厘清语境原则的方法论向度。

弗雷格的《算术基础：对数的概念所作的逻辑的和数学的研究》明确指出，"对于推论的说服力或定义的合理性的一切研究必须是逻辑的"②，必须符合几何的严格性。因为，不存在充分的经验归纳，从而获得经验的可靠性，实际上人们

---

① 卡尔-奥托·阿佩尔．哲学的改造．孙周兴，等译．上海：上海译文出版社，1997：108.

② 弗雷格．算术基础．王路译．北京：商务印书馆，1998：8.

必须准备最终还是会遇到矛盾，而这个矛盾将使整个大厦坍塌；所以，必须追溯到普遍的逻辑基础。他的《算术基础》就是试图为“数”概念提出一种在哲学意义上是先验的，在逻辑意义上是分析的逻辑定义范型。为了达成这种逻辑哲学目的，他预设了三条基本原则：①始终要把心理的东西和逻辑的东西、主观的东西和客观的东西明确区别开来；②只有在语句的语境中，而不是在孤立的词中，才能找到词的意义；③要注意把概念与其对象区别开来。

在他看来，这三条原则是内在关联的，这种关联性保证了“数”的哲学-逻辑研究的严密性。这种逻辑哲学考虑，几乎就是整个分析哲学的研究纲领。这可以从三方面来理解。

首先，对于弗雷格来说，在这三条原则中，第一条原则在认识论意义和逻辑要求上是根本性的，是为了认识和把握逻辑定义、证明有效性的条件，必然的客观陈述所依赖的普遍性规则。数学的发展越来越清楚地表明，在数学中，仅以多次成功运用为依据的纯粹的道德信念，远远不够。为了保证概念定义是一种先验的客观逻辑陈述，进而也是为了保证推论的说服力和有效性，必须拒斥属于心理学的关于经验/体验陈述的主观方面。在弗雷格看来，仅是“无数次”经验上的“同一性”，并不能在理论上说明其合理性，因为这种“经验”必定没有逻辑地给予理论推理、证明；凡是可以进行证明的地方，就要使用证明而不用归纳来确证。

其次，在逻辑哲学的意义上，必须重新认识自明之物，必须重新认识有效性的限度，也就是，要严格区别句子本身的内容和这个判断所依据的初真；在认识论意义上，就是要严格区分先验和后验、综合和分析之间的不同；在方法论意义上，就是要沿着数学本身的逻辑本体上溯，而不是在其他“确认”路径上寻求解释。

然而，仅是第一条这种关于“形而上”与“形而下”严格区分的“形而上学”理念性质的原则，并不能真正保证关于数的定义的严格性。为了保证第一条这个哲学基本原则的贯彻，就一定要遵循第二、第三条原则。

最后，弗雷格自己认为，为了遵循第一条原则，他总是在心理学的意义上使用“表象”一词，并且把表象与概念和对象区别开来。也就是，将“表象”看作仅仅是个体主体体验的，而将“对象”看作仅仅是个体经验的未普遍化、概念化的非逻辑之物。

第二条基本原则的意义，即通常说的“语境原则”，在这时候就体现了出来。如果没有注意到语境原则的话，那么几乎不得不把个别心灵的内在图像或活动，当作语词的意谓，也就是将个体语词的语用心理指向，当作这个概念本身的意谓，而丧失了逻辑普遍性，由此也就违反了第一条原则。在弗雷格看来，如果以为可以使一个概念成为对象，又不使它发生变化，那这仅是一种假象。或者说，一方面，概念自身逻辑的客观性，其内容并不必然地具有对象性；另一方面，对象是相对于具体主体主观经验的具体事物，并不是先验的客观逻辑的普遍型式。这就要以第三条原则来进一步保证第一条原则得以贯彻。

总之，弗雷格就是要以逻辑的初真的先验客观特征，划清与心理学的界限；以追求先验自明的初真，划清与经验主义者的界限；以对具体算术公式的分析性和还原性的认定，超越此前的数学哲学认识，从而为他建构数学逻辑体系的哲学动机扫清障碍。

但问题在于，如何把握思维逻辑与客观逻辑在普遍性上的一致性与绝对性？这在认识论的意义上容易引起怀疑。“从本质上说，思维在哪里都是一样的：决不能根据对象而考虑不同种类的思维规律。差别仅在于或多或少的纯粹性，以及对心理影响和思维外在的辅助手段，如语言、数字等的或多或少的独立性，此外，大概还在于概念构造的精致性。”① 毋庸置疑，逻辑上溯，这种简化本身就是一种值得追求的目标。在弗雷格看来，“数”是“先验的”“客观的”，也就是世界本身的逻辑；数的“先验性”就是数的“逻辑普遍性”；数的“客观性”就是数的“逻辑实在性”。反之亦然。从表面上看，似乎在认识论意义上，通过逻辑本体的认识就可以达到目标。

然而，在一般的认识论意义上，“数”是属性的不可独立存在的“东西”，要有对事物属性的抽象，就必须有心理意识的参与，或势必要融进心理意识的东西、“人”的文化性质的东西，这是不可能祛除的，否则，先验的“数”就只有上帝才能知道，而非“人”的认识所可及的东西。那么，如何理解“数”的客观性与实在性？“先验的”而非经验实在的逻辑，是如何成为“人”所表述的逻辑的？或者说，人们如何才能有效地把握并达到对“逻辑”的认识的？

由此看来，绝对的客观性与绝对的先验性相悖，导致了认识论路径走不通，难以贯彻到底。为此，必须寻求新的解决问题的方法，这就是弗雷格三原则的第二条语境原则。具体来看，语境原则蕴含了三层基本涵义。

其一，语词只有在句子语境中才有意谓，换言之，在句子（语境）中实现了语词的意谓。而语词的意谓即是语词的对象，由此，就在句子和命题中体现出了概念的客观性。

其二，概念的意义只有在句子之间的共同语境中才能显现出来。对于这一层涵义，也许是人们理解上的失误，人们往往认为，弗雷格第二条原则所指涉的语境仅是句子内部意义上的语境，也许这个原则在语言陈述上过于含混——未指明是一个句子（命题）内部语词（概念）之间的相互依赖性，还是句子（命题）

① 弗雷格. 算术基础. 王路译. 北京：商务印书馆，1998：3.

之间在意义上的相互依赖性。但是在弗雷格看来，词的“表象和被思考的东西的联系可以是完全表面的、任意的和习惯的”①；“为了获得数这个概念，必须确定数相等的意义”②。在由不同句子语境所决定的意谓之间，语词达到的同一性，也即对象意义上的同一性，也就是语词作为逻辑概念的普遍性。

其三，在句子语境中体现出了语词的真，也就是说，语词的真值只有在句子语境中才能判定。弗雷格认为，对“初真”的追求是必须的，但他也承认这种逻辑回溯的无终极性③。在实在论的意义上，只有遵循语境原则，才能避免关于数的物理观点，同时又不陷入心理学的观点④。在弗雷格看来，数的给出包含着对一个概念的陈述，“数的给出”，就是含有数词的句子。数的实在性（以至一切逻辑概念的实在性），就是数在句子语境中的客观性，和数在句子之间共同语境中的同一性，在句子和句子之间逻辑上的联结。而这种联结的普遍性，自然也就达成了语词在逻辑概念上的逻辑初真。“从语言分析出发，达到对数这样的抽象对象的本体论回答，这正是弗雷格的算术哲学乃至逻辑哲学的一个基本特征。”⑤

这样，弗雷格就展示了语境原则的应用特征，从而也为语境分析方法的拓展提供了可能。在关于客观的世界本体知识的认识论上，普遍意义上的哲学理性和逻辑理论，无法对先验的与经验的、分析性与综合性进行分割；但是，在“数”的逻辑概念上，弗雷格对于康德纯粹先验理性观念的修正，以及对于经验主义者具象的经验事物观念的否定，由此而做出的关于“数”的先验性和分析性的认识，无疑是正确的。这一理论目的的实现，深刻体现出语境观念在哲学研究中所独具的方法论意义。

弗雷格的语境原则基于语境观念、从而语境分析方法的发展，具有奠基性的作用。其后的维特根斯坦，不仅在《逻辑哲学论》，而且还在《哲学研究》中，都将之作为至关重要的论题，无论是前期以语义为特征的语法规则，还是后期以语用为特征的语法规则，“词的意义就在于它的使用”的语境观念，引发了理想语言学派和日常语言学派这两个截然不同的思想纲领，从而在当代哲学中产生了极其巨大的影响，并使语境观念受到了普遍的重视。这也正如达米特所言，弗雷格的语境原则，“很可能是弗雷格做过的最重要的哲学陈述”⑥。

---

① 弗雷格．算术基础．王路译．北京：商务印书馆，1998：77.
② 弗雷格．算术基础．王路译．北京：商务印书馆，1998：78.
③ 弗雷格．算术基础．王路译．北京：商务印书馆，1998：12.
④ 弗雷格．算术基础．王路译．北京：商务印书馆，1998：120.
⑤ 王路．弗雷格：世纪转折处的哲学巨匠．北京：社会科学文献出版社，2002：56.
⑥ Dummett M. Frege，Philosophy of Mathematics. London：Harvard University Press，1991：38.

第二节　语境分析与相对主义

语境是当前科学哲学和分析哲学研究的热点之一，语境分析方法也成为一种现实的方法论趋向。人们试图把语境作为语形、语义和语用结合的基础，在语境的基底上去透视、扩张和构建整个语言哲学的大厦[①]，甚至对整个科学哲学的发展产生影响。因为语境分析方法不仅具有开放性、灵活性等明显的优点，而且有着深厚的哲学渊源。但是"语境"概念内涵和外延的模糊性，也导致语境研究过程中会遇到一些问题，其中很重要的一个就是语境实在论与相对主义的问题。

谈及相对主义，劳丹曾称逻辑实证论为产生相对主义的"先辈的原罪"[②]。因为逻辑实证论者对科学进步、科学方法和科学划界等问题解决方案的失败导致了库恩范式理论的提出。范式的不可通约性、范式之间没有共同的评价标准等特点所导致的相同概念有不同含义和世界观要么一成不变，要么整个转变等结果又促使了科学哲学中相对主义的兴起。对于语境实在论者而言，同样要解决科学进步、科学划界问题。语境中也存在概念的变迁问题，语境间的关系问题等，因而也需要避免陷入相对主义。在这一方面，语境实在论可以作出比范式论更好的回答。笔者试图从两个方面进行分析。

一、意义变迁与真理相对主义

从语境的起源看，弗雷格的"一个词只有在特定的句子语境中才有意义"的概念论指称观和早期维特根斯坦的"只有命题才有意义，只有在命题的前后关系中，名字才有意义"[③] 的语言图景论都有一个明确的特点："语境"一词与"意义"紧密相关，强调了意义的丰富性和具体性，这是意义研究的非常重要的转变。而在后期维特根斯坦的"语词的意义就是它在语言中的用法"[④] 的观念和解释学派的阐释下，"语境"与语用联系了起来。加之一切理论的、社会的、历史的宏观背景都必然地要渗入语境的微观结构中去，"语境"概念的内涵和外延变得模糊起来，语境要素多样化。科学概念作为科学语言的中心语词在不同的语境中，存在意义的可能不同。我们知道，对于概念意义变迁的不完满解释，是库恩走向相对主义的主要原因之一。而这也同样是反实在论者对语境的批判点之一：科学名词的意义是随着科学发展的语境变化而不断变化的，理论不同，语境

① 郭贵春．论语境．哲学研究，1997，(4)．

② Laudan. Beyond Positivism and Relativism. Colorado：Westview Press，1966：3.

③ Coffa J A．The Semantic Tradition from Kant to Carnap. Cambridge：Cambridge University Press，1991：218.

④ 维特根斯坦．逻辑哲学导论．郭英译．北京：商务印书馆，1992：32.

不同，科学名词的意义就不同，如果认为不同意义理论之间有着不可比性就会导致真理上的相对主义，在科学的目的和作用上会导致实用主义的工具论思想。

对于意义的变迁问题，语境实在论指出，语词意义的动态变化是语境动态变化的结果。语境作为一种实在在与经验的联系过程中，语词的语义内容一定会随着经验的展开而扩张。从科学理论的形式化特征来说，为维持形式化的语言系统内部的逻辑性，意义也会不时做一些调整。从语用的角度讲，语词意义的变化与主体认识背景、心理因素等都有关系，但是它与指称对象的关系是恒定的。语境实在论中很重要的一点是，在语境的交替变化中，前后语境的界线是连续的，新语境是对旧语境的一种超越。语境的这种连续性使得“基本内在逻辑的东西在历史的发展中内化到新的语境中”①。即便是相同的概念在不同的语境中有不同的意义，这种不同也不是孤立地存在，而是复杂语境下的转换或者深化。例如，物理学时空概念的发展，经历了牛顿时空、相对论时空和现代量子引力时空的深化过程。虽然概念的内涵发生变化，但是，不同的时空理论并不是孤立的构造，事实上它镶嵌于广阔的认识论语境之中。它的发展内在地包含了不同时代物理学家对时空形而上学的思索、数学理论的发展和物理学形式体系的深入、表征公式和符号的语义变换与扩张、物理学家思维由绝对向相对的转化等一系列语境因素，并且这些因素在时空理论的动态发展中环环相扣，是一个错综复杂的有机整体。每一次时空概念的变化，都建立在对之前时空概念的理解和相关理论发展的基础之上。对概念的理解要求承认语境之间的连续性，承认语境的再语境化功能，承认意义的转变是不同语境下的调整。这就克服了范式不可通约性的困难。对不同理论意义不同的分析，要看到不同意义之间的同根性，透过现象看到其实在本体的一致性，不同的意义是为相同的本体论性服务的。也就是说，语境实在论承认意义的相对变化，但是在语境的不断发展和超越中，意义变化的最终目的是要解释世界的本质。这种变化体现出认识的相对性，但不会导致相对主义。

二、语境范围与真理多元化

科学哲学研究中，意义的单位从“语词”转向“命题意义”，又转向“理论”，而语境范围则经历了从“语词”到“语句”，从“语句”到“语句系统”的扩展，通过解释、修辞转向，又加入了历史的、心理的、社会的等诸多因素。这就提供了一个理解“意义”变化的整体背景，语境分析的意义就在于从整体主义的立场上进行科学哲学的研究。但是如果盲目地把语境扩展到了整个科学活动的范围，造成语境范围太大，就有可能把语词的意义、“意义”的意义消融在这种整体语境的漫无边际的混沌之中，造成极端的整体主义。一切尽在语境中，

① 成素梅，郭贵春. 语境实在论. 科学技术与辩证法，2004，(3).

这样很难对一个理论的发展做出有价值的分析，无法理解理论的价值和意义。没有统一的评判标准，对每一种理论的存在都能用极端的整体主义消解其不合理的方面，容易导致真理的多元化。

语境实在论为了避免走入“极端整体主义”，在强调整体主义的同时，注重研究语境的微观结构。“语境”对于语言系统的选择和描述有非常具体的内容，对某个问题的多种语境因素之间的层次性，语境所要求的有关行为目的的陈述、有关作为前提的背景知识的陈述……甚至语言的时间上的确定等，总之，这是一个完全具体的规则，具有很强的现实性。例如，测量语境，就是这样一种完全具体和现实的选择，对于每一个具体的测量语境，它所给出的内容是具体的，包括执行测量的目的、作为测量背景知识的相关理论及逻辑或数学规则、所接受的本体论预设观念以及选定的时空参照系等。在这样一个自身的结构性系统的整体语境中，对从“语词”到“语句系统”各个层次上的意义进行了协调。它规定了意义的稳定性，实现了意义的客观性，最终也揭示了意义的公共性与客观性。与极端整体论不同的是，在极端整体主义者那里，意义的承载者是整个语言，不同语言相互联系地、量变地连成一片，哲学家如果要描述这样一个语言，就成了一个无所不知的“全能者”，这是根本不可能的。因此语境实在论的整体性实质上是在选择各种不同的现实语境的基础上的界定范围的整体主义。

语境实在论可以很好地避免真理的相对主义和多元化还有一个重要的原因，就是语境实在论对科学进步有一个统一的评判标准：不同语境下理论与世界之间的相似性程度。以相似性代替符合性，克服了逻辑实证主义者以真命题的多少来衡量理论逼真度存在的缺点，合理地解释了科学进步，同时也解释了为什么不同的理论会赋予同一个概念不同的内涵的问题。总之，语境实在论对科学哲学研究中科学进步问题和真理相对主义问题做出了比较合理的回答，这可以从一个侧面展示出它是科学实在论发展中一种相对成熟的选择。

第三节　语境实在论的认知纲领

语境论把“语境中的行动”作为根隐喻，在这个概念框架下描述和表征事件的变化和发展，由于它不对世界的构成和本原作任何假定，而只关注事件和行动在其语境中的意义，所以是非本体论的。其认识论要点可归结为四条。

第一，人类行为或事件是一个不断变化着的实在的、积极的、能动的和发展的环节。这是关于人类活动过程性质的假定。变化和发展不是某种自相矛盾、瞬息万变，或有别于静态、稳定和结构有序的东西。生成不是衍生的，而是固有的。实在不是个人意向性活动的主观建构，也不是个人对偶然、意外刺激的简单反应，而是建构或生成持续过程中的存在。在变化过程中，个体不是主动或被动的生物，而是具有意向性的人。意向性是在一个开放、非决定和不断变化的世界中发展的。这样的世界既可引起意向性也可限制意向性。总之，语境论强调实在的变化特性，强调人类意志是在社会文化环境中发展的这一重要事实。

第二，人类活动或事件不是孤立的，而是植根于意义与关系的社会历史语境之中。这是关于人类交流语境性质的假定。要理解人类行为及其意义，就必须研究它的“语境”——人类行为得以展开的社会政治和历史条件。这种“语境”具有时间和定向行为，即指向过去（行为何时何地发生），指向现在（保持行为此在特点的条件），指向未来（可能性和尚未实现的结果）[①]。换句话讲，一个行动的语境不是被当作外在的和静止的模糊结构，而是被看作具有内在的、动态的可数独立变量，可以用矩阵来表示的东西。人的意向行为在社会历史语境这个媒介中运行，同时也在它的发展过程中改变并重构这个媒介。人类行为与语境之间的辩证张力，正是语境论者所要强调的个人行动的社会历史负荷。这意味着，在理解社会行为或事件时，我们不能只考虑独立的个体及其行为的过程和结果是完全由心理因素决定，也不能用外在的社会实在的功能和组织因素来解释这种心理因素。每一个社会行动总是和心理因素缠绕在一起，同时改变它嵌套在其中的社会历史语境。

第三，事件是边界开放和不断变化的，人对世界的探求是受语境制约的，获得的知识是相对的和暂时的。这是关于知识边界的假定。事件的不断变化特点和嵌套事件的社会语境的基本非确定性或边界开放性，使得人类经验的每一个概念组织不断得到修正，而且对事实的任何解释不是自我确证的，因此，我们不能谈论关于社会行为的任何超历史、超语境地有效的绝对原则。我们需要指明形成某种真理和知识陈述的语境边界，这样，知识就是相对的和不完善的。这不仅是因为它根本上受到语境的制约，而且因为这些语境并不是稳定和持久的实在形式，而是不断自我发展和变化的存在。

第四，科学研究不是纯粹的、无偏见的理想过程，而是负荷语境因素的、“被污染”的社会文化过程。这是关于科学活动的文化嵌入假定。研究者不是超越社会的无私利者，其行为和研究成果都深深地嵌入他们时代的文化之中。研究者不可能超越他们时代的文化边界，而是建构社会知识的积极参与者。事实也不是表征外在客观实在的绝对的、静态的形式，而是在具体的社会、历史语境中发展的，这些语境不仅能够影响“什么东西被当作事实”，而且引起研究过程本身。因为“科学产品是语境明确的建构物，它们具有语境化特点和形成过程的利

---

① Pepper S. World Hypotheses: A Study in Evidence. Berkeley, CA: University of California Press, 1942: 232.

益结构特征，不对其建构过程进行分析就不能恰当地理解它们”[①]。知识的积累不能简单地归结为科学仪器所显示客观事实的精确性的提高，而在很大程度上归结为社会生活和历史建构的意向过程。在这一意向过程中，研究者被赋予进行观察、假设和应用他们的研究结果来实现生活环境的多项责任。这样，语境论反对观察与观察对象严格区分的主张，强调它们之间的语境关联。在语境论者看来，不仅“观察渗透理论”，观察也渗透文化，渗透历史，甚至渗透社会权力和利益。科学研究也不是“价值无涉”的，研究也同样渗透文化，渗透历史，渗透社会权力和利益。

接下来，我们以科学知识的表征来阐明语境论的认识论。对于科学来说，无论是理论的还是实践的，其过程和结果都包括在“知识”内，而解释科学的一个重要途径就是审查“知识表征”的意义，从这种意义上讲，语境论的认识论也就是它的知识表征论。

那么，知识是如何产生的？人为什么具有认知能力？在语境论者看来，这是因为人的生存和生产过程受环境的影响，人相应于其需要和选择，进化出追踪环境诸方面的能力。由于发展追踪能力是一个对环境有代价的适应过程，它很可能被限制在环境的相应方面。这种追踪能力就是“认知”，包括认知者和被认知物之间的某种符合，并通过感受定向、姿势调整、神经循环等，使认知者的某些方面与被认知物的某些方面一致。也就是说，认知过程源于人有选择地与其环境的各个方面相联系的需要，环境高度地与人的需要和反应选项相关。

由于认知能力与其环境密切相关，环境的变化必然会引起知识的变化，必然会导致知识的不充分表征、错误表征和过度表征这些认知缺陷的发生[②]。这样，认知不可能完全与环境信息脱离，它与整个环境信息的联系是压倒性的。系统发生和个体发生的发展塑造了人对重要方面的敏感性，于是，人倾向于在熟悉的环境产生简化的表征，如“水的沸点是100度”就是一个不充分表征，它忽略了“一个大气压”、“海拔高度”、“摄氏温度”这些语境条件。为什么会这样呢？因为人们对水太熟悉了。

在科学这种形式化的知识系统中，随着我们进入不熟悉领域和高阶抽象，知识表征的这些缺陷变得越来越严重，而且当我们进行知识交流时，这些缺陷由于语言的不适当而有所加强。就像认知对象会被不适当表征一样，知识也会被表达它的语言不适当地表征和误传。

我们如何判断知识表征的适当性呢？在语境论者看来，知识表征首先能够通

---

① Knorr-Cetina K D. The Manufacture of Knowledge: An Essay on the Constructivist and Contextual Nature of Science. New York: Pergamon, 1981: 5.

② McGuire W J. A perspectivist looks at contextualism and the future of behavioral science//Raiph L, et al. Contextualism and Understanding in Behavioral Science. New York: Praeger Publishers, 1986: 273.

过内在于知识本身的特点来判断。这些内在特点包括以下几个方面。

（1）一致性。这是判断知识表征的首要标准。一个表征必须具有内在的连贯性，即它内部不能产生相互矛盾的推论，否则，就是一个无效的表征。

（2）矛盾性。这是内在一致性的语境否证。在语境论者看来，否证是肯定的反证，论题和反论题是所表征情形中不可避免矛盾的相应证据。一个知识表征如果存在内在矛盾，那就是一个不适当的表征。

（3）新奇性。一个知识表征应当包含不同于传统知识的新内容。它的新奇性只有能够提供启发性刺激时，知识表征才有意义。一个理论解释只有当它与这个领域的常规观念一致时，才是可接受的。

（4）陈腐性。这是新奇性的语境否证。一个理论如果是陈腐的，那它就是不适当的表征。不过，科学的陈腐性在变化，如灾变论的不连续性代替渐变论的连续性作为科学的元理论。

（5）简洁性。知识表征应该是简单明了的。从托勒密的简单性原则，到奥卡姆的剃刀原则，再到马赫的经济思维原则，这些思想家都主张一个理论的适当性应该在“经济、节俭”的基础上进行评价，用最小的知识表征最大的境遇。

（6）优雅性。这是科学的审美标准。库恩指出，在科学理论的表征中，对美的考虑有时胜过对真理的考虑。研究者通常以对称性、直线性、单一性，或其他和谐形式表现优雅性。在科学中，一种解释的要求取决于它的“漂亮”程度一般被低估了，或者说，解释的一致性超越了优雅性。

（7）导出性。从某些可接受前提，如欧几里得公理，人们能够正当地导出确定的知识表征。这是一个理论的内在逻辑要求。

以上标准是知识表征的内在特征要求，根据语境论的观点，知识表征不仅与其内在特性相关，也同样离不开知识以外的社会文化语境，这就构成了知识表征的外在标准。这些外在标准包括几下几个方面。

（1）权威性。这是关于理论提出者的地位问题。受尊敬的学者支持的理论或主张通常容易被共同体接受。科学杂志和科研基金机构普遍采用的“双盲评价”程序，就是为了减少审稿和项目评审过程中的这种权威效应。

（2）社会性。公众对一个理论的接受会产生某种权重，某人被重要组织的接受可能特别有效。例如，一篇提出某一理论的论文被一个权威杂志如《科学》或《自然》所接受，或考遵循这一理论的研究工作被一个重要机构资助，或者该理论在无形学院被热烈讨论过，研究者更愿意接受这个理论。

（3）实用性。知识表征对于人类生存或其他有价值的目的应该是有用的。一个在许多方面不完善的理论，如难以证实，具有内在矛盾等，在实际可用的范围内，可能仍然获得广泛接受。例如，包含无理数、反直觉的非欧几里得几何数学，当被证明对设计交变电路有用时，获得了广泛接受。

（4）启发性。这是指知识形成过程中产生对要解释的环境的有用新洞见。刺激来源于语境，语境促进了启发。也就是说，任何启发都不是孤立的，它是问题语境刺激的结果。

（5）证实性。它基于这样的观点：存在着个体共有的先验确定知识，任何进一步的知识表征，可以通过个体的合法性及其含义，与共有的证据一致的程度来检验。在传统的经验意义上，最终标准是感觉的直接证据，不论感觉证据是否有明显的独立性。

弄清了知识表征的缺陷及其适当性的判断标准后，让我们再来考察语境论的知识观。语境论的知识观是在继承和批评逻辑经验主义知识观的基础上形成的。逻辑经验主义假设：①研究者应当具有明确的假设，且这些假设非常适当地嵌入一个更广阔的理论中，先于经验存在；②这些先验假设有些是真实的，其他则是假的。语境论赞成①，反对②，主张所有假设为真或者为假，即使存在相互矛盾的假设。这种主张可能令人难以接受，然而，正是由于任何假设可能为假，它的反面才可能为真。如果给定一个根本不同的语境，它的反假设也可能是正确的。换句话说，由于语境不同，同一假设可真可假。例如，在“地心说”的语境中，“太阳围绕地球转”这个命题是真实的，但在“日心说”的语境中，这个命题则是假的。

关于知识产生的后验阶段，逻辑经验主义也有两个基本假设：①知识表征诉诸于经验；②经验的作用是检验这个假设是否有效。语境论赞成①，反对②，主张知识表征诉诸于经验，但不是检验它们的有效性，而是通过澄清和扩展这些假设的意义，继续科学发现的过程。

在语境论者看来，经验不是一次检验，而是一个发现程序。20 世纪前半叶，科学哲学流行这样的观点——科学过程的先验和后验阶段有相反的功能，先验阶段是产生知识和理论的一个创造阶段，后验阶段是基于主体际间观察而检验假设和理论的一个证明阶段，莱欣巴赫的“发现的语境”和“证明的语境”代表了这种观点。语境论作为一个工作假设具有选择性，认为任何假设从某些观点而不是从其他观点适当地表征认知对象，并揭示先验和后验阶段之间的更多的连续性。在可选择理论构架内，语境论者正是通过观察假设而运用先验阶段，为了继续这个创造过程而运用后验阶段，然后通过一个经验纲领发现假设的全部意义。因此，这两个先验和后验发现过程，通过证明语境的对比集，揭示假设的更充分的意义。

关于“假设检验”问题，在语境论者看来，是一个神话。因为把经验作为一个假设检验过程，无论在描述上还是规范上，都是有问题的。根据这个假设检验，研究者从某些理论得出依赖变量和独立变量之间的一个假设的“共变关系”，并通过设计一个境遇获得一个经验检验。在这个境遇中，观察单元可系统地得到观察，并在依赖变量和独立变量上得到测量，两个变量之间的预测关系也因此得到检验。如果这个预测关系被发现，人们对于这个假设的真理性的信心就增加，而且产生假设的理论也增加。如果预测关系没有被发现，这些表达形式便遭到拒绝。在语境论者看来，假设检验是语境化的，单靠经验检验难以令人信服，因为经验不是绝对可靠的，经验也是依赖语境的。

关于解释的真实性问题，语境论者认为，信奉逻辑经验主义的研究者实际上做非常不同的事情。在假设明确后，研究者开始在某些理论框架内，进一步思考这个假设的有效性如何可能在某些适当经验语境中得到说明。出于这个目的，研究者进行关于变量和境遇语境（context of situation）的适当操作定义的某些思想实验。研究者有时做粗略的前研究工作，以试验可选择性操作，并检验测量的敏感性等。当研究者设计一个检验实验时，他或她实现一个正式的经验过程，并分析获得的数据，以决定是否获得独立和依赖变量之间的假设关系。

如果这些已经获得数据的修补工作不能使研究结果更好，研究者可能放弃第一个实验，重新设计一个新的实验，这个新实验具有其中一个变量的更好测量，一个适当的主题数量，一个对附加变量的控制，阻止某些可选择路径，等等。如果这个新实验仍然不能证实这个假设，研究者可能重新考虑最初的假设，或许重新把它作为一个更高级的相互作用结果来表达。不是说在这个曲折的探索中研究者的行为不适当，相反，我们把这样组织严密的探索看作适当的过程。事实上，信奉逻辑经验主义的研究者，一直把经验作为隐含语境使用。

这个典型的科学过程的描述表明，只是在写研究结果而不是在实际进行研究时，研究者才像逻辑经验主义者。在做研究时，研究者的行为更符合语境论的研究纲领，他们都是实际的语境论者。只是在报告研究结果时，研究者写报告的行为遵循逻辑经验主义的脚本。语境论的分析使来自经验的重要信息包含在准备工作中，如思想实验、前研究、不成功的最初实验等，正是通过这些准备工作，研究者根据语境发现了他们最初假设的充分意义。在这个语境中，他们的确获得或没有获得假设关系。当研究者以逻辑经验主义的名义写报告时，语境信息才被省略了，这个报告简单地描述了最终的、精心构造的成功实验。一个合理地有创造性和持久性、而且具有充分资源的研究者，总能够最终创造或发现获得假设关系的某些特殊语境的意义。由于语境论的工作前提是所有假设为真，所以，只描述最终证实假设的实验，对于证明其真理性不会有多少意义。

第四节　语境实在论的方法论纲领

如何运用语境论改变和提高科学研究的创造性呢？这是语境论的方法论问题，我们将从四个方面展开讨论。

首先是对研究对象进行层次分析。在非语境论传统中，研究者过于关注设计一个重要实验检验一个特殊假设的真值，这限制了他们对方法论的注意。研究者几乎仅关注个人实验中产生的战术性问题，如实验设计、测量、变量的操作和控制、数据分析等，而设计一个全面的研究纲领的战略层次的方法论问题则被忽略了。语境论者通过确认概念和经验不是检验一个给定的假设，而是探索其意义的目的，重新确立研究者对被忽略的层次的注意，这需要一个研究纲领而不是一次单独的具体研究。语境论者还通过系统地组织和全面深入地分析和提升“前研究”的详细计划，探索其潜在关联信息。层次分析可通过三个纲领性计划进行。

第一，通过假设层次的纲领性计划，探索最初假设的意义。科学知识通常被表征为两个或两个以上变量之间的预测关系。因此，最初假设的意义可以通过探索这些变量及其关系的性质更加充分地被掌握。知识表征是表达假设的言语规则和知识本身概括的实际现象之间的中介术语。正如知识表征是部分地、扭曲地对认知对象的信息进行编码，它的言语表达在知识表征中也部分地、扭曲地交流信息。这样，科学研究的策略性探索应该包括探索可选择的名称及其变量的定义。基于这个目标，研究者能够列出每个变量的同义词和反义词，并将它们组织为一个结构。在一个给定经验中，使用的任何操作定义仅是那个变量的一个部分定义。因此，先验分析能够达到多操作定义的一个有效子集，而且能够确定这个变量的可评价的若干子标准。

不过，研究者对最初假设的理解，可能受到内在于它的不同意义的威胁。因为在揭示这些假设意义的过程中，研究者明显会受到语境的限制，但只有依赖这些语境才能够获得对假设意义的理解。在每个具体的实验中，研究者有必要把最初假设的不切实际的设计，还原到一个可操作的定义。这样，研究者就可以通过一个经验研究纲领追求可选择假设的意义。这个经验纲领之所以被设计出来，就是为了有效探索知识表征所揭示的丰富信息。

在弄清了假设的意义后，研究者可以利用某个表征形式，如不同的范畴和命题，以符号表达式，或以图和表的方式，或以列表形式建立统计表，研究它们之间的假设关系。研究者常常改变表征形式，并利用这些形式达到最佳一致。当以图表形式表达时，研究者能够更好地识别这个假设的意义；而当以言语或以列表形式表达时，研究者能够发现这个假设更加刺激。研究者应该利用这个最具个人刺激性的形式，因为每个模式对于一个给定的目标具有特别的适合性；图式表征可能更好地暗示了适当的实验设计，言语表达对于相关理论，或需要被控制的变量，可能更有启发性；列表表征可能更好地预示了测量尺度和需要的统计分析的类型。在表达关系的任何模式内，研究者应该探索不同变量。例如，通过一个相互作用的可选择列表表征，研究者可以获得相互作用结果的一个更深刻的判断。

第二，通过理论层次的纲领性计划，形成能够说明这个假设关系的多元解释。理论层次是更抽象的纲领性计划，包括产生被假设关系的可选择理论说明。我们知道，逻辑经验主义通过把假设作为更一般理论而得出推论的方式，纠正了科学研究过分单纯化的实证论。语境论则通过强调不是一次而是多次，又将这个关于理论说明的观点向前推进了一大步。任何给定的假设关系可以从许多理由中的任何一个得出。每个理由预示了关于现实的一个抽象的部分观点。例如，行为科学的任何假定，如使用隐喻和其他修辞形式加强交流的劝说效果的预测，能够对许多理论说明有贡献，如隐喻加强来源的声望，把接受者置于一个更愉快的心态，促进理解，提高认知反应能力等。研究者使这样的理论说明越清晰，影响假设关系获得范围的相互作用语境的含义就越丰富。

除产生对最初假设关系的多种说明外，语境论研究者能够通过独创性见解导出相反的假设，然后产生对这个相反关系的理论说明。例如，在提出许多理论来解释关于使用隐喻信息比文字信息更具说服力的见解后，语境论者会考虑相反的假设——比喻性语言减弱劝说效果，然后产生这个颠倒关系的某些理论说明，如隐喻可能增加含糊性，引起怀疑，分散注意力等。这个理论层次的纲领性计划，为研究者留下了对于最初假设关系的多理论说明，每个说明预示了这样的语境，在这些语境中，这些关系被获得或不能被获得；也预示了对相反关系的几种理论说明，每个说明还预示了这样的语境，在这些语境中，最初直觉地产生的关系将不能被获得或被获得。从复杂概括出简单是科学研究的目标，因为知识应该是一个深思熟虑的单纯化的东西。但是，在促进概念化的详细策略中，在一个广阔的已知概念框架内，语境论者不反对简单化本身，而是反对故意简单化的做法。

第三，通过经验层次的纲领性计划，弄清一个研究纲领系统探索假设的相关语境。前两个层次的纲领性计划已经清楚地表明，最初假设及其对立面的确是一个重叠命题的模糊集，对于许多特殊理论说明中的任何一个来说，研究者能够获得每个命题的意义。在这两个层次的丰富概念信息基础上，我们可以把抽象的纲领性计划深入到更具体的经验层次。在这个层次，每个理论说明蕴含五方面的内容：①预示了许多研究设计的细节，通过这些细节产生独创性灵感的更充分的含义；②预示了一个说明独立和依赖变量之间关系的独特中间变量；③预示了多相互作用独立变量，它们影响许多最初假定的独立-依赖变量关系的语境；④预示了独立变量的不同操作将如何影响它对依赖变量关系的强度；⑤预示了与独立变量有不同关系的依赖变量的不同子标准。根据这个经验层次的纲领性计划，研究者既可以揭示第二阶段形成的多理论说明中的信息，也可以揭示第一阶段揭示的假设的多种意义，以形成几种附加假设。这一研究过程可以几个理论说明作为矩阵的行，以不同假设产生的程序，如独特中间变量、相互作用变量、独立变量操作等，作为矩阵的列展示出来。这个矩阵的每个单元可能充满一个隐含假设。

那么，研究者在这个可能矩阵的什么地方开始探索？从哪里介入？这是这些纲领性计划的艺术性、技巧和科学性的优先权问题。研究者一旦在规定的纲领性计划中成为有经验的，关于探索的起点和途径，他们会提出一个有意义的原则来确立优先权，以便在一个已知语境中系统地做出程序性决定。相比之下，非语境论传统可能导致研究者忽视纲领性计划，研究的偶然性和随意性较大。

其次，通过纲领计划、启示法和洞见提高研究的创造性。第一是运用提高创造性的纲领性程序。关于假设本身的抽象层次的纲领性计划，要求研究者通过使用技巧。例如，改变内涵和外延定义，列出并组织描述符号和同义词及反义词名称等，探索变量的意义及其之间的关系，发现一个假设的深刻意义。理论层次更抽象的纲领性探索，产生多理论说明来解释假设关系及其对立面的理由，以及保持对这个关系的语境理解。关于纲领性计划的经验层次，研究者可以通过描述丰富的技巧，探索在前两个层次揭示的假设的多意义说明。例如，从每个说明获得的独特中间变量，相互作用变量，变化及方式差异的预测等。语境论研究者通过实施所有三个层次的纲领性计划，就能够掌握许多技巧来提高研究的创造性。

第二是使用多种创造性启示法。创造性地产生知识表征的方法应该是在一个广阔的认知范围给研究者以技巧，这里我们给出五种启示法。

(1) 对自然地发生的事件进行深入的案例分析，因为透彻的案例研究能够说明规则的反常事件，使研究者成为“身临其境”的观察者。

(2) 对提出的假设进行语境分析。这一方法超越对自然事件的分析，深入到概念意义层次。例如，通过提出一个合理的假设，直到其含义成为似真的，并猜想其原因，然后反转研究方向，并猜想这个反转可能获得的特殊语境，进行语言分析，如追踪词源或区别相似术语，或猜想与所观察现象相互复合的适应函数。

(3) 进行更复杂的间接推理。例如，运用溯因推理（abduction）设计一个假设检验表，并将它用于问题分析，或者使用从非常熟悉的领域到理解一个未知领域的类比方法等。

(4) 通过对先前研究的分析产生创造性假设。例如，根据实验的程序差异，消解先前实验的冲突结论，说明重复失败的原因，注意和解释偶然发现的相互作用效果，把非单调关系分解为多重简单函数等。

(5) 收集新数据或再分析旧数据。例如，进行多变量审前调查，建立数学模型以决定什么因素影响一个关系的参量，在搜索偶然相互作用过程中增加附加独立变量，对“自由讨论”的内容进行分析等。当然，研究者可以综合使用这些启示法进行创造性研究。

第三是通过概念形成结构，产生洞见。这是增强创造性的第三条途径，即在观念形成结构的建构和使用中训练研究者。这些观念形成结构包括一个指南和有关问题的检验表，一个由行和列交叉构成的更精细矩阵结构等。例如，在纲领性计划的抽象层次，研究者可以为矩阵中作为列的假定关系提出一系列可选择性理论说明，然后在纲领性计划的经验层次，运用一系列可以在矩阵中作为行的技巧，如不同的中介、相互作用、依赖变量等，从每个理论获得不同含义。这样，为了在每个单元产生附加假设，行和列为研究者提供了双重指导。

这种输入和输出矩阵在进行语境分析时非常有用。矩阵的输入列是能够操作的独立变量，输出行是通向最终依赖变量的中介链。一个典型的例子是交流-说服矩阵①。这个矩阵的输入列是交流变量的范畴和子范畴，包括信源、消息、信道、信宿和目的变量，每个可再分为若干层次。例如，信源变量可分为可靠性、动力、吸引力等，信源可靠性可再分为专门技术和确实性等。这个交流-说服矩阵的行由调解说服冲突的连续输出步骤提供，如位向、注意、理解、接受、保持力、行动等。使用矩阵的列提供的输入列表，可以创建一个说服活动，以提供一个最初活动的成分。然后，通过追踪被选择输入列中的单元条目，研究者可以估计这些条目引起每个所要求的输出步骤的范围，这些输出步骤是说服冲突所需要的。在知识表征方面，如人工智能领域，可能更适合使用树结构而不是矩阵结构，树结构允许有不同分枝，不同分枝可在不同基础上再分。

再次，使研究范式语境化和系统化。所谓研究范式是指研究者在研究中制定的战术选择模式。一个典型的研究包括数十个步骤，每个步骤都是一个选择点，每个选择点允许有多个可供选择的途径，选择点的增加通过决策树产生天文数字的可能路径，每个路径就是一个潜在的研究类型。在实际研究中，任何时期的某一学科的研究者集中于一个或两个范式，如牛顿范式和达尔文范式。集中于几个范式是部分地发生的，因为在前几个步骤被选择的选项，倾向于缩小在后来选择点上可行的选择途径。由于一个给定时代的范式、方法和问题倾向于相互加强，也由于坚持一个范式使研究者解除了必须做出艰难选择，或必须确证选择的路径的烦恼，所以，集中于某个综合范式时刻在发生着。例如，机械论和有机论倾向于相互加强并向语境论集中。

在语境论者看来，科学研究应该从单线型变为系统型，从结构整体变为语境整体。单线型概念化的严格性，导致研究者使用仅有两个或非常少的独立变量标准，过度强调描述统计的推理数据分析，把描述统计最多还原为不同平均数之间的差异，尽管估计平均数之间的差异带来的偶然发生概率被用来检验无意义的假设。然后习惯单线型的研究者详细描述这个研究，并为实际策略和基本理论吸取含义，而很少注意语境限制。语境论者通过转向研究的系统型，探索理论和经验的启示性力量。系统型允许许多变量之间发生协变。因为在语境中，没有什么东

① McGuire W J. Attitude and attitude change//Lindzey G, Aronson E. Hand book of Social Psychology, 3rd ed., New York: Random House, 1985.

西是独立起作用的，它必须与其语境发生关联。相反，每个变量被允许自然地波动，而且在一个时间序列设计中在几个连续间隔得到测量。描述统计分析处理数据更为适当，它使用结构方程模型和其他因果分析类型，特别是能够揭示重复序列，能够估计多重预期因果途径，以及发现不曾预料的因果路径的那些类型。描述统计将被用于探测的发现方式中，而不是简单地测量连接几个点的一些直线是否不同于一个无意义的假设的直线，而这正是非语境论的单线型的情形。

系统型的描述统计提供了关于变量、形式和平均关系参数、任何两个变量包括倒数关系和产生任何变量自我调整的反馈环之间的相互关系的路径的统一度量标准。推理统计可能落后于系统型描述统计中的这些预测量，但可以建模方式弥补不足，以估计不同相关语境的关系参数的强度。系统型报告将通过产生使研究者更好地识别现象的复杂性，超越单线类型，它正是利用这些现象处理、认识所包含的变量及其复杂相互关系。

最后，使理论、方法和语境多样化。科学创造不拘泥于某一种理论、某一种方法或某一种经验语境。它应该是在任何研究纲领中充分利用理论、方法和经验语境的多样性。

第一，理论多元能够使解释更充分更合理。理论的普遍性由语境论的基本原则——所有命题为真（或所有命题为假）和任何给定命题为真有多种理由——所规定。逻辑经验主义主张在一个更广阔的理论说明中嵌入任何科学假设，而不是让假设作为一个特设断言。语境论主张一次说明是不够的，应该在许多不同理论说明的基础上，解释任何给定的假设关系。任何科学假设可以源于许多说明中的一个。例如，关于光的本质的“粒子说”和“波动说”以及后来的“波粒二像说”，每个说明都有各自的假设和经验证据，都部分正确地描述了光的特性。又如，关于描述量子行为的薛定谔方程和狄拉克矩阵，在反映量子特性方面被证明具有等效性。这表明对同一现象的说明具有理论上的多元性。语境论者在逻辑经验主义基础上，设计一个研究纲领探索被假设的关系，研究这个关系获得的理由的多样性，每个理由暗含了关于这个关系参数的语境效果。因此，语境论者将通过产生许多而不仅一个对于任何给定关系的可能解释，探索他们最初假设的问题，且将通过探索关于中介、相互作用效果等的含义，设计一个研究纲领来发现不同说明的操作。

第二，方法多元能够使解释更深刻更精确。语境论的立场是，经验是作为激发思维的全部意义的一个过程，而不是简单地检验某人经验的先验操作过程，这意味着研究者应该使用各种方法。因此，语境论的方法论是多元方法论。不过，这与费耶阿本德主张的“怎么都行”的多元主义方法论还有所不同。因为语境论者并不反对科学的规范方法，只是主张应该使用各种科学方法，而费耶阿本德反对规范的科学方法，认为规范就是约束。例如，以物理测量为例，语境论研究者会测量研究对象的有效的、易获得的、甚至起反作用的特征数据，同时也增加可修整的测量，以获得新的关联信息，而不是仅就某个对象本身的物理特性进行测量，而不考虑可能的相关因素。虽然那些起反作用的、隐藏的数据测量可能是费时的，因为语境特性往往是隐藏的，但在产生新观点和探询新问题方面可能更有优势。也就是说，语境论研究者必须利用可能被忽视的因素（往往是语境因素），并对不一致和除重要倾向描述外的信息做出预测。

语境论的方法多样性延伸并超越了对设计的测量和分析。单线型的狭隘设计包括一个或两个预先确定好的独立变量的操作和一个依赖变量的伴随波动的测量，而其他变量尽可能作为常数保持，以提供在人工世界中共变的“可能”信息。语境论者使用一个更自然主义的和更宽广的方法，在一个系统中识别 8 ~ 10 个重要变量，研究这个可能世界，允许它们都自然地协同变化，然后在连续时间间隔上测量整个变量集。这些时间系列数据受控于结构方程建模和其他因果分析。这些因果分析不仅揭示期望的因果联系，而且揭示其他非期望的因果联系。这样，语境论者更系统地揭示每个替代关系和替代说明的一个先验理论说明，并由一个使用测量和能够继续发现过程的设计的后验经验所匹配。

第三，语境多元能够使解释更明晰更广阔。语境论研究者在一个先验概念分析和一个后验经验分析期间，在更多样的语境中检查最初假设。关于这个关系的最初假设，在某些特殊语境中得到清晰地阐明。而受逻辑经验主义支配的研究者，可能无意地割裂了研究对象与其语境的关联，把自己的思维限制在狭小的范围。另外，语境论者尽可能辩证地利用先验的和后验的语境，使用思想实验和经验对抗来揭示不同方向的界限，识别不同语境边界，在这个边界内保持关联，在这个边界外不保持关联。通过这个辩证过程，语境论研究者创造了一个更高的综合。

与传统认识论相比，语境论能够使研究者更好地鉴赏事实的丰富性和那个事实的知识表征的次要但仍然真实的多样性，它因此为发展更有力的概念形式和它对不同语境的更敏锐的应用提供了指导。在这里，语境是作为事件或行动的整合形式，而非本体意义上的实体；实在是作为积极、持续、变化的事实，即实在是变化的动态开放过程；变化过程产生新奇，没有新奇的变化是形变。通过分析最初假设的复杂意义，语境论为研究者提供了能够系统地测量这些假设的方法，不论是先验的还是后验的，而且在更长的过程中更有效地追寻它们。不过，语境论只是提供了一种新的可能创造性途径，但不是唯一和绝对的途径。

第五节　语境实在论与意识研究方法论

语境实在论的研究方法在美国认知科学家巴尔斯（Baars）的“全局工作空

间”（global workspace）理论中得到了充分体现，这是一种为探讨意识现象而提出的一种隐喻式意识理论。该理论从同一事件的意识状态和无意识状态的对比入手，不仅证实了意识经验的存在，而且可用客观方法测量，即使是短暂的意识也有痕迹可寻，这显然不同于以往把意识现象排除在科学和科学哲学之外的做法。那么对于种种意识现象，如瞬间感知的外部世界、内部言语、视觉表象、短时记忆、快乐、悲伤、激情等，我们应当如何解释呢？我们如何把这些意识现象产生的机理纳入一个统一的理论框架内呢？巴尔斯在大量的心理学和神经生物学证据基础上，运用对比分析、隐喻分析和语境分析，提出了一种新颖的意识理论①，其中包含了丰富的方法论。

一、对比作为探究意识奥秘的参照基准

巴尔斯把对比分析引入意识研究，具体说就是将相同的意识过程和无意识过程进行对比。通过比较他发现，当我们有意识进行计算时，其效率是较低的，易受到其他意识过程的干扰，容易出错；而当我们处于无意识状态下时计算效率反而较高，不易受到干扰，准确性也较高，如擅长心算的人因长期受到训练学会了自动做大量计算的能力。对意识的研究，巴尔斯并不仅局限于各种意识现象，而是把相对应的无意识现象联系起来考察。事实上，我们对一个事物的有意识状态和无意识状态总是交织在一起的。例如，当我们进入一个房间时，我们首先会对进入眼帘的沙发产生意识，随着视线的转移（即选择性注意），我们会对房间另一个角落的电视产生意识，此时对于沙发的意识就从我们的大脑中退却了，但是大约 10 毫秒左右我们还可以把对沙发的意识再回忆起来。这种能够准确回忆的能力本身就表明：对意识内容的无意识记忆会在我们大脑中维持一段时间，也就是说，在我们的记忆中同时存在着意识部分和无意识部分。

正是通过对日常生活中的意识现象和无意识现象的对比，巴尔斯找到了意识经验存在的经验证据，为研究意识经验提供了现实的土壤，开启了研究意识经验的第一扇大门。运用对比分析，巴尔斯详细分析了有意识和无意识处理能力之间的区别，概括起来有四点。

第一，在计算方面，意识处理能力是低效的，无意识处理能力却是高效的。这具体体现在三方面：①意识事件的速度相对较慢。单个的反应时间，即针对特定的刺激，人脑做出反应所需的时间最多约 100 毫秒。相反，无意识处理过程是以神经放电的速度产生的，每秒 40 到 1000 次不等，比意识反应的时间快得多。②意识事件易受到干扰。不同形式的知觉经验、心灵意向、发生在情感或身体上

---

① Baars B J. In the Theater of Consciousness, The Workspace of the Mind. Oxford：Oxford University Press，1997：143.

的任何感受、有意识行为、内部言语等意识事件总是会相互影响和相互干扰的。这是我们生活中常见的事实。我们的听觉会影响我们的视觉，内部言语又会对我们正在进行的行为产生抑制作用。相反，无意识过程之间却很少互相干扰。无意识过程是由具有固定程序、自动化功能模型（无意识的处理器）运行的结果，它们之间鲜有干扰[①]。③意识事件易出错，甚至是最简单的心算也难以保证不出任何差错，更不用说有意识的句法结构分析、视觉景象分析了。意识的易出错这一特性在现实生活中是很常见的，如飞机失事、道路交通事故和工业事故具有很明显的人为错误的特征。相反，无意识过程出错率较低。自动化的功能模型之间有其各自专属的处理事项，在其专属的范围之内，处理器可以很好地完成任务。一个明显的例子就是我们在打字时，当我们有意识地盯着键盘时，打字速度就会慢下来，而且还容易出错。当我们不看键盘，不去刻意回想哪一个是什么键时，速度反而快了起来，还极少出错。

第二，意识处理过程包含了大量可能性的内容，但是任何一个无意识处理器的范围却是有限的。我们能够对其产生意识的事物的范围从根本上说是无限的，因为我们对周遭世界的感知而产生的意象、梦想、内部言语、情绪感觉、快乐和悲伤是无限的。如果把信仰、概念和意图的意识部分包括进来，我们可能对其产生意识的事物的范围还会更广。无意识处理能力的有限性在于无意识处理器的专属性。如果存在一个无意识的句法结构的处理器，那么它不可能很好地分析视觉景象。李逊（Reason）收集的行为错误恰恰证明了专门的功能模型是存在的。李逊把功能模型称为行为图式，“这些行为图式可以被单独激活，以一种充满活力的和高度竞争的方式运行并试图影响整个行为”[②]。例如，有人敲办公室门，于此同时电话铃声响了，张三拿起电话说“请进”。这个例子就是典型的行为中的插入错误。我们可以把张三的整个行为分解为两个功能模型：当有人敲门时，我们对应的行为是说“请进”；当电话铃声响起时，我们对应的行为是拿起电话说“你好”。只有当功能模型具有专属性，也就是有限性时，才不会出现上述的行为错误。

第三，意识处理能力具有较强的关联能力和语境敏感性，但无意识处理器是相对独立和自主的。关联能力是指能使两个意识事件相互发生联系的能力。条件反射训练就是一个很好的例子，其中一个有意识的刺激是作为另一个有意识刺激的信号。例如，在试验中人们会形成铃声表示食物来了，红灯亮表示电击等的条件反射，尽管在铃声和食物间、电光和电击间并没有必然的联系，这些联系是任

---

① Shiffrin R M, Dumais S T, Schneider W. Characteristics of automatism// Long J, Baddeley A. Attention and Performance IX. Hillsdale, N J, Lawrence Erlbaum, 1981: 223-238.

② Reason J. Absent-mindedness and cognitive control. //Harris J, Morris P. Every Memory, Actions and Absentmindedness. New York: Academic Press, 1984: 113.

意性的。然而，在适当的条件下，任何一个有意识的刺激都可以作为另一个强化刺激出现的信号。语境敏感性是指我们的意识经验会受到无意识语境的影响和限制。例如，我们在和别人交谈时，对于对方当前所说的句子，尤其是包含了新的信息而我们在理解上存在一定困难的句子，我们就会回忆对方所说的话，根据回忆对方之前所说的话来帮助理解当前的句子。这表明我们理解任何新信息的能力关键是依靠先前的、主要是无意识的知识[①]。也就是说，无意识的预期引导着我们对世界的有意识理解。无意识处理器是相对独立、自主的这一结论，仍然可以从日常的行为错误中推导出来。当我们的行为发生错误时，出错的行为本身是执行得相当好的，只不过其对应的语境发生了错误。例如，你在节假日起床，穿上衣服上班。穿上衣服上班这个行为本身是流畅且高效的，但是行为却没有根据外部环境的变化而调整，没有进入节假日这个新语境中，所以产生了错误。那么，谁来对行为错误中那个本身做得很好但却与环境不相适应的行为负责呢？我们怎么解释这个错误的行为呢？无意识处理能力的相对独立和自主性对此似乎是最好的解释。

第四，意识经验具有内在的连贯性，是串行的，但无意识处理器可能是相互矛盾的，是并行的。关于意识经验内在的连贯性这一点也有大量的经验证据。例如，我们绝不会把两段内容不同或发音不同的话混淆在一起。同一时刻我们不能思考两个互斥的观点，尽管我们可以一个接一个地思考两个互相矛盾的观点。矛盾本身是可能存在的，只要矛盾本身没有成为有意识的。哈金斯（Hutchins）的实验证明了这一点。哈金斯假定一个人整天都站在山顶上，早上他指向正从东方升起的太阳，晚上指向将要从西方落下的太阳，那么请问，这个人在早上和晚上分别指向太阳的两条线在哪里交叉呢？大多数人的答案是在这个人这里交叉，但答案是错误的，事实上，这个人虽然没有移动，但是他随着整个地球绕太阳公转，所以这两条线交叉的点是在太阳那里[②]。即使我们知道地球围绕太阳公转这个事实，但我们在思考这个问题时，很明显运用的却是“地心说”的观念。这就表明我们可以同时持两个相反的观点，即无意识的矛盾本身是可行的。意识处理能力的串行性是指意识经验是一个接一个的事件，如詹姆斯所说是一个“意识流”。即使是两个同时发生的意识事件，人们要么把意识经验集中在一个事件中，要么一个接一个地发生，“还没有两个独立事件同时发生的真正的心理事件”[③]。大量的神经生理学研究表明：无意识处理能力是并行的，大脑的许多领域是同时活动的。

---

① Brasnford J D. Human Cognition, Bemont: Wadsworth, 1979: 21.

② Hutchins E. Culture and Inference: A Trobriand Case Study. Harvard Press, 1980: 5-7.

③ Blumenthal A L. The Process of Cognition. New Jersey: Prentice-Hall, 1977: 87.

巴尔斯进一步认为，在意识事件和无意识事件的经验性对比中，最为核心的问题是意识的有限性和无意识的无限性。意识的有限性是指大脑的有限能力机制，它包括瞬时记忆、选择性注意及有意识事件的竞争性。瞬时记忆研究表明：当面对众多的信息时，仅一小部分新颖的或零散的信息可以被我们记住。选择性注意表明：人只对提供的两个信息流中的一个有意识并排斥另一个。有意识事件的竞争性研究表明：两个有意识的任务会互相削弱或降级，即我们不能同时产生两件有意识的行为。从这一点看，大脑似乎是一个相当缓慢的、在一个时间点只能做一件事且易出错的器官。无意识的无限性是指单纯从大脑进行观察，它是众多的神经元的巨大的连接体，每一个神经网络、神经皮层或神经连接体都各自负责处理各自特定的事务。例如，分析视觉图像，维持体温、身体的平衡，肠壁的蠕动，等等。这些特定的神经网络并不受某个控制中心的指示，分散地同时运行，有序且互不干扰。它们绝大多数都是无意识的，且在例行的事务处理过程中极为高效①。

为什么如此巨大的神经系统在意识性能方面却有着如此令人费解的局限性呢？我们如何看待意识能力的有限性和无意识能力的无限性这对矛盾呢？它是神经系统功能上的特点还是在进化过程中出现的一个错误呢？巴尔斯认为，这些核心问题为我们提供了一个基本的理论隐喻，意识就如同一扇大门，它开启了通向神经系统各个部分的通道，即意识赋予了神经系统一些无意识处理过程不能给予的选择性优势，创造了进入大脑各个部分的路径，并调动了处理特定事件的各个无意识系统②。人脑中有许多无意识的区域，通过意识，单个神经元和大脑中众多的神经元建立起了生物反馈控制，我们才能够进入众多的无意识知识源，并将语境中的各个分离的部分加以整合，从而产生意识内容。因此，意识就好比大脑的一个公共机构，它使得信息的获取、传播和交换更为便利，并有助于全局性的协调和控制。

二、隐喻作为探究意识本质的概念框架

在科学研究中，许多原理是借助日常隐喻被发现的。隐喻是帮助我们从已知进入未知的工具。在16世纪，借助“钟表隐喻”，天文学家弄清了行星间的相互运动，哈维借助“泵隐喻”发现心脏给静脉和动脉中的血液加压。20世纪初，物理学家把原子结构想象为一个太阳系，为我们认识亚原子结构提供了一个有用的途径。

---

① Baars B J. A Cognitive Theory of Consciousness. Cambridge：Cambridge University Press，1988：84-85.

② Baars B J. In the theatre of consciousness. Global work space theory，a rigorous scientific theory of consciousness，Journal of Consciousness Studies，1997，4：292-293.

对于意识的探索认知科学家运用最多的是“剧场隐喻”。不同时代的哲学家有着各自不同的剧场隐喻版本——柏拉图的“洞穴寓言”、弗朗西斯的“聚光灯隐喻”、笛卡儿的“剧场”和丹尼特的“多重草稿（multiple drafts）”等，它们都是对意识的隐喻说明。巴尔斯的“全局工作空间”是剧场隐喻的最好运用。这就如同正在上演剧目的剧场，意识就如同舞台中心那道“明亮的光束”，选择性注意就好比舞台上方的“聚光灯”，它指引着这道“光束”照向何处。这道“明亮光束”的周围被一些极其重要但却有些模糊的意识事件所包围①。由这道光束获取的信息被广泛传递到剧场中两类复杂的无意识处理器中：一种处理器位于黑暗的舞台下方，它们只是作为“观众”被动接受光束所传递的信息；另一种是无意识的语境系统，它们位于舞台幕布的后方，正是它们导演了光束所要展示的内容，即意识内容。那么，巴尔斯的“全局工作空间”这个“意识剧场”隐喻有什么特征呢？

第一，巴尔斯的“意识剧场”隐喻是一个结构系统。它包括了五个主要部分：①舞台，相当于大脑中的工作记忆；②用于照亮舞台的聚光灯，相当于我们的注意力；③舞台上的演员，相当于意识经验的各种内容，如潜在的想法、意象或感知；④幕布后面的工作人员，他们指导着整个舞台的演出，如导演、编剧等，相当于形成意识经验的各种语境；⑤观众，相当于各个分散的无意识的专门处理器。整个剧场的运行规则是：舞台上站着一些演员，这就好比人脑的工作记忆中各种各样的信息，如感官信息、抽象的概念等；演员们按幕后工作人员的指令进入舞台上聚光灯照射的明亮位置，一旦被灯光照耀，该演员的表演就可以被台下的观众看到。这就好比各类无意识的语境系统接受了上述信息，并通过竞争或协作的方式对该信息进行分析整理，最终形成意识经验；同时，该意识内容向整个大脑中分散的无意识处理器全局性地传输，就如同观众对舞台上演员的表演是喜欢还是不喜欢，完全由各个观众自己决定那样；分散的无意识处理器也是按照自己的运行规则来对该意识内容进行处理，它们自己就可以自主决定是响应该意识内容还是跳过该意识内容，而并不存在一个有关意识的中枢的指令系统。

第二，巴尔斯的“意识剧场”是一个巨大的神经元网络空间。它与笛卡儿剧场是全然不同的。笛卡儿剧场认为意识来自于大脑中某处确定的位置，可能是位于大脑中的松果体中，大脑中存在一个无法用单位来测算的点，它连接着意识和大脑，这个地方是灵魂与身体交汇的点，通过这个点，灵魂或意识才能指挥我们身体各个部分的运动②。巴尔斯的“意识剧场”是神经元、神经生物学上的隐

① Mangan B, Gopnik A, Galinet D, et al. Taking phenomenology seriously: the fringe'and its implications for cognitive research. Commentaries. Consciousness and Cognition, 1993, 2 (2): 89-154.

② Dennett D C, Kinsbourne M. Time and the observer: The where and when of consciousness in the brain. Behavioral and Brain Sciences, 15, 1992: 183-247.

喻，“显然我们并不是期望在大脑中找到任何微型的剧场，在全局工作空间中也不可能存在任何小矮人在观看表演，但是，我们可以找到一些显示和传播意识内容的神经元结构，大脑皮层的感知区域和与此相连接的周围的大脑皮层就可能是意识产生的舞台，大脑的其余部分就可能是舞台下无意识的观众。”[①] 相对于笛卡儿剧场中的“实在的点”，它指的是一个巨大的神经元网络空间，神经元包含的内容就是意识，它们对无意识系统的其它部分是全局可用性（global availability）的。

第三，巴尔斯的“意识剧场”隐喻实际上是“一个由神经元组成的机械的机器，是一种关于对最高级的、具有最高水平的大脑组织运行时的算法的假说”[②]。它是由单一或众多的神经元组成的各种各样的模块，所有的模块都直接相互交流，它们争相进入全局工作空间。感知系统的各种输出信息、需求、目标以及突发事件都充斥在全局工作空间中，它们大声“喧哗”企图获得大脑机器的注意，是否被选中是由模块间的相互竞争和抑制来决定的。这类似于赛尔弗里奇（Selfridge）提出的“泛魔识别模型”（pandemonium model）[③]。当某一个或少数的模块被选中后，它们就在全局工作空间中占据主导地位，直到当前的任务被完成或被其他模块抢占其主导地位。当然，是否被选中还要基于任务的急迫性，通过竞争被选中的模块会广泛传播它的信息，以获得大脑中履行该被选中的功能的其它模块的支持与加入。同时，形成的意识内容会进入短时记忆并被储存到长时记忆中。

第四，巴尔斯的“意识剧场”也是一个分散的系统。在这个分散系统中，并没有中枢的执行者——系统，它不会把问题分配给适合的神经元（专门处理器），或命令它们执行某些任务。本质上，这些神经元是在一个分散的环境中运行的。对于不同的问题，不同的处理器都可能作为执行者而加以处理，有时它们相互间会以一种很灵活的方式把执行控制分配给对方，控制基本上是分散性的。神经元本身会保留处理过程的主动权，即，它们决定处理什么，忽略什么。正如市场经济的运行那样，其在本质上也是分散的，诸多市场主体在微观经济的运行层面并不按政府的指令行事，而是自主处理其相关的经济事务。但是，即使没有一个真正的执行者，处理器间分散的集合体仍然需要一些中枢性的机构，通过专门处理器可以互相交流，尤其是在遇到一些新颖事物时更是如此。这种中枢信息

① Baars B J. In the theatre of consciousness: Global work space theory, a rigorous scientific theory of consciousness. Journal of Consciousness Studies, 1997, 4: 292-293.

② Bridgeman B. What we really know about consciousness, review of A Cognitive Theory of Consciousness by Bernard Baars, Psyche 2, 1996: 30.

③ 这是 Oliver Selfridge 1959 年提出的一种学习范式，也是一种早期联结主义的人工智能技术。该模型认为人的大脑是由许多精灵程序组成的，每一个程序都负责一个单独的任务。

的转换可以被称为“全局工作空间”“黑板”或“公告板”①。

第五，“工作空间”作为一种隐喻，它仅是作为一种工作记忆的存在。在这个记忆里不同的系统可以执行它们的活动。“全局”意味着这个记忆中的符号通过众多的处理器被分配、传递开来。当然，每一个处理器都可能产生一些局部的变量并运行，但是它对全局性的符号、信息却是相当敏感，可以及时做出感应。在巴尔斯看来，意识正是在全局工作空间中得以产生的。当我们面对、处理已形成习惯的刺激时，专属的智能处理器会按照惯常的方式自动加以处理，此时，我们对该刺激不会形成任何意识。当我们面对全新的以及与习惯性刺激存在差异的事物时，我们的各种感官都会产生定向反应，同时各种智能处理器会通过合作或竞争的方式在全局工作空间中展示它们对该新事物的认知分析方案，直到获得最佳的结果。正是在这个过程中，我们对此新事物产生了意识。

为了让问题更容易理解，巴尔斯把“全局工作空间”进一步比喻成一个专家会议②。假设集会者被召集起来解决一系列问题，这些问题是任何一个专家单独没有办法解决的。每个专家就问题的不同方面可能产生一致或分歧的意见，但是这些意见如何进行交流才能使得每个专家能够更好地理解和表达他或她通过技术术语所要表达的意思呢？当然可能会存在这些技术术语使其他专家并不能充分理解的情形。解决这个交流问题的一个好办法就是在会堂前面的大黑板上公开这个全局信息，以致大体上每一位参与会议的专家都能读到这个信息并对其做出回应。事实上，只有能理解它或部分理解它的专家才会阅读这个信息，但我们并不能事先知道谁是专家，因此有必要使会堂的任何人都了解该信息。在任何时候都会有一些专家试图传播全局性的信息，但是这个黑板并不能同时容纳所有的信息——不同信息常常也会互相矛盾并排斥。因此，一些专家为了使用黑板会发生竞争，而有一些专家会通过合作达到传播全局性信息的目的。全局性信息的其中一个作用就是导致专家间的合作，甚至包括不是特别了解该信息的专家。通过使用黑板，专家的联合建立起来了，该问题的解决办法也就形成了。意识的产生大体也是如此。

三、语境作为探究意识经验的潜在系统

在全局工作空间理论中，“语境”是指形成我们意识经验的内部世界，不是指理解词语意义所需的上下文。在这里，语境分析表达的是一种整体论的思想，如果我们把一个词语从它所出现的句子抽离出来孤立地看，我们就不能很好地理

① Erman L D, Lesser V R. A multi-level organization for problem solving using many, diverse, cooperating sources of knowledge. Massachsetts: Morgan Kaufmann Publishers Inc, 1975: 483.

② Baars B J. A Cognitive Theory of Consciousness. Cambridge: Cambridge University Press, 1988: 87.

解这个词语的意义；把某个思想的某个组成部分分离开来，使其脱离该部分所处的特定环境，我们就无法理解该思想的这个组成部分。毕竟，有形的物质环境只有被内部系统所表征时才能影响我们的意识和行为。因此，物质世界的语境只有通过大脑中的语境才能形成我们的意识经验。而且，内在的语境会保存过去的重要信息，而这个信息从我们现在的环境中是无法获得的。在认知方面，巴尔斯认为语境可以是一个系统，一个关系或一个事物，它形成了意识经验而与此同时它本身并不成为有意识的①。也就是说，语境是无意识的，它们是构成有意识事物的潜在系统。

既然语境是无意识的，那么如何证明语境是存在的呢？巴尔斯认为，虽然我们并不能直接意识到语境，但却有大量的证据证明它是存在的。广泛存在的启动效应就是一个例子。当一个经验可能影响到另一个类似的经验时，我们就可以说前一个经验“启动”或形成了后一个经验的语境，尽管此时前一个经验在后一个经验产生时已经消失了。语言心理学研究大量的证据证明：广泛的关联关系是理解对话中某个单词的必要条件，尽管我们对这些关联关系的意识性并不强②。例如，当我们听一个演讲时，我们对当前注意到的某个句子的理解是根据我们已听过的，而此时并没有注意到的和只保留了一个大概含义的所有句子来理解演讲者当前所说的句子，但我们在理解这个句子时，却并没有意识到我们动用了这些无意识的语境。同样，我们在听一段交响乐时，该段音乐的整个曲调，相关主题的最初表述，曲调的发展和变化，所有这一切必定构成了我们体验一段交响乐中的一个单独乐句的基础，但是当我们体验这个单独的乐句时，这些基础性的东西并不是有意识的。

不过在去语境化的情况下，那些原本无意识的语境知识会变成有意识的内容。事实上，我们所听或所读到的每一句话都预设了在它能被理解之前，其语境性的信息必须先被理解。如果这些语境性的预设被违反了，我们就会意识到这个语境假说的存在。这个过程就称为“去语境化”。例如，在交谈语境中，西方人会认为，如果其他文化背景的两个人面对面的距离是6英寸，他们觉得这是不可接受的。因为这样的话，西方人会觉得很不舒服或觉得受到了冒犯，但这样一来，我们就会对曾想当然的事物有了意识，即我们也接受了一种特有的社交距离这个事实。此时，无意识的传统和习惯开始受到重视。这就证明了无意识的语境假定是存在的，当它被严重违反时，就会变得有意识③。无意识的语境假定也说明，在一种文化中被认为是理所当然的东西，在另一种文化中可能是不可接受

① Baars B J. A Cognitive Theory of Consciousness. Cambridge: Cambridge University Press, 1988: 138.

② Clark H, Carlson T B. Context for comprehension// Long , Baddeley A. Attention and Performance IX, Hillsdale, N J, Lawrence Erlbaum, 1981: 313-314.

③ Baars B J. A Cognitive Theory of Consciousness. Cambridge: Cambridge University Press, 1988: 139.

的。例如，在西方家庭中孩子对其家长的直呼其名，在中国文化中就被视为对家长的不尊重。

巴尔斯根据语境所影响或形成的意识经验的不同，把语境区分为五种不同的类型：知觉语境、意象语境、概念思维语境、目标语境和交谈语境。知觉语境就是形成我们有意识的知觉经验的预设。例如，给我们一张月球火山口的照片，但是照片被上下颠倒了，此时我们就会以为照片中是一座小山，火山口的深度被我们理解为小山的高度。这是因为我们对图片的理解是基于光线从上方照射过来这样的预设。因此，凹面就会被视为凸面①。其实，我们通常发生的错误的知觉经验正是由我们预设的知觉语境造成的。意象语境是指存在着许多无意识的限定条件制约着我们心灵意象的形式和内容。例如，视觉表象赋予我们的是一个平面的椭圆形的范围，同时在空间上是一个潜在的三维立体。概念思维语境是指业已理论化、系统化的且被我们绝对相信的知识体系。它是科学家们进行研究工作的一个基础性的，或说是背景性的科学范式。科学范式通常都是无意识的，只有当一些科学家开始质疑那些在已有的科学发现中被认为是永恒的预设时，科学范式才会发生转变，从而变成有意识的。目标语境是能引起和形成有意识的行为。在理解需要解决的问题和进行有意识的控制时，目标语境是很有帮助的。当然，目标语境通常都是一个有序的等级序列，而不是一个孤立的个体。随着时间的流逝，环境的改变，各个目标的等级会发生改变，因此有序的目标系列是意识经验流的语境。交谈语境是由两个及以上的人在一起交流而形成的。为了交流，我们必须彼此分享关于我们自己、某个事物、我们的概念框架和知觉世界的无意识的预设。这就是为什么两个熟悉的人，他们之间通常可以进行简洁明了的交谈：一个单词，一个眼神，意外的沉默——他们都能理解其中的意思，原因就是他们有着许多共同的语境，以至于他们不必使所有的表达都清楚详细。

那么，语境对于意识经验到底有什么重要的意义呢？巴尔斯借助语境又是如何构建意识的全局工作空间理论的呢？

第一，巴尔斯假定语境就是专门处理器组成的一个稳定的联合体。任何相互合作的专门处理器组成的联合体，只要能形成意识经验，且有一个常规性的、稳定的处理信息的方式，就可以被视为一个语境。同时假定在联合体形成和竞争的过程中，语境需要经过一段时间来形成，这就类似于在议会中占多数席位的政党逐渐在它的成员中形成一个足够多数的稳定联合体。

第二，巴尔斯把当前发生作用的一系列语境称为当前优位语境等级（the current dominant context hierarchy）。当前优位语境会把无意识限定条件施加到意识内容上。也就是说，在任何时候，优位语境都是由知觉语境、意象语境、概念

① Rock I. The Logic of Perception. Cambridge：MIT Press，1983：59-60.

语境和目标语境等组成的一个连贯一致的混合体。在任何时候，我们的经验都是由许多彼此连贯的语境控制的。例如，我们在观看一部电影时，对于某一个情节的理解，可能不仅是由电影开头所展示的整个时代背景控制的，而且也是由以前的生活经历中，当我们遇到与主角类似的情况时会有什么态度和处理方式控制的。当这些语境因素彼此一致时，它们就会联合起来控制全局工作空间；如果不一致时，如以前我们对类似情况的处理和主角不一致，那么以前无意识的语境因素就会变成有意识，并与当前的意识经验发生竞争。

第三，语境并不会对意识经验做出完整的预测。如果输入的信息百分之百是意料之中的，我们就会对它习以为常，它就只会是无意识的。只有它存在某种程度的新颖性时，才会引起我们的注意，我们才可能对它有意识。这就表明语境是不会对当前我们所感知到的意识经验做出完整全面的预测，它总是会留下了一定程度的意料之外的东西。这个意料之外的东西就是我们的新的意识经验。当我们适应了这个新的意识经验时，它就会产生一个新的语境，然后再遇到一个意料之外的新的意识经验，这样不断循环下去。巴尔斯认为这就是我们认识和再认识世界的内在的认知动力。或者说，只有当我们遇到未料到的事物出现时，我们才会意识到其语境的存在，这就是为什么有经验的赛车手都会预先熟悉新赛道的原因。

第四，语境作为一个等级体系，它总是趋向于保持一致。例如，当某一个语境层次被违反时，该被违反的语境就会进一步细分，在被违反的层次上进行重建从而复原一个运行良好的目标语境，但是更高层次的、未被违反的语境层次仍然会保持完整。这就可以解释为什么我们在解决某个难题时，当某一个解决方案行不通时，我们会积极寻找另一个方案，直到找出最终的办法，而不是轻易放弃这样一种锲而不舍的意志力。

第五，不同的语境之间存在着合作和竞争的关系。虽然我们不可能同时意识到两个意识内容，但是在全局工作空间中，却可以有两个或多个语境的限定。巴尔斯把相容的一系列语境视为它们彼此在进行合作，不相容的语境视为竞争。当然，在全局工作空间中，互相合作的语境处于优势地位，而与其竞争的语境虽然和前者处于相同的语境等级，在全局工作空间中却不占优位。事实上，语境的影响无处不在。当我们面对一个新的环境，进入一个新的语境如开始阅读一本新书、认识一个新朋友等简单的日常生活时，我们预设的语境就会潜移默化地、无意识地影响并形成我们当下的关于这本书、这个新朋友的意识经验。如果我们的预设和新的信息一致，无意识的预设就会遁入无形之中，我们就会完全察觉不出它曾经存在过。但是，如果这两者不一致，无意识的预设就会进入全局工作空间中，变成有意识的内容，并且和当前这个新的意识内容发生竞争。如果已成为有意识的语境假定获胜，那么新的意识内容就会退出全局工作空间，我们就仍然会保持我们原有的观点，如对于该本书所讨论的问题，我们就不会接受作者的观点，而继续相信自己的观点是正确的。如果新的信息在竞争中获胜，那么我们就会修改我们原有的语境，当我们适应、熟悉了这个新信息时，新信息就会变成无意识的语境，对后来的意识经验进行限定。

概言之，全局工作空间理论认为是无意识语境引起、选择和形成了意识经验。事实上，我们总是置身于许多正在运行着的无意识系统之中，这些无意识的系统形成和界定了我们的经验。没有语境就没有意识内容。新颖性虽然可以对意识经验的一些特征做出解释，但是它无法全面地解释意识经验产生、发展和消失的整个过程，它也无法解释为什么一些丧失新颖性的事物又会再度成为意识内容。语境及其合作与竞争，至少从目前看来，的确可以为意识经验的所有特征及其演变的整个过程提供一个合理的分析路径，其潜移默化的基底作用是不容被忽视的。

四、结　语

如上所述，在有意识和无意识的对比分析中，巴尔斯的全局工作空间理论孕育了意识在神经系统中的作用及其在理论上的隐喻。隐喻分析形象地向读者表明需要表述的内容，显然巴尔斯的目标并不是要寻找大脑中那个微型的剧场，他只是以一种有趣的方式和我们相对能理解的术语解释了大脑运行的机制。更重要的是，巴尔斯运用语境分析试图阐述意识经验产生、发展、消失的整个过程。意识经验的一般特征、形成机制都可以通过语境及其合作和竞争来解释，没有一个意识经验不是在其特定的语境中生成的。当然，语境与意识经验之间的紧密程度，让巴尔斯也有些困惑，是“语境引起、选择和形成了意识经验”[①]，还是“意识经验引起、修改和创建了新的语境”[②]？到底哪个是更基础性的？谁是因，谁是果？抑或二者并存？

全局工作空间理论获得了查默斯（Chalmers）的赞誉，称该理论为研究意识开辟了新路径[③]，富兰克林（Franklin）[④] 还依据该理论提出了大脑神经假说及其计算模拟的“智能分布行动者”（Intelligence Distributed Agent IDA）理论[⑤]。同

① Baars B J. A Cognitive Theory of Consciousness. Cambridge: Cambridge University Press, 1988: 176.

② Baars B J. A Cognitive Theory of Consciousness. Cambridge: Cambridge University Press, 1988: 167.

③ Chalmers D J. The Conscious Mind: In Search of a Fundamental Theory. Oxford: Oxford University Press, 1997: 37-39.

④ IDA 被称为“智能分配者”。这一软件行为体是为美国海军开发的，目的是将成千上万的水手分配到不同的工作岗位。这必须会使用自然语言与水手进行电子邮件通信，同时必须无偏差地执行数不清的海军政策，随时了解工作需求。它实现了全局工作空间理论，但它没有自我意识。

⑤ Franklin S. IDA: A conscious artifact? Journal of Consciousness Studies, 2003, 10 (4/5): 47-66.

时，它也受到一些质疑，如布莱克摩尔（Blackmore）认为“意识流的观点只是一种假象”[①]，巴尔斯也部分赞同说“也许意识流的连续性就如同电影的连续性一样是个假象”。丹尼特的“多重草稿理论”直指该理论的根源，认为它依然是“笛卡儿剧场”这一传统模型的现代应用，一开始就建立在错误的出发点上，却又试图过早地推测大问题的答案[②]。不过巴尔斯也反驳说：“关于互不相容的几个意识内容的连续性是可以通过客观的实验研究加以证明的，事实上潜在的意识事件的呈现相互间大约会间隔 10 毫秒。”[③] 在意识问题上也许没有对错，“你就是你的体验的感知者、行为者和讲述者，尽管这究竟意味着什么还远未明了”[④]。

当然，全局工作空间仅是一种隐喻式假定，在技术上还无法实现。正如所有奉行“自我理论”[⑤] 的哲学家一样，巴尔斯在作为“人”的统一实体中，也就是在人脑中的“某一区域”或“某一特定的点”存在着具有“全局可用性”的“剧场”。自我系统作为语境层级中的一部分，会对什么东西纳入聚光灯范围或登上意识这个剧场的大舞台产生影响。同时，自我系统占据基础地位，“如果自我系统包含的信息是可报告和可用的话，意识天生需要与它互动”[⑥]。自我在这里就成为意识的语境存在，自我与意识构成语境与内容的关系。这正是全局工作空间理论处理自我的方式。在全局工作空间理论框架下，自我不再是一种错觉，而是一个处在高级水平的优位语境等级结构，“自我系统在延续，自我也在延续着”[⑦]。

---

① Blackmore S. There is no stream of consciousness. What is all this? What is all this stuff around me; this stream of experiences that I seem to be having all the time? Journal of Consciousness Studies, 2002, 9(6): 17-28.

② Baars B J. In the theater of consciousness, the workspace of the mind. Oxford: Oxford University Press: 1997: 131.

③ Baars B J. The conscious access hypothesis: origins and recent evidence. Trends in Cognitive Sciences, 2002, 6 (1): 47-52.

④ 丹尼尔·丹尼特. 意识的解释. 苏德超，李涤非，陈虎平译. 北京：北京理工大学出版社，2008: 3.

⑤ 牛津哲学家 Derek Parfit 指出，自我理论主张自我是一个统一的实体，是人们体验的主体，也是人们行为和决定的发出者.

⑥ Baars B J. In the theater of consciousness, the workspace of the mind. Oxford: Oxford University Press: 131.

⑦ Blackmore S. 人的意识. 耿海燕，李奇等译校. 北京：中国轻工业出版社，2008: 198.

第四章　语境实在论与科学革命

立足于语境实在论来审视科学革命，科学革命就有了不同凡响的意义。关于科学革命，学界一般分为两种截然对立的观点：一种认为历史上没有发生过科学革命；另一种认为曾经发生过。究竟发生还是没有发生？判断的标准究竟是什么？应以怎样的视角去分析才是合理的？到底应在什么样的基底上分析才能看到不同科学革命发生观之间的统一性？语境论为解决这些难题提供了一个新的研究视角和方法，我们试图在语境框架内解决这些问题。所谓语境在语言层面上是指“语形、语义和语用的统一”，具体说是一个词、句的上下文；在扩展的意义上（超越语言扩展到历史、社会和文化层面），语境是其构成要素的系统性形式和意义的关联综合体①。这样，语境分析就是寻找决定词句或行动、事件之意义的关联因素。

第一节　科学革命的内涵与语境定义

科学革命作为与社会革命相对应的概念，是科学哲学和科学史研究的重要领域。美国科学史学家撒克里（Thackray）在20世纪80年代初提出了科学史研究的十大中心问题，其中第二个就是“科学革命”。他指出：“革命提供了一种简单而又深刻的观点，与概念分析的理想主义方法极为相称。”② 只有弄清它的含义，我们才能在此基础上解决历史中是否有科学革命发生、如何发生的问题。

关于科学革命的内涵，前人从不同角度进行了界定，我们将其概括为以下五点。

第一，概念替换观。科学革命首先表现为概念革命，它是科学中心概念的替换过程。“从哲学观点看，概念是反映客观对象本质属性的基本思维方式。它具有抽象性、普遍性。”③ 一切科学认识基于概念，每门科学都是由概念组成的体系。科学概念体现了信念与指称对象之间的统一性，以及科学理论与科学思维的统一性。由于一个系统的核心要素决定其结构和功能，中心概念的变化必然引起概念体系结构的变革，进而导致科学理论范式的更替和科学观念的重大变革。萨伽德（Thagard）确定了概念变化的9个程度，其中“主干转换改变概念层次树

① 魏屹东．广义语境中的科学．北京：科学出版社，2004：14-15.

② Thackray A. history of science//Durbin P T. A Guide to the Culture of Science, Technology, and Medicine. Toronto: The Free Press, 1980: 3.

③ 魏屹东．广义语境中的科学．北京：科学出版社，2004：158.

的组织原则，是最根本的变化，它影响到整个分枝的合并、分化和重组。”[①] 中心概念的转换必然引起概念的主干转换，并由此引发概念革命。拉卡托斯（Lakatos）认为，科学概念体系构成科学研究纲领的“硬核”，它是研究纲领的基本理论和基本主张，“硬核”一旦遭到反驳与否定，被新的“硬核”所代替，科学革命就发生了。英国科学史学家霍尔（Hall）提出了主题分析的概念，科学主题指科学中的基本前提概念，如物理学中的物质间断性和连续性、粒子性与波动性，以及运动的守恒性、因果性、相对性。在他看来，科学革命表现为科学主题概念的根本变革。法国科学史学家柯瓦雷（Koyre）注重分析科学概念场的变化，认为概念场变化引起科学革命。例如，被认为是近代第一次科学革命的“哥白尼革命”，首先表现为“日心”概念对“地心”概念的根本改变，同时引起主干概念结构的重大变革，体现为两个概念体系中宇宙中心、中心状态、行星与中心的关系、恒星天的状态、行星与中心的位置顺序等的根本不同是天文学中心概念替换引起的科学革命。麦克斯韦（Maxwell）革命是在对法拉第（Faraday）中心概念变革基础上实现的，即从电力、磁力、力线、场到位移电流、涡旋电场的中心概念的替换。中心概念的替换是科学革命发生过程中理论、观念变革的最直接证据，是科学革命发生的最深层变化。

第二，理论更替观。在18世纪，科学革命普遍被认为是“一系列的每过一定时期的重大间断，以至形成与过去明确的决裂”[②]。1773年拉瓦锡（Lavoisier）宣称他的研究纲领将导致一场革命，1790年丰特奈尔（Fontenelle）称微积分的发明是19世纪数学中的一场革命。那时，人们对科学革命的认识比较模糊，只要是新理论与旧理论发生决裂，就认为是科学革命，并将其定义在理论层面上。这样就导致了两种理解：一种情形是新理论产生后，旧理论依然存在并使用着；另一种情形是新理论完全代替了旧理论。18世纪后期，贝尔（Bell）在《近代天文学史》中指出，对于科学革命来讲有大小之分，对于大规模的科学革命，都需要经过两个阶段，“一是反叛，要摧毁已被承认了的科学体系；二是引入新的科学体系取代旧的科学体系”。20世纪，大多数科学史学家及科学哲学家仍认为科学革命是科学理论的重大变革过程。库恩（Kuhn）认为科学革命的发生是科学理论之间不可通约性引起范式更替的过程。波普尔（Popper）主张，科学革命是一种新的理论合理地推翻一种已被确立的科学理论。按照这种观点，科学革命不仅要破旧，而且要以新理论代替旧理论。

第三，观念变革观。科学观念是一定时期科学思想的精华，是指导科学发展的准则。夏平（Shaping）认为，柯瓦雷将科学观念变革赞誉为自古希腊以来

---

① Thagard P. Conceptual Changes. Princeton：Princeton University Press，1992：35.

② 科恩．牛顿革命．颜锋译．南昌：江西教育出版社，1999：44.

“人类思想所完成或经受的一场最为意义深远的革命”[①]。美国科学史学家科恩（Cohen）主张，科学革命首先是观念发生“改宗”的过程，是接受新观念抛弃过去已被接受信仰的过程。科学学奠基人贝尔纳（Bernal）也认为许多科学观念的改变总合成为一场科学革命。正如库恩指出的那样：“每一次革命都迫使科学界推翻一种盛极一时的科学理论，以支持一种与之不相容的理论。每一次科学革命都必然会改变科学所要探讨的问题，也会改变同行们据以确定什么是可以采纳的，或怎样才算是合理问题的标准。每一次科学革命都彻底改变了科学的形象，以至于最后我不得不说，那个人们在里面进行科学研究的世界也根本改变了。这些变化同几乎总是随之而来的争论一起，决定了科学革命的特征。”[②] 爱因斯坦也认为科学发展过程中有量的积累，也有质的飞跃，科学革命主要表现为科学观念的变革。在他看来，17 世纪物理学革命是一场培根式的物理学数学化的观念革命，19 世纪达尔文生物学革命是一场非数学的培根式革命，19 世纪末 20 世纪初发生的麦克斯韦革命、相对论革命和量子力学革命都是以概率论为特征的观念革命。

板块说的革命实质上就是地球观的革命，即新的活动论地球观取代了作为以前地球构造理论根基的旧固定论地球观。大型的科学革命必然引起科学观念的变革，而观念变革是理论的升华与深化，必然引起人们世界观的重大变革，如哥白尼的“日心说”不仅引起了天文学理论的变革和人们对天体运行观念的重大改变，而且使人们对世界的看法从以地球为中心转变为以太阳为中心。

第四，思维转换观。所谓思维方式，就是由一定的文化背景、知识结构、习惯和方法等因素所构成的人们思考问题的程序和方法。思维方式的重大变革不仅体现在科学革命发生之中，而且体现在革命发生之后科学和社会领域之中。大型科学革命一般都引起思维方式的重大变革。柯瓦雷认为，牛顿将哥白尼、开普勒、笛卡儿、伽利略、惠更斯、胡克、沃利斯（Wallis）等这些前辈或同时代人的贡献综合在一起。科恩认为，牛顿引起了一场革命，标志着近代精确科学的诞生。这就是“牛顿风格”，即把精确科学的研究过程分割为两部分的能力：从想像的构筑或系统展开数学推论，然后运用所得到的数学结果对现象学上的真实存在做出解释。“牛顿风格”是机械论思维方式的集中体现，它将天上和地上物体运动的规律用机械力实现了统一。现代科学的思维方式主要是有机论的，生物进化论、地质演化论是这一思维方式的代表。英国历史学家巴德费尔德（Butterfield）也指出：“第一次科学革命不仅推翻了中世纪的科学权威，就是说，它不仅以经院哲学的黯然失色，而且以亚里士多德（Aristotle）物理学的崩溃而结束。

---

① 史蒂文·夏平．科学革命．徐国强，袁江洋，孙小淳译，上海：上海科技教育出版社，2004：1.

② 库恩．科学革命的结构．李宝恒，纪树立译．上海：上海科学技术出版社，1980：5.

因而，它使基督教兴起和宗教改革降到仅是一插曲、仅是中世纪基督教体系内部改朝换代的等级。由于这个革命改变了物理世界的图景和人类生活本身的结构，同时也改变了甚至在处理非物质科学中的人们惯常的精神活动的特点，所以，它作为现代世界和现代精神的起源赫然耸现出来。”① 因此，科学革命必然表现为科学思维方式的重大变革，而思维方式变化体现了科学家看待世界的认知模式发生了变化。

第五，社会变革观。科学革命是社会变革直接影响的结果。20 世纪 40 ~ 50 年代，受马克思主义史学观的影响，苏联和英国一些科学史学家从政治经济学角度解释科学革命发生的原因和现代科学的早期起源。他们认为，牛顿革命的发生是以新兴资本主义商业经济的发展和与之相关的实际经济问题的逐渐增加为基础。牛顿新物理学体系的建立正是在解决采矿、造船、枪炮制造、航海和测绘等技术问题基础上建立的。因此，应当把科学革命放在社会变革中进行考察。李约瑟（Needham）认为，近代中国之所以没有产生近代科学，就是因为受封建社会当时的社会条件限制。他指出“无论是谁想要解释中国社会未能发展出近代科学的原因，那他最好是从解释中国社会为何未能发展商业的以及后来的工业的资本主义入手”②。贝尔纳认为，对于科学革命发生的判断应看它在社会领域中所起的作用或在社会中的功能。他们的共同点是将科学革命放在社会语境中进行分析，侧重科学革命发生的社会因素及科学革命发生后在社会领域中所起的作用。科学知识社会学和女权主义科学编史学也主张从社会的综合视角重新解析科学革命，认为科学革命的发生决不仅是科学内部的事情。

我们认为，以上五种观点只是从某一方面描述了科学革命，有以偏概全之嫌。如果设科学中心概念替换为 K，科学理论范式更替为 L，科学观念、世界观的重大变革为 J，思维方式的重大转换为 W，社会领域的重大变革为 S，科学革命为 RS，那么，概念替换观为 RS $=K$，理论更替观为 RS $=L$，观念变革观为 RS $=J$，思维转换观为 RS $=W$，社会变革观为 RS $=S$。显然，历史上人们对科学革命的理解只停留在某一层次上，忽视了科学革命发生的其他层次。

从语境论的观点看，科学革命的发生是有层次的，它是从内层向外层，从主语境向关联语境，认知语境向社会、历史语境传播与变革的过程，也即，科学革命 RS $=$（K，L，J，W，S，…）。这个定义体现了科学革命的层次性、关联性、基础性、继承性、突破性与相对性。

层次性体现为从概念体系到社会层次的扩展。关联性体现为科学变革的非孤立性。基础性体现为科学的基本概念、理论体系、基本思维方式的重大突破，这

① 巴德费尔德．近代科学的起源．张丽萍，郭贵春，等译．北京：华夏出版社，1988：1-2.

② 李约瑟．中国科学传统的成就与贫困．科学与哲学，1982，(1)：35.

是应用科学革命、技术革命和产业革命的基础和前提。继承性体现为理论体系必须是后继理论对先前理论的重大变革，或者说，科学革命必须是继承中的重大突破。既使在同一领域，研究对象相同，如果两种理论之间没有继承关系，而是各自独立发展起来，如中医和西医，它们之间是不存在科学革命的。科学理论在继承基础上的重大突破是科学革命发生的前提和必要条件。突破性是说发生革命的前后理论体系之间具有不可通约性，是科学中心概念、理论、观念等的根本性变革，这是科学革命的本质所在。相对性是说科学革命是相对于先前理论的重大变革。

这样，科学革命作为历史现象，肯定受到当时政治、经济、文化的影响；作为认识水平的重大飞跃，每一次都改变了人们对世界的看法，体现了人类认知语境的重大转换；作为知识形态在理论上的重大变革，是对原有科学理论语境的再语境化；作为社会现象，科学革命需要得到科学共同体的认可，它是技术革命、产业革命发生的基础和前提。因此，科学革命的发生是由历史语境、认知语境、理论语境、社会语境共同决定的。这是因为：任何科学革命的发生首先表现为历史中行动的科学家个体认知语境的重大变革和社会认知语境的重大变革。其中，科学家个人认知模式通过科学理论体系在得到社会普遍接受后，使人们看待世界的方式也发生了重大变革。例如，牛顿革命是由牛顿对自然界的认知模式决定的，因为“基本假设和建立在这些假设基础上的数学分析的最终结果，能够与被实验和严格精确的观察所揭示的真实的或外部的世界相一致”①。科学中心概念、科学理论体系的重大变革，是科学革命发生理论语境变革的突出表现。比如，麦克斯韦革命表现为中心概念由电力、磁力、场等到位移电流、涡旋电场变革的过程。科学革命的发生得到科学共同体以及当时社会的普遍认可并在社会领域产生影响，这是科学革命发生的社会语境。因此，科学革命发生的过程是科学从内语境向外语境传播与变革的过程。

第二节　库恩与科恩的科学革命观

库恩作为科学哲学历史主义学派的创始人，他在《科学革命的结构》一书中展示了科学革命发生过程中范式更替的模式。科恩是继库恩之后又一位研究科学革命的大家，《科学中的革命》是他研究科学革命的代表作。在这部著作中，科恩提出了科学革命发生的四个阶段和四项证据学说。我们试图对库恩和科恩的科学革命观进行比较分析，进而揭示研究科学革命所应遵循的方法。

① 科恩．牛顿革命．颜锋译．南昌：江西教育出版社，1999：58.

一、库恩与科恩科学革命观比较

库恩和科恩都用他们范式之间的更替和历史证据对科学革命进行动态分析。从历史主义角度对科学革命进行分析，但二者表现出不同的特点。

1. 研究目的不同

库恩研究的目的是从科学家研究活动本身的历史记载中浮现科学革命发生过程的模式。“由于我的最基本的目的是要敦促学术界改变对熟悉的资料的看法和评价。”① 库恩这里所说的“熟悉的资料”主要指教科书。每一代科学家都从教科书中学会如何从事这一行业。然而，教科书的主要目的是为了说服和教育。在库恩看来，教科书使科学的发展变成一个积累的过程。科学事实、理论和方法被加进到构成科学技巧和知识的不断增长的堆栈之中。这样，科学史就成为编年史学科。所以，他的主要目是“要勾画出一种大异其趣的科学观，它能从研究活动本身的历史记载中浮现出来”①。因此，库恩以近现代物理学、天文学和化学为主要研究对象，从科学活动本身概括出科学革命的“范式更替”理论，即“前科学→常规科学→反常→危机→科学革命→新的常规科学”。科学革命的发生过程就是范式的更替过程，体现了科学革命发生的特征。

科恩在《科学中的革命》一书中，曾多次提到库恩的《科学革命的结构》，并强调他的论著不同于库恩。科恩写《科学中的革命》有两个目的：其一，为了对科学的革命、对作为科学进步模式的科学革命这两个概念的起源和相继产生的用法加以探索。从历史资料中寻找“科学革命”的起源与发展，以纠正许多历史学家的错误认识，即科学革命是在我们这个时代产生和发展的。其二，要解释并分析自然科学、精密科学、社会科学、行为科学之间的相互作用。因此，科恩在该书中分析了“革命”概念的变化过程及其对“科学革命”概念的变革作用，并分析了科学革命发生过程中各学科之间的相互关系，如数学对物理学、生物学等领域的变革作用。“微积分使牛顿力学三大定律表述得格外漂亮。”② 19 世纪达尔文革命则表现为一种新的数学观在生物学领域的应用。达尔文提出，“并非所有科学进步的方式一定都具有牛顿模式的数学特点，科学的伟大进步也有可能是以非数学的培根方式进行的”③。非数学化的这种观念成为达尔文革命范式的重要特征。20 世纪的科学革命则表现为概率的引入对麦克斯韦和爱因斯坦理论、量子力学和遗传学新理论做出的重要贡献。科恩通过考察 17 ~ 20 世纪学科

---

① 托马斯·库恩．科学革命的结构．金吾伦，胡新和译．北京：北京大学出版社，2003.

② 陈玲．论科学中的数学观念革命．自然辩证法研究，2005，(4)：29-31.

③ 科恩．科学中的革命．鲁旭东，等译．北京：商务印书馆，1998.

交叉在科学革命发生过程中的作用，以记录、分析科学革命发生的历史实在。

2. 评价标准不同

库恩采用归纳法，通过物理学、化学和天文学中的案例来说明科学革命的发生过程是范式在科学共同体之间更替的过程。库恩将科学革命从理论之间的竞争转移为范式在科学共同体更替的过程。但是，很多革命性的科学体系并不是来源于危机，如达尔文进化论与现代分子生物学理论作为生物学并存的理论体系，他们之间并不存在反常与危机，当然不存在范式的更替。根据库恩的理论，它们都没有引起一场革命。但从科学史看，确实发生了达尔文革命和现代分子生物学革命。因此，他的“范式更替”理论具有很大的局限性。

科恩通过历史证据来记录和分析科学革命。“我在每一个例子中也都强调了历史证据的重要性。”[①] 对此，科恩提出了自己的观点——鉴别科学革命发生与否的四个历史判据：目击者的证明；对据说曾经发生过革命的那个学科以后的一些文献进行考察；有相当水平的专家们的判断；今天从事该学科研究的科学家们的看法。对于没有相关证据作证的革命，科恩是不会过于相信的。例如，哥白尼的日心说并没有通过四个判据的证明，因而是不存在的。虽然科恩的四个判据能证明一些科学革命的发生过程，但明显带有主观性。一些科学革命的发生，像孟德尔的遗传学说并没有得到目击者的证明，我们不能因此就忽视他们在科学中所起的革命性作用。

3. 适用范围不同

“库恩没有把整个自然科学历史中所有学科的信仰、理论和观察作为整体来寻找科学发展的模式，没有从学科群相互影响的共同发展的历史探讨科学发展模式。”[②] 因此，我们可以说，库恩的范式对于单学科的纵向发展比较适合。此外，库恩的科学革命理论主要谈及“小型的革命和大型的革命。所谓大型的革命是指那些一般在科学论文中被承认是革命的事件。而库恩所谓的小型的革命，可能也包括诸如二十几个科学家用一个新的范式取代一个已被接受的范例这类情况”[③]。也就是说，只要存在范式的更替，既使涉及的范围很小，也会引起一场小型革命。另外，库恩主要分析成功的科学革命发生过程中范式的更替过程，并没有分析失败的科学革命发生的原因。

通过对历史证据的分析，科恩的科学革命理论更具有广泛的适用性。一方

---

① 科恩．科学中的革命．鲁旭东，等译．北京：商务印书馆，1998：11.

② 黄家裕．对库恩科学观的两个批评．科学技术与辩证法，2005，(5)：56-58.

③ 科恩．科学中的革命．鲁旭东，等译．北京：商务印书馆，1998：13.

面，他分析了17～20世纪数学、物理学、化学、地学、生物学、心理学领域发生的科学革命，扩展了验证科学革命发生的学科领域。经过科恩标准检验的科学革命主要包括笛卡儿革命、牛顿革命、哈维革命、拉瓦锡革命、达尔文革命、弗洛伊德革命、爱因斯坦的相对论革命、地球科学中的革命。另一方面，科恩将他的科学革命发生理论主要应用于较大型的科学革命。也就是说“把精力集中在那些规模较大或更为显著的革命上”①。因为，小型的科学革命可能并不能引起历史学家的注意，该学科其后的文献也许并没有详细的记载，那么就不可能通过科恩判断标准的检验。因此，科恩集中分析了历史中大型的科学革命，这是由他的判据标准决定的。与此同时，科恩还探讨失败的科学革命。“失败的科学革命也是革命问题的一个方面”，② 科恩认为，失败的科学革命是由于“成果搁浅、证据不足、虚假证据、反动阶级的扼杀、认识上的局限、科学界对新思想的抵触、对个人的偏见等原因”，③ 没有经过他所认可的四个判据的证明。从科学史看，这方面的研究比较少。

4. 语境分析的因素不同

库恩将科学革命的发生过程放入科学共同体语境中进行研究。在库恩看来，科学革命的发生过程是范式在科学共同体中更替的过程。“范式包括定律、理论、应用和仪器在一起——为特定的连贯的科学研究的传统提供模型。”④ 一个范式的胜利，必须得到一批最初的支持者，这些支持者一方面会产生和增殖有力的证据以发展新的范式。另外，这些支持者还可以把自己当作翻译，翻译能够使交流的参与者经验到彼此观点的优点和缺点，促进范式在科学共同体之间的转换。库恩并没有涉及社会因素在科学发展中的作用。他认为：“这些作用因素的认真考虑不会修正我在本文中所阐发的主要论点，但这些肯定会对科学进步的理解增加头等重要的分析维度。”⑤

科恩将科学革命放入科学、社会、历史等广义语境中进行研究。科恩认为：“科学史是一种特殊的历史形式。它研究科学思想，技术和知识的起源、发展及影响，对自然科学、社会科学、人文科学都有价值。”⑥ 首先，科学革命的发生过程是科学在理论层次上的重大突破，因而目击者的证明是第一位的，即当时的

---

① 科恩．科学中的革命．鲁旭东，等译．北京：商务印书馆，1998：13.

② 科恩．科学中的革命．鲁旭东，等译．北京：商务印书馆，1998：15.

③ 张立英．论失败的科学革命．自然辩证法研究，2004，(9)：45-49.

④ 托马斯·库恩．科学革命的结构．金吾伦，胡新和，译．北京：北京大学出版社，2003：9.

⑤ 托马斯·库恩．科学革命的结构．金吾伦，胡新和，译．北京：北京大学出版社，2003：5.

⑥ I. Bernard Cohen. Present Status and Needs of the History of Science. Proceedings of the American Philosophical Society, 1955 (5): 343.

科学家和非科学家们的判断。科学革命的发生必然引起该学科文献方面的变革。因而，科恩将发生了革命的那个学科之后的一些文献作为第二个证据。其次，科学革命的发生过程与社会领域“革命”概念的变革、科学共同体对新的理论的认同与使用紧密相关。因此，科恩“对所讨论的每一场科学革命的思考，都是以社会革命和政治革命作为背景知识的。”科学革命的发生过程是科学共同体承认和使用新理论体系的过程。因此，科恩认为科学革命的发生必然经过论著中的革命，使足够数量的其他科学家相信论著中的理论或发现，并且开始以新的革命方式从事他们自己的科学事业，科学革命才可能发生。最后，科学革命的发生过程必然得到历史学家的关注。科学革命作为一种历史现象，必然得到近代的和现在的历史学家的判断。例如，人们认为16世纪发生过一场哥白尼革命，其实是由18世纪一些科学史学家发明并保留下来。在当时并没有历史学家承认发生过哥白尼革命。因此，通过对当时历史学家观点的考察，可以纠正后来历史学家做出的一些判断。

总之，两种科学革命理论在研究目的、评价标准、适用范围、分析方法等方面表现出截然不同的特征。然而，两种不同的科学革命理论也存在一些内在的关联。

二、库恩与科恩科学革命观的类同性

由于库恩与科恩都是对科学革命的发生过程进行构建与分析，因此他们的观点又存在一定的相通性。他们都关注科学革命发生过程中的改宗现象，重视科学家心理因素的作用，承认教科书的历史地位，但又表现出不同的观点。

1. 关于改宗现象

库恩与科恩都认同科学革命发生过程中的改宗现象。在库恩看来，“改换所效忠的范式是一种不能被迫的改宗经历”[①]。改宗的过程是新范式在科学共同体中更替的过程。新范式只有在定量方面展示出比旧范式更加精确、具有能够解决更多的难题的优点，才能加速科学共同体改宗的进程。所以，库恩认为革命的解决过程也就是科学共同体改宗的过程。当整个专业共同体都已改宗后，范式的更替也就实现了。

科恩也认同改宗现象。“在科学中，改宗指的是根本改宗和接受完全不同的观点。”[②] 这里的改宗主要指观念、信仰的改变。科恩认为，“思想史家应该对科学思想变革中可能存在的不变性保持警惕……不变的只是这些概念和定律的名

① 托马斯·库恩．科学革命的结构．金吾伦，胡新和，译．北京：北京大学出版社，2003：137.

② 科恩．科学中的革命．鲁旭东，等译．北京：商务印书馆，1998：589.

字，它们像考古学遗迹那样，将好奇的历史学家引导到某个科学思想变革的源头”[①]。科恩还将改宗的烈度作为从理论革命到科学革命转化的标志。他通过证据法研究了观念在科学家、科学共同体中改宗的过程。在科恩看来，离开观念的改变，科学革命就不可能发生。科学史学家的任务就是记录并分析科学革命发生中的改宗现象。显然，二者关于改宗的研究内容是不同的。库恩侧重范式的更替，而科恩则侧重观念的变革。

2. 关于教科书的历史地位

科学家的成就往往被记录在经典的著作中，较近期的则被记录在教科书中。每一次革命后，重建历史的开端大多是由教科书来完成的。一方面，教科书记录了最近的科学成就，可以作为科学发现被应用的证据。另一方面，教科书成为常规科学发展的纲领。科学家可以根据教科书“格外集中地研究他那个团体所关注的自然现象中最微妙和最深奥的那些方面”[②]。

但是，库恩认为教科书并不能反映科学革命发生的过程。一方面，教科书作为使常规科学延续下去的教学工具，使革命变得无形。当科学进入新的常规科学时期，教科书都被重写。“早期科学家所研究的问题和所遵守的规则，都被刻画成与最新的科学理论和方法上的革命的产物完全相同。”[③] 从而使革命成为无形。另一方面，教科书把科学事业描绘成为一种不断逼近真理的事业，“一种不断地向自然界预先设定的某个目标接近的事业”[④]。在库恩看来，范式的转变并不朝向任何规定的方向。范式的更替是因为新范式能解决导致老范式陷入危机的问题，或者能预见老范式完全没有预料到的现象，并不存在一个预设的目标。库恩的这种观点使他陷入相对主义的泥潭。

科恩将教科书作为科学革命发生后那个学科的历史证据。主要考察革命性的科学理论在教科书中被采用的历史事实。例如，在 1543 ~ 1609 年，哥白尼的天文学思想和方法没有被教科书采纳，1609 ~ 1687 年，开普勒的纲领也没有被教科书所采纳，孟德尔的遗传学理论在当时并没有被同代人所认可。在科恩看来，这些理论还没有被写进教科书就被其后新的理论所代替，因此，并不存在一场哥白尼革命、开普勒革命、孟德尔革命。但是这种历史证据，虽然反映了当时科学理论没有被认可的事实，却忽视这些理论被记录在其后时代教科书中的事实。也就是说这些理论可能被认可的时间比较长，我们是否就可以忽视掉它们呢？例

① Wolf A. A History of Science, Technology, and Philosophy in the Eighteenth Century. New York: Macmillan Company, 1940: 450.

② 托马斯·库恩. 科学革命的结构. 金吾伦，胡新和，译. 北京：北京大学出版社，2003：20.

③ 托马斯·库恩. 科学革命的结构. 金吾伦，胡新和，译. 北京：北京大学出版社，2003：124.

④ 托马斯·库恩. 科学革命的结构. 金吾伦，胡新和，译. 北京：北京大学出版社，2003：153.

如，哥白尼并没有在他生活的时代引起科学共同体的认可，但是在18世纪后引起科学家、史学家的重视，并在科学与社会领域得到广泛的传播。“1900年，三位生物学家把孟德尔的发现重新发现出来，才引起了科学家应有的重视，并开始了现代遗传学的研究。”① 我们可以根据革命发生后相当长时期内教科书的证据证明哥白尼革命、孟德尔革命的存在，只是这个革命的过程比较长而已。所以，我们认为对于教科书作为历史证据而言，不仅应考虑科学革命发生当时的教科书的证据，还应考虑在其后相当长时间内教科书的证据。显然，由于研究目的不同，库恩与科恩在教科书的历史地位方面存在很大的分歧。

3. 关于科学家心理因素的分析

发现新的科学范式必然是一个复杂的事件。科学家认知语境的变革是科学革命发生的源发性判据。因此，库恩与科恩都很重视分析科学家心理认知语境变革的研究。

库恩认为，心理因素在新事实的发现、新理论的发明及特定仪器的使用方面具有重要价值，而这些内容构成了新范式的核心内容。发现过程不仅考虑到认识一个新的现象，而且还应确定它是什么。因此，发现是人思维发展的一个过程，而不是某一时刻的事情，新发现的最终结果使科学产生了反常和危机，最终导致新范式产生。他说：“新范式或者一种容许日后阐释的充分的暗示，都是一下子突现出来的，有时是在午夜里，有时是在一个深为危机所烦恼的人的头脑里。”② 库恩认为对于范式的更替是人的心理格式塔的突然转变，夸大了科学家直觉、灵感和其他社会心理等方面因素的作用。其实，新范式的产生过程包括科学家直觉、灵感等非理性的心理因素，也包括逻辑、实证、归纳等理性的思考。科恩认为科学革命发生要经过思想革命、信仰革命、论著中的革命和科学革命四个阶段。其中思想革命也就是科学家认知语境的变革过程。显然，思想革命改变了科学家认识世界的图景。但科恩没有在每一个事件中明确地解释某个人心里所想的可能是什么。他认为对科学家的心理进行分析很重要。“迄今为止，还存在含糊的被忽视的关于科学革命的心理研究。这是一个无人涉足的领域，这片大有希望的领域可能为科学革命开出一个全新的天地。”③

虽然他们二者都重视科学家心理因素的分析，但是都没有详细分析科学家这种心理模式变化的具体机理。“英国的心理学家，沃勒斯在《思考的艺术》一书中提出，任何创造过程一般都是经历四个阶段：创造的准备期，创造的酝酿期，

---

① 黄家裕，谷明付．库恩科学革命观的局限．大众科技，2004，(5)：56-57.

② 托马斯·库恩．科学革命的结构．金吾伦，胡新和，译．北京：北京大学出版社，2003：83.

③ 科恩．科学中的革命．鲁旭东，等译．北京：商务印书馆，1998：506.

创造的明朗期，创造的验证期。"[①] 根据该理论库恩重点研究了创造的明朗期，即科学家突然产生灵感、顿悟，引起科学家心理格式塔的转变。科恩通过将一些证据作为创造完成的判据，如"当一个科学家发明了解某一个或某一些重要问题的根本办法时，或者发现了一种新的使用信息的方法时，当他提出了一种新的知识框架，而现有的信息在此之中可以以一种全新的方式得到表述时，或者引入了一组改变现有知识特性的概念或提出一种革命性的新理论时，第一阶段的革命就会发生"[②]。

另外，二者在坚持历史主义、采用概念分析方法等方面也具有相通性。库恩将科学史作为历史资料，归纳概括出科学革命发生过程中范式更替的特征。而科恩通过四项历史证据和四个阶段的逻辑标准以解释重大的革命。历史资料在他们的分析中表现出不同功能。二者将概念分析法应用于不同的范畴。库恩将概念分析法用于解决范式更替的过程，以及科学概念在形式方面的移植和内容方面的变革。科恩重点分析了"革命"概念在科学领域和政治领域变革及相互影响的过程。

三、库恩与科恩科学革命观的缺陷

库恩与科恩的科学革命发生理论在应用范围及其评价标准方面存在一些缺陷。

从国别史角度看，二者以西方科学革命的发生为核心，忽视东方科学革命的发生无论是库恩的科学革命观还是科恩的科学革命观，都是以西方科学革命的发生为研究对象，并不能解释中国天文学、数学方面的理论。对于中国古代天文学的盖天说、浑天说和宣夜说，并不存在激烈的竞争，没有一种天文学理论处于统治地位。东西方两种不同科学理论之间的交流，也不能导致范式的更替。例如，西医传入东方，并没有引起东方的医学革命；同样，中医传入西方并没有引起西方医学领域的革命。这就使验证库恩范式的反例增加了。

科恩虽然分析了"革命"概念在英语、法语、德语的语言环境中进化的过程，但是没有分析"革命"概念在东方语言环境中进化的过程。因而科恩的科学革命发生理论也主要适用于对西方革命性的科学分析。对于中国什么时候开始有"革命"和"科学革命"的概念，以及中国是否发生过科学革命，科恩并没有谈及。汉语中的"革"字是指从动物身上剥皮制革之意，《说文解字》中的解释是："兽皮治去其毛，革更之"，"皮去其毛染而莹之曰革"，从这里引申出"改动"、"更改"、"变革"之意；"命"字在汉语中有"政令"、"使命"、"授

---

① 赵豫蒙．"科学革命"：知识生态圈的进化现象．内蒙古大学学报，2004，(6)：52-56.

② 科恩．科学中的革命．鲁旭东，等译．北京：商务印书馆，1998：36.

命”之意。“革命”作为一个动宾关系组合是“收回天命”“变更天命”之意，最早出现在《易经·革卦》中：“天地革而四时成，汤武革命，顺乎天而应乎人。革之时大矣哉”。“revolution”作为汉语的对等词最早见于明治初期的几部英日词典中并首次以“革命”的含义出现在1873年日本的《附音插图英和字汇》中。对西方的一些新词的出现，日本人先译，中国人也就照抄了。“科学革命”在中国得到承认是19~20世纪的事情了。根据科恩的判据，19世纪以前，中国并没有发生科学革命，这就导致无法分析中国古代科学革命。

从断代史角度看，二者理论侧重近现代科学革命，并不能分析古代科学革命库恩将科学革命的发生过程看成是范式在科学共同体内部的更替过程。库恩认为，科学共同体就是来自于世界各地不同机构的科学家，通过学术交流，能够在共同的研究领域追求共同目标，并产生共同的科学观点。而在17世纪以前，科学事业是由一些业余科学爱好者来完成的，并没有现代意义的科学家组成的协会或组织。17世纪科学共同体的出现是近代科学革命的显著标志之一。所以，库恩的范式更替理论更适合于分析17世纪后的科学革命，而无法透彻研究之前的革命性的科学理论。

科恩将目击证明、曾经发生过革命的那个学科以后的一些文献作为科学革命发生的前两个重要判据。在科恩看来，前两项检验结果合起来，向我们强烈地暗示着某一场革命发生过。对于没有经过前两项检验的科学发展，科恩是不会相信曾发生过革命。所以直至17世纪末，“科学革命”概念才被确定下来。在此之前，对于革命性的科学并不存在目击者及其后的相关文献的判据，在科恩看来，就不可能发生科学革命。这就使科恩的科学革命发生理论不能解释17世纪以前科学中发生的革命。

从二者的评价标准看，具有相对主义和主观主义倾向的库恩认为，科学革命“是对自然界的理解越来越详尽，越来越精致。但是，这一进化过程不朝向任何目标”①。他的科学进步理论只承认知识的相对性，不承认科学的真理性，从而陷入了相对主义和主观主义。因此使科学革命成为新范式相对旧范式解题能力的提升，而不是逼近真理的过程。科学以客观的自然界为研究对象，自然界作为客观实在，显然是有其运动的客观规律。科学发展的过程正是不断地在广度和深度上认识客观规律的过程。

科恩的科学革命发生的四个判据“在很大程度上取决于主体的认识观和价值观，而这些与主体所处的时代、环境以及主体自身的科学涵养和鉴赏力又紧密相连”②。因此，四个判据并不能客观分析科学理论本身的革命性特征。我们不能

① 托马斯·库恩．科学革命的结构．金吾伦，胡新和，译．北京：北京大学出版社，2003：153.

② 赵豫蒙．“科学革命”：知识生态圈的进化现象．内蒙古大学学报，2004，(6)：52-56.

因为法国数学家埃万里斯特·伽罗华关于群论的论文没有引起当时法国科学院的重视，孟德尔的遗传学说也不为同代人所接受，就忽视他们在科学领域的革命性作用。同样，历史学家的判据也带有一些主观的色彩。所以，以目击者、科学共同体、历史学家的主观判据为依据来分析科学革命消解了科学革命本身的革命性特征。

四、结　语

通过对库恩和科恩科学革命观的比较分析，我们认识到科学革命发生过程的复杂。根据不同的解释模型，可能得到不同的结论。例如，哥白尼的日心说在库恩的范式更替模式中被认为引起一场天文学革命。但没有通过科恩四项判据的检验。因此，在科恩看来，哥白尼并没有引起一场天文学革命。这就存在一个“怎样评价科学革命”的标准问题。

首先，对于科学革命的解释应坚持逻辑与历史的统一。科学革命的发生过程不是历史事件的堆积，它需要通过逻辑的标准来阐述科学事件的革命性。库恩在对哥白尼研究的基础上，提出了范式更替模式。科恩在对牛顿革命及科学革命概念演变的研究基础上，提出了科学革命发生的四项判据和四个阶段。所以，他们都坚持了逻辑与历史的统一这一原则。但是，库恩的逻辑标准，作为验证科学革命的发生的反例太多。科恩的判据过于注重历史性而忽视科学革命发生的客观实在性，最终使他的科学革命模式成为脱离科学革命本质的历史分析。因此，我们分析科学革命，必须将历史分析作为逻辑分析的基础，使逻辑分析进一步成为历史分析的依据。特别是逻辑标准应反映科学革命发生过程的共性问题，如对改宗、科学家心理因素的分析应得到重视。

其次，对科学革命的解释应坚持客观性与主观性的统一。科学发展表现为渐进式和革命式两种形式。对于科学革命的解释应体现科学革命内涵的本质，反映“科学革命”的客观性。科恩的科学革命理论主要以历史证据为依据，而不谈科学革命的革命性本质，显然是本末倒置。此外，对于科学革命的解释离不开我们主观能动性的发挥。科学革命发生的内在机制就像科学范式一样，是客观存在的。我们需要发挥主观能动性去发现它和构建它。我们不仅需要知道旧理论存在的缺陷，更应发挥主动能动性，提出新的解释模式。

最后，对科学革命的解释应坚持不同国别与不同时代分析模式的统一。近代以来世界科学中心的转移，说明科学革命的发生不是某个国家或地区的专利，而是世界文明的重要组成部分。因此，我们解释科学革命的模式应不仅适用于西方国家，而且应适用于东方国家，使西方和东方科学革命的发生过程统一于同一个模式。另外，科学革命是不同时代发展的产物。自人类社会产生以来，科学革命不断发生着，经过了古代科学革命、近代科学革命和现代科学革命三个阶段，每一个阶段又包括很多具体的科学革命。那么，科学革命解释模式应将三个不同阶段的科学革命统一于同一个模式，才能保证分析的完整与统一。库恩和科恩的科学革命发生模式更多地适合西方近代以来科学革命的分析，而无法分析东方及古代科学革命的发生。

第三节 "科恩解释"的语境分析

在弄清了科学革命的内涵之后，让我们分析科学革命的"科恩解释"。对于科学革命科恩有独到见解，他以历史证据为依据，提出了重大科学革命发生的四个阶段和四个判据学说，我们称之为"科恩解释"。然而"科恩解释"不一定合理，我们对此进行深入的语境分析。在《科学中的革命》一书中，科恩把科学革命的发生分为四个阶段，即思想革命、信仰革命、论著中的革命、科学革命，并指出，"科学中的革命在这最初三个阶段的任何一个阶段中，都有可能会失败"①。怎样判别科学革命已发生了呢？他认为有四个判据可作为历史证据进行检验。

第一个判据为目击者的证明，即当时科学家和非科学家们的判断。这是科学革命发生的直接判据。例如，丰特奈尔认为牛顿和莱布尼兹的创造已经在数学中引起一场革命，拉瓦锡在化学领域的根本变革被同时代的许多化学家看作是化学中的一场革命，达尔文同时代的人则把进化论描写成生物学中的一场革命，魏格纳（Wegener）的大陆漂移学说在20世纪30年代被很多地球学家认为引起了一场革命。在科恩看来，如果科学革命没有目击者证实事件的发生，即使有事后的历史评价，也是不能过分相信的。但是，科学革命的发生在很多情况下是不被目击者所理解甚至反对的。目击者一般为同行，当科学革命发生在他们所认可的理论范围时，他们往往为原理论辩护，反之则坚决反对，甚至到死也不接受。

第二个判据是对发生过革命的那个学科以后的一些文献的考察。这是科学革命发生的间接判据。在科恩看来，科学革命的发生必然会对原理论有重大变革，否则科学革命是不会发生的。通过对1543～1609年天文学论文和教科书中并未采用哥白尼思想和方法的考察，科恩发现并不存在所谓的哥白尼革命。而18世纪大部分数学著作都是按微积分思想撰写的，为数学革命提供了证据。该判据反映了科学革命的发生对原学科的重大变革。但是，当科学革命的发生不为目击者所认可时，其革命性就不可能反映在那个学科以后的一些文献中。例如，哥白尼学说在当时就不被大多数同行所认可，因而被埋没数个世纪。当得到同行认可时，已成为过时的理论，因而在学科文献中找不到直接证据。

---

① 科恩．科学中的革命．鲁旭东，赵培杰，宋振山译．北京：商务印书馆，1990：38.

第三个判据是有相当水平的历史学家，特别是科学史学家们的判断，既包括现在的和近代的历史学家的判断，也包括很久以前的历史学家的判断。这是科学革命发生的历史判据。在哥白尼时代，历史学家并不认为哥白尼的《天体运行论》引起一场天文学革命而是18世纪蒙塔克勒（Montucla）和巴伊（Bailly）发明出来的，是用18世纪的历史证据标准而做出的判断。科恩认为那是不可取的，并反对采用辉格式的方法来处理科学革命。当科学事件发生时的证明与以后历史学家的观点不一致时，他认为我们应对尚未证实的革命持怀疑态度，定义什么是科学革命是没有意义的。但是，不同的科学史学家对科学革命的理解不同，会使科恩所认可的历史证据产生一些混乱，哪一种科学判断可作为历史证据显然是不确定的，因为判断本身带有主观性。

第四个判据为当今这个领域从事研究的科学家的总的看法。这是科学革命发生的共同体判据。对于一些确实发生的科学革命而历史学家又很少关心，在这种情况下就需要第四个标准。科恩指出："20世纪的物理学家、生物学家和社会科学家大都认识到，在他们自己的时代，以统计学为基础的物理学、生物学和社会科学的建立，已经对过去构成了一种明显的突破，而且有过一场统计学革命了。"[①] 显然，当历史学家与当今科学家的看法不一致时，那场革命就是值得怀疑的了。这样，一场科学革命要同时得到四个判据的验证是很困难的。

在科恩看来，哈维（Harvey）的生命科学、牛顿的经典力学、达尔文的进化论、拉瓦锡的氧化说、法拉第及麦克斯韦和赫兹（Hertz）的经典电磁理论、赖尔（Lyell）的地质演化理论、20世纪的统计学、爱因斯坦的相对论经过了四项判据的检验，是科学中发生的重大革命。

不可否认，科恩关于科学革命发生的判据开创了对科学革命发生的历史证据研究，颠覆了库恩、费耶阿本德（Feyerabend）、劳丹（Laudan）、拉卡托斯、波普尔、夏皮尔（Shapere）等对科学革命过于程式化的解释方式，坚持了科学革命的内史与外史、认知语境与历史语境、辉格与反辉格的统一，在某种程度上反映了科学革命发生的本来面目。不过，虽然"科恩解释"能够通过历史判据来分析历史中发生的大型科学革命，但其局限性也是十分明显的。

第一，"科恩解释"是在脱离科学革命本体论基础上的认识论判据。由于不同主体对科学革命的理解不同，在认识论上是无法达成一致的。但科恩坚持认为，即使对科学革命没有清晰的定义，也有可能对其发生进行有效的检验。这种脱离本体而用同一组历史判据来判断和解释科学革命的发生，会引起某种混乱和疑惑。因为忽视科学革命的本体，会使人们对科学革命的解释成为"无源之水"。

第二，"科恩解释"只适用于解释大型科学革命，不能用来解释小型科学革

① 科恩．科学中的革命．鲁旭东，赵培杰，宋振山译．北京：商务印书馆，1990：58.

命。科学革命内涵的多层次性，决定了科学革命发生是有层次的，级别也不同。而且在科学发展中，大型科学革命毕竟是罕见的，更多的是小型科学革命。因此，“科恩解释”是有局限的，不具有普适性。

第三，“科恩解释”无法体现科学发展中基础性与继承性、突破性与相对性、连续性与间断性的统一。科学革命是在继承基础上相对前科学体系的重大突破，其中既有连续又有间断。同一历史事实，在同一时期或不同时期，经常存在两种情况：一是在科学中引起一场革命；二是没有引起一场革命，而只是科学中的一般进步。在这种情况下，应以哪种历史判据为主，显然不能用“科恩判据”下结论。也就是说，“科恩判据”不能说明科学发展的连续性与间断性。

第四，“科恩解释”背离逻辑与历史相统一的原则。科学革命作为科学发展中的重大事件，是被发现与逻辑构建、逻辑与历史相统一的过程。“科恩解释”虽然提出了革命发生的四阶段说，体现了科学革命发生过程中认知语境、理论语境、科学共同体语境转换的逻辑关系，但四个判据侧重于采用有利于科学革命事件发生的判据，而没有分析与此相反的观点，即认为某些科学事件是进化的。这样以来就有一种抬高有利于自己观点的证据，而忽视其他关于某科学事件的进化说明之嫌，而且四个判据主要是对他所称的论著中的革命认可的证据，显然并不能判别他所认为的科学中发生的思想革命、信仰革命。这就背离了逻辑与历史相互支持与验证的原则。

综上所述，“科恩解释”虽然从历史判据中较客观地分析了科学革命发生的过程，但存在本体论与认识论、历史标准与逻辑标准的不一致性，以及适用范围的局限性。“语境解释”将弥补“科恩解释”的不足。

第四节　科学革命发生的“语境解释”

判断科学革命的发生问题，其实质是用什么标准发现并解释历史上存在的科学变革的问题。基于语境分析的科学革命解释就是要回答这个问题。

一、科学革命发生的语境判据

我们认为，科学革命发生的判据是由科学的不同层次的语境共同决定的。

第一，历史语境是科学革命发生的背景性判据。科学是一种历史量变现象，科学革命是这种历史量变中的质变。每一科学革命发生前，当时的科学认识与评价都离不开当时的历史思想和历史事实。通过对某一学科中科学革命的发生进行语境分析，我们就会发现，科学革命不是突然发生的，它是基于科学历史思想和事实的突破。以牛顿革命为例，如果没有历史上的科学知识和科学思想，牛顿是无法进行综合的。无疑，欧几里得（Eu-clid）的几何学公理化方法深刻地影响了牛顿，1687 年问世的《自然哲学的数学原理》就是按公理化方法写成的。巴罗（Barrow）的无穷小量思想是牛顿的“流数”思想的来源。胡克的力学思想和吉尔伯特（Gilbert）的磁力思想是牛顿万有引力思想的来源。伽利略的力学相对性原理、力学实验、自由落体定律、单摆运动等时性原理和开普勒的行星运动三定律都直接影响了牛顿的力学运动三定律。可以说，牛顿是在吸收前人科学思想的基础上完成经典力学的综合的。难怪牛顿会说他是“站在巨人肩上”。

第二，个人认知语境的重大变革是科学革命发生的原发性判据。科学家的发现与其个人的心理气质、思想情趣、思维方式等有密切关系。“某些科学上的思考或发现，很难用一般的联系或规律来解释，似乎是十分偶然似的科学家的某种直觉和顿悟。这方面的情况不是发表成果的科学论文所能提供的，而是需要研究科学家的全部材料。”① 牛顿的认知方式支配着他用数学原理分析自然界、解释自然界，这就是科恩所称的“牛顿风格”。不少科学史学家如柯瓦雷、库恩、科恩等都很重视科学思想史的研究，认为科学家个体认知方式的重大变革在科学革命中起核心作用。没有创新思维，便没有创新理论。这也在某种程度上验证了科学家个体认知语境在科学革命中所起的核心作用。

第三，科学理论语境的重大变革是科学革命发生的结构性判据。在由科学事实、中心概念、科学理论、科学观念组成的科学革命中，中心概念和科学理论的变革处于中间层次，中心概念的变革通过主干概念体系引起科学理论的变革，二者均体现为语言层次的变革，因此将它们归于科学理论语境之中。“如果设某一学科观念为 T，表述这一学科观念的具体理论构成理论系列 t_1，t_2，t_3……，那么只有出现某个比较精致的理论 t_n时，科学观念 T 才真正有可能得到确认。”② 科学革命的理论语境变革体现了科学革命中信仰的改变。对于科学革命发生的理论语境可通过原有科学文本语境、发生科学革命的学科语境及相关学科语境来判别，其中文本语境指科学家在原有文本语境中的文本创新。科学革命的发生首先表现为科学核心概念及理论体系的根本性变化，包括假设、公理、可接受性知识的新形式的出现以及其他性质的新理论的出现。对于历史上已经发生的科学革命，一定会对该学科产生影响，体现在该学科的文献资料中。也就是说，科学革命的发生会在理论结构上对该学科产生重大影响。

第四，科学共同体语境的重大变革是科学革命发生的承认性判据。科学共同体语境是指科学革命在科学界得到认可的境遇。它一般需通过口头、书面或著作的形式告知同行，得到同行的支持与认可，随后在整个科学界传播。这是科学革命发生被认可的最直接证据。例如，相对论的发现起初并没有得到科学界的普遍

① 方能御．霍尔顿教授谈：了解一门科学史的意义．世界科学．1985，(11)：8.

② 诸大建．从板块学说看科学革命的若干问题．自然辩证法通讯，1990，(1)：13-17.

承认，现在看来，该理论的确引起了一场革命。因此，“一场科学革命的深度与保守主义的猖狂进攻的猛烈程度以及它给科学思想所带来的根本变化的程度是成正比的”①。达尔文1859年9月20日致赖尔的信中说：“你以前对物种不变性的怀疑，也许比我的著作对你的改宗影响更大……但是如果你能够转变过来的话，我将是极为高兴的。”② 达尔文进化论得到科学界认可的过程，体现了科学共同体观念变革的过程。

第五，社会认知语境的重大变革是科学革命的诱发性判据。社会认知语境是人们普遍对科学革命观点的接受与承认的境遇。科学家个人对世界的认知语境的重大变革，最终必然引起世人对世界的认知语境的重大变革，包括社会观念、思维方式等。这是个人认知方式变革诱发的人们普遍认知发生的变化。历史上大型科学革命必然在社会领域引起人们认知模式的重大变革，因此“我们不仅要研究科学革命的技术应用对于人类生存方式的影响，也要重视其带来的人类历史及其观念的变革。”③ 如果说18世纪牛顿革命在社会领域形成机械地看待一切事物的机械论认知模式，那么19世纪后期，达尔文革命在社会领域形成进化地看待社会的有机论认知模式，即社会达尔文主义。

第六，社会产业语境的重大变革是科学革命发生的效应性判据。社会产业语境是基于科学革命的科学技术和产业结构的境遇。科学革命引起的认知模式的重大变革，必然引起社会结构的重大变革。例如，19世纪麦克斯韦革命引发了电力技术革命和相应的产业革命，20世纪量子力学革命引发了信息技术革命和相应的产业革命。这些都反映了科学革命对于社会语境的影响程度。因此，科学技术与产业语境的重大变革是科学革命发生的效应性判据，它增加了人们对科学革命的承认度。

总之，科学革命发生的“语境解释”判据，坚持了逻辑性与历史性、内史论与外史论、本体论与认识论的有机统一，有助于我们全面把握科学革命的发生机制，为判断科学革命发生的级别提供了理论依据。

二、科学革命发生级别的“语境转换”模式

对于已经发生的科学革命，我们可以根据“语境转换度”解决科学革命发生级别的标准问题。所谓“语境转换度”就是科学革命在传播过程中语境转换多少的程度。根据“语境转换度”大小，我们将其分为小型革命、中型革命和大型革命。语境转化次数越多，科学革命的级别就越大，反之，科学革命的级别

① 科恩．科学中的革命．鲁旭东，赵培杰，宋振山，译．北京：商务印书馆，1990：518.

② 科恩．科学中的革命．鲁旭东，赵培杰，宋振山，译．北京：商务印书馆，1990：586.

③ 胡新和．科学革命与历史变革．史学理论研究，2005，(4)：14-15.

就越小。设科学革命语境转换度为 G，则：$G = D_H - D_0$，其中，D_H表示科学革命的发生语境，D_0表示科学革命发生前的历史语境（原始语境）。我们假定历史语境的转换度为 0，语境转换一次，转换度为 1，语境转换几次，转换度就是几。当 G 为 1、2 时，我们称之为小型科学革命；当 G 为 3 时，我们称之为中型科学革命；当 G 为 4，5 时，我们称之为大型科学革命。语境转化模型为：历史语境（0）→个人认知语境（1）→理论语境（2）→共同体语境（3）→社会认知语境（4）→社会产业语境（5）。

小型科学革命是由科学家个体认知语境和理论语境组成的内语境的重大变革，其转换度分别为 1 和 2。科学共同体语境是科学革命发生内语境（科学语境）向外语境（社会语境）传播的关节点，科恩称之为“论著中的革命”，库恩称之为“范式转换”，从科学革命传播过程看，它处于传播的中间或过渡的关键阶段，因此我们认为，经过科学共同体语境检验的革命为中型的科学革命，其转换度为 3。大型科学革命不仅经历了小型和中型科学革命语境的转换，而且经过了社会认知语境和社会产业语境的重大变革，转换度分别为 4 和 5。大型科学革命经过了所有语境的检验，如牛顿革命、达尔文进化论、爱因斯坦相对论、魏格纳大陆漂移学说等。对于小型科学革命，一般主要经过科学家个体认知语境和理论语境的变革，是一场潜在的科学革命。19 世纪中期，法国数学家伽罗瓦（Galois）关于群论的论文虽然没有及时得到数学界的承认，在他去世 14 年后才得到数学家的认可，但他的工作仍是具有革命意义的，是科学理论层次的、潜在的科学革命。19 世纪孟德尔（Mendel）遗传学说在生物学引起的也是小型潜在的科学革命。哥白尼天文学理论虽然没有得到当时科学共同体的认可，但它引起人类宇宙观的重大变革，是一场理论层次的潜在革命。

科学革命发生的“语境转换度”判据，一是体现了科学革命发生在时空传播的客观规律性，即从小型到中型再到大型科学革命传播的过程；二是反映了科学革命发生过程中量变到质变、内语境到外语境、低级到高级的演变过程；三是客观地解释了仅发生于科学语境内的小型科学革命。哥白尼革命、孟德尔革命等由于社会、历史原因没有将内语境的重大变革扩散到外语境的重大变革，被认为没有发生过科学革命，这对于评价科学家的成就是不公平的。“语境转换度”为分析小型科学革命提供了理论和分析方法。从社会语境看并不存在一场哥白尼革命，但是哥白尼的工作确实引起了一场天文学领域中心概念的重大变革。从小型、潜在的科学革命发展到大型、现实的科学革命需要历史、认知、社会等方面的参与渗透才可能实现。

科学革命发生的“语境解释”的实质在于揭示：①客观性，目的是分析是否有科学革命发生以及发生的机制；②相关性，科学革命发生中历史、认知、理论、社会语境的相关；③统一性，内史论与外史论、辉格与反辉格、革命性与连续性的有机关联。

三、科学革命及其“语境解释”的现实意义

科学革命不仅改变了人们的世界观，而且通过技术革命促进了社会生产力的极大进步。近代以来，科学革命主要发生在西欧和北美等地区，这些国家曾成为世界科学、技术、经济的中心，诺贝尔自然科学奖获得者也主要集中于发生科学革命的国家。这是为什么呢？科学革命发生的“语境解释”能给出合理的解释。

第一，“语境解释”为内史论和外史论、两种不同科学发展观之争提供了统一的语境基底。历史地看，科学革命争论主要集中于内史论与外史论、间断与连续问题上。20世纪30年代兴起的对科学革命的外史研究，强调外部因素对科学革命的重大影响；20世纪50年代以来，科学哲学家和科学史学家伯特（Burtt）、柯瓦雷、巴德费尔德等，主要立足于科学理论的重大变革来研究科学革命。由于两者侧重点不同，无法在同一层面上进行沟通。“语境解释”消解了内史论与外史论对科学革命分离的解释过程，在语境基底上实现了内史论与外史论的统一。“语境解释”还体现了科学发展过程中量变与质变的统一，它通过历史、认知、理论、社会语境转换度判别科学发展的连续性或间断性，实现了科学发展连续论与革命论在语境基底上的对话。

第二，“语境解释”为研究中国是否发生过科学革命提供了判据。中国作为一个文明古国，天文学、数学、农学、医学是传统中发展最快的学科。著名的“李约瑟问题”需要一个新的解释视角。中国古代发生过科学革命吗？席文（Nathan Sivin）认为，“中国在17世纪可以说有过它自己的科学革命，是天文学领域概念的革命，即用数学模型解释并预测天象”①。他也主张必须采用完全不同的研究方法，综合地理解从事科技工作的人的各种事项。这就需要从中国古代科学发展的历史、认知、理论、社会语境中寻找答案，不能以西方近代或现代科学标准来评价中国古代科学。“在古代，‘变’系指内部变化，外部形态或形状还全部或部分地保存着；而‘化’则是根本的变化，连外表也改变了。”② 可以说，古代人们认为“化”就是我们今天所称的“革命”。研究中国古代是否发生过科学革命，就需要从中国古代语境中寻找对科学“化”的分析及评价。

第三，“语境解释”为促进我国科学技术发展提供了“范式”效应。通过对科学革命发生的“语境解释”，使我们认识到社会制度与文化的变革不仅是促进

---

① Mendelsohn E. Transformation and Tradition . Essays in Honor of I. Bernard Cohen. Cambridge：Cambridge University Press，1984：548.

② 李约瑟. 中国科学技术史. 第2卷：科学思想史，何兆武，等译. 北京：科学出版社，上海古籍出版社，1990：83.

科学革命发生的重要因素，同时还是促进科学成果社会化进程的基本动力。近代科学革命以来，世界科学中心、技术中心、经济中心转移的顺序是一致的，即意大利→英国→法国→德国→美国，科学革命使这些大国依次崛起。20世纪以来，随着“大科学”时代的到来，科学远远走在了技术与生产的前面，要实现经济社会的繁荣发展，必须大力发展现代科学技术。诺贝尔科学奖得主美国生物学家沃森（Watson）在获奖后说：“我们找到一个适合自己口味的导师一事也许不是由运气所造成，而是由我们曾经一再指出的自我选择和选择人才的联合过程所造成。”① 他在这里指的是英国剑桥大学卡文迪许（Cavendish）实验室的导师。该实验室治学严谨，学风民主，思想开放，不拘泥于权威，鼓励每个人特别是年轻人从事创造性的工作。科学研究有着自身的运行逻辑与价值追求，为了促进我国科学技术的发展，必须遵循促进科学发展的“范式”规律，在创建有利于创新的环境中发展我国科学事业。

第四，“语境解释”对促进我国社会变革具有极强的辐射效应。一方面，科学革命的发生需要社会制度、社会创新文化等环境因素的支持。资本主义经济的发展为科学革命的产生提供了基本动力，资本主义国家的建立为科学创新提供了外部社会环境，社会结构的变迁为之提供了创新主体，在此基础上，地理大发现、文艺复兴等事件为之提供了契机。正是这几方面制度条件的契合导致了科学革命在西方的发轫。另一方面，科学革命的发生通过技术革命应用于生产领域，在社会领域引起了产业革命。马克思说，资本主义在它不到一百年的历程中创造的生产力比过去一切时代还要多”②，科学革命促进社会进步的伟大见证。近代以来，科学革命已经促进社会发生多次转型：从农业社会进入工业社会，再从工业社会进入信息社会。目前，我国科技创新成果逐年增长，但是科技成果转化率低，科技与生产的结合力度较低。要实现中华民族的伟大复兴，在促进科学革命发生的同时，还要注重科学对社会的变革作用。科学是追求真理的过程，我们在社会制度、奖励机制方面要防止将科学研究看作是取得经济回报的工具。如同科学社会学家齐曼（Ziman）所说：“社会上最糟糕的、耗费巨大而又无益的事，是把科学研究仅当作一种致富的捷径。”③

第五，“语境解释”对创建自主创新型国家具有现实意义。科学革命的发生过程就是科学理论、科学观念、科学思维方式重大创新的过程，是科学创新成果促进技术创新、文化创新、制度创新的过程。从“语境解释”看，科学革命的发生大大增强了原发国科技自主创新能力及创建自主创新体系的能力，要使我国

① 朱克曼．科学界的精英．周叶谦，冯世则，译．北京：商务印书馆，1979：159.

② 马克思，恩格斯．马克思恩格斯选集．第1卷．北京：人民出版社，1995：277.

③ 齐曼．元科学导论．刘珺珺，等译．长沙：湖南人民出版社，1988：163.

进入创新型国家行列，就必须增强自主创新能力。科学革命的发生是评判自主创新能力的最高标准，所以，我们必须大力发展尖端科学事业，提升我国自主创新能力。

四、结　语

科学革命的“语境解释”一方面为分析和解释科学间断论与连续发展论提供了共同的语境基础，实现了二者的对话；另一方面消解了科学革命内史论与外史论解释的矛盾在语境基底上实现了多种科学革命观的统一。科学间断论与连续发展论的争论经过几个世纪，表现为多种形式、多种视角、多种理论。科学连续论者过分简单地强调概念的移植和重新解释的存在，概念的发展是其内部逻辑逐渐展开的过程；科学革命论者过分夸大新的概念体系与它前身的截然不同。有趣的是，赞成革命变革论者，在每一位连续论者所称谓的近代科学的本质，即方法和自然规律中，总能发现这些方法和自然规律的概念发展过程中会出现突然的和急剧的变化。这也说明了科学发展过程遵循量变和质变规律，反映了科学发展过程是连续与间断的统一。“语境解释”不仅使二者在共同语境基底上分析科学发展过程的量变与质变，实现不同争论在同一语境基底上的对话，而且使不同科学革命观在语境基底上实现了统一，能够更全面系统地分析和解释科学革命的发生问题，体现了在特定语境下科学文本与其他要素之间的关系，为从整体上分析科学革命开辟了新的道路。

通过“语境解释”使我们认识到：第一，不同语境因素在科学革命发生过程中的作用不同，我们需要处理主语境与次语境的关系；第二，科学发现的过程是非逻辑的和不可解析的，但对于科学革命发生来讲是逻辑的和解析的，可根据它们发生的共性，在语境层面上给出最一般意义的判断标准；第三，对每一次科学革命发生进行语境分析具有相对的和具体的意义，而不是绝对的和抽象的意义，且随着社会实践的发展，科学革命发生的“语境解释”在实践和视域基础上是不断变化的；第四，加强科学革命发生问题的研究，对提升我国科学技术发展能力，创建自主创新型国家，促进科学技术与社会和谐发展具有重要的理论和现实意义。

第五节　科恩的语境论科学编史学

1913 年 ISIS 杂志的创立标志着科学史作为一门独立性学科的开始。在近一个世纪的发展中，科学史经过了从内史语境到外史语境解释的过程。而语境解释就是将科学放入科学理论、社会、历史、文化相关的语境中进行解释。科恩是语境论科学编史学的代表。在他看来，科学史学科本身具有语境特征，它与历史学、科学、文化等方面紧密联系在一起；科学史研究也体现了鲜明的语境特征，对于研究者来讲，需掌握多学科知识，同时科学史研究还受社会因素的影响；他的科学史的解释方法在更高层次上体现了语境论特征，所有这些组成了他的语境论科学编史学。

一、科学史学科的语境性

科恩作为萨顿（Sutton）的学生、库瓦雷（Koyre）《牛顿研究》的合作者，他在继承前人研究的基础上，提出了一些关于科学史学科的新观点，体现了科学史学科本身的语境性（contextuality），并且成为这些观点的实践者。

（1）科学史学科具有科学语境与历史语境的双重身份。在科学史领域，关于科学史的学科性质一直存在争议。早期学者将科学史归属于科学，认为科学史是科学的历史，历史基本是科学的附庸。从事科学史编纂的人也大都是退休的科学家或是有科学背景的史学家。后来，随着科学史学科的建制化，专业的科学史学家逐渐增多，主张科学史应从属于历史学科的呼声也越来越高，如库恩和霍尔等都坚持科学史的历史性质。而科恩认为“科学史具有双重资格——科学的和历史的，因为这使我们能够理解为什么专业的科学史家如此之少。许多大学里开设的科学史课程或由历史学家或者哲学家或者科学家讲授，学院和大学很少提供科学史方面的专职职位。而很多科学史学者又必须寻找其他课程的教学”①。正是科学史学科的双重语境身份，一方面使从事科学史研究人员的队伍在扩大，从事史学、科学、科学哲学、科学社会学的人都可以研究科学史；另一个方面使科学史研究处于一种混乱状态，似乎科学史门槛比较低。

根据科学可分为基础科学与应用科学，科恩认为科学史研究也可分为理论科学史和应用科学史。理论科学史从理论语境研究科学史，应用科学史主要从社会、文化等语境研究科学史，这从另一个角度反映了科学史具有科学语境和历史语境的双重身份。科恩通过概念分析法解释了在理论语境中科学进步的过程，同时在社会、历史语境中分析了科学革命发生的外部条件，成为他的理论的实践者。

（2）科学史离不开文化语境和智力语境。“科学史研究科学思想、技术和知识的起源、发展和影响。涉及它们本身与文化、物质文明的联系。科学史的主要目的是阐明我们文明进步的脉络。”② 科学史创始人萨顿认为文明史主要集中于科学史。他所撰写的《科学的历史》就是科学史与文化史相融合的重要范例。

---

① Cohen I B . A Sense of History in Science. Science and Education, 1993, (2): 253.

② Cohen I B. Present status and needs of the history of science. Proceedings of the American Philosohyical Society, 1955, 99 (5): 343.

科恩作为萨顿的学生，继承并创新了萨顿的观点。科恩在对一本关于耶鲁大学250年庆贺的书的评论中指出“如果美国科学史是很重要的，超过地方古物研究，它一定是文化史和智力史的一部分”①。

科恩分析了美国革命（独立战争，1775—1783）到第二次世界大战后科学与政治的关系，他通过文献证明法说明17世纪哈维的方法、概念和发现对哈林顿的影响。“哈林顿使用哈维心脏功能和血液循环学说解释和证明一个立法机关应该有两个部门。”② 科恩在1995年研究了牛顿科学对美国第二任、第三任、第四任总统约翰·亚当斯、托马斯·杰佛逊、托马斯·麦迪逊和本杰明·富兰克林政治方面的影响，说明了科学概念、原理和法则通过类推和隐喻被应用于社会政治思想和行为中的过程。科恩还研究了自然科学与社会科学之间的关系，反映了科学史作为文化史一部分的过程。科恩在对富兰克林、牛顿等科学家科学思想研究的过程中展示了人类智力史的发展过程。因此，科恩不仅认为科学史应该是文化史和智力史的一部分，而且他通过科学史的研究证明了对科学史的分析离不开文化语境和智力语境。

（3）科学史论题必须放入理论、历史、社会等语境中综合地被解释。萨顿认为：“艺术、科学、正义感、道德和宗教思想的发展，……在绝大多数的情况下是孤立的个人创造的”。③ 萨顿似乎并不主张从社会、历史背景中研究科学史。在科恩看来，科学史不仅应从理论语境分析科学家的科学成就，体现科学进步的历程，而且还应从历史语境中分析科学家发表文章以前的思考，他的科学成就在历史中被人们认可的进程，还应从社会语境中分析科学理论形成的社会、文化因素。随着大科学时代的到来，将科学事件放入更广泛的语境中研究不仅是必须的，而且是必然的。

科恩本人是科学史语境论的提倡者和实践者。他在研究富兰克林、牛顿及一些科学史学家时贯彻了这一思想。科恩在对一本关于卢瑟福的书评中指出：“我们希望卢瑟福零星出版有关历史的和逻辑方法的内容将同他没有出版的手稿和讲演稿收集在一起，这将形成一本对一般读者、科学家和科学史家具有永久价值的书”，④ 使人们能够在理论的、社会的广泛语境中理解卢瑟福。科恩在《科学中的革命》中将科学革命发生的四个判据建立在科学理论、历史、社会等语境基础上，使人们从多视角理解科学革命发生的复杂性与规律性。

---

① Cohen I B. Review. Isis，1947，38（1/2）：119.

② Cohen I B. Harrington and harvey，a theory of the state based on the new physiology. Journal of the History of Ideas，1994，55（2）：192.

③ 乔治·萨顿. 科学的生命，刘珺珺，译. 北京：商务印书馆，1987：53.

④ CohenI B. Review：Rutherford（1871—1937），being the life and letters of the rt. hon，lord rutherford. Isis，1940，32（2）：374.

（4）科学史应反映当代科学发展的语境性。科学史不要经常停留在对古代或近代科学史的研究上，也应追踪当代科学发展的历史。这是科恩不同于其他科学史家的显著地方。在科恩之前，萨顿主要研究了中世纪科学史，库瓦雷主要研究了哥白尼伽利略的科学思想史，沃尔夫研究了 17～18 世纪科学史，而他们对 20 世纪科学发展很少研究。

科恩认为，作为科学史学家应追踪同时代科学发展。一方面他研究了 20 世纪科学发展的语境特征。具体来说，科恩分析了 20 世纪 40 年代科学与战争的关系。美国内战到第一次世界大战爆发前科学机构同政府的关系从合并到分化的过程，科学家的功能也经过从服务战争到服务社会的转变。两次世界大战期间，美国的科学又服从于国家的需要，在战争期间，物理学解决了通讯问题，发展了电话工业，促进了飞机之间的信息交流。美国科学研究又从分化走向新的融合。1998 年科恩从计算发展史角度研究了电子计算机之父艾肯。艾肯不仅是数字计算机的推动者，而且是计算机民用化过程的缔造者。这种思想也反映在科恩对查尔斯·默顿的研究中。查尔斯·默顿武断地将他所掌握的关于 17 世纪的间接材料放入亚里士多德范畴，并且忽视了 1 世纪牛顿等已证明光速是有限的科学发现，他并没有将当时新的发现融入他的系统中。科恩评论说："他（默顿）强调系统而不是发现，是系统审美特质，而不是科学发现本质。"① 另一方面，他将当代科学家对历史中科学事件的看法作为历史中科学革命发生的判据之一，体现了当代科学研究的必要性。

二、科学史研究的语境性

科学史本身的语境特征，决定了它的研究受研究者主观和社会客观语境条件的制约。一方面从事科学史研究的学者不仅应具有科学方面的知识，而且应具有社会的、历史的、文化的等方面的知识；另一方面，科学史研究水平还受社会条件的影响。科恩从科学史研究的主观和客观两个方面分析了做好科学史研究的语境性。

（1）科学史研究的主观语境条件。科学史研究者作为科学史研究的主体，他们的科学史研究的深度与广度是由他们的知识背景决定的。作为科学史研究者应掌握历史学、科学、语言学、社会学、经济学与文化学等方面的知识和方法，并且应具有历史责任感。

首先，科学史研究者应具有科学、史学方面的知识。由于目前科学史研究者来源于不同背景，有些受过科学训练，有些受过社会科学训练，有些受过人文科学训练，这个群体在不断扩大。但随着科学史学科建制的不断推进，科学史研究

① Cohen I B. The Compendium physicae of Charles Morton（1627—1698）. Isis，1942，33（6）：657.

对象从近代向现代科学过渡，对科学史工作者提出了比较高的要求。作为科学史工作者不仅应具有历史工作者的世界观，分析原始材料的方法及评价标准，而且应掌握近现代科学理论和具备实验经验。哈佛大学科学史学术机构认为：每一个科学史学位的考生应展示他在一个或多个一般历史学领域和有关历史图表的训练和能力。但是科学史学家不同于历史学家，因为科学史学家要将历史学方面的训练应用于科学史，而不是更多的传统领域，所以，科学史学家增加了知晓他所研究的科学领域发生事情的重担："他希望研究的领域时间越近，他必须掌握更高深的知识。在哈佛大学博士学位的申请者必须做些涉及一门科学领域的研究工作（一般包括有关实验和理论的研究）。"①

其次，科学史研究者应掌握多种语言。科学史作为传播科学思想、科学成就的主渠道，作为人类文明的重要部分，在从一个国家和地区传入另一个国家和地区的过程中，通过翻译使不同语言的人都能很准确地理解它，是一件很困难的事情。萨顿认为："科学史工作者除英语外，还必须具有德语、法语和意大利语等语言的阅读能力。"萨顿本人就精通 14 种语言，库瓦雷精通古希腊语、英语、意大利语、德语、俄语和法国。20 世纪 50 年代末科恩开始与库瓦雷合作翻译牛顿《原理》，是"为了给看不懂拉丁语写的《原理》的学生提供对牛顿思想理解可读的原文"②。科恩在翻译牛顿《原理》基础上概括了翻译科学著作的基本原则，即独立原则、客观原则。当我们在翻译科学著作时不要受前人翻译的影响，否则会重复前人所犯的错误，并且翻译时"注意翻译的准确性，不能歪曲作者原来的意图，不能过多地改变原文的结构"③。

最后，科学史研究者应具有历史责任感。在科恩看来，科学史研究者必须在尊重历史事实的基础上进行研究，这是对科学史工作者的一个客观要求。科恩在一篇书评中指出："作者在他科学名望的权威下授予他写自己政治观点的权利，并没有授予歪曲历史或科学事实的权利。"④ 另外，科恩认为作为科学史研究者必须深入调查取得第一手材料。科恩在对富兰克林、牛顿、艾肯及科学革命范畴等的研究首先是在占有第一手资料基础上进行的。所以，科学史研究者必须具有社会责任感和历史感，不能误解历史和歪曲历史。

（2）科学史研究的客观语境条件。科学史研究水平不仅受研究者主观条件的影响，而且还受科学史学科建制、社会等因素的影响。

首先，科学史发展受科学史学科发展阶段、学科建制水平的限制。科学史作为 20 世纪初发展的学科，很显然，在该学科创建之初，对科学发展的历程进行

① Cohen I B. A Sense of History in Science. Science and Education, 1993 (2): 253.

② Cohen I B. The Principia: Mathematical Principles of Natural Philosophy. 1999: XIII.

③ Cohen I B. Review. Isis, 1951, 42 (3): 272.

④ Cohen I B. Review. Isis, 1948, 38 (3/4): 255.

实证地分析将是十分必要的，否则科学史的研究将会是“空中楼阁”，因而萨顿的研究带有浓厚的实证主义特征，“强调科学是一种真的经验命题体系，具有中国套箱式的显而易见和无可怀疑的积累性与进步性”。随着科学史研究的不断深入，他的研究方式逐步从内史研究向外史和综合史过渡，研究内容逐步从科学文本扩展到历史、政治、社会等文本范畴中。科学史发展阶段决定了科学史研究方式和内容。科恩处于科学综合史的研究阶段，他将科学史放入科学、史学、政治、社会等领域中进行研究。科学史自创立以来，学科建制取得了显著成就。科学史杂志从最初的 *ISIS*（爱西斯）扩展到数十种，包括专门史杂志和综合史杂志，如数学史杂志、天文学史杂志、计算机史杂志。另外，很多大学授予科学史学位，许多技术学院开设科学史方面的课程。科学史学会的种类和数量也在不断增加，出现了专门的科学史学会。之前，美国科学史学会成员也“不足 500 人（20 世纪 40 年代），然而，现在（20 世纪 90 年代）的美国科学史成员超过 2 万人”。

其次，科学史发展水平客观上受社会因素的限制。科学史研究可以分为理论科学史和应用科学史，理论科学史侧重从理论语境对原始材料进行收集与整理，为科学活动提供有价值的信息，同时为史学家提供长久的史学价值，而应用科学史侧重科学史与文化史、智力史、政治史之间的关系。应用科学史研究往往可以得到一些机构、学会的资金和人力方面的支持，而理论科学史研究很难得到一些机构的支持，因而国家基金的支持很重要。

科恩在研究富兰克林时也反映了学科建制与社会因素在科学史发展中的重要地位。科恩发现在他之前人们认为富兰克林是一位发明家、政治家，而不是科学家。科恩在对富兰克林研究过程中发现富兰林首先是一位理论科学家，尔后才是发明家和政治家。科恩认为，人们首先称富兰克林是发明家而不是科学家是由当时科学发观、科学史学科建制、科学史研究者学术水平决定的。“第二次世界大战前，纯理论的或者基础科学研究在我们国家的价值系统中并没有占有很高的位置。美国习惯于庆祝国家建立包括节俭、工业、商业精明、文学风格甚至外交技能，还包括发明、应用科学，但不包括理论科学。第二个原因是科学史在当时并没有成为专业学术机构。在 1930 ~ 1940 年，科学史并没有渗透到一般的历史中”,① 另外，还受科学史研究者知识语境的限制，即“历史学家强调富兰克林的发明而忽视他对基础科学的贡献，因为他不知道足够的物理学知识以理解和评价富兰克林对基础理论的贡献”②。

---

① Cohen I B. Benjamin Franklin's Science. Harvard University Press, 1990: 2.

② Cohen I B. Science and the Founding Father-Science in the Political Thought of Jefferson, Franklin, Adams, and Madison. W. W. Norton & Company, 1995: 134.

三、科学编史学的语境方法

科学史学科的语境性决定了科学史研究必须立足于语境分析方法。在科恩看来，要做好科学史研究，需要将科学理论或事件放入科学、历史、社会、文化等广义语境（wider context）[①] 中进行研究。通过语境分析，科恩实现科学累积性与革命性的统一、辉格式与反辉格式解释的统一、内史与外史视角的统一、历史语境与逻辑语境的统一。

（1）基于广义语境的文献编目法，实现了科学累积性与革命性相统一的分析。萨顿持有一种累积性实证的科学史观，他将“科学理论看成是一个逐渐累积或单纯量的进化过程”[②]。因而他主要采用文献编目考证方法和引证方法，研究科学累积性的发展过程。似乎科学史是一堆轶事或年表。

科恩继承并超越了萨顿累积性的科学史观，构建了具有科恩风格的累积性与革命性相统一的语境分析方法。也就是说，他将文献编目法应用于科学理论语境、社会语境、历史语境中，在共同的语境基础上实现了科学累积性与革命性分析的统一。在科恩看来，对原始材料的编目和引证，不仅对于累积性科学发现很重要，而且对于革命性科学发展同样重要。科恩在《科学中的革命》一书中，应用文献编目方法考证科学革命发生的微观证据，概括出科学革命发生的四个判据和四个阶段。一些科学的发展没有经过四个判据和四个阶段，体现的是科学发生过程累积性的特征，而经过了四个判据和四个阶段，则体现的是科学革命的特征。

（2）基于广义语境的证据法，实现了辉格式与反辉格式相统一的分析。对于科学史研究者来讲目前存在两大阵营，即辉格式和反辉格式两个阵营，前者侧重用现在的眼光研究过去的科学，常常大力宣传有利于科学进步的因素，而忽视对失败的或错误的科学理论的研究，使科学史成为“英雄”的历史。如萨顿“曾把炼金术、巫术、占星术以及盖伦的生理学理论统统作为不利于科学进步的因素而省略了”[②]，这种风格遭到很多学者的批评。后者侧重用历史的眼光看待和复原历史。库恩和库瓦雷等都希望通过在当时当地的历史语境中分析科学的发展，反对用现在的眼光考察科学史。库恩认为，“仅仅从现在的角度去看待过去科学家的观点，那可能将无法真正理解过去的历史”[②]。科恩通过证据法实现了科学史辉格式和反辉格式分析的统一。

科恩在《科学中的革命》中使用基于广义语境的证据法，概括出科学革命发生的四个判据，不仅分析了成功的科学革命，而且分析了历史中失败的科学革

---

① 魏屹东．广义语境中的科学．北京：科学出版社，2004.

② 王云霞，李建珊．试论库恩科学史观．北京理工大学学报，2007，（2）．

命，以历史的眼光复原和分析历史，坚持了反辉格式的研究传统。一般来说科学家和科学史学家都不谈失败的革命。“因为一次成功的革命为将来的科学活动建立纲领，如牛顿革命、达尔文革命、拉瓦锡革命等。然而，失败的科学革命也是革命问题的一个方面。”① 科恩在分析19世纪法国数学家伽罗华的群论、笛卡儿的《宇宙论》、孟德尔的《植物杂种实验》等失败的革命的基础上，实证地、历史地反映了科学发展的本来面目，体现了反辉格式的研究传统，为我们今天克服和避免科学失败具有重要的认识论和方法论意义。因此，“对科学思想史达到更好理解的途径是站在当时当地的语境中去考察不同时期的科学，而决不要将它们看成是现在科学的绊脚石”②。

同时，科恩在他的关于科学革命发生的判据将有相当水平的历史学家特别是科学史学家和哲学史学家们的判断以及今天这个领域从事研究的科学家们的总的看法作为科学革命发生的第三和第四个判据，体现了历史学家和当代科学史观对于过去发生的科学革命的价值，这很明显是一种辉格式的研究传统。毕竟现代的或近代的科学史学家是生活在现代或近代的“文化场”中，他们对历史的分析无不打上现代社会的烙印，这是无法避免而客观存在的事实。而现代科学家的观点体现了过去科学革命是否对其后乃至现在科学发展产生了深远影响，对某学科或多学科发展具有革命意义。因此，具有相当水平的历史学家和当代科学家的看法对于科学革命的发生具有重要的价值。

科恩通过证据法，使辉格式和反辉格式研究传统之间保持了“必要的张力”。在他看来，反辉格式研究传统是科学史的基础，辉格式研究传统是对科学史的必要补充。基于广义语境的证据法是实现两者相统一的桥梁与纽带。

（3）基于广义语境的内史、外史、综合史相统一的分析。科学史可分为内史和外史，所谓内史主要指在理论语境中研究科学知识发展的历史，外史主要从社会、历史文化等语境中研究科学史。在科学史自身发展过程中，长期以来存在内外史之争。内史论者认为科学史研究对象应限制在科学知识发展的内在因素上，如库瓦雷1937年开始使用概念分析方法研究伽利略，开辟了采用概念分析法研究科学内史的新领域。吉利斯皮则认为“外史研究有使科学史失去科学味的危险，主张应从科学史中剔除掉”③。外史论者认为科学史应研究外部社会因素对科学发展的影响。例如M·鲁道威克认为，“纯内史的科学史是神秘的，它会导致科学失去赖以存在的社会基础，并主张科学史应该研究科学的社会性和科学

① 科恩．科学中的革命．北京：商务印书馆，1999年，15.

② Wes Sharrock. Rupert Read，Kuhn：Philosopher of Scientific Revolution. Blackwell Publishers Inc，2002：8-9.

③ Gillispie C C History of Science Losting Its Science. Science，1980，(207)：389.

史的社会性”[①]。

科恩在广义语境基础上实现了内史进路、外史进路和综合史进路的统一分析。就内史进路而言，科恩从科学理论语境考证了富兰克林、牛顿、胡克、艾肯等科学家的科学贡献。就外史进路而言，作为在第二次世界大战期间成长的科学史学者，科恩更多地体验到科学在战争中的作用。因此，20 世纪 40 年代科学与战争关系成为他首先关注的领域。就综合史研究而言，科恩在《科学的革命》中主张内史与外史研究的有机统一。他的科学革命发生的四个阶段，是从内部史研究科学领域思想革命、信仰革命到外部史研究科学共同体接受、应用科学革命理论的论著中的革命和科学革命发生的过程，体现了内史研究与外史研究的辩证统一；同时，他提出科学革命发生的四个判据，也是从内史考证当时目击者的证明、考察曾经发生过革命的那个学科以后的一些文献到考证外史有相当水平的历史学家和当代科学家们的总的看法的过程，体现了内外史研究的辩证统一关系。在科恩看来，内史研究是基础和前提，外史研究是必要的补充。特别是大科学时代的到来，基于广义语境的综合史的研究将成为必然的趋势。

（4）基于广义语境的历史语境与逻辑语境相统一的分析。在科学史研究中，一些科学史学家从历史语境中考证科学进步的证据，并在证据基础上解释科学的进步。例如，萨顿认为，“我们的主要目标不是简单地记录孤立的发现，而是解释科学思想的进步和人类觉悟的逐步发展，理解并扩展我们在宇宙进化中的职责地位”[②]，库恩从历史语境出发，研究了科学革命发生的范式特征。而另一些科学史学家从逻辑语境研究科学史，如库瓦雷采用概念分析法，在逻辑语境中分析了著名科学家在促进科学概念变革的历程。前者忽视了逻辑语境，使科学史成为材料盲目堆积的历史；而后者忽视了历史语境，使科学史成为感性直觉的历史。

科恩将历史语境作为逻辑语境的基础，将条件逻辑语境作为历史语境的升华，在两者之间实现了统一。科恩在对 17～20 世纪历史中发生的科学革命历史语境研究的基础上，概括出科学革命发生的四个阶段及四个判据的逻辑标准，并使用这些逻辑标准反过来检验历史中的科学革命，因为“历史可被看成是对其合理重建的一种‘检验’”[③]，使他的科学革命研究实现了历史语境与逻辑语境的有机统一。评价的标准就是看他的逻辑标准能容纳历史事实的多少。而科恩根据他的逻辑标准与历史证据证明：哈维的生命科学、牛顿的经典力学体系、达尔文生物进化论等经过了四项判据的检验，它们是科学中发生的重大革命。同时他也否定了人们曾认为历史上存在的哥白尼革命、开普勒革命等。

---

① Cohen I B. Critical Problem in the History of Science. Isis，1981，72（2）：267-283.

② 萨顿．科学的历史研究．刘兵，陈恒六，仲维光，编译．北京；科学出版社，1990：149.

③ 伊·拉卡托斯．科学研究纲领方法论．兰征，译．上海：上海译文出版社，1986：170.

四、语境论科学编史学的意义

综上所述，科恩关于科学史学科的语境性、科学史研究的语境条件及科学史研究的语境方法为我们勾勒出一幅语境论科学编史学。他的语境论编史学对我们进行科学史基本理论问题的研究具有重要价值。

（1）科学史学科的语境性，要求研究者具有语境论分析的思维。科学史具有科学、历史、文化、社会等方面的语境性，使科学史在相互关系中得到表达，体现了科学理论或科学事件的客观存在的形式。特别是大科学时代的到来，科学史的语境边界在不断地扩展，科学发生语境的运动、变化和发展成为科学史再语境化的依据和基础。科学史的语境为我们做好科学史研究提供了理论指导。如果科学史本身不具有语境，也就谈不上科学史研究的语境条件和语境方法。但是，科学史的语境边界也不是可以无限地扩展的，它的结构是由科学发生过程所涉及的语境因素决定的。不同时代科学发生不同语境的地位具有不同等性，也就是说存在主要语境与次要语境之分。因此，我们在进行科学史研究时，应根据历史材料，客观分析科学史的不同语境。

（2）科学史研究的语境性，要求研究者具有系统广阔的知识。科学史研究涉及研究者主观语境条件和社会客观的语境条件。科学史研究的语境条件是由科学史的语境特征决定的。科学史研究者必须具有科学、历史、社会学、文化学、语言学等多方面的知识，才可能做好科学史研究。而目前科学史研究者多是具有科学、历史、哲学方面的知识，对于文化学、多种语言的掌握还存在不少问题，大大制约了我国科学史研究的进程。另外，科学史研究起步较晚，科学史学会、学科的建制化程度有待提高，这些成为制约科学史研究的客观因素。为了促进科学史研究，必须从主客观语境条件的建设入手，全面系统地提升科学史研究水平。

（3）科学编史学的语境方法，为研究者提供了有效的分析工具。科恩在科学理论、社会、历史等广义语境中，通过编目法、证据法、语境法、逻辑与历史相结合的方法，实现了科学累积性与革命性、辉格式与反辉格式、内史与外史、历史语境与逻辑语境相统一。通过在广义语境中进行科学史研究，消解了一直以来存在的关于科学累积性与革命性、辉格式与反辉格式、内史与外史、历史与逻辑的争论。科恩的语境方法将成为引领科学史研究新阶段的重要工具。

概言之，科恩作为20世纪科学史大师，他的语境论科学编史学体现了科学史编史的原则、理论和方法，为21世纪科学史研究指明了方向和目标，对于我国的科学史研究具有重要的借鉴价值。

第五章　语境实在论与科学隐喻

当代科学特别是认知科学中的隐喻、假设与模型发挥着重要作用，他们之间存在内在联系。假设是探讨认知问题的必要手段，把假设整合成认知模型是认知科学的任务。认知模型是一组科学概念的特定形式，而隐喻特别是根隐喻就是概念模型，它为假设提供范式。在为意识或心智建模时，语境发挥着重要作用。有意识事件能够确定无意识语境，先前的经验作为语境肯定会影响当下的经验，不是进入心里后才影响。

第一节　作为根隐喻的科学隐喻

一、引　言

根隐喻实质上是一种深层次的概念隐喻或者说是概念隐喻的元隐喻。对于这一概念，不同的哲学家给予了不同的命名：恩斯特·卡西尔（Ernst Cassirer）将其称为“根源隐喻”（radical metaphor），史蒂芬·派普将其称为“根隐喻”，威尔伯·厄班（W ilburM. Urban）将其称为“基本隐喻”（fundamental metaphor），唐纳德·肖恩（Donald A. Schon）将其称为“核心隐喻”（centralmetaphor），阿尔伯特·曼拉比（Albert Me-hrabian）将其称为“工具隐喻”（tool metaphor），厄尔·迈克康马克（Earl R. MacCormac）将其称为“基础隐喻”（basic metaphor），赞德拉夫科·拉德曼（Zdravko Radman）将其称之为“关键隐喻”（key metaphor）。这种隐喻包含着对于世界基本结构的理解，因此在某种意义上具有一种世界观的功能，有对于“实在”进行解码的基本能力。“根隐喻”本身就是一个十分形象生动的隐喻，最初被称为“绝对隐喻”（absolut emetaphor）。后者是德国学者汉斯·布鲁曼伯格（Hans Blumenberg）于20世纪60年代初提出的概念。布鲁曼伯格用这个概念指一种前理论的假定，这种假定在本质上反对任何将其转译为精确的、基于严格定义的科学术语的企图，但与此同时，它又确实无疑地构成相关科学研究的前提性条件。由于这种隐喻是根据科学实践活动中理论范式的元语境揭示而得到例示的，所以，试图将这些隐喻的确定的、清晰的意义完全地发掘出来是不可能的，能够做到的只是发现它们在特定科学理论话语中的位置，从而做出一种相对的、并不确定的意义描述。“绝对隐喻”的功能就是我们将之确定为“元理论”，将之描述为建构并且连接一般意义上的知识以及特殊的物理学对象的进路所具有的功能。换言之，根隐喻的意义在于确定科学研究目的和可能性的观点，确定能够有理由并且有意义地加以追问的科学问题的种类，简单来说，就是通向科学研究的一种自理解①。

二、作为科学学科观的根隐喻

美国明尼苏达大学物理学教授罗杰·琼斯在其著作《作为隐喻的物理学》中认为，存在四种最为基本的物理科学的根隐喻建构，即空间、时间、物质和数。由于这四种根隐喻建构对于现代物理学中宇宙概念的确立是至关重要的，是物理学量化的起点，为物理学整体提供了一个基础，所以可以将其恰当地称为物理学的四种首要隐喻。

首先是空间隐喻。空间隐喻最为根本的概念是分离和连接。现代物理学的空间隐喻是一种复合隐喻，包含了人类对于分离、差别、连接、隔绝、定界、分割、区分以及同一等观念和经验的综合。点的不可入性以及延展的观念是空间隐喻的本质。空间隐喻作为现代物理学的概念基底之一，提供了一种“单一性”和“整一性”的经验，这种“单一性”和“整一性”涵括了历史上所有哲学家和科学家所追问的混沌以及宇宙统一体的终极状态。如果没有空间隐喻的话，甚至连最简单的记数都是不可能的。“既然我们的空间建构是我们赖以表征自身经验的根本性隐喻，既然它们是我们用以组织否则就会混乱无序的感官知觉的那种先验范畴，因此，它们必定反映了我们特殊的、异质的、并且是唯一的世界观。”

其次是时间隐喻。从根本上来说，时间就是以空间为隐喻的，这一点在时间测量的问题上尤其明显。当我们说到时间的“间隔”与“延续”或者时间的“顺序”与“序列”的时候，在我们的心灵中出现的是一种想象的长而直的时间之轴，在此轴上分布着与事件相对应的点以及用以测量事件之间时间流逝而产生的距离。正是“间隔”“延续”“顺序”“序列”这些概念所产生的空间图像帮助我们构想时间及其测量的观念。为了量化的和相关的概念目的，我们将时间描述为某种一维的连续性空间，正是由于这种原因，相对论将时间视为第四维，增附到物理的三维空间之上。只要稍加留意就可发现，时间的空间隐喻遍布在大量的物理学文献之中②。

再次是物质隐喻。物质概念是整个物理科学得以建立的基础。著名哲学家、数学家罗素认为，人类所建构的物质概念作为一种定义的结果是不可入的：在某处的物质就是在那里的所有事件，并且因此没有其他的事件或物质的部分能够同时在那里。这是一种非常明显的对于物理事实的科学隐喻。物质构成的原子、基本粒子的隐喻性也是极为明显的。

---

① Pulaczewska H. Aspects of Metaphor in Physics. Tübingen，Max Niemsyer Verlag Gmblt，1999：59-60.

② Jones R S. Physics as Metaphor. Minnesota：University of Minnesota Press，1982：78-79.

最后是数的隐喻。数作为首要隐喻之一在整个科学史中发挥着基础性的作用。古希腊哲学家、数学家毕达哥拉斯认为，数是整个宇宙得以构成的最为根本的素材。直到现代，理论物理学家基于纯数学的基础，基本上仍然主张一种毕达哥拉斯式的理念。所不同的是，现代物理学家更加关注量的描述，而毕达哥拉斯的兴趣更多地放在质的描述以及符号的意义上①。

三、作为科学世界观的根隐喻

只有极少数范畴集合被证明为能够足够有效地获得对于世界事实全域的相对而言比较正确的解释，能够作为特殊的科学世界观的根隐喻就属于这种范畴集合的序列。作为科学世界观的根隐喻能够被归结为以下四种主要形式。

（1）形式主义根隐喻。形式主义根隐喻是基于相似性的根隐喻，或者是基于特殊的范例多样性中单一形式的同一性。在数学哲学中，形式主义认为数学应当被设想为不可解释的符号之排列，只有语形学而没有语义学。只有在使得我们从一些观察达到其他经验结论的过程中，形式主义才是有效的，但它本身并不引入某种特殊的主题。

（2）机械主义根隐喻。机械主义认为，一切事物都可以通过形成于 17 世纪的科学说明概念的模式得到解释。它从统治粒子之间相互作用的数量法则中提取出自己的范式，据此，物质的所有其他特征都能够最终被理解。机械主义根隐喻是基于物质性的推拉或者在对于电磁以及重力场的感知中获得的吸引与排斥的根隐喻。

（3）有机主义根隐喻。有机主义是一种基于动力学的有机整体的根隐喻，认为世界中所发生的所有事实都可以依据植物或动物有机体的特征进行理解和解释。

（4）语境论根隐喻。语境论认为，任何一种文本都只能在其历史或文化环境的语境中才能得到恰当的理解，或者只有在与同一作者其他文本的比较或映衬下在某种传统中才能被正确地解释。语境论一开始被美学、伦理学所使用，后来扩展到哲学乃至科学中，成为一种基于具有暂时性的历史境域及其生物学张力的根隐喻②。

根隐喻意味着经验观察的一个基本立足点，是一种“世界假设”起源的原点。当科学家面对一个问题而茫然无措的时候，他会自然地基于特定的根隐喻进行推论以寻求解决问题的方法。根隐喻所包含的富于启示性的类比引起一种假设，可用于问题的解决。那种具有源始性的类比事实上就是一种世界假设的根隐喻，对于根隐喻的分析产生出这种假设的各种范畴。这种假设的适当性依赖于这

① Jones R S. Physics as Metaphor. Minnesota：University of Minnesota Press，1982：141.

② Peppers. Metaphor in philosophy. The Journal of Mind and Behavior，1982，3（3/4）Summer/Autumn.

些范畴对于世界特征的解释具有精确性和无限制的范围的能力。一种世界假设与仅仅在其无限制的范围之内的其他假设是不同的。其他假设如果不是明确地就是隐含地局限于一个正在处理的局部性的问题，或者正如在特殊的科学中那样，局限于一个特殊的主题领域。诸如此类的假设可能永远否认特定的考虑是处于其探究领域之外的，一种世界假设则永远不会如此。世界假设是任何能够提供的批评项目的解释的原因，是一种无限制的假设①。根隐喻的概念以不同于世界假设范畴来源的方式进入了语言哲学，它通常用于指称任何一种具有核心作用的理念，这种核心理念是任何复杂问题能够得以进行组织的前提。然后，根隐喻变成对于一种受限制的或特殊的假设的指称之点。库恩在《科学革命的结构》中认为，在科学程式中作为具有引导性的概念模式而起作用的范式与在世界假设中同样作为引导性的概念模式而起作用的根隐喻之间，实际上是没有区别的。根据库恩的描述，科学的历史基本上与有限范围的根隐喻的历史可以视为相同的：在揭示特定领域事实的过程中，根隐喻通过预言和阐释追求一种适当性，一切具有能产性的经验理论的基础在原则上都是根隐喻②。

第二节　科学隐喻的认知结构

人类进行的一切认知活动都是以一定的概念为基础的，科学认知活动也不例外。在科学的认知活动中，科学隐喻作为一种基本的概念认知结构发挥着重要而不可替代的作用。科学概念史的研究表明，科学家所从事的科学研究工作本质地蕴涵着一种科学隐喻概念认知的内在机制，也就是说，科学家用来解释其观察对象的科学模型和科学理论在本质上均为一种基于科学隐喻概念认知的建构。科学隐喻的概念认知结构是隐喻思维的基本组成元素，隐喻思维则是隐喻概念认知结构的整合和统一体。依据科学隐喻概念认知结构的不同层次和深度，可以将其区分为一般概念隐喻层次和根隐喻层次两个方面。

概念隐喻一般指包含两个更为广泛领域的概念并列的隐喻，这种概念并列通过把相关的认知内容从提供域抽取出来而在接受域中触发一种特殊的概念意义的应用。概念隐喻的表现形式往往是隐含的，从根本上来看，概念隐喻首先表现为一种概念现象而非语言学现象。概念隐喻只是在概念现象的本质中，并通过这种概念现象才得以展现为一种语言学形式的表达法。概念隐喻将两个在逻辑分类学意义上或常识观念中相距遥远的经验领域统合、吸收到一起，而这种统合和吸收的结果是提出一个部分共同或部分共用的概念结构，如果这些经验领域在语言中

---

① Peppers. Concept and Quality：A World Hypothesis. Chicago：Open Court publishing company，1967：3.

② Peppers. Metaphor in philosophy. The Journal of Mind and Behavior，1982，3（3/4）.

已经被现实化，那么，此时就要提出一个部分共同的语义学网络。概念隐喻是作为一种隐含的象征性关系的来源而发挥其作用的，这也就是说，仅仅在语词和短语等特殊的言辞表述层面上是无法充分理解概念隐喻的本质的。通过概念隐喻建立起来的不同经验领域之间的象征性关联为创生一个从潜在性的意义上来看无限的言辞表达法序列提供了可能性的基础。在这种意义上，也可以将之称为扩展隐喻。当然，在现实的、历史性的语言应用实践过程中，这种可能的、无限的言辞表达法序列中只有特定的一部分能够获得最终的现实性的转化，也就是进入言语系统中并被词典编撰者收集从而获得语言共同体约定俗成的确认。但是，除了这些被实际使用的表达法之外，这个言辞表达法序列的其余部分随时都有可能在不同的语境中被引入言语系统，获得其语言学形式。例如，在物理学中，一个扩展性的概念隐喻的例子就是利用具有事件性的空间的概念来隐喻时间。这个典型的概念隐喻把对于首要意义上空间介词的用法的语义学限制进行提升，从而允许将其应用于对于时间的指称①。概念隐喻对于科学语言的产生和展开有着极为重要的触发和先导作用，同时，许多科学类比和科学模型也都是概念隐喻的非言语性表现形式。

概念隐喻结构的澄清及其影响人类认知系统途径的揭示，是加深对于科学理论的意义和真理性之理解的必要条件之一。当代认知科学指出，人类全部的抽象概念都是由一个或更多的隐喻进行界定的。对于科学隐喻而言，隐喻语言显然只是体现出概念隐喻的轨迹，更为根本性的元素在于科学家根据其他概念领域对科学领域进行再概念化的方式之中。科学隐喻的一般理论正是通过描述这种跨领域的概念映射而给出的。就此而言，科学隐喻本质上就是一种概念化的过程，体现出概念化的结构。当人类谈论抽象概念的时候，几乎总是选择取自某一具体领域的语言。例如，对于心灵问题的探讨就是使用空间模型隐喻非空间对象：在我们的心灵之中（in）、之上（on）或在其角落有某种东西，我们从心灵中提取出事物，事物经过我们的心灵，我们把某物召唤到心灵之中，诸如此类。事实上，人类理解非感受性概念的最主要的方法就是通过具体经验情形进行隐喻②。概念隐喻是一种常规化、固定化了的科学隐喻，它与新颖的科学隐喻是有一定的区别的，这就在于它作为一种已经被广泛约定的、基础性的概念框架在科学理论语言的陈述和科学概念的运作中发挥作用。在这种意义上，科学的概念基础完全是隐喻的。

科学隐喻主要是作为各学科中的概念隐喻而存在并发挥作用的。概念隐喻是横跨语义域、将来源域的推理结构投射到对象域之上的一种概念映射。这种概念

---

① Pulaczewska H. Aspects of Metaphor in Physics. Tübingen：Max Niemsyer Verlag Gmblt，1999：59.

② Rummelhart D. Some problems with the notion of literal meaning // Ortony A. Metaphor and Thought. 2nd ed. Cambridge：Cambridge University Press，1993：71.

映射绝不是任意的，而是可以在经验的意义上进行研究并且作出准确陈述的。概念隐喻之所以并非任意的，是由于它是被人类的日常经验尤其是身体经验所激发的。当代概念隐喻理论的研究显示，在所有人类概念系统中都存在概念隐喻的扩展性常规结构。概念隐喻的映射结构不是孤立的，而是发生在复杂的语义系统中并且以复杂的方式相结合。和人类概念系统的其余部分一样，常规概念隐喻系统隐而不彰地潜藏在意识层次之下。当科学家有意识地创造出一个新的科学隐喻的时候，往往只是利用了无意识常规隐喻系统的机制。显然，概念隐喻的基本载体并非语词，而是思想。例如，在数学概念的构造中，存在两种最基本的概念隐喻类型：基础隐喻和连接隐喻。基础隐喻使数学概念建立在日常经验的基础之上，通过形成收集、建构对象或在空间中移动的意象使算术运算被概念化。由于保留了推理的结构，这种概念化过程成功地把日常经验领域中的收集、建构和移动概念映射到算术的抽象领域中，构成一种关于容器、路径、实体、连接等对象的认知图式。基础隐喻正是因此把我们了如指掌的日常经验领域的精确的图式结构以及推理形式映射到数学领域中。连接隐喻所起的作用在于把数学的某个分支与其他分支之间建立起有效并且有意义的连接。例如，当我们在隐喻的意义上把数理解为一条直线上的点的时候，实际上就是把算术和几何学有机地联系在一起。因此，连接隐喻的本质在于把数学知识中某一领域的特征映射到其他领域。

以算术领域为例，基础隐喻的结构形式表现为以下三个方面。

首先，算术是一种对象的聚合。这个隐喻又包括若干子隐喻：数是具有同一形式的物理对象的聚合；数学工具是对象的聚合者；算术运算是组构对象聚合的行为；算术运算的结果即是对象的聚合；单位一是最小的聚合；数的大小是该聚合的物理大小；一个数所衡量的量是这个聚合的量；相等是对平衡的聚合量的衡量；加法是把不同的聚合放到一起形成更大的聚合；减法是从较大的聚合中抽掉较小的聚合而形成另一个聚合；乘法是对具有相同大小的聚合进行给定次数的重复相加；除法是对一个给定聚合进行分解为更小单位聚合的重复过程；零是一个空的聚合；等等。

其次，算术是一种对象的建构。这个隐喻包括以下子隐喻：数是物理对象；数学工具是对象的建构者；算术运算是建构对象的行为；算术运算的结果是一个建构的对象；单位一是最小的整体对象；数的大小是对象的大小；一个数大小的衡量需要被建构为对象的最小整体对象的聚合；相等是对平衡的对象量的衡量；加法是把不同的对象放到一起形成更大的对象；减法是从较大的对象中抽掉较小的对象而形成另一个对象；乘法是对具有相同大小的对象进行给定次数的重复相加；除法是对一个给定对象进行分解为更小单位对象的重复过程；零是任何对象的空缺；等等。

最后，算术是一种运动。这个隐喻包括以下子隐喻：数是一条路径上的定位；数学工具是这条路径上的运动者；算术运算是在这一路径上运动的行为；算术运算的结果是在这一路径上的定位；零是这一路径的原点或起点；最小的整数一是从原点向前走的一步；数的大小是从原点到定点的轨迹的长度；被一个数所衡量的量是从原点到定点的距离；相等是到相同定点的路线；加一个给定的量是向右或向前移动一段给定的距离；减一个给定的量是向左或向后移动一段给定的距离；乘法是对具有相同大小的量进行给定次数的重复相加；除法是对一段给定长度的路径进行分解为更小路径的重复分割①。连接隐喻一般是基础隐喻的变体。例如，把集合论与算术连接起来的连接隐喻“数是集合”就是“算术是对象聚合”这一基础隐喻的技术性变体。再如，数学中关于连续性的隐喻。对于连续性的隐喻描述是理解诸如运动、流变、过程、时间转换以及整体性等认知内容的必要方式。这些认知内容是从基于身体经验的图像模式和自然形成的映射到人类概念系统的自然概念扩展的结果，主要建立在来源、路径以及目标模式以及虚拟运动隐喻的基础之上。因此，数学家们所做的工作是把对于运动、流变、整体性日常理解的推理结构扩展到人类理解的一个特殊领域，即函数和变分的领域。由此产生的概念可以称之为自然的连续性②。在数学中，布尔数学逻辑是容器模式的一种扩展，是通过容器逻辑的概念隐喻投射而被认识的。这种概念投射保留了“出”“入”以及传递性结构的原初推理，而后者最初是经由对于现实容器的物理经验而得到发展的，只是在后来才被无意识地投射到一整套抽象的数学概念上去。

第三节　科学隐喻的运作机制

科学隐喻的运作机制以其独具的开放性为基本依托，其本质则在于隐喻映射过程在特定科学理论语境中的展开和实现，其目的在于表达出为我们具体知晓的、作为特定语义载体的概念语词和具有更大的意义或重要性、但较少为我们所知晓的作为语义要旨的概念语词之间的相似性。由于任何科学隐喻必须通过特定概念语词的方式才能够得以成立，所以它预设了一种作为媒介的图象或概念，当用一个合适的概念语词进行指示的时候，这些图象或概念就能够被很容易地理解。这实质上意味着，科学隐喻的起始运作必定依赖于某种字面概念语词的意义，且是以后者为基底和平台的③。

美国认知语言学家莱考夫和约翰逊提出了科学隐喻运作机制的三个基础性假

① Koenig J P. Discourse and Cognition Bridging the Gap. CSLI Publications, 1998: 222-225.

② Nú nez R. Conceptual metaphor and the embodied mind//Hallyn F. Metaphor and Analogy in the Sciences. Kluwer Academic Publishers, 2000.

③ Wright P W. Metaphor and Reality. Indiana University Press, 1962: 73.

定：心灵是内在地涉身的；思想在一般意义上是无意识的；抽象概念绝大多数是隐喻的。这就意味着，在对世界进行推理以及解释观察对象的过程中，科学家在很大程度上依赖于隐喻概念。由于认知结果来自于心智建构，所以，哲学家安德鲁·奥特尼（Andrew Ortony）将之称为一种“建构主义”。

从概念隐喻理论的视角来看，这种对于世界表征的心智建构建立在涉身推理和经验格式塔的基础之上，所建构的理解元素来自于日常生活。科学隐喻运作机制的起点在于：科学中存在许多不同种类的问题，这些问题始源于不同的科学学科，因此属于不同的科学文化，并且在不同的度量层次上应用于自然，在这种过程中，采用不同的科学隐喻对于以一种“科学的”方式所观察到的世界的推理和交流是一种至关重要的组成要素①。科学史中的许多案例都表明，理论科学在用以表征某些特殊概念的词汇方面不断地产生过危机。这就在于，科学的目的是描述客观实在的事物，而许多客观实在事物超越于所有可能的观察，因此就有必要发明出一些可以用于描述这些存在物的语词。此时科学家不得不求助于科学隐喻。在这种情形中，科学隐喻的使用就具有一种自然而又必然的意义。

诚然，在最终的意义上，科学家想要建立的是一种专门的、细节完备的、尽可能精确的理论，但是，在发展这样一种理论的过程中，具有某种程度的含混性的概念可能是极有帮助的有效资源。由于科学隐喻是开放的、非特定的，所以非常适宜地引导了这种特定的专门化和填补细节的过程。科学隐喻在起初可能是不合理的，但它确实将研究者引导到未经探索的路径上。在任何意义上，隐喻将引导性和新异性的有机结合确实使它在科学研究的早期的摸索性阶段极为有效②。科学隐喻的来源是从多种多样的人类经验领域中被挑选、改造、导出并且利用的，从而被应用于不同的科学理论语境之中。科学隐喻的运行并不是单向度的，而是双向的：既有从世界到理论的方向，又有从理论到世界的方向。在不同的科学语境中，它所运行的方向也是不同的：在科学发现的语境中，它的运行方向是从世界到理论；在科学证实的语境中，它运行的方向是从理论到世界。

法国修辞学家方塔尼尔根据内涵的不同将隐喻的运行划分为五种基本类型：将一个有生命的东西的专有名词用于另一个有生命的东西的转用过程；将无生命的物理的东西的专有名词用于纯精神性的或抽象的无生命的东西的转用过程；将无生命的东西的专有名词用于有生命的东西的转用过程；以有生命的东西喻无生命的东西的物理性转用过程；以有生命的东西喻无生命的东西的精神性转用过程。这五种隐喻运作的类型如果作进一步的概括的话，又可以划分为两大基本类

---

① Brown T L. Making Truth：Metaphor in Science. Illinois：University of Illinois Press，2003：188.

② Haacks. Dry truth and real knowledge//Hintikka J. Aspects of Metaphor. Dordrecht，Boston，London：Kluwer Academic Publishers，1994：15-16

型：物理性的转用过程，即对两个有生命或无生命的物理对象进行比较的隐喻；精神性的转用过程，即将某种抽象的、形而上学性质的或精神层面的东西与某种物理的东西进行比较。

事实上，科学隐喻的运作机制就是不同的语义场之间跨概念领域的一种映射机制，这种映射具有不对称性以及局部性特征。每一个隐喻映射都内在地包含着隐喻的来源域实体与目标域实体之间的某种本体论的对应，这种本体论对应表现为一个固定的集合。当那些固定的对应被激活时，隐喻映射就能够将来源域的推论模式投射到目标域的推论模式上去。这种投射遵循一种不变性原理，即隐喻来源域的图象图式结构以一种与内在的目标域结构相一致的方式被投射到目标域上去。这种隐喻映射并不是任意的，而是基于身体以及人类的日常经验和知识。一个概念系统包含着难以计数的常规隐喻映射，这些映射构成一个具有高度结构性的概念系统的亚系统，无论是概念映射还是图象图式映射，均遵循不变性原理①。

科学隐喻的运行可以在两个层次上被描述和分析。在一种显而易见的宏观层次上，它作为一种概念置换的程序而起作用，这种概念置换又可以分为四个不同阶段：调换、解释、修正和阐明。第一个阶段意味着概念切换到一种新的语境条件中，与此同时在新旧语境之间确立起一种可比较的关联性。调换与第二阶段即解释阶段是不可分割的，这包含着一个概念从旧的语境向新的语境条件的某个特定方面的分派。调换和解释都从属于一种事先已经存在的概念可接受性的结构，对于这种结构的部分进行抗拒的结果是置换过程中的一种调整，这种调整可以被称为修正。修正意味着相互之间的适应，它可以根据不同的语境条件采取多种多样的形式。最后，当这个概念非常妥帖地显示自身被新的语境所吸纳，就可以认为它已经被阐明了。这种阐明并不是一个已经完结的过程，实际上概念仍然在语境之间保持运动②。

在亚里士多德看来，隐喻的运行内容包括以下四种基本类型：从“属”到“种”的映射；从“种”到“属”的映射；从“种”到“种”的映射；类同字之间相互借用的映射。与此类此，科学隐喻运行的内容大致包括：从具体事物到抽象概念的抽象化映射；从无生命事物到有生命事物的有机化映射；从宏观世界到微观世界的缩小化映射；从微观世界到宏观世界的放大化映射；从一般对象领域到机器领域的机械化映射；从日常语言到专业化术语的技术化映射；从想象领域到现实性领域的推理化映射。在所有这些类型的映射过程中，毫无例外地都包含着科学抽象的内容。

---

① Lakoff G. The contemporary theory of metaphor//Ortony A. Metaphor and Thought. 2nd ed. Cambridge: Cambridge University Press, 1993: 238.

② Montuschi E. What is wrong with talking of metaphors in science//Radmanz. From a Metaphorical Point of View, New York: Walter de Gruyter, 1995: 317-318.

当然，科学隐喻的运行不同于简单的抽象但却基础性地包含着抽象。抽象是科学隐喻运行的一个隐含的思想内容。“通过抽象，语词为了涵盖一般意义而舍弃了对个别对象的指称关系，一般意义则为在概念的相反意义上的隐喻抽象确定方向从这种意义上讲，我们可以谈论隐喻的普遍化。因此与所有其他名词相比，隐喻化的名词与表示属性的名词更为相似。”① 需要注意的是，隐喻的普遍化并不意味着它是作为逻辑上“种”的符号而存在的。由于隐喻抽象成为表示一般属性的载体的名称，所以它能够适用于具有表达出来的一般性质的所有对象。也就是说，隐喻的普遍化应当通过具体化得以补偿。

科学隐喻运作的结果在于：首先，科学隐喻构成科学语言与科学概念的要素，遍布于科学理论的陈述之中。其次，科学隐喻构成科学观察语言的理论负载。在已有的科学实践中，寻找一种没有理论负载的、完全摆脱了隐喻影响的纯粹观察语言已经被证明是一种不可能的任务。维特根斯坦在其后期著作中所提出的家族相似观念，从一个重要的方面否定了传统科学理论观念中观察语言与其所指之间存在一种无歧义的、一一对应的映射关系的论点。最后，科学隐喻构成相关科学范式的核心内容。科学隐喻塑造出关键性的概念用于定义科学研究的不同领域。

事实上，科学隐喻就是托马斯·库恩所谓的范式所包含内容的核心元素：一个科学范式包含至少一个理论的、概念的内核，这一内核基于一个或更多的科学隐喻的基础之上。因此，科学隐喻在运行过程中更多地表现为一种载体，通过这种载体，来源于某一学科的观念和模型被转换到另一学科，“被转换的词项成为表示现有属性的最适当符号，换言之，成了主要属性的指代者。”② 这也就是说，在特定的科学隐喻被成功地应用于科学实践活动之后原本互不关联的两种科学概念、对象或现象通过“是”的连接，突然被构想为具有某种一致的共通性。“是”把之前未被察觉到的科学思想之间所暗含的相似性以一种令人印象深刻的方式展现出来，其结果就是使得与每个概念对象相联系的知识和信念体系，与另一个知识和信念体系产生相互影响、交汇和融合，从而带来了一种创造性的科学理论知识的扩展③。

第四节　认知表征中的隐喻、假设与建模

心理过程的概念化是认知表征问题即知识表征问题。这个问题激发哲学家和

---

① 保罗·利科．活的隐喻．汪堂家译．上海：上海译文出版社，2004：145.

② Brown T L. Making Truth：Metaphor in Science. Illinois：University of Illinois Press，2003：185.

③ 卡林·诺尔-塞蒂纳．制造知识：建构主义与科学的与境性．王善博，等译．上海：东方出版社，2001：94.

科学家们探讨知识如何被获得、被储存、被转化和被使用。这就是认知表征的实质——观念、事件和事物在心中是如何被储存和被概念化的。本书在梳理认知表征历史思想的基础上，探讨认知研究中的假设、概念隐喻以及意识隐喻与建模的关系。

一、认知表征思想的发展

对于知识形成和表征问题，古希腊的亚里士多德相信知识存在于心中，而柏拉图则主张知识的场所是大脑。后来的经验主义主张知识来自经验，自然主义则坚持知识是基于大脑的固有特性（生物特性）。

文艺复兴时期的哲学家一般认为，知识存在于大脑。17 世纪有人甚至给出了大脑中心智的结构和工作机制图，认为知识不仅通过生理感官获得，也源于某种超人的力量。18 世纪的贝克莱（Georg Berkeley）、休谟（David Hume）和米勒（Miller）父子认为内在表征具有三种类型：一是直接感觉事件；二是储存在记忆中的感知对象；三是感知对象的转化。休谟指出：形成心理图像及连接不适宜形状和表征所耗费的想象力，不比构思最自然和最熟悉的物体更麻烦。这个关于内在表征和转化的观点假定：内在表征是根据确定规则形成的；这种形成和转化花费时间和精力。这是现代心理学的两个基本假设。到了 19 世纪，心理学开始与哲学分离，形成一个基于经验而不是思辨的学科。19 世纪下半叶，知识表征理论出现了两个分支：一个是德国心理学家冯特（Wilhelm Wundt）和美国心理学家迪彻纳（Edward Titchener）倡导的心理表征的结构理论；另一个是奥地利心理学家布雷塔诺（Franz Brentano）倡导的过程或行动理论。布雷塔诺认为内在表征作为静态实体在心理学中没有意义，他把对比较、判断和感觉的认知行动的研究看成是心理学特有的主题。与先前哲学思辨的心理学不同，两种理论都依赖实验。在同一时期，美国的詹姆斯（Willian James）批判性地分析了正在德国发展的心理学，并在美国建立了第一个心理学实验室，创建了一个有充分根据的心智模型，把对外部客体的经验看成是心理学的主题。

20 世纪行为主义和格式塔心理学的出现，使知识表征理论发生了根本转向。行为主义主张刺激/反应的心理学框架，格式塔理论倡导在同构（即表征与客观实在之间的一对一关系）语境内使内在表征的精细概念化。行为主义之所以失败，其重要原因就是忽视了支持行为发生的心理过程。加利福尼亚大学伯克利分校的托尔曼（Tolman）1932 年提出“认知地图”概念，认为动物和人在认识环境的过程中，根据设定的目标不断在心中形成关于环境的“图画”。虽然说“认知地图”的假设还缺乏有力证据，但这个概念的确说明了知识如何以认知结构的方式被表征。

同年，剑桥大学的巴特莱特（Bartlett）提出了一个描述经验本质的概念——

图式（schema），这个概念在当代记忆理论中起核心作用。为了研究记忆，巴特莱特让被试者读一则故事，然后尽可能回忆故事情节。他发现，记忆故事的重要因素是被试者对待故事的态度，也就是说，记忆故事的东西是基于这个故事创造的整个印象，回忆特殊事实倾向于确证其主题。巴特莱特反对记忆和遗忘能够通过无规则的音节进行研究的流行观点，主张若在记忆研究中使用自然主义条件下的丰富而有意义的材料会产生重要的结论。

20 世纪 50 年代，心理学家开始研究除注意、记忆、模式识别、表象、语义组织、语言过程、思维、意识及实验心理学之外的其他认知方面，这就是认知心理学的发展。1956 年，米勒提出了著名的“神奇数字 7 ± 2”规则，描述了人的信息加工能力的某些限制，引发了一场新认知革命，其重要性表现在：其一，宣布了行为主义的失败，因为内在心理表征的确是心理学的核心部分，可以精确地操作定义且归并到一般的心智研究范围；其二，通信理论的出现促使了信号探测、注意、控制论和信息理论的实验，正是认知研究的重要领域；其三，现代语言学作为新方式成为评价语言和语法结构的认知态度；其四，言语学习和语义组织方面的研究为记忆理论提供了坚实的基础，这导致记忆系统模型的发展和其他认知过程检验模型的出现；其五，计算机科学，特别是人工智能的发展和其他技术进步，使得认知科学家重新检验关于问题解决、记忆加工和储存以及语言处理和获得的基础假设；其六，从儿童到成人认知发展的研究揭示了人如何获得概念和进行推理的过程。

概言之，从早期的知识表征概念到现代的认知研究表明，知识一直被认为完全依赖感觉输入。但是，人的内在表征与世界的物理特性一致吗？越来越多的证据表明，许多内在表征与外部事实并不一致。托尔曼和巴特莱特的研究已经证明，来自感觉的信息是作为抽象表征被储存的。神经学的研究也进一步表明，来自外部世界的信息是以神经化学编码的形式被感知、储存的。由诺曼（Norman）和鲁梅哈特（Rumelhart）1975 年完成的实验也证明，记忆表征是来自现实世界知识的信息、推论和重构的结合。这充分说明，我们对世界的表征不必然与实际世界的性质同一。信息的表征与感觉器官接受的刺激有关，但也是被修正过的。这种修正的信息似乎与我们过去的经验有关，它们共同构成了一个丰富而复杂的知识之网。引入的信息被抽象甚至某种程度上被扭曲，并储存于个人的记忆系统。

二、认知假设、隐喻与模型的关系

“‘认知’这个词指感觉输入被转化、减少、详细阐明、储存、恢复和使用的所有过程……显然，认知涉及人可能做的一切方面，而且每一心理现象就是一个认知现象。”由于认知现象的复杂性，它包含了许多假设。

感觉假设：能够探测和解释感觉刺激。

注意假设：倾向于集中在某个感觉刺激上而忽视其他方面。

知识假设：能够把握关于环境的物理特性的详细知识。

知识表征假设：能够概括事件的某些部分，并整合为一个能赋予整个事件以意义的精细结构图式。

感知假设：能够从字母和单词中提取意义。

短时记忆假设：能够保留直接事件并把这些事件整合为一个持续序列。

心理表象假设：能够形成一个“认知地图”的图像。

社会认知假设：能够理解他人的作用。

记忆假设：能够使用“记忆技巧”促进信息的回忆。

提取语言观念假设：倾向于用通用形式储存语言信息。

问题解决假设：能够解决问题。

智能假设：能够以有意义的方式行动。

语言/运动行为假设：在不同方向能够精确地被转化为一个复杂的运动反应。

长时记忆假设：能够从长时记忆迅速回忆特殊信息，这些信息可以直接应用于当下情景。

语言加工假设：能够把视觉事件转化为口头语言。

语义记忆假设：存在着客体且具有专名的知识。

遗忘和干扰假设：不能彻底完成任务。

以上认知假设说明，假设是探讨认知问题的必要手段。把这些假设整合成一个认知模型是认知科学的任务。认知模型是一组科学概念的特定形式，它是基于观察和推理、能够描述认知方向、储存和使用信息的隐喻。每个隐喻提供了一个框架来概念化记忆的结构和功能。因此，隐喻特别是根隐喻就是概念模型，它为假设提供范式。使用隐喻发展概念是因为我们不能直接从对客体和事件的直接观察与实验控制中获得它们的意义。人们习惯于借助隐喻这一熟悉的思维方式，利用不同事物之间的相似性来把握客体对象的性质。科学家利用隐喻发展概念是为了：组织观察；使观察有意义；与来自观察的元素发生联系；提出假设；指导后来的观察；预测不可观察事件；同其他人交流。尽管进一步的研究可能证明这样的模型是错的，需要对其进行修正，但修正也是建立在模型之上的进一步完善，模型是其基础。

认知模型是观察的结果，在一定程度上由观察决定，这就是知识如何被观察者表征的问题。在很多情形中，信息的内在表征与外部事实并不完全一致，人对知觉对象的内在表征可能扭曲了事实。虽然使用科学方法以及精确的仪器可以清楚集中地再现客观事实，但这是一个需要长期努力的过程，同时与观察者的推理和理解力一致。所有科学概念都基于这样的认知逻辑。

三、基于隐喻的认知模型蕴涵的假设

在认知科学中，由隐喻产生的模型主要有信息加工模型、神经网络模型及进化认知心理模型。信息加工模型基于“计算机隐喻”（思维是计算，大脑是计算机），包含以下三个假设。

（1）认知能够将其分解为一系列连续阶段被理解。

（2）在每个阶段，独特的过程在引入的信息上发生。最终反应被假定为这一系列阶段和操作的结果，如知觉、信息编码、来自记忆的信息回忆、概念形成和语言产生。

（3）每个阶段接受来自先前阶段的信息，然后执行其独特功能。由于很难识别哪个是初始阶段，为了方便，我们可以把引入信息阶段看作是起点。引入的信息往往是语境信息，它们不是直接在人们头脑中被表征的，而是被转化成有意义的符号（内在表征）。在最基本的层次上，源于感知信息的光或声能被转化为神经能，神经能通过以上假设阶段被加工，形成感知客体的内在表征。当进行交流时，人们通过语境信息理解内在表征。不过问题是：处理信息的阶段究竟是什么？在人的心里信息是以何种形式被表征的？认知心理学在某种程度上就是以不同方式回答这两个问题的科学。

神经网络模型（PDP）基于“神经网隐喻”（认知是网络化的），并以三个假设为前提：①认知是通过神经网络被理解的；②信息在神经网络中是平行分布加工的；③信息加工通过大量称之为单元的简单加工元素的相互作用发生，每个单元发送激活和抑制的信号给其他单元。

这些单元可能代表关于一串单词中的字母和一份乐谱中的音符的推测。在其他情形中，这些单元代表可能的目标和行动，如阅读一个特殊的字母、演奏一个特殊音符。也就是说，PDP 模型与认知活动更大单元的内在结构的描述有关，如阅读、加工句子等。通过研究基本单元，人们能够更好地理解心理活动的更大单元的性质。

PDP 模型与神经解剖学的功能相关联。人的思想在大脑发生，大脑由几千亿个相互连接的神经元构成，这些神经元是加工复杂信息的基础。不过，大脑并不在任何一个神经元中储存记忆，而是在大脑的几个部分中分布式构成的神经元整体当中储存记忆。如果两个神经元同时被激活，它们之间的结合就会加强。如果一个被激活，另一个被抑制，它们之间的结合就会变弱。在这样的系统中，记忆处于激活和抑制网络模式中，这个网络分布于整个系统而不是某个特殊子系统。

进化认知心理模型基于“植物生长隐喻”（认知过程是植物生长过程），它也包括三个假定：①认知包括感知、记忆、语言、思维等，在人的物理和社会进化的语境中能够得到最好的理解。语境认知的基础是达尔文进化论，但不同的地方在于，所有认知，包括脑支持的认知过程的结构，是在生物进化和普遍环境力量的框架内得到说明的。②存在普遍的认知属性，它们是进化心理机制作用的结果，而不是社会作用的结果。③社会行动在地球生物的日常生活中都是强大的力量，通过观察行为和思想的深层可以更好地达到理解，而行为和思想嵌套在相对于环境力量（如引力、光、温度变化及其他普遍经历的现象）的感觉、感知、认知和情感反应的长期进化之中。这些假定表明：认知现象是生物内在因素和外在因素长期共同作用的结果。内在因素是生物的普遍认知心理属性；外在因素是自然环境和社会环境。认知行为嵌套在环境中，并在环境中得到说明。这是认知语境论的观点，主张认知现象是与语境（包括自然、社会和文化）关联的，脱离语境的认知是很难想象的。人类是自然进化的结果，是语境化的产物。

四、意识的隐喻及其建模

认知是由意识驱动的，而意识的研究往往是隐喻式的。隐喻提供给研究者一个框架，在这个框架中，特殊的假设可以得到检验，而且能预测事件。

第一个意识隐喻是新奇或反习惯，即期望与现实之间的不一致。意识过程就是寻找新鲜刺激的过程。有证据表明，人和动物喜欢猎奇，寻求刺激和新鲜感，而旧的刺激倾向于从意识中衰退。不过，这个隐喻显然不充分。因为我们能够意识到日常事件，如吃饭和睡觉，我们从来不会感到麻烦。

第二个意识隐喻是聚光灯（spotlight）。聚光灯是现代人表达观念的隐喻。在一个表象中，它具体化为意识的可选择功能和意识内容流（通过记忆、感知、表象、印象和行动等）。克拉克的神经生物学理论表明，丘脑皮层是非常复杂的，它在每个脑半球中的结构像鸡蛋，与脑皮层的相应部分一一相连，几乎就是脑中的微型脑。注意的聚光灯可以被想象为从丘脑到相应皮层区域的光柱。丘脑包含两个神经核（网状核和髓板核），损伤了它们就等于消除了意识。而大脑皮层损伤只影响意识内容而非意识本身，该设想有可能被证明是真实的。

然而，心理学和神经生物学的聚光灯隐喻面临两个悬而未决的问题：其一，聚光灯如何决定该照亮的部分。其二，一旦确定了照亮部分，那部分信息会发生什么，内容有意识是什么意思。真实的聚光灯是人控制的，往哪里照射是人有目的的行为。意识的聚光灯隐喻是非人为的，黑暗空间发生了什么，仍然不知，因此这个隐喻丢失了一些细节。

第三个意识隐喻是剧场。剧场隐喻可以弥补聚光灯隐喻的不足。剧场隐喻把意识经验比作黑暗礼堂中明亮的舞台。舞台上的任何东西以及布景背后的导演、编剧、服装设计和舞台管理等都展示给观众。这个隐喻的中心是大量专门系统中的一个公开仪式，它组成了观众。舞台上的事件是特许的，因为它们是观众可接受的。丹尼特把这个隐喻称作“笛卡儿剧场”，它是大脑中的一个专一地方，所有信息都集中于此。现在没有人主张意识内容处于脑中某个小小的中心点。现代剧场隐喻绕过了笛卡儿问题，意识不再与任何单一中心同一，而主张意识内容是广泛分布于脑中的任何东西。

当然，可以把这些隐喻整合成一个“超级隐喻”。剧场可被设想为包括新奇、聚光灯和执行隐喻在内的所有方面。随着这个超级隐喻越来越完善，它会逐渐呈现一个真实理论的特征。可分离相互作用与意识经验模型（dissociable interactions and conscious experience，DICE）和全局工作空间（global workspace，GW）模型就是这些隐喻的产物。DICE 模型是斯凯特（Schacter）1987 年提出的一个关于意识的分离交互作用与意识经验模型。当信息被加工时，系统被改变，感知剩余（engram，即脑中的一种记忆痕迹）被留下来。大脑中的神经元通过强化包含编码事件的不同组神经元之间的联系记录事件。也就是说，脑的不同部分专门负责不同类的感觉事件。每个记忆都与几百万个神经细胞相联系，这些神经细胞被大脑中成千上万个记忆痕迹激活。这些处于休眠状态的记忆和联想可能被激活，并在一个短暂的间隔期进入活动的意识，但这种无意识痕迹可能一生中都处于休眠状态。

显然，DICE 模型假设了独立的记忆模块和缺乏有意识获得程序知识细节的通道。它是为说明机能正常但受损大脑记忆分离的情况（昏迷病人例外）而初步设计出来的。在有意识获得其他知识源方面该模型没有什么困难，如遗忘症病人能正常阅读，而失读症患者没有记忆问题。然而，与无意识记忆有关的无效知识在许多条件下得到说明。例如，因脑受损辨别人有困难的病人在识别名字方面却没有困难，即使他没有意识去辨认那张与名字连在一起的脸。这些事实预示了知识源有时分离运行的构架，因为这些知识是有选择地失去的，而且这些知识源没有进入意识，即使它们继续形成自发行动。需要指出的是，斯凯特提出 DICE 模型的目的是要说明意识的初级作用是在执行者控制下调节自发行动。

全局工作空间模型是巴尔斯（Baars）1988 年提出的一个全局工作空间意识模型。它是剧场隐喻的最好应用。全局工作空间模型假设，意识与一个全局“广播系统”（broadcasting system）相联系，这个系统在整个大脑发布信息。

如果这个假设是真实的，那么有意识容量限制可能出于合作与控制的目的，而要为有能力产生可用于整个系统的单一瞬间信息负责。由于在任何时刻只有一个“整体系统”，一个全局发布工具必须被限制在一个瞬间内容上。巴尔斯通过七个逐渐细化的模型发展他的全局工作空间构架。在这个模型中，许多平行的、无意识的专家系统通过一个连续的、有意识的内在一致的全局工作空间交相作用。全局工作空间模型包括三个构件：专家处理器、全局工作空间和语境。

专家处理器是一个专门的无意识处理器。大脑中有许多这样的“专家”，它们可能是一个单一的细胞，也可能是整个神经元网络。这些无意识专家处理器在有限的任务域非常有效，既能独立行动，也能相互协作。当作为一个“联盟”工作时它们不再受有意识的窄容量限制，能够接受全局信息。如果能够动员其他“专家联盟”，它们就能够控制感知处理器。因为这个感知处理器能够在意识中产生心理表象、内言语短语，甚至感知内容。对于处理日常任务，它们能够自动地工作，而不用有意识地介入，或者在全局工作空间中显示它们的输出。

全局工作空间是一个信息的系统整合和发布的构架容量。它很像科学会议上的演讲台，专家们围坐在它的周围。为了实现交流，任何专家必须与其他专家竞争，得到专家联盟的支持后就可以到演讲台作报告，全局信息在那里得到传播。专家之间的新联系通过演讲台的交互作用得以实现，而且这种新联系能创造新的东西而不影响原来的稳定性，并成为新的局部处理器。此时，对这些问题的试探性解决方案能够全局地被发布、细查和修正。由于有意识经验似乎有巨大的感知偏好，感知处理器如视觉、听觉等为了进入全局工作空间的一个脑版本而竞争，感知输入系统可能依次被其他专家联盟控制。

语境是心智剧场布景背后的能力。不同语境形成专家处理器之联盟。在功能上被定义为限制意识内容而没有意识到自己存在的结构。这很像剧作家为演员写剧本而自己不出现在舞台上一样。从概念上看，语境被定义为预先设定的专家联盟，它唤起、形成并指导全局信息而自己却不进入全局工作空间。语境可能是短暂的，如同一个句子中第一个词的意义形成它后面词的解释；也可能是长久的，就像伴随人一生的期望，如爱。当语境的影响形成意识经验而不被意识到时，语境就能够由有意识事件确定。这样，有意识事件能够确定无意识语境。例如，你以前的意识经验可能影响你今天的认知，而以前的记忆不再是有意识的。先前的经验作为语境肯定会影响当下的经验，不是进入心里后才影响。这就是语境“润物细无声”的潜移默化作用。

第五节　巴尔斯的意识语境模型

从语境论视角探讨意识问题是20世纪90年代以来意识研究的一种新趋向。巴尔斯的意识理论就是根据语境来探讨意识问题的一个典范。巴尔斯曾是纽约州立大学石溪分校和赖特研究所的心理学教授，现在是神经科学研究所的研究员。他在《心理学中的认知革新》（1986年）、《意识的认知原理》（1988年）、《意识剧场：心灵的空间》（1997年）中，形成了意识的全局工作空间理论。该理论用不同层次的语境及其合作与竞争来阐述意识经验的产生、发展和消失，并将语境分析贯穿到全局工作空间假设的所有认知模式中，试图用语境整合目标、自主控制、注意、自我和有意识的自我控制等看似互不相干的意识经验，从而使全局工作空间假设具有普适性。本节试图对他的基于语境的意识理论（我们将他的意识理论称为语境认知模型）进行系统地分析和讨论，阐明该理论包含的哲学意义。

一、语境认知模型的本体预设

哲学严格讲是关于各种预设的学问。本体论就是“是论”或“存在论”，它是对事物本质的各种预设进行反思的学问。或者说，本体论关注“是”自身的本质属性，其核心问题是什么是“是”或什么“存在”。具体到认知哲学中，本体论问题就是“如果人类意识具有所“是”的本质，“是”必须具有什么特征”（海德格尔语）①。在全局工作空间假设中，专门的无意识处理器、全局工作空间和语境是意识认知模型的三个“本体”预设，也是巴尔斯在构建所有认知模型时所运用到的基本概念，其他认知模型都是在此基础上的进一步补充和扩展。

在语境认知模型中，巴尔斯把大脑中的神经元称为专门的无意识处理器（special unconscious processors）。这些专门的无意识处理器是分散的，各自处理着各自领域的事情，如知觉分析、信息输出、行为图示、句法分析，计划和控制等。它们通常在处理自己领域内的事情时是非常高效的，而对超出自己领域外的事情的处理就会非常低效，甚至是无用的。例如，处理视觉信息的处理器无法处理语言信息。由于控制基本上是分散性的，所以不存在一个把问题分配给某个处理器，或者命令处理器执行某些任务的中枢执行者。对于不同的问题，不同的处理器都可能作为执行者而加以处理，有时它们相互间会以一种很灵活的方式把执行控制分配给对方。处理器本身会保留处理过程的主动权，即它们决定处理什么、忽略什么②。正如市场经济的运行那样，其在本质上也是分散的，诸多市场主体在微观经济的运行层面并不受政府的指令行事，而是自主处理其相关的经济事务。

但是，专门的无意识处理器间的相互作用、合作和控制却需要一个中央信息交换场所，巴尔斯把它称为全局工作空间。向神经系统输入信息的专门无意识处理器为了进入全局工作空间会彼此进行合作和竞争，一旦某个处理器或处理器的联合体进入了全局工作空间，其所负载的信息就可以向整个神经系统传播。“工作空间”作为一种隐喻，它仅仅是作为一种工作记忆的存在，在这个记忆里，不同的系统可以执行它们的活动，“全局”这个词就意味着这个记忆中的符号通过众多的处理器被分配、传递开来③。

---

① 尼古拉斯·布宁，余纪元. 西方哲学英汉对照辞典. 北京：人民出版社，2001：4.

② Baars B J. A Cognitive Theory of Consciousness. Cambridge：Cambridge University Press，1988：43-64.

③ Baars B J. A Cognitive Theory of Consciousness. Cambridge：Cambridge University Press，1988：67.

语境就类似于“被激活的知识结构”、“心灵表征”、“语义网络”、“框架”、“基模”、“剧本”、“计划”、“预期”和其他在认知科学中被广泛讨论的有关对知识的表述。它是形成我们意识经验的内部世界。毕竟，有形的环境只有能够被内部心理世界所表征时，才能影响我们的意识和行为。也就是说，物质世界的语境只有通过大脑中的语境才能形成我们的意识经验。巴尔斯强调语境与上述定义的不同在于：“语境”并不是任何一个心灵表征，它是一个无意识的表征，并会影响到另一个有意识的表征。这个特殊的意义在其他的术语中并没有被表达出来。因此，在神经系统中标出心灵语境是很有意义的[①]。

在语境认知模型中，语境被视为已经以某种方式处理相关信息，且具有进入全局工作空间优先权的、由无意识处理器组成的相对稳定的联合体。正是这个联合体形成、储存和控制了意识经验，而联合体本身却没有变得有意识[②]。例如，在我们听一段交响乐时，该段音乐的整个曲调，相关主题的最初表述，曲调的发展和变化，所有这一切必定构成了我们体验一段交响乐中的一个单独的乐句的基础，而当我们体验这个单独的乐句时，这些基础性的东西并不是有意识的。没有语境就没有意识经验，任何意识经验都不是凭空产生的，只有在无意识的语境限定中，意识经验才得以形成和呈现。

在巴尔斯看来，全局工作空间中存在着多个语境性的限定，如知觉、概念和目标相关的语境限定。巴尔斯把相容的一系列语境视为合作语境，把不相容的语境视为竞争语境。在语境层级中，合作语境在全局工作空间中占据优势地位，竞争语境虽然与合作语境处于相同的层级，但它们在工作空间中却不占优势。只有优势语境才会对意识经验的形成产生影响和限定。当然，语境虽然会把无意识的限定条件施加到意识内容上，但是并不限制输入的信息，它不会对意识经验做出完整的预测，正是通过这种方式，人类才不断地界定和重构我们的世界[③]。

根据上述三个组成部分，全局工作空间的语境认知模型包括以下三点：①众多的输入处理器为了进入全局工作空间会彼此进行合作或竞争，一旦某项信息进入全局工作空间，该信息就会向更广泛的接受处理器传播；②在同一个时间内，全局工作空间中只有一个连贯的信息可以被传播；③在全局工作空间中有许多语境限制着对该信息的理解（图 5-1）。

---

① Baars B J. A Cognitive Theory of Consciousness. Cambridge：Cambridge University Press，1988：135-139.

② Barrs B J. In the theatre of consciousness. Global work space theory，a rigorous scientific theory of consciousness. Journal of Consciousness Studies，1997，4：303.

③ Baars B J. A Cognitive Theory of Consciousness. Cambridge：Cambridge University Press，1988：162-165.

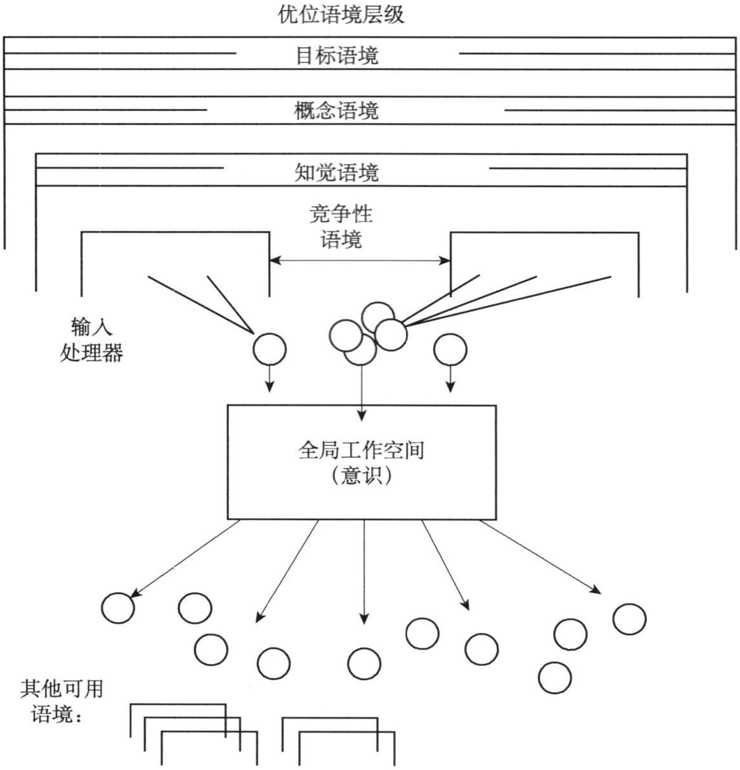

图 5-1　全局工作空间语境认知模型

二、意识的语境认知模型

在巴尔斯看来，意识正是在全局工作空间中得以产生的。当人类面对并处理某个新刺激物时，特定的智能处理器就会提出自己的处理方式，为了使自己的处理方式获得其他处理器的支持，它就必须进入全局工作空间以传播自己的信息，此时它可能会和其他的处理器合作或竞争以进入全局工作空间。一旦获准进入，全局工作空间中的各种语境就会对它加以选择、限制，各种语境也会通过竞争或合作的方式对该信息进行认知分析，直到获得最佳的结果。正是在这个过程中，我们对进入全局工作空间中的信息产生了意识。当然这仅仅是对语境认知模型的基本预设，还没有涉及全局工作空间的根本特征，因为这个模式无法从新输入的信息中区分出旧信息，也无法决定某个信息的重要性，更无法避免重复地传播相同的信息。巴尔斯形象地将这个基本模式比成一份对新闻没有任何喜好的报纸。因此，巴尔斯进一步对适应性、自发的问题解决模式、自主控制、注意和自我进行了研究，并力图通过语境分析将其纳入语境认知模型之中，以使该理论能够对各种与意识有关的现象做出一致性的解释。

我们首先来分析适应性。适应性是指“表征一些输入信息到理解这些输入信息直到这个输入信息最终成为自动、可预测的过程”①。这其实就是我们对某个事物的整个认知过程。当我们学习新知识时，刚开始我们总是带着许多的困惑和未知。通过关注某个问题，我们对所学的内容有意识时，就会有一种豁然开朗的感觉。随着多次的实践，这部分内容已经被我们烂熟于心，变得容易预测了，它就从我们的意识中消失了。按照全局工作空间假设的解释，适应性包括了三个阶段：建立语境、适应和冗余效应阶段。我们以学习知识为例作进一步分析。

第一个阶段的建立语境所解决的是对所学习的各个部分进行界定。也就是说，当面临一个新刺激物时，我们需要建立一个理解该事物的工作语境。例如，人们通常会告诉我们什么是有趣的或重要的内容，这个事物属于什么领域，是哪一方面，等等。在建立语境阶段，人们对所有学习的内容是没有意识的，即使对输入信息有暂时的意识性理解，或者某些有意识的片段，或者对分析的某个阶段有了意识。只有在建立语境阶段完成后，我们才对所学习的对象产生了意识。

第二个是适应阶段。虽然我们已经建立了一个相当稳定的理解输入信息的语境，但是信息接受处理器和语境的过程中还需要减少一些不确定性。不确定性主要是指全局工作空间中的目标语境会就该刺激物产生几个不同的心灵表征。通过接受处理器与输入信息之间的单向反馈，以及接受处理器和意识经验之间的双向反馈，不确定性会因此适应反馈过程而不断地减少。只要接受处理器对意识内容还有感兴趣的部分，它们就会把它反馈回来，直到最后语境对该事物形成了习惯性的预测。因此，在这个意义上，意识是信息负载的，它帮助我们在这几个心灵表征中做出选择，从而减少了处理器和语境的不确定性。

第三个阶段是冗余效应的产生。正是这个反馈循环，被适应的重复性输入信息就从意识中消失了。随着适应反馈过程的发展，进行反馈的接收处理器会越来越少，直到最后只剩下一个适应处理器，此时该刺激物出现就不再需要意识的介入，针对该刺激物也就形成了常规的无意识处理器（图5-2）。

那么人们解决问题的这一心灵事件是有意识还是无意识的呢？通常，当我们面对一个难题时，一开始可能什么想法也没有，此时我们可能常常会暂时搁置该问题，不去想它，当我们再次思考该问题时，不知道什么时候，大脑中可能就会突然出现一个决定性的解决方法，“灵光一闪”，我们甚至不知道它是如何产生的。根据经验观察，巴尔斯把解决问题概括为是由意识—无意识—意识（CUC）

① Baars B J. A Cognitive Theory of Consciousness. Cambridge: Cambridge University Press, 1988: 183.

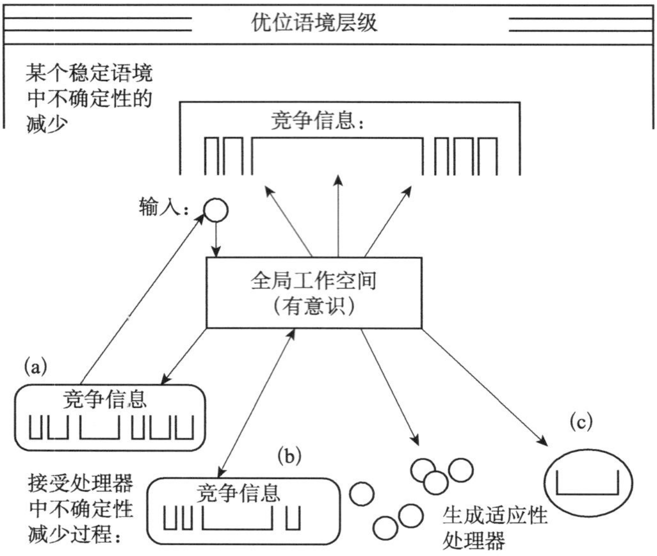

图 5-2　全局工作空间模型的工作机制

这样一个三元结构组成的过程，也即：①有意识的问题分配阶段；②由无意识的、占据有限能力的目标语境指引下的、对答案无意识表征和运算阶段；③有意识的展示解决方法这三个阶段①。事实上，当我们面临一个问题时，我们把关于该难题的意识事件理解为一个目标，神经系统会召集一个目标语境和一系列的专门处理器进行自发地问题解决，由此产生的解决方法会再次变得有意识。

当然，这种解决问题的 CUC 三元组模式在运用时会被扩展为一系列的三元组，即三元组也会成为子目标的组成要件。这一观点也是可以融入全局工作空间模型中的。这是因为语境之间并不是孤立的，它们层层嵌套，一个语境不但是存在于先在目标的更高层级、更恒定的语境之中，而且其本身也是由许多嵌套的子目标构成的。当表征某个问题的心灵意象变得有意识时，它就会吸收解决该问题的处理器和子目标，如果这个过程进展顺利，它们就可以运算出该问题的解决方案。如果它们的某个子目标无法实现，这个子目标就又会成为一个子目标语境，会召集子目标的有意识的的目标意象去传递这个障碍，并动员子目标的处理器去解决这个子难题，以此类推，直到最终最初的目标得到解决。巴尔斯指出，在这个模型中并不存在自觉的解决问题，系统在元认知上并不知道这是在解决问题，它仅仅是不由自主地做份内之事（图 5-3）。

① Baars B J. A Cognitive Theory of Consciousness. Cambridge：Cambridge University Press，1988：233-235.

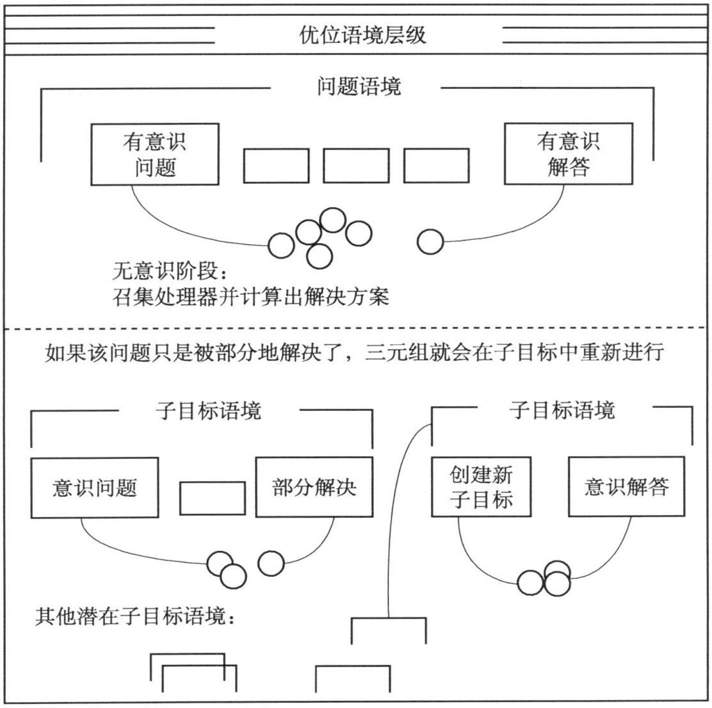

图 5-3　CUC 三元组模式

人类是否存在意志力？意志力是真正的科学问题吗？与物理主义流派和行为主义者相反，巴尔斯认为意志力这种人类自主控制的能力是确实存在的，并通过失误、自动行为和精神病理学例子中存在的一系列自主行为和非自主行为的比较研究，他断言意志力是解决许多重大的心理学问题的关键所在。对于自主控制理论，巴尔斯几乎全盘接受了詹姆斯的观念运动理论，并试图用全局工作空间假设来重新解释该理论①。詹姆斯的观念运动理论认为意识观念本质上是冲动的。如果一个意识目标意象无法被执行，这是因为相反的意象或意图阻止了它。相反，如果某个意识目标意象没有遇到有效竞争，它就足以引起一个复杂的、高度协调的无意识行为。

巴尔斯认为这一点与全局工作空间假设的观点是一致的，即意识事物可以被全局性地传递，任何意识目标意象可以激发任何专门处理器，因此它们既可以召集和引起能执行与该意识事物一致的行为的无意识目标系统和处理器，也可以引起与该意识事物相抵消的意识目标意象及其处理器。如果该意识事物的目标意象

① Baars B J. A Cognitive Theory of Consciousness. Cambridge：Cambridge University Press，1988：264-266.

战胜了其他抵消的意识目标意象，该意识目标意象就会被自动地执行。如果抵消的意识目标意象发现了原来意识事物的目标意象中存在错误，它就会对该目标意象进行修改和纠正，甚至可能把该目标意象从意识（全局工作空间）中驱除，这种修改的过程就是我们自主控制的过程。因为任何系统都可能存在与目标意象潜在的竞争，所以被真正执行的意识目标必定默许被众多相关系统修改。因此，巴尔斯认为，自主行为就是在执行前默许其意识成分被修改的行为（图5-4）。

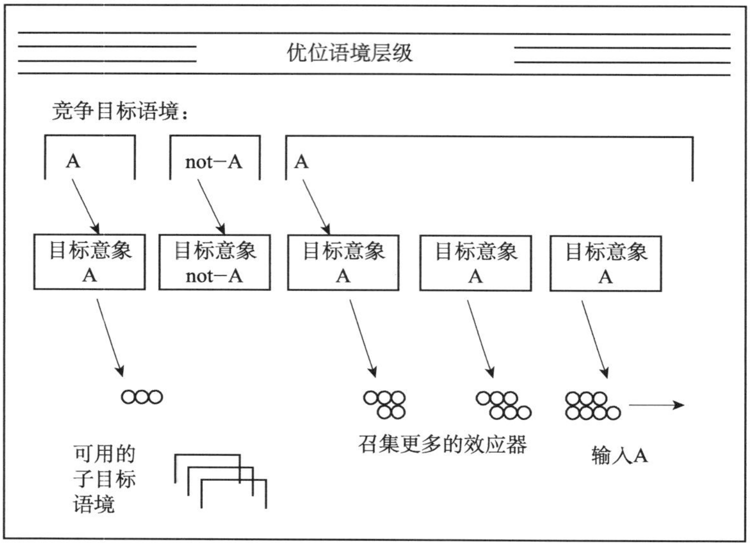

图5-4　目标意象的激发过程

对于注意这一心灵现象，巴尔斯采纳了“注意控制意识经验的通道”这一观点，并赞同将注意区分为自主注意和自发注意这一传统的分类方法。自主注意是对意识通道的有意识控制，即我们对将要注意什么事物是有意识的，对什么事物将要成为意识事物是有意识的。例如，我们可以自主地决定看电视、逛街、吃苹果等。而自发注意是对意识通道的无意识控制，即我们对下一个将成为意识事物的事物没有意识，只有当该事物出现时，它就会从众多无意识事物中突显出来进入我们的意识之中。

那么，上述两种心灵现象是否能被语境认知模型化呢？巴尔斯认为，在自发注意控制中，一些具有个人意义的刺激物虽然与当前优位目标等级中的低层级目标不一致，但是却激活了优位目标等级中的高层级目标，从而控制了意识的通道，拥有了意识通道的优先权。此时，由于支持该刺激物的高层级目标语境被激活了，它就会中断原来的低层级目标语境（即支持先前意识内容的目标语境），然后传递该刺激物的目标意象，并召集一个能够解释和支持该目标意象的一系列新语境。

例如，当我们在观看一个有点沉闷的足球比赛时，突然听到有人说到我们的名字，尽管说话人有意压低了说话的声音，但还是被我们听到了。显然输入信息即我们的名字由于具有个人意义而激活了优位目标等级中的高层级目标，它中断了观看足球比赛这个低层级目标语境之后，在全局工作空间中广泛地传递，并召集一系列新语境，诸如知觉语境——是熟悉的声音还是不熟悉的声音，是男性声音还是女性声音，是成年人的声音还是小孩的声音等；概念语境——对名字进行确认，对说话者进行确认等（图 5-5）。

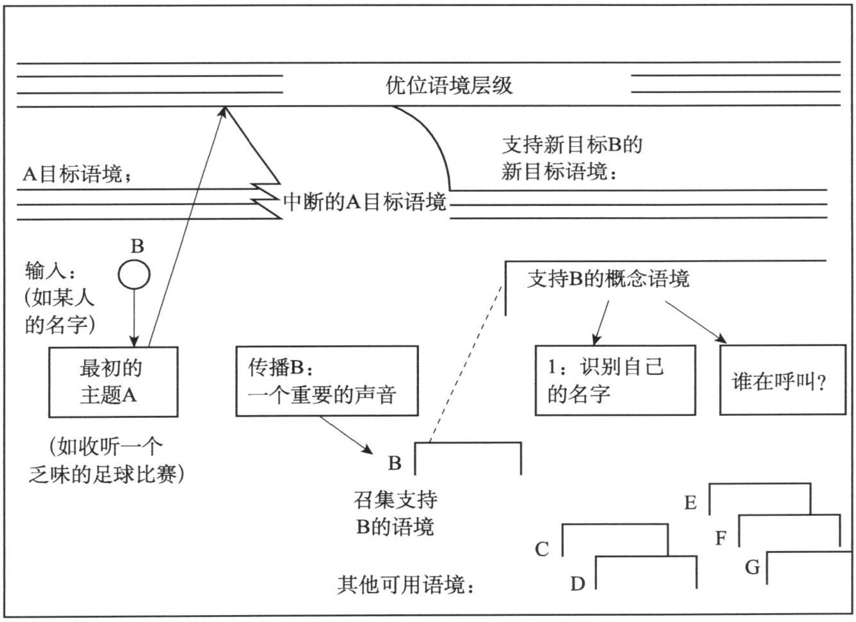

图 5-5　输入信息激活优位语境

对于自主注意，巴尔斯认为由于自主注意是建立在元认知之上的，所以在自主注意中添加一个能够使各个选择性的事物有意识，且可使被获取的选择语境更加便利，它就像是电脑程序中的文件目录或菜单，它显示了各自下一步的内容。我们人类可能拥有这类随时可利用的心灵目录。由于选择语境显示了潜在的意识内容的选项，优位目标等级中不同的目标就可能支持不同的选项，从而产生竞争，专门处理器联合体就会向一个或另一个选项投票，最终获胜的选择就会通过意念运动控制激发适当的处理器和子目标[①]（图 5-6）。

① Baars B J. A Cognitive Theory of Consciousness. Cambridge: Cambridge University Press, 1988: 306-314.

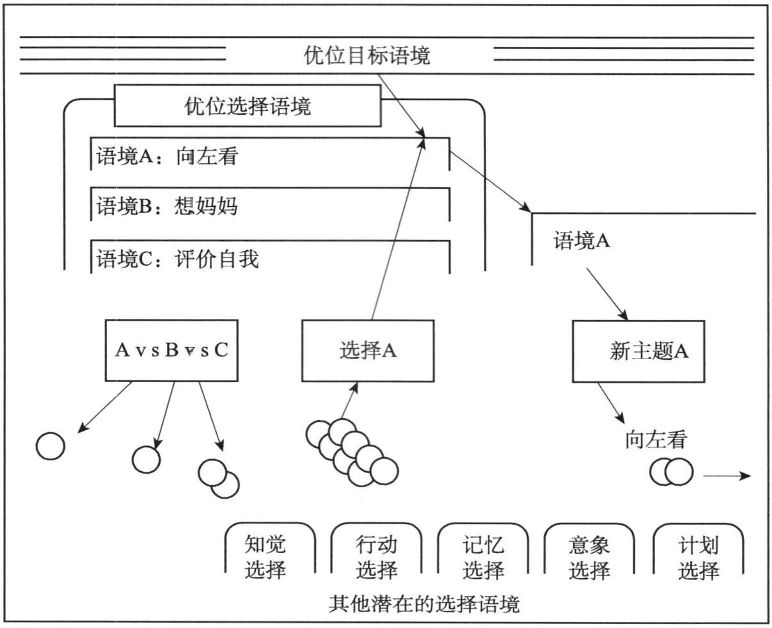

图 5-6　选择语境激发优位目标语境

在心灵哲学中，自我是一个不可回避的问题。詹姆斯早就指出："整个自我，一部分是认知对象，一部分是认知者，一部分是客观，一部分是主观……，我们可以称一个为客体的我，另一个为主体的我……，因此我将把自我视为认知对象或者客体的我……也可以把自我视为认识者，或者主体的我。"[①] 巴尔斯把自我区分为自我系统和自我观念，自我系统相当于主体的"我"（英文中的"I"），而自我观念相当于客体的"我"（英文中的"me"）。由于自我系统难以直接感知、内省，只有当自我系统被改变或违反时，我们才会对其有意识，所以巴尔斯认为自我系统可以被理解为经验和行为的持存语境，位于优位目标语境中的最高层级，所有的意识经验都是在这个框架的语境中运行的，并促进其他局部语境的连续性（图 5-7）。

自我观念是一系列关于自己的观点，它是自我系统被去语境化和作为意识客体而被意识的结果，即自我系统被物化的结果。当然，作为客体的自我观念并不是完全被动的，反过来它会形成监控人们经验和行为的一些标准，即产生一个人们试图达到的理性状态。在这个意义上，自我观念系统也可以被视为一个高层级目标语境，它会借助一些评价判断和标准来监控个人的经验和行为。在语境认知

① James W. Psychology. New York：Holt，1892：189.

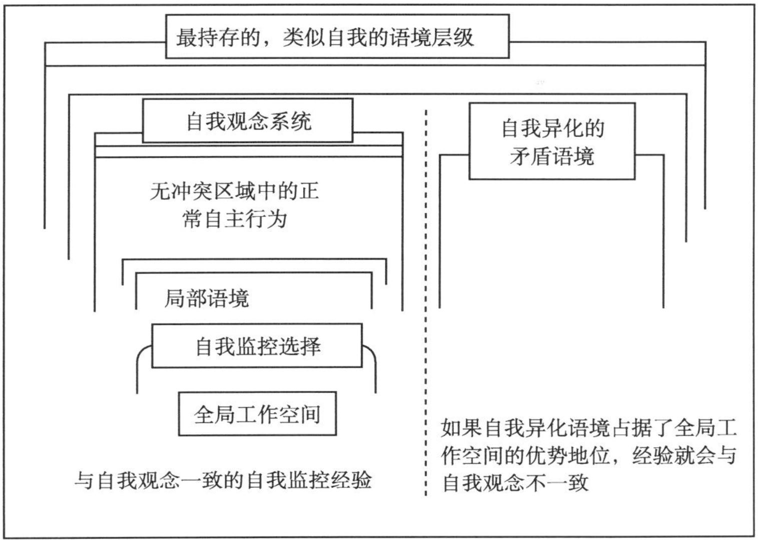

图 5-7　自我观念系统的语境化

模型中，自我观念作为一个监管性的目标语境是在一个持存的、类似于自我的语境层级中运行的。事实上，作为客体化的自我观点比语境化的自我系统更容易进入全局工作空间。同时，与自我观念处于同一层级的还有自我异化的冲突语境，它们之间为进入全局工作空间而彼此竞争。如果自我观念语境获胜，我们所感知的经验就会与我们的预期一致，如果自我异化语境获胜，我们所感知的经验就与我们的自我观念不一致，从而出现自我感丧失①。

三、语境作为探究意识经验的潜在系统

在全局工作空间理论中，语境是指形成我们意识经验的内部世界，不是指理解词语意义所需的上下文。在这里，语境分析表达的是一种整体论的思想，如果我们把一个词语从它所出现的句子抽离出来孤立地看，我们就不能很好地理解这个词语的意义；把某个思想的某个组成部分分离开来，使其脱离该部分所处的特定环境，我们就无法理解该思想的这个组成部分。毕竟，有形的物质环境只有被内部系统所表征时才能影响我们的意识和行为。因此，物质世界的语境只有通过大脑中的语境才能形成我们的意识经验。而且，内在的语境会保存过去的重要信息，而这个信息从我们现在的环境中是无法获得的。在认知方面，巴尔斯认为语境可以是一个系统、一个关系或一个事物，它形成了意识经验而与此同时它本身

① Baars B J. A Cognitive Theory of Consciousness. Cambridge: Cambridge University Press, 1988: 336-341.

并不成为有意识的①。也就是说，语境是无意识的，它们是构成有意识事物的潜在系统。

既然语境是无意识的，那么如何证明语境是存在的呢？巴尔斯认为，虽然我们并不能直接意识到语境，但却有大量的证据证明它是存在的。广泛存在的启动效应就是一个例子。当一个经验可能影响到另一个类似的经验时，我们就可以说前一个经验“启动”或形成了后一个经验的语境，尽管此时前一个经验在后一个经验产生时已经消失了。语言心理学研究大量的证据证明：广泛的关联关系是理解对话中某个单词的必要条件，尽管我们对这些关联关系的意识性并不强②。例如，当我们听一个演讲时，我们对当前注意到的某个句子的理解是根据我们已听过的、而此时并没有注意到的和仅仅只保留了一个大概含义的所有句子来理解演讲者当前所说的句子，但我们在理解这个句子时，却并没有意识到我们动用了这些无意识的语境。同样，我们在听一段交响乐时，该段音乐的整个曲调，相关主题的最初表述，曲调的发展和变化，所有这一切必定构成了我们体验一段交响乐中的一个单独乐句的基础，但是当我们体验这个单独的乐句时，这些基础性的东西并不是有意识的。

不过在去语境化的情况下，那些原本无意识的语境知识会变成有意识的内容。事实上，我们所听或所读到的每一句话都预设了在它能被理解之前，其语境性的信息必须先被理解。如果这些语境性的预设被违反了，我们就会意识到这个语境假说的存在。这个过程就称为“去语境化”。例如，在交谈语境中，西方人会认为，如果其他文化背景的两个人面对面的距离是 6 英寸（1 英寸≈2. 54 厘米），他们觉得这是不可接受的。因为这样的话，西方人会觉得很不舒服或觉得受到了冒犯，但这样一来，我们就会对曾想当然的事物有了意识：即我们也接受了一种特有的社交距离这个事实。此时，无意识的传统和习惯开始受到重视。这就证明了无意识的语境假定是存在的，当它被严重违反时，就会变得有意识③。无意识的语境假定也说明，在一种文化中被认为是理所当然的东西，在另一种文化中可能是不可接受的。例如，在西方家庭中孩子对其家长的直呼其名，在中国文化中就被视为对家长的不尊重。

巴尔斯根据语境所影响或形成的意识经验的不同，把语境区分为五种不同的类型：知觉语境、意象语境、概念思维语境、目标语境和交谈语境。知觉语境就是形成我们有意识的知觉经验的预设。例如，给我们一张月球火山口的照片，但是照片被上下颠倒了，此时我们就会以为照片中是一座小山，火山口的深度被我

① Baars B J. A Cognitive Theory of Consciousness. Cambridge: Cambridge University Press, 1988: 138.

② Clark H, Carlson T B. 1981, Context for comprehension//Long J, Baddeley A. Attention and Performance IX. Hillsdale, NJ: Lawrence Erlbaum: 313-314.

③ Baars B J. A Cognitive Theory of Consciousness. Cambridge: Cambridge University Press, 1988: 139.

们理解为小山的高度。这是因为我们对图片的理解是基于光线从上方照射过来这样的预设。因此，凹面就会被视为凸面①。其实，我们通常发生的错误的知觉经验正是由于我们预设的知觉语境造成的。意象语境是指存在着许多无意识的限定条件制约着我们心灵意象的形式和内容。例如，视觉表象赋予我们的是一个平面的椭圆形的范围，同时在空间上是一个潜在的三维立体。概念思维语境是指业已理论化、系统化的且被我们绝对相信的知识体系。它是科学家们进行研究工作的一个基础性的，或说是背景性的科学范式。科学范式通常都是无意识的，只有当一些科学家开始质疑那些在已有的科学发现中被认为是永恒的预设时，科学范式才会发生转变，从而变成有意识的。目标语境是能引起和形成有意识的行为。在理解需要解决的问题和进行有意识的控制时，目标语境是很有帮助的。当然，目标语境通常都是一个有序的等级序列，而不是一个孤立的个体。随着时间的流逝，环境的改变，各个目标的等级会发生改变，因此有序的目标系列是意识经验流的语境。交谈语境是由两个及以上的人在一起交流而形成的。为了交流，我们必须彼此分享关于我们自己、某个事物、我们的概念框架和知觉世界的无意识的预设。这就是为什么两个熟悉的人，他们之间通常可以进行简洁明了的交谈：一个单词，一个眼神，意外的沉默——他们都能理解其中的意思，原因就是他们有着许多共同的语境，以至于他们不必使所有的表达都清楚详细。

那么，语境对于意识经验到底有什么重要的意义呢？巴尔斯借助语境又是如何构建意识的全局工作空间理论的呢？

第一，巴尔斯假定语境就是专门处理器组成的一个稳定的联合体。任何相互合作的专门处理器组成的联合体，只要能形成意识经验，且有一个常规性的、稳定的处理信息的方式，就可以被视为一个语境。同时假定在联合体形成和竞争的过程中，语境需要经过一段时间来形成，这就类似于在议会中占多数席位的政党逐渐在它的成员中形成一个足够多数的稳定联合体。

第二，巴尔斯把当前发生作用的一系列语境称为当前优位语境等级（the current dominant context hierarchy）。当前优位语境会把无意识限定条件施加到意识内容上。也就是说，在任何时候，优位语境都是由知觉语境、意象语境、概念语境和目标语境等组成的一个连贯一致的混合体。在任何时候，我们的经验都是由许多彼此连贯的语境控制的。例如，我们在观看一部电影时，对于某一个情节的理解，可能不仅是由电影开头所展示的整个时代背景控制的，而且也是由以前的生活经历中，当我们遇到与主角类似的情况时会有什么态度和处理方式控制的。当这些语境因素彼此一致时，它们就会联合起来控制全局工作空间；如果不一致时，如以前我们对类似情况的处理和主角不一致，那么以前无意识的语境因

① Rock I. The ogic of erception. Cambridge：MIT Press，1983：59-60.

素就会变成有意识，并与当前的意识经验发生竞争。

第三，语境并不会对意识经验做出完整的预测。如果输入的信息百分之百是意料之中的，我们就会对它习以为常，它就只会是无意识的。只有它存在某种程度的新颖性时，才会引起我们的注意，我们才可能对它有意识。这就表明语境是不会对当前我们所感知到的意识经验做出完整全面的预测，它总是会留下了一定程度的意料之外的东西。这个意料之外的东西就是我们的新的意识经验。当我们适应了这个新的意识经验时，它就会产生一个新的语境，然后再遇到一个意料之外的新的意识经验，这样不断循环下去。巴尔斯认为这就是我们认识和再认识世界的内在的认知动力。或者说，只有当我们遇到我们未料到的事物时，我们才会意识到其语境的存在，这就是为什么有经验的赛车手都会预先熟悉新赛道的原因。

第四，语境作为一个等级体系，它总是趋向于保持一致。例如，当某一个语境层次被违反时，该被违反的语境就会进一步细分，在被违反的层次上进行重建从而复原一个运行良好的目标语境，但是更高层次的、未被违反的语境层次仍然会保持完整。这就可以解释为什么我们在解决某个难题时，当某一个解决方案行不通时，我们会积极寻找另一个方案，直到找出最终的办法。

第五，不同的语境之间存在着合作和竞争的关系。虽然我们不可能同时意识到两个意识内容，但是在全局工作空间中，却可以有两个或多个语境的限定。巴尔斯把相容的一系列语境视为它们彼此在进行合作，不相容的语境视为竞争。当然，在全局工作空间中，互相合作的语境处于优势地位，而与其竞争的语境虽然和前者处于相同的语境等级，在全局工作空间中却不占优位。事实上，语境的影响无处不在。当我们面对一个新的环境，进入一个新的语境如开始阅读一本新书、认识一个新朋友等简单的日常生活时，我们预设的语境就会潜移默化地、无意识地影响并形成我们当下的关于这本书、这个新朋友的意识经验。如果我们的预设和新的信息一致，无意识的预设就会遁入无形之中，我们就会完全察觉不出它曾经存在过。但是，如果这两者不一致，无意识的预设就会进入全局工作空间中，变成有意识的内容，并且和当前这个新的意识内容发生竞争。如果已成为有意识的语境假定获胜，那么新的意识内容就会退出全局工作空间，我们就仍然会保持我们原有的观点，如对于该本书所讨论的问题，我们就不会接受作者的观点，而继续相信自己的观点是正确的。如果新的信息在竞争中获胜，那么我们就会修改我们原有的语境，当我们适应、熟悉了这个新信息时，新信息就会变成无意识的语境，对后来的意识经验进行限定。

概言之，全局工作空间理论认为是无意识语境引起、选择和形成了意识经验。事实上，我们总是置身于许多正在运行着的无意识系统之中，这些无意识的系统形成和界定了我们的经验。没有语境就没有意识内容。新颖性虽然可以对意识经验的一些特征做出解释，但是它无法全面地解释意识经验产生、发展和消失的整个过程，它也无法解释为什么一些丧失新颖性的事物又会再度成为意识内容。语境及其合作与竞争，至少从目前看来，的确可以对意识经验的所有特征及其演变的整个过程提供一个合理的分析路径，其潜移默化的基底作用是不容被忽视的。

四、意识语境认知模型的意义

首先，从总体上看，作为一种框架性的理论，语境认知模型确实是一条通往意识之谜的简洁而又便利的道路。它由三个部分组成：许多特定的无意识处理器、一个全局工作空间和许多语境。另有两个处理原则：为进入全局工作空间而发生的竞争和合作。巴尔斯正是借助这三个实体和两个处理原则的相互结合来解释许多关于意识、意志力和自我机制等现象。其中，语境无疑是最为活跃的部分，它既可以被视为专门处理器的一个稳定的联合体，随着时间的流逝它们获得了进入全局工作空间的优先权，同时它还会被去语境化，还原为一系列专门的处理器。正是语境概念的灵活性才保证了语境认知模型在解释意识的产生、意识的神经病理学、意识与注意的关系、自我的本质等涉及意识的现象时具有一致性和连贯性。

其次，语境化思维是当代科学哲学发展的一种强烈趋向，语境也已经由概念上升为方法论[①]，因此，意识的语境化研究就成为必然。应该说，语境分析方法的运用是巴尔斯语境认知模型中的方法论核心。他将意识理论建立在人类的“感受”基础之上，在全局工作空间中，无数的信息进入这一庞大而分散的复杂系统，各个专家处理器展开竞争，形成不同的语境层级，进而语境形成了我们最终的意识。相对于以弗朗西斯·克里克为代表的神经科学家把人类的认知、思维、感知和意志等各种能力归结为脑的功能所引起的“部分论谬误”最终倒向变相的笛卡儿主义，巴尔斯的语境认知模型将人的上述各项能力归结为“人”本身，实现了其认识论和方法论上的语境整体论的统一，从而在哲学分析层面杜绝了类似的“小人谬误”。

最后，语境已成为了意识问题的基点与归属，成功地避开了问题的无限后推。这一哲学方法对于经验科学的解释，必然为“自我”理论今后在分析意识问题时打开一条新的通道。语境分析的应用的深远意义，还在于对于人类思维领域中最不可琢磨的无意识的“直觉”“意象思维”和“情感”问题给予了回答。但问题最终的解决就如同找到逻辑规则的“语境”那样，找到一切意识问题的语境。也就是说，意识问题的最终解决就是寻求其根源的“语境”，我们对于人类思维语境的理解就能合理地解释所有思维领域的“难题”。

---

① 魏屹东．广义语境中的科学．北京：科学出版社，2004：13.

第六章 语境实在论与语用模型表征

近年来，关于模型对客观世界表征问题的讨论，大多聚焦于这样一个二元关系：类似语言的实体和世界，特别是从语义学的角度来阐述指称和真理的关系。然而，科学哲学家吉尔（Giere）从语境论出发，认为我们应该更多地关注模型表征的语用行为，即语用模型表征。最基本的表征关系是这样一种形式，即科学家出于科学的目的，用模型表征世界的特性。这种关系可表示为：为了目的 P，S 用 X 来表征 W。其中，S 为科学家个人，或科研小组，或科学共同体，W 是真实世界的某一方面。对于科学认知，X 可以是文字、等式、图表、图画等。吉尔注意到，关注语言蕴涵着这样的假定：表征被理解为语言实体和世界之间“二位一体”关系，是人的一种语用认知行为。在这种关系中，“科学家占据其中一个重要位置，因为正是科学家在做表征”①。这种语用模型表征的引入，一方面可以回应人们对表征理论的结构主义观点的责难；另一方面以模型为中介，该理论架起一座沟通心灵、语言和世界的桥梁。也就是说，该模型对心灵和语言、世界和语言的关系进行语境重建，从而揭示逻辑学家皮尔斯的一个论断：“心灵、语言和世界之间的关系是一个不可还原的三态关系。”②

第一节 语用模型表征理论与反结构主义

语用模型表征理论认为，“模型原则上不是用来解释形式系统的，而是用来作为表征世界的一种工具”③。那么，模型是如何表征世界的呢？主流观点认为，模型是结构的，结构是根据一定关系组成的实体的集合；模型之所以能表征世界在于它们与它们的目标系统是同构的。弗丽嘉（Frigg）称这种观点为“模型结构主义”。许多反结构主义者对这种观点提出了质疑。他们认为结构主义的观念并不能解释模型能够表征世界这一事实。我们认为语用模型表征这一语境论观点的引入，可以消解反结构主义者的种种疑问。弗丽嘉将反结构主义者提出的疑问概括为以下五点④，我们将分别给以回应。

---

① Giere R N. How models are used to represent reality. Philosophy of Science，2004，(71)：743.

② Wilson R A. Keil F C. MIT 认知科学百科全书．上海：上海外语教育出版社，2000：483.

③ Giere R N. Using models to represent reality//Magnani L，Nersessian N J，Thagard P. Model-Based Reasoning in Scientific Discovery. New York：Kluwer Academic/Plenum Publishers，1999：43.

④ Frigg R，Humter M C. Beyond Mimesis and Convention Boston studies in philosophy of Science，262，2010：112-113.

第一，表征的结构同构悖论。反结构主义者认为，表征是语用模型与被表征的原型（客体）在同构基础上的表征，但同构是对称的、反身的和可传递的，而表征不是。这就形成了表征悖论。

对称是说：如果 *X* 与 *Y* 同构，那么 *Y* 也与 *X* 同构。但是，如果 *X* 表征 *Y*，那么 *Y* 不必然表征 *X*。也就是说，模型表征原型，而原型并不表征模型。例如，一幅图画可以表征总理，但总理并不表征这幅图画；同样，麦克斯韦的弹性球模型表征了气体分子，相反则不成立。

反身是说：任何事物都与它本身同构，但大多数事物并不表征它们自身。例如，我与我本身同构，但我并不表征我本身。我只是一个人称代词，我本身是一个有机体。人称代词（语言）不等于有机体（物质）。

传递是说：如果 *S*1 与 *S*2 同构，*S*2 与 *S*3 同构，那么，*S*1 与 *S*3 同构。这一点并不适用于表征。同构是传递的，但表征不是。

我们认为，一方面作为行动者的科学家会为模型的建立设定目标，他或她有“意识”地去区分“主体”和“客体”（客观世界），会为模型的结构和客观世界的结构之间的关系施加一个有方向的箭头，把前者指向后者，而不是相反。这样一来，上述对对称和反身的疑问也就被消解了。或者说，同构作为假定，不一定要对称和反身，表征是意向性的，即指向他物，而他物不指向表征者。另一方面，我们将会看到语境论的引入，将传递疑问消解。语境论的表征观点认为，表征是认知过程，认知是语境依赖的。在认知语境中，同构并不代表两个结构的所有构成物的严格一一对应，相反可以根据模型的建构设定目标，有选择地选取客观世界那些有代表性的结构方面进行建模。事实上，人在表征时，则是以同构假定为前提的，同构是作为语境条件出现的。如果 *X* 表征 *Y*，那么 *X* 与 *Y* 至少应该是相似的，否则无从表征。例如，沃森用锡和纸板做成的模型表征 DNA 的结构，用模型上的角度表征 DNA 上的连接角，但是后来经仪器测量证明两个角度并不相符。尽管如此，没有人否认沃森的模型可以表征 DNA 的双链结构。既然结构是相似的，并不是完全地一一对应，即 *S*1 的某些方面与 *S*2 的某些方面同构，*S*2 的某些方面与 *S*3 的某些方面同构，那么无法肯定地说 *S*1 与 *S*3 同构。这样从“结构主义的观点”走向“语境论观点”，使得结构间不再具有传递性，从而消解了反结构主义者对传递的质疑。

第二，结构同构对表征不是充分的。这种质疑认为，结构同构是一个意义宽泛的概念，以致无法解释表征。在许多例子中，一对同构物中的任一个并不能表征另一个。两项之间同构并不足以建立两者之间的表征关系。也就是说，同构不是表征的充分条件。

事实上，科学家在试图用一种结构来表征另一种同构的结构时，由于他们是出于某种目的，一定会有所选择，使做出的这种表征在一般情况下是有意义的，而不是随意拿来任意一对同构物，相互间进行表征。科学家不会去用一本书去表征另一本同样的书，尽管两者是同构的，因为这样做很难看出有什么意义。另外，科学家也许会做这样的承诺：正在建构的模型是结构，而目标系统是例证了一定的结构的实体或过程。即使一本书同另一本书完全相同，它也不表征另一本书，因为另一本书属于一个完全不同的语境。

如果这样的承诺是正确的，那又如何回答反结构主义者提出的这样一个问题，即尽管模型通常指向客观世界中的事物，但模型也可以指向模型。例如，在混沌理论中，映射是一类模型，它们被用来表征其他模型里发生的事件，如用高次方程表征奇怪吸引子，而不是现实世界发生的事件呢？语境论对这一问题的回答是，模型不仅可以表征感性实体，同样可以表征抽象实体。尽管有些模型中的事件是理论的产物，无法被经验或仪器感知或捕捉，但对于语用表征模型而言无关紧要，因为表征是语境中的表征，脱离语境没有表征。物理学中这样的例子比比皆是。例如，地球的重力场虽然是理论的产物，但是没有人会否认我们无时无刻不在受到重力的作用。

第三，多重实现性与表征的唯一性的矛盾。回顾数学在科学中的应用，人们不难发现，同一个结构不只一次用于不同的语境，甚至横跨不同的学科。例如，线性方程被广泛应用于物理学、经济学、生物学和心理学等。序数测量尺度被用于度量长度、体积、温度、压力、电阻抗、固体硬度及其他方面。这些例子表明，相同的结构可以为不只一个目标系统所例证。还有，一些几何结构也可以被不同的系统例证，如我们可以找到多种多样的球形物。提到螺旋的形状，我们不仅会想到盘旋楼梯和游乐场的螺旋滑梯，还会想到 DNA 的模型。但是，模型在同一时间不能是不同事物的模型，也就是说，一个模型只是一个特殊事物的模型。本质地讲，表征指向一个特殊的现象，或者它有能力把一个特殊事物指向一个恰当的主体。这是表征与多重实现性不相容的一个特性。这就产生了一个问题：如果一个特定的集合理论结构与例证这一结构的不同目标系统同构，选择哪个目标系统建构模型呢？这样，我们就处于一种两难境地：作为模型的结构必须代表一个特定的目标系统，而作为一个纯粹的结构，它又与不同的系统同构。

苏阿雷兹（Suárez）指出："当模型被表征的时候，隐含或外显指称把它的意向应用给予它应用的客体。从历史的观点看，一个模型就是一个表征，它必然意指某些现象；它的意向应用不是我们选择加在这个模型上的一个外在关系，而是这个模型本身的一个必要部分。"① 也就是说，意向表征意味着表征那些可观察到的现象，只有现象被观察到时才能作为我们表征的对象。从语境论的观点来

① Suárezm M. Theories, model, and representation//Magnani L Nersessian N J, Thagart P. Model-Based Reasoning in Scientific Discovery. New York: Kluwer Academic/Plenum Publishers, 1999: 79.

看，用模型表征可观察现象是自然而然的，即使某种无法被观察到的现象也是可以被表征的，因为我们表征的是结构而不是现象。表征是语境中的表征，既包括可观察现象，也包括不可观察现象。作为模型目标的始作俑者，科学家的认知能力发挥着重要的行为引导作用。要解决特定的科学问题，科学家必然要锁定特定的目标系统，使这个系统超越于其他系统，尽管这些系统是同构的。

第四，确定不同模型同一性条件的问题。弗丽嘉认为，模型要得以成功地表征事物，它就不得不给出我们一些确定其同一性的条件。这样才可能说，在什么条件下两个模型是相同的。也就是说，我们必须能够区分不同模型。这里要特别指出的是这样一种情况：由于两种模型结构的起决定作用部分是重叠的，所以我们有时视两者是“同构的”。在这种情况下，我们可以区分两种“同构”的模型，因为除了起决定作用部分之外的一些“细节”外，会显示两个模型各自的同一性。

在语境论者看来，科学家建构模型是以特定目的为导向解决特定科学问题的。这就使得不同模型（尽管它们的结构相同）会有不同的适用条件、不同的影响因素、不同的实验环境等，这正是能把模型区分开的重要原因。科学史上没有出现模型相互混淆的情况就有力地证明了这些语境条件的有效性。例如，游乐场里的旋转滑梯和 DNA 的螺旋双链结构都可以视为是具有螺旋结构的模型。但是对于旋转滑梯这一模型，我们会考虑每一旋的弧度。这是一个值得考虑的因素，因为每一旋的弧度不能太大，否则，圆周运动会引起很大的向心力，使游玩者有掉下滑梯的危险。显然，DNA 模型不会考虑这样的因素，诸如此类的语境因素就可以区分这两种模型。

第五，表征的非精确性和可错性。大多数表征在某一方面都是不精确的。例如，玻尔的原子模型，密立根的油滴核模型，并不与它们各自的目标系统同构。但是按照结构主义的观点，不准确的模型是不能表征的，因为，如果模型是可表征的，那么它就应该完全与目标系统同构，否则它也就不能表征什么。

反结构主义者认为，结构主义的这种观点限制性太强。这一观点有道理。从语境论的观点看，结构是处于特定语境之中的，同构是在特定的结构部分或者是在特定的视角下的同构。例如，两种品牌的洗衣机，尽管两者外观方面的结构是有差异的，但是能够产生洗衣机功能的核心结构是相同的，在这种情况下它们是同一种家电，我们认为它们是“弱同构的”。选择一个合适的投影角度，把一个圆盘和一个圆球投影在平面上，都会出现一个圆形的阴影。所以，从平面投影的角度看，圆盘和圆球是“同构的”。由此看来在“弱同构”的观念下，同构是一种不精确的同构，由此模型是可以表征的，即使它与目标系统不完全同构。

反结构主义者弗丽嘉还进一步提出这样的问题，即模型与目标系统的关系不仅是不准确的，而且是彻底错误的。例如，数千年来平的圆盘一直被用来表征地球，但是我们知道这是完全错误的。尽管如此，我们仍然把圆盘视为地球的表征。我们如何看待这一问题呢？

正如语境论者描述的那样，由于人们看待问题的角度不一，结构处于不同的语境之中，所以同构在心理形成的“印象”也会是千差万别的。在这种情况下，当确定模型结构与目标系统的同构关系时，有时会造成一定的片面性，从而产生错误的表征。这就是为什么“科学常常能够很成功地建构对现象的表征，但是它很少能够成功地建构完全精确的表征”。古人当然无从知道万物都受到万有引力的作用，所以他们认为地球是平的更为稳妥。月球看上去不也像圆盘一样吗？况且，从平面投影的角度看，圆盘和圆球是“同构的”。由此看来，可以把圆盘看成是地球的表征，尽管这是类似于“盲人摸象”的错误，但却是合乎情理的，因为语境不同，表征的意义就不同。

第二节　语用模型表征的机制

我们前面提到语境论立场时指出，目标系统作为现实世界的实体或过程，要例证一种结构。也就是说，无论是从结构主义还是语境论的角度，如果要用模型来表征世界，我们需要厘清结构和结构之间的关系。这意味着我们要表征的世界必须能化归为一种结构。世界的结构不是“免费的午餐”，它不会“坐在那里等我们来拿”。因此，在发现和确认隐藏的客观世界结构的过程中，科学家的认知能力发挥着巨大的导向作用。正如吉尔所认为的那样，科学中构想表征的路线是自上而下的。根据模型要解决的科学问题，或是模型试图给出哪方面的问题，科学家会首先确立一个目标，然后建立一种结构的雏形。

凭借以往积累的相关经验和知识，科学家具有了一种直觉认知能力。在对目标系统总体进行考察后，在这种直觉认知能力的引导下，他们会对客观世界形成一种心理印象，即客观世界的结构草图。如果说模型是一幢大楼，结构草图就是它的效果图（不同于施工图），而且不难推断的是，这一结构草图通常依赖于科学家的目标、经验、知识等语境因素，这些工作为以后具体的模型建构确立了基调。例如，对一木悬臂梁 A 的自由端施加一力矩，分析悬臂梁 A 材料的内部受力情况。首先，材料内部的任意断面，从整体上看都要产生一个与施加的力矩方向相反的力矩。这是后续分析推理的指导方向。科学家凭直觉假定：同样受力的情况下，相同材质的木板所组成的相同体积的悬臂梁 B 与悬臂梁 A 内部受力情况相同。这样科学家会形成一个悬臂梁 B 的心理印象，由此初步认定悬臂梁 A 的结构。然后，以穿过中轴线的平面，科学家把作为心理印象的悬臂梁 B 均分成上下两部分。在同一断面，设想上半部分沿着每个木板都会产生一个应力，下半部分沿着每个木板都会产生一个反方向的应力。从整体效果来看，这些应力的集合形成一个力矩，且方向与自由端施加的力矩方向相反。这样，心理印象所认定的结构为后续的模型建立开辟了道路。至于木板之间的相互作用及其对模型的影响等细节问题，会在具体的模型建构中解决。

另外，认知科学家还构造了一些推理模型，用以模拟人的推理。例如，詹森-莱尔德（Johnson-Laird）的心理模型就是其中有代表性的一种，它阐述了一种心理表达形式，即工作记忆中创建的暂时知识结构。这个概念来源于克雷克（Craik）的思想。在他看来，人们为表达实在而构造出来的内部模型，与外部世界的“关系结构”具有相似性，而且这种结构允许人们通过内部模型的操作来进行推理和预言詹森-莱尔德的心理模型，可以说是一种把握语言理解和逻辑推理的知识表达形式。詹尼特（Genter）等也提出一种心理模型，即一种存储于长时记忆的知识表达形式，它能够表达外部物理系统的行为运作机制的内部概念体系。认知科学家力图把逻辑学的成果为己所用。例如，认知科学家把图林机和形式系统结合，提出了一种形式符号处理系统作为所有认知过程的隐喻，这就是心灵的计算理论，或老式的人工智能。该理论在认知科学中扮演了重要角色。

逻辑和认知是什么关系呢？我们知道，古希腊数学家欧几里德创立的欧氏几何，是一种公理化的逻辑演绎体系，即使用尽可能少的公理（假设），运用逻辑演绎的方法，推导出各种推论。从语用模型表征的观点看，这种公理化的体系可以被视为一种句法进路的理论模型。在欧几里德时期，公理是作为直觉的、不证自明的前提被接受的，所以欧氏几何公理化体系的公理被认为是一种人为的假定，它们来源于人们的直觉感知。可以看出，认知、逻辑和几何之间的密切关系，使得作为一种模型的欧氏几何起到了一种独特的作用。它不仅为认知科学奠定了基础，使得逻辑和认知在那里紧密地结合起来，而且把世界和心灵沟通了起来，使得人们能够对心灵、世界和语言的整体关系有所把握。正如皮亚杰认为的那样：“欧氏几何的巨大成功，在很大程度上激发了人们对自己认知能力的信赖，使得逻辑、几何和认知在历史上形成了紧密的关系。”①

认知和逻辑结合的态势，经过康德一直延续到希尔伯特时代。两人对人类认知能力也都持一种乐观的态度。康德认为，欧氏几何假设的真理性内在于人的感知能力，证明的方法体现了思维的规律。希尔伯特也主张我们证明理论的基础理念不是别的，而正是描述我们理解的这种行为，并制定一个包含一些规则的约定，我们据此约定进行思考。然而，正是由于这种密切的关系，当非欧几何横空出世后，它同时也摧垮了人们对自己认知能力的信心。人们不知道，是欧氏几何的假设还是非欧几何的假设是一种错觉，或者这两种几何的假设都是错觉。同时，人们也迫切想知道有效和无效推理的区别在哪里？推理的有效原则是什么？

① 皮亚杰．发生认识论原理．北京：商务印书馆，1997：72.

什么使得一个推理的原理有效或无效？

带着这些疑问，在20世纪中期哥德尔和塔斯基开拓性工作的指引下，逻辑学家关注逻辑的语义学层面，即真理、所指和意义，这三者与一个有效的推理密切相关。人们随之得出了这样的结论：一个论据之所以是有效的，不是因为人们的认知能力，而是因为如果前提条件为真，那么结果也就为真。另外，认知科学家开始关注人们如何推理的机制，是什么使得人会有推理行为等问题。然而，逻辑学家对推理的心理认知层面的不信任，造成了一种分工。他们认为，心灵和心理表征的关系是心理学的研究对象，世界及其表征则是逻辑学研究的对象。正是由于这两种完全不同的表征体系，相互之间无法沟通，从而不仅造成了心灵世界和物理世界的隔绝，也造成了逻辑和认知的疏远。

但是，根据逻辑学家皮尔斯的观点，心灵、语言和世界之间的关系是不可还原的三态。如果不能给出三者之间的整体关系，就不可能给出心灵和语言，或是世界和语言之间关系的足够的描述，那么认知和逻辑的分工就是一种误导。如果皮尔斯是对的，那么逻辑和认知应该有很密切的关系。然而这种关系到底有多么密切呢？石里克曾对此问题有精彩的论述："心理过程和逻辑之间的相互关系问题看起来就是通过连续的结构产生离散的或可数的结构这一问题的一个特例。我们可以把我们的大脑和一架计算机，或亚芳斯的思维机器相比较，证明后者也就解决了我们的问题。连续的大脑过程导致某些临界状态；正像这些机器产生某些数或字母一样，与连续的意识流相伴随出现某些离散状态。这些离散状态虽然由过渡结合起来，但并不是不可分离的彼此融合。这些状态当然是作为不同的东西被体验的，因而要使精确的思维逻辑成为可能，也就别无所求了。也许我们不太容易忽视的就是，一旦满足了建立全部逻辑的条件，那么离散的结构也就成为可能的了。"① 他还进一步指出："对心理量所做的区分事实上是由那些进入直观过程的连续之中的离散要素来保证的，因此通过心理过程来实现逻辑关系的这个问题，现在令人满意地解决了。"②

从石里克的这一论述我们可以看出，心理过程是大脑思维过程的连续状态，当这种连续状态"离散化"时，就产生了精确的逻辑结构。心理过程和逻辑结构，正像光的波动性和粒子性，是互补的。只有整体上理解了光的波动性和粒子性之间的关系，我们才能真正地了解光的本质。同样，只有理解了整体上的心理过程和逻辑结构的密切关系，我们才能理解认知推理的本质。

逻辑和认知分工之后，逻辑学家和认知科学家为理解人的推理都进行了不懈的努力，并取得了一些重要成果。19世纪末20世纪初，逻辑学家发展了一种叫

① 石里克．普通认识论．北京：商务印书馆，2005：182-183.

② 石里克．普通认识论．北京：商务印书馆，2005：184.

做形式推理系统的数学模型，该模型基于一种表征的句法操作。作为一种有效的推理模型，形式系统在数理逻辑和计算机科学领域取得了巨大的成功，但是当它被应用于认知推理时却遇到了无法克服的障碍。由此看来，独立于认知科学家和逻辑学家的路并不能走很远。19 世纪 30 年代，图林提出一种机器模型，通过它来模拟人如何使用符号来进行日常运算，这就是著名的图林机。这种机器同时传达了这样一种观念：把计算机当作能模拟任何其他机器包括人脑的一种通用机器是可能的。这种观念为人工智能，特别是"计算机隐喻"的发展奠定了一定的哲学基础。

此外，逻辑的语义学研究也对认知科学起到很大的影响。例如，逻辑学家蒙塔格（Montague）借用现代逻辑思想，开发了第一个自然语言的语义学解释，即蒙塔格语法。后来证明它是极有成效的。在这一领域，一个成功的例子是，用一般化的量词来解释自然语言的限定词和它们的关联名词短语。每一个限定词的意义被集合间的二进制关系模型化。它们自身的关系有非常不同的性质，这些特性可被用于解释相关逻辑和过程间的区分。

由此我们可以看出，认知和逻辑的协同在历史上颇有渊源，而且近年来两者之间出现了越来越密切的关系。语用模型表征理论将两者的密切程度推到一个新的高度。它通过模型对现实世界的表征和行动者对世界的"心理印象"的摹写之间的互动和关联，把心灵及心理表征和世界及其表征纳入到整个模型的建构之中。另外，在语用模型的表征概念中，虽然语言不直接与世界关联，但语言却直接与模型关联。由于"心理印象"具有对模型结构识别的引导作用，心灵和模型直接关联，也由于模型是对世界的表征，世界与模型直接关联。这样以模型为中介我们也就把心灵、语言和世界三者成功地引入模型的构建过程之中，从而整体地把握了三者之间的关系。可以肯定，语用模型表征理论将会为深入剖析三者之间的整体关系提供一次新的契机，反过来对三者之间整体关系的深入了解也能够推动语用模型表征理论的进一步发展和完善，在语境的基底上将心理建构与客观世界统一起来。

在语用模型的表征中，行动者具有意向性。作为有意向性的主体必须满足的条件是："能够具有某些类型的表征，从而能够建构心理模型。"① 在詹森-莱尔德看来，心理模型是一种真实世界、假想情景、事件或是推理中心灵建构过程的结构类似物。对于心理模型，成为结构类似物意味着体现一种表征，即表征空间和时间之间的相互关系、被描述事件和实体的因果结构，以及其他与问题解决任务相关的信息。按照詹森-莱尔德等的理论，奈瑟斯安（Nerses-sian）提出一种关于科学发现领域的基于模型的推理（model-based reasoning）的假说。这种推理

① Brinck I, Gardenfors P. Representation and self-awareness in intentional agents. Synthese, 1999, 118: 89.

不同于传统的应用逻辑推理的观点，而是凭借建模实践（modelling practices）的认知基础，使心理建模成为认知推理的基本形式。换句话说，不是在事物和术语抽象映射的逻辑意义下，而是在心理与物理系统的某些方面同构的结构之类比意义上，应用术语“模型”。

思想实验是基于模型的推理的主要表现形式之一。根据奈瑟斯安的观点，从心理建模（mental modelling）的角度看，思想实验的表征叙事形式的推理功能，将是引导读者建构其所描述的情景的结构类似物，并通过模拟其中所描述的事件和过程得出推论。然而，不像其他虚构的叙事，科学思想实验的语境使得读者能明了这一意图，即情景是这样的一种境遇，它用以表征一个可能的真实世界的情景。叙事已经是较高级的抽象，它作为辅助可以聚焦模型的显著维度，以识别作为原型的情景，这样，使得实验的结果被理解为超越了思想试验的特定境遇。

在论述演绎的心理模型理论时，詹森-莱尔德强调这种理论关注推理的心理学而不是演绎逻辑。但费泽（Fetzer）认为，“尽管这种不带规则的推理的思想听起来很诱人，但它只不过是利用了形式规则（formal rules）和规范标准（normative standards）之间的含糊性”①。如果没有一种规范标准，这种方法充其量不过是一个把有关表现信息堆砌起来的建议。奈瑟斯安也承认，作为一种推理形式的思想实验通常要被重构成为论证，同时建模的功能不能为论证所代替。对于如何进行上述论证的重构，我们认为，目前使用逻辑方法仍然是我们不二的选择。不过，奈瑟斯安着重指出：“我们应该区分关于思想实验的推理和重构该思想实验的推理。”② 这种区分当然是必要的，却也是很难做到的，因为，在总体的模型表征中，两者在时间上不存在相继性，相反，是同一过程的相互渗透的两个方面。这样，通过对基于模型推理的逻辑重构，我们最终找到了合适的语用模型。

概言之，心理模型理论关注心理推理到这样的程度，以至于它不再与逻辑能力有任何瓜葛；心理模型理论关注逻辑能力到这样的程度，以至于它不再是心理学理论。认知和逻辑推理之间的关系的确很微妙，但是如果我们认识到：一方面逻辑渗透着心理；另一方面认知可以进行推理，我们就能够明白在语用模型表征中，两者相互协同，缺一不可，从而进一步加强认知推理的功能。

第三节　语言的认知语境与语境认知模型

语言在认知过程中扮演了十分重要的角色。语言不仅是“说”，而是在说中

① Fetzer J H. Mental model: reasoning without rules. Minds and Machines 1999, 9: 120.

② Nersessian N J. Model-based reasoning in conceptual change//Magnani L, Nersessian N J, Thagard P. Model-Based Reasoning in Scientific Discovery. New York: Kluwer Academic/Plenum Publishers, 1999: 20-21.

表达出各种各样的东西，如我们谈论的一个事实、一个事件、一则新闻、一种恳求等。语言是否在说的过程中真实地反映了现实的存在，我们怎样才能讲某种语言，并且在说中讨论某事、某物，以及处理这些事与物。一般来说，语言常被认为是区别人与其他动物的、人类特有的一种更宽泛的交流系统，在这样的系统中，人们自然会形成一种认知语境。

一、语言的认知语境

20 世纪以来，有关语言的研究大多数集中于有声交流的方面，如声音、语法和意义。也就是说，语言研究的范围大多关注于语言的表达能力。1960 年，语言学家赫克特（Hockett）主张用限定的术语"人类语言"来纠正那些有关语言所指之物的有声的、依句法的、专门性交流的范围，抽象地表明意义是在说话之间的语境中独立确定的。20 世纪 50 年代以来，大量有关语言能力知觉的基础研究、句子的构造和语言的意义已同语言的心理学功能结合在一起，因此，各种语言的意义在特定的语境中通过符号和构句，在控制行为方面形成了一套认知的经验格式，而语言认知就是通过理解语言怎样进行专门性的指称和构句，把"纯语言学"交流的行为功能的范围作为语言学意义的语境指向。这种语言的认知语境包含了大多数流畅的交流环境，即社会的、语用的以及从主观意志出发有效的某种行为方式。如果是这样的话，我们也可以把书面表达的技能看成是有关言语、说话及思想表达的另一种方式。语言学家威尔逊（Wilson）认为："我们应该依据我们的手迹形成的类型来反省我们的语言。"[①] 这种观点声称：语言学的单位是运送抽象资料的容器，以可视的方式形成特定的功能，这种功能区别于其他的功能和本质，它可能存在于有机生物面对面的交流中，其他的单位有赋予它们上升为语境独立性的可能。洛克认为："语言学家忽略了语言作为社会相互作用和情感表达为媒介这一规则。"[②] 他把人类交流中一般的"说"同受限定的"演说"进行了区别，认为通过语言交流所获之物，起初被处理为语言的对象，建构了一种本质的社会相互作用的框架，进而由演说所获得。显然，限定了的演说是在这样的语境中进行的，语境限定了所要表达的范围与交流的内容，所陈述的内容恰好又是以最初一般的说为基础的。认知和语用学家试图在实践的经验中解释表层语言，并且排斥语法同意义的分析界限。语言学家豪克特在"语言意味着怎样"一文[③]中指出，在语言的使用中，在语言和副语言之间、专门性语言和

---

① Wilson R A. Keil F C. The MIT Encyclopedia of the Cognitive Science. MIT Press, Cambridge, Massachusetts London, England 1999: 439.

② Locke, J. Phases in a child of language. American Scientist, 1994, 82: 436-445.

③ Wilson R A. Keil F C. The MIT Encyclopedia of the Cognitive Science. MIT Press, Cambridge, Massachusetts London, England 1999: 439.

模仿性语言之间描绘一条鲜明的界限是困难的，他主张把语言和交流作为一个整体来研究，从中了解语言，如同奎因和戴维森所主张的那样，一个句子的意义是由它在整个语言中的用法确定的。

这里的语言认知并不是简单地认识语言。按照一般的哲学用法，认知包括通往知识的那些状况与过程。斯宾诺沙把认知划分了三个等级：第一类认知由第二手的意见、想象和从变幻不定的经验中得来的认知组成，这种认知承认虚假；第二类认知是理性，它寻找现象的根本理由或原因，发现必然真理；第三类也即最高级的认知是直觉，它从有关属性本质的恰当观念发展而来，达到对事物本质的恰当认识。斯宾诺沙对认知的三个等级的划分体现了主体对世界的认知具有明显的倾向性，也可以认为在我们对世界的把握之前，已置身于一个特定的语境中，在我们的潜意识中设置了正确或不正确理论所编织的看似极为合理的境域。正像海德格尔所说的那样，“人的表达总是一种对现实和非现实的东西的表象和再现”①。这无疑把语言置于特定的语境中，才能达其文，表其意。语境论也主张一个原理的意义是随着其所处的不同的非逻辑语境而改变的，意义必定受特定的历史、语义学、社会和政治观点的限制。每一种语言适应一种独特的文化和社会环境，在表达上也有所不同，文化的适应性反过来又构成语言文化的中心，而语言的差异在文化方面可能是最为持久的。文化的回应表明：每一种语言都可以为另一种语言的变革提供新的认知语境。

二、语言的一般认知模型

语言是一种在线的、相互作用的，同时也是具体的和特殊的人类认知的组织形式。单纯把语言看成一种使用工具并不恰当。有关人类认知的大多数模型是人类在社会中不断地实践和应用的过程中逐渐形成的。就语言本身而言，处理文化变化的特性是语言认知能力的本质特点。根据一定的文化背景，语言不仅可以说或标记，而且也可以通过判断声音、意思或者将两者结合起来，以某种书写系统形式表现出来，也可以借助手势系统来加以标记和传达。丘奇兰德（Charchland）认为，语言有“认识压缩”的功能，它有利于将世界分门别类，把概念结构的复杂性减低到易于处理的程度。例如，单词“螺丝刀”就代表了一种工具的多种表象，其中包括它的操作和用途的形象描述，用法的具体举例，工具的手感以及与之相应的手的运动。“语言本身就根植于那种感性和超感性之间的形而上学区分中；支撑着这种语言的结构的基本要素就是二分的，一方面是声音和文字，另一方面是含义和意义。②”语言在认识上具有用一个符号就可以

① 海德格尔．在通向语言的途中．孙周兴，译．北京：商务印书馆，1999：4.

② 海德格尔．在通向语言的途中．孙周兴，译．北京：商务印书馆，1999：86.

将许多概念揉和在一起表达出来的特性。这样看来，人在语言认知的过程中，潜在了简单的或复杂的语言的认知模型，在这些模型的基础之上建立更复杂的概念，应用这些复杂的概念能在以前难以实现的水平上进行更为细致的和更为深刻的思考。我们将一般认知模型概括为三种：逻辑认知模型、社会认知模型和心理认知模型。

1. 逻辑认知模型

通过学习一种或多种语言，借助不同的理解对象，了解外在事物以及自身时，先获得一个表层的认识。语言在这时只不过是一种表达的方式或者也可以视之为一种行之有效的工具。对于语言的使用，法国后现代理论家索绪尔认为，言说可以呈现世界，也即语言符号同其内容之间形成了某种本质的和直接的联系，能指同所指就具有了单一的稳定关系。这样就表明：人类在使用语言认识事物时，从认识简单的事物到复杂的事物，从事物的外在表象到深层的本质，就会形成演绎性或归纳性推理的逻辑认知模型：

言语交流——→逻辑推理——→逻辑判断——→形成认知

例如，在与一位罪犯面对面的谈话中，通过与他的语言沟通，进而了解他的出身、家庭背景、教育背景等各个方面，由此可以推知其犯罪的动机和作案时的心理活动。这种逻辑模式存在于大多数人的认知过程之中。然而，当我们面对某种语言的逻辑分析时，主要是关注于语句的逻辑形式、句子的语法形式和逻辑形式之间会形成怎样的区别与联系，忽略了语言表达构建的逻辑推理和逻辑判断。探究一个句子的意义不是句子本身而是句子所表达的意图。脑科学的研究表明：那些脑部受损伤的人，特别是发育中语言损伤的人而言，将会影响语言认知的模式及其有效性，从而导致理解上的困难。研究进一步发现：有诵读困难的成人，或者语言学习受损伤的人表现出明显的生理听觉的不足，尤其是较为缓慢的听觉处理速度及对事物的分析能力的不足，这将会影响他的认知能力，使他无法形成正常的逻辑推理模式。

2. 社会认知模型

我们常说人是社会中的人，这无疑已经打上了社会的烙印。有人认为语言是一种文化的革命，完全没有必要去思考语言的本质及语言的认知过程。持这种观点的人夸大了文化创造语言的作用。实际上，语言不是构成人的世界观的唯一形式，但语言所具有的独特的创造力必定赋予人类发展史一个特殊的尺度。语言通过对外部环境的内心领悟和改善，使得一个民族能够赋予它所传承的语言以一个如此不同的形式，以致语言成为了一种完全不同的新语言。这一过程并没有改变语言的语音，更没有改变语言的形式和规则，而时代通过不断增长的观念发展了，人类增强了思维力和不断深化的感受能力，这往往把它以前所不具有的东西引入语言中，进而把某个不同的意义置入相同的外壳中，把某种不同的事物置于统一标志之下，根据相同的连接法则来说明不同层次上的观念过程。因此，语言在认知过程中潜在了认知的社会模型，社会认知模型的认知过程为：

言语——→交流环境——→社会共同体的影响——→信息加工——→形成认知

由于语言的认知会受到文化、性别、思想、环境、制度等一系列社会因素的影响和制约，每一种语言适应一种独特的文化和社会环境，并且在表达上也有所不同，这种文化的适应性构成了语言的文化中心。自然语言的发展是最为明显的例子，学会自然语言并且通过社会的相互作用，可能构成最复杂的认知任务。在相互作用的语境中，自然语言的许多方面才能被理解。这种社会认知模型往往依赖于对事件的片段和个人知识的理解，而这种理解又是建立在社会共同体所形成的信念之上的。模型的建构涉及某些社会文化方面的内容，是基于对这些事件的理解、记忆和表征的。也就是说，语言的社会认知模型体现了社会共同体形成的共识和信念，语言所表达的独特自我意识恰恰是人类社会活动的一种认知的表征形式。

3. 心理认知模型

借助语言来了解一个事件或者是某种发生的状况，无形之中难以把个人的态度、情感与当下的情景剥离开来。这样一来，如果我们要把所经历的事件表征出来，离开心理的表征无疑是很困难的。例如，一个人感到恐惧或经历过巨大的打击时，他的语言会潜意识地流露出不安，听者会感受到这种不安的情形。说者与听者自我本能地构建了相应的心理表征的形式，即语言的心理认知模型。心理模型往往会使人在对曾经亲历的某个事件、某种行为时提供更为详细的和经验性的暗示。为了进一步了解一个事件、一种行为，以及其他人的性格、品质等方面的信息，人就会在此基础上建构一种理解和认知。然而，这种理解和认知或多或少并不是完全正确的，因为每个个体自我的差异不同，就会影响到这种理解和认知。

心理语言学借助认知过程研究语言内容本身，把非动态的交流意图转化为动态的行为。这样转化的过程肯定会把概念或思想翻译为话语表达出来，形成了说者与听者之间的联系，以及听者对话语信息的反应。想象一下教师让学生找出一幅画中的十处不同之处的情景。这样的过程是以交流的意图开始的，教师与学生之间的互动依赖于这个信息。学生得到这个信息后的第一反应不是先弄清信息的结构和语法，而是“按图索骥”，心理活动暗示了信息提供的数字和不同处，进而构建自我的语言表达模式：

言语（话语、行动）——→获取信息——→加工信息——→心理反应——→语言表达心理认知模型同样会受到前面提到的逻辑认知模型和社会认知模型的影响，可以说这些模型是相互交叉、相互渗透的。当我们在谈论语言所构建的逻辑的、社会的、心理的认知模型时，更为重要的是这些模型是离不开相应的语境的，因为认知毕竟是依赖于语境的。接下来，我们讨论语境认知模型。

三、语境认知模型及其功能

在语言的结构关系和言语的使用方面，我们都不应忽略众所周知而又不易引人注意的一个问题，即意义的语境认知。语言的使用不仅形成更新了它们交流的事件情景及形式，而且语言参与到所交流事件的环境中了。在某个交流的系统中，演讲者与听者、医生与病人，读报纸和看电视，课程的参与者需要检测自我遇到的问题等诸如此类的场景。概念化的表征会构建一个新的认知模型，即语境认知模型。

1. 语境认知模型的结构

一个交流的事件或情景就是一个语境，这个语境不同于人们所参与的其他的事件，然而它们又是相互作用的，正是通过相互作用而形成认知，这一认知过程就是语境认知模型。在这样的语境中，行为者把自我表征为语言的参与者，当下的言语与行动形成了当下的认识及判断，也就是说，模型的范畴包括了我们所知道的交流状况和语境规定的、结构的、心理的相互作用。例如，设定的时间、地点、环境、参与者和行为、参与者之间的关系，这就意味着我们在一个特定的理论框架下，通过交流探讨事件的多个方面，如事件的内容、目的及意义等。语境认知的过程为

叙述事件（言语的和行动的）——→语境影响——→内心体验——→认知形成

语境认知模型的结构是建构在一般认知模型的基础之上的，也就是说，语境模型在范围上要比逻辑的、社会的和心理的模型的范围更广，涉及的内容更丰富，它的结构为语境认知 = {逻辑认知，社会认知，历史认知，心理认知，文化认知}。

在这样的结构框架下认知不同的事物和事件是全面的、深刻的。例如，对亚里士多德关于重的物体比轻的物体下落速度快这种观点的分析，我们会以当时的历史背景、生活的年代、社会文化以及他是基于怎样的条件得出的。在这样的语境下，就会做出对错的逻辑推理、社会群体的心理认知和认知判断。

语境认知模型形式上大多是个别的、私人性质的，因此，个体的主观解释和交流事件的历史背景客观上限定了言语的表达。例如，教师讲课，面对不同年级学生的授课，或者是同一年级学生的授课，即使内容相同，其反应也很难趋同，而是通过授课效果反映出来。因此，认知语境不能简单地被认为是语言的环境，

它涵盖了一个事件发生、发展的全过程，即事件交流的时间、地点、文化背景等构成事件的要素，交流语境中说者的目的、意图、内容，还包括听者的言语、行动及反应等诸多因素。

2. 语境认知模型的功能

语境模型常常用于某个交流的事件和论述，也常用来说明参与交流的人彼此之间的意图、目的、观点、期待、态度及其他的信念等不同的层面。一般而言，语境模型拥有多种多样的交流功能。这些功能会影响谈话或者论述的结构和内容，反之亦然。

首先，语境模型充当了交流与论述的媒介。语境模型的一个重要的功能就是在交流的事件或者论述的背景之间进行调解，这是由于在一个交流系统内很难注意到参与者心理变化的许多方面。尽管一般的语言交流是为了说明事件和情景的模型表征的内容，以及语言使用方面的知识。这样的知识可能会借助认知者的观察或经历详细地加以说明，并且在交流的基础上加以整合，得到一定的认同。这样的知识整合的框架通常是在论述与谈话中表达的。详细地讲是因为语言的使用能很自然地提供带有参与者自己积极的、推断性的信息，或者是个人建构性的和社会性的信息。也就是说，语境认知模型在交流系统中是潜在的、不可或缺的通往认知一个平台。换句话说，语境认知模型在信息提供方面比其他模型更加丰富，在理解方面更是多层面的互动。

其次，语境模型提供了一个认知整合的平台。没有两个人的言语是一样的，因此即便是有人从两个地方拿到相同的手稿，也能辨别出不同，这说明了语言在交流中的变化和整合。在这个意义上，这种变化和整合是渐进地、从无序到有序的过程，它可能不会引起多数人的注意。历史学家注意到语言有时会突然变化，在相同的时间内同时发生几种变化，然后就进入相对的累积阶段，处于暂时的整合和调整。例如，一个说话人想要讲一个有关私人事件的故事，记者想要写有关政策的事件，学者要写一个研究性的论文，他们所面对的是事件和谈及到的信息应该怎样来表达，什么情况下不应该或者无需把真实的想法或心理的变化、实践的过程在谈论中表达。很明显，掌控这种选择的分析策略是以谈话者和交流的语境模型所提供的信息为基础的。在语境认知模型中，唯一的信息是与当下的语境所表达的论述必然地相关联的。对这种相关的说明需要形成详细的有关语境结构，并通过交流的意图、内容使接受者的知识得以完善，强化认知功能。

最后，语境模型规定了事件或者行动的边界。例如，宣传孝道的讲座，我们姑且把它看作是一个语言交流的认知语境，如果听者知道《孝经》，而宣传者相信有人不知道《孝经》，他就会展开来讲，使未知者知道或者对其了解感兴趣，由此《孝经》就包括在了论述之中。那么参与者共有知识的部分就需要把涉及的典型的语境条件作为参与者的兴趣。语境背景信息的重要性强化了同参与者之间的社会关系，以及与其他事件之间的关系。这就是说，谈论什么，语境认知模型控制了讲述者构想的事件模型规定的语义内容，即语境认知模型控制讲述者构成事件模型的有关信息。这样的论述会依赖于讲解的当下语境和历史性读物产生的语境展开，并且潜在了简单明显的规则，这就意味着语境模型规定了论述的演讲行动。因此，语境认知模型在逻辑的、社会的和心理的基础上整合所有相关的知识和内容。

四、结　语

当我们在讲语言的时候，出现了有关语言与语境、语言与认知等问题。语言在人类的认知过程中扮演了十分重要的角色，是人类获得新知识的一种主要的途径。语言的认知模型不仅限于以上所列举的逻辑认知模型、社会认知模型、心理认知模型和语境认知模型，它肯定还有其他的模型或认知的方式。这些语言认知的模型在不同的认知语境中发挥着令人瞩目的作用。如果我们对认知和神经机能的语言形成的原因了解得越多，就会对语言认知是如何发展的，哪些部分适应于不同的目的，哪些是偶然的事物等问题知道得更多。

或许更为重要的是，我们已经在语言认知的不同方向上获得了某些启发。语言的变化恰恰说明了我们关注语境模型和论述结构会影响到语言的变化。语言在语境认知过程中的变化潜在了对事物的认知判断。由此语境可作为说者的心理表征。然而表征语境结构的方式是很复杂的。这就意味着我们仍然不知道语境模型在交流和论述中是怎样形成的。语言的使用者明显是建立了当下言说的语境或者升级了他们言说的心理表征及对社会环境的心理表征。然而，我们需要知道的是这样的心理与社会的环境是怎样在语境的认知层面上分析和表征的。随着认知科学的不断发展，相信人们对于语言认知语境的探讨会更深入。

第四节　基于 PTE 和 PEL 模式的科学推理模型

科学发现和推理过程是科学哲学中的一个重要问题。我们运用语境实在论方法对波普的 PTE 模式和高奇的 PEL 模式的分析与整合，提出一个新的科学推理模型，并揭示了它对科学认知的意义。

一、PTE 模型的缺陷

科学发现和推理的过程是怎样的呢？科学哲学家波普认为，科学发现是通过猜想和批判的方法展开的。他据此提出了猜想——反驳的一般图式：P_1→TT→

$EE \to P_2 \cdots$。其含义是：从某个科学问题 P_1 出发，提出猜测性解答或试探性理论 TT，通过逻辑和实验检验排除错误 EE，然后在研究过程中发现新的问题 P_2。这是一个不断循环的发现和创造过程。科学知识正是按照这个图式增长的。在揭示科学发现的过程中，波普最初给出的图式：$P_1 \to TS \to EE \to P_2$。TS 表示试探性解决办法，他发现这个模式丢了一个重要的因素，即试探性解决办法的多样性和尝试的多样性，于是他把上述模式做了修改，如图 6-1 所示。由于 TS 是部分地已试验过的试探性解决办法，于是他把 TS 改为 TT，旨在表明猜想环节应该在试验之前而不是之后发生。然而，在科学知识的增长过程中，同一个问题既可以产生多种试探性解决办法，从而形成多种试探性理论，也可以相应地有多种排除错误和产生新的问题。因此，这个四段图式就成为图 6-2。

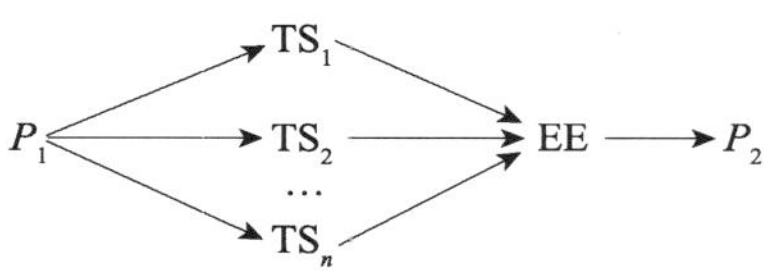

图 6-1　科学发现的 TS 模式

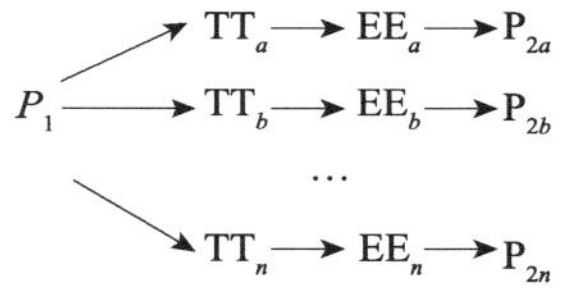

6-2　科学发现的四段图

在波普看来，“如果可能的话，应该提出许多理论，作为解决一些给定问题的尝试，并且要批判地考察每个试探性解决方案。那样，我们便会发现每个理论都引发出新问题；而我们可以把那些有希望引发出最异常和最有意义的新问题的理论探究到底。”① 也就是说，一个问题可以形成试探性理论集、排除错误集和新问题集，即 $P_1 \to \sum TT_n \to \sum EE_n \to \sum P_2 n$。这样，一个有意义的问题可以产生一系列新的问题。如果这些新问题和旧问题有区别，可以说这些理论是进步的。如果这些新问题有所不同，在解决它们的过程中，有希望获得新的理论。这就是科学的创新过程。科学知识正是在这样的过程中不断增长的，科学也正是在这样的过程中进步的。不过，仔细分析我们会发现，这个图式为我们提出一些新的问题：试探性 TT 和排除错误 EE 的具体过程是怎样的？猜想的前提是什么？通过什么逻辑把问题和结论连接起来的？波普没有继续探索这些问题，这些问题也就成了他的 PTE 模式的缺陷。

二、PEL 模式对 PTE 模式的改进

科学方法论家高奇在《实践中的科学方法》一书中，提出一个基于预设、证据和逻辑的 PEL 模式②，其中 *P* 表示预设（presuppositions），*E* 表示证据（evi-

---

① 波普．客观的知识．舒炜光，等译．北京：中国美术学院出版社，2003：286.

② Jr. Gauch HG. Scientific Methods in Practice. Cambridge：Cambridge University Press，2003：128.

dence)，L 表示逻辑（logic）。这个模式首先把预设作为推理的一个要素，肯定了预设在推理中的前提和背景作用。推理过程是通过预设支持证据，并应用逻辑连接起来得出结论的过程。可以说该模式是对 PTE 模式的细化和改进。那么什么是预设？为什么需要预设？这就需要对预设做出定义。所谓预设是一种需要用来达到某一特殊结论但还不能被证明的信念，它是科学假设的前提。或者说，预设是把毫无疑问地认为为真的东西作为某个结论的前提。在收集确定证据的意义上，预设往往不能被证明，但可以通过诉诸常识经验来选择和揭示其意义。科学家重视证据远超过预设，甚至常常忽略预设。因为在常识科学的语境中，科学所需要的预设不仅有意义而且无问题，并被看成理所当然。

高奇把预设形式化和科学化，使预设成为科学推理所必需的成分。他把预设定义为“命题 P 是一个陈述 S 的一个预设，当且仅当 P 对于 S 有一个真值（真或假）必须是真的”，而且“命题 P 是由假设集 $H1$ 到 Hn 表达的问题 Q 的一个预设，当且仅当：①P 对于每一个 $H1$ 到 Hn 的假设可能为真必须是真实的；②P 不产生比别的命题或多或少更可信的命题”。至于预设的科学化，他指出：“科学的一个预设是这样一个信念，如果这个信念不可能被任何证据或任何推理所证明，但必须被常识和信仰所接受的话，它对于一个常识实在论的科学操作就是必需的。”①

看来，合理化科学的预设应该是科学哲学的一项永恒的事业，而收集证据是每一项科学探索必须做的。不同的问题可以有不同的证据，可以有不同的假设，但有相同的预设。尽管科学需要更多的逻辑、证据、仪器和教育，但也需要预设。波普就认为，科学知识是通过未经证明的或不可证明的预设，通过猜测和对问题的试探性解答而获得的。可惜他没有把预设作为推理过程的一个要素，而是作为背景被排除在他的 PTE 模式之外。

在 PEL 模式中，预设是绝对必然的信念，目的是让被考虑的任何假设有意义并且为真，但这些信念对于任意一个假设的可靠性是完全相同的。科学需要一些常识预设，如“物理世界存在”，“我们的感觉可靠”。这些预设充当排除包括严格被考虑的可感知假设在内的不成熟观念的角色。证据是有关所考虑的不同假设的可靠性的经验数据。证据必须是可接受的，在可用的预设范围是有意义的，且必须与有关不同假设相关。逻辑包括归纳和演绎，它是使用有效推理连接预设和证据得出正确结论的工具。

在科学研究的实践中，科学家如何使用 PEL 模式呢？高奇提出一个应用模型，如图 6-3 所示。

这个模型表明：科学探究从问题开始，根据所要研究的问题提出种种假设；

---

① Jr. Gauch HG. Scientific Methods in Practice. Cambridge: Cambridge University Press, 2003: 132-133.

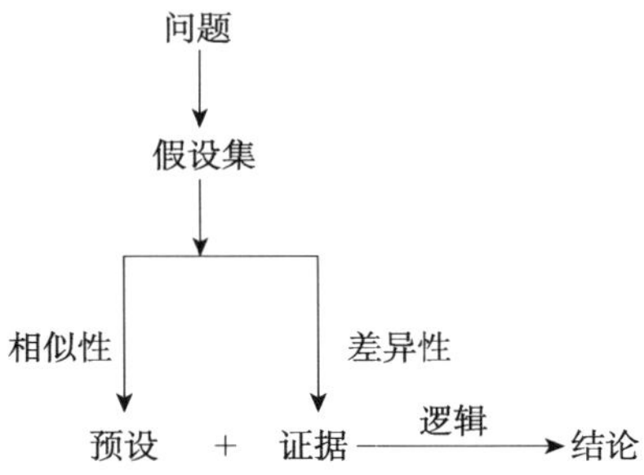

图 6-3　PEL 的应用模式

所有假设之间的相似性支持预设，而差异性则意味着潜在的证据；通过逻辑把预设和证据连接起来而得出结论。

与波普的模型相比，该应用模型把预设、证据和逻辑作为科学推理的核心部分，为猜想和反驳提供了前提和证据支持。这是它优于波普模式的地方。不过，它的缺陷也是明显的。一方面，它虽然多了预设和证据环节，但少了排除错误的环节，这与科学研究的实际过程不符；另一方面，高奇把假设推理或溯因推理（abduction）这种被认为是一种新的逻辑形式排除在逻辑之外，这样逻辑的力量就减弱了。我们知道，假设推理是皮尔士提出的与归纳和演绎并列的三种基本推理类型之一，用以指科学发现的逻辑和一种创造性过程。当遇到用一般规律不能说明的问题时，可以寻找这个问题的若干特征，尝试去发现这些特征之间的关系，并在形成解释这个问题的一组假设中，选择一个对照经验加以检验。因此，假设推理是科学创造性不可缺少的推理方法。PEL 模式把它排除在外显然是不适当的。

三、QHS［PEL］EEp 模型及其推理过程

鉴于 PTE 和 PEL 模式存在的缺陷，笔者将这两个模型进行整合，提出关于科学发现的一种新模式：QHS［PEL］EEp，其中 *Q* 是问题，HS 是假设集，*P* 是预设，*E* 是证据，*L* 是逻辑（包括归纳、演绎和假设推理），EEP 是通过实验检验排除错误。

我们通过高奇使用的一个简单例子来说明这个新模型的推理过程。拿一个不透明的杯子、一个不透明的盖子和一枚硬币。让某人掷硬币而你不能观察。如果硬币是正面，把硬币放入杯子并盖上盖子；如果是反面，把硬币放到别处，用盖子盖住杯子。现在问：杯子里有硬币吗？你一定会想到只有两种可能答案：杯子里有或没有硬币，推理过程如下。

问题：杯子里有硬币吗？

假设集：H1. 杯子里有硬币。

H2. 杯子里没有硬币。

这两个假设是相互排除的，一个为真意味着另一个必然为假。它们一起构成详尽的假设集，即穷尽各种可能。在科学中，一个问题的假设集可能包括更多的假设，但假设集一定是有限的，而不是无限的。无限的假设就成了形而上学问题。

我们如何才能决定哪个假设为真呢？由于寻求的答案是关于世界的偶然事

实，任何哲学和逻辑推理都不能给出答案，因为它们不包含杯子里是否有硬币。相反，为了得到答案，一方面，我们必须观察自然，发现自然的实际状况；另外，我们必须做实验来验证。

在这个例子中，我们可以设想以下几个实验：①打开杯子看；②摇动杯子听；③拍X光照片判断。这些实验中的任何一个都可以解决以上问题。按照简单性原则我们采用实验①最好，推理如下。

前提：我们看见杯子里有一枚硬币。

结论：杯子里有硬币（H1）。

从常识观点看，实验证明H1是正确的，问题似乎得到解决。这是纯粹经验层次的结论。从哲学上分析，这个理由还不充分，因为“看见杯子里有硬币”不能必然推出“杯子里一定有硬币”。还必须加上另一个前提：“看蕴涵存在”。这是简单的预设“眼见为实”。深入地分析会发现，这个预设又蕴涵着特殊预设——物理世界存在，人的感觉可靠，人类语言有意义并适合这个问题的讨论，所有人有共同的认识能力，等等。加上这个前提，推理过程如下。

前提1：看蕴涵存在。

前提2：我们看见杯子里有一枚硬币。

结论：杯子里有硬币（H1）。

从逻辑上看，如果用S表达“看见杯子”，用表达“杯子里有硬币”，则从前提1到结论的逻辑关系为“S；所以E”。这是一个不合乎逻辑的推理，因为S不包含E，结论不是必然的。从前提2到结论的逻辑关系为“S；S蕴涵E；所以E”。这个推理过程遵循“肯定前件式”——“如果S，则E；S；所以E”。如果加上前提3“肯定前件式是一个正确的演绎规则”，则推理过程如下。

前提1（预设）：看蕴涵存在。

前提2（证据）：我们看见杯子里有一枚硬币。

前提3（逻辑）：肯定前件式是一个正确的演绎规则。

结论：杯子里有硬币（H1）。

从可重复检验来看，这个过程还没有得到他人的检验，因而是不完善的。我们知道，如果一个科学家或一个研究小组做出一项研究结果，还要经得起别的科学家的检验，即别人的重复实验。在这个例子中，严格讲，结论不仅是自己按照以上过程得出而且还要让别人也能够按照同样的过程得出。这个环节不是可有可无的，而是必须的，因为我们无法排除研究过程中的“期望偏见”，即研究者看见自己期望看到的东西，这往往会使研究者在推理过程没有问题的情况下出差。

例如，20世纪初，天文学家用望远镜观察到一种夜晚天空中普遍的漩涡星云现象——一种漫射的漩涡状光环后，有些天文学家认为是类似银河的漩涡星系，有些认为是我们这类星系的气体云。威尔逊山天文台的范·玛恩南（van

Maanen）通过比较间隔数年所拍摄的星云图片解决了这一问题。通过一系列的测量后，他宣布这类星云是在银河系，从而支持后一种观点。由于范·玛恩南的声誉，许多天文学家接受了他的观点。几年后，他的同事哈勃（Hubble）利用新的望远镜观察那些现象，发现那些星云肯定是遥远星系，不属于银河系。范·玛恩南一定错了。但研究范·玛恩南的观察步骤和数据，没有发现任何错误，相反他是在观测准确性限度内工作的，他看到了他期望的东西，而非实际存在的东西。这个例子充分说明，同行的检验是必须的。

如果加上他人的重复检验，这个推理过程如下。

前提1：（预设）看蕴涵存在。

前提2：（证据）我们看见杯子里有一枚硬币。

前提3：（逻辑）肯定前件式是一个正确的演绎规则。

暂时结论：杯子里可能有硬币（H1）。

检验：确定杯子里的确有硬币。

结论：杯子里有硬币。

将这个推理过程加上前面的问题和假设集表示如下。

（*Q*）问题：杯子里有硬币吗？

（HS）假设集：H1. 杯子里有硬币。

H2. 杯子里没有硬币。

（*P*）前提1：（预设）看蕴涵存在。

（*E*）前提2：（证据）我们看见杯子里有一枚硬币。

（*L*）前提3：（逻辑）肯定前件式是一个正确的演绎规则。

暂时结论：杯子里可能有硬币（H1）。

（EEp）检验：确定杯子里有硬币。

（*C*）结论：杯子里有硬币。

这个推理过程用符号表示就是：$Q \rightarrow \mathrm{HS} \rightarrow [\mathrm{PEL}] \rightarrow \mathrm{EEp} \rightarrow C$。它表明：科学探究从问题开始，问题产生各种假设，预设来自比较不同假设的共有性，而且具有限制假设数量的作用。例如，“看蕴涵存在”将其他不合理的假设如“我们梦中看见杯子里有硬币”排除。这个模型适合所有科学推理过程。只是问题不同，假设的数目会不同，预设、证据和逻辑的内容也会不同。美国科学促进会关于科学思维的基本成分的论述为 QHS［PEL］EEp 模型提供了支持，它指出，“科学思维的过程既依赖对现象进行仔细的观察，又依赖创造理论以便从这些观察产生意义”，而且“逻辑推理的原则把证据和假设同结论连接起来”①。

---

① 弗兰克·普雷司．论做一名科学家//郭传杰，李士．维护科学尊严．长沙：湖南教育出版社，1996：218-219.

四、QHS［PEL］EEp模型的作用和意义

我们将新模型QHS［PEL］EEp的作用和意义概括为以下五点。

第一，把问题确定为推理的起点，使问题决定假设。关于科学研究从什么开始，或者说研究的起点是什么，人们可以给出多种答案，如经验、观察、问题、理性、实践、概念、信念，等等。从QHS［PEL］EEp模型可知，科学探索是从问题而不是别的什么开始。波普和高奇的模式也都坚持这一点。原因是，科学研究的对象是整个自然界，自然界是科学研究的必要前提。科学又是人的认知活动，是人的心智的操作过程，心智的形成就是科学探索的又一个必要前提。因此，科学的发生是以人的出现和自然的存在为前提的。有了这两个前提后，人和自然的相互作用点是什么呢？当然应该是问题，因为正是问题引导人去思考、去探索。经验、观察、理性、实践、概念、信念是问题得以成立和解决的语境因素。提出问题后，为了解决问题，人们首先根据问题提出种种假设，答案就包含在这些假设中。因此，问题不仅是研究的起点，而且决定假设的构成，也就是说，假设的提出是以问题为根据的，而不是随意猜测的。

第二，揭示了“假设依赖预设，预设支持假设并加强证据的思想”。根据QHS［PEL］EEp模型，预设是这样一个信念，为了使任何科学的假设有意义并真实，它是绝对必要的，但关于个别假设的可信性，它又是完全相同的。这样，在科学中，预设是始点的观点并不正确，因为科学研究并不从预设开始，而是从问题开始，而且这个问题更精确地由假设集陈述。在假设集的基础上，预设是作为背景信念出现的，这些信念由假设集中的所有假设共同支持，而且，预设不是任意的。如果一个信念由所有假设共同支持，那么它就是一个预设。如果不是这样，它就不是一个预设，这里不存在任意选择的问题。因此，预设的意义也由来自特定问题的假设和对这些假设的实验检验所规定。证据是作为经验事实出现的，而经验事实蕴涵了种种常识预设，如物理世界存在、人的感知可靠等。如果没有这些常识预设，证据也就失去了证据的经验作用。

第三，把预设作为科学推理的必要前提和背景信念，从而避免了科学推理的“无根”性。预设不是可有可无的形而上学信念，而是科学推理必不可少的东西。我们虽然不能获得已经证明的预设，但至少对某些特别指明的人来说，我们能够获得没有问题的预设。戴维斯指出：“一个命题的预设是这样的东西，对于这个命题是真是假而言，它们必须是真实的。真和假作为两个真值存在。因此，预设是使一个命题必须具有真值成为真实的东西” 同样，“一个问题的预设是使这个问题具有答案并成为真实的东西”①。虽然有人认为“大多数科学家把他们

① Davis W A. An Introduction to Logic. Englewood Cliffs：Prentice-Hall，1986：258-259.

的形而上学假设视为理所当然，但他们对于科学的结论在逻辑上并不是绝对必要的”①。但是，预设对于科学来说，就是科学追求和提供真实的、确证的关于外部物理实在的陈述，即科学哲学上所说的“本体论承诺”。如果研究揭示了一个客观上限定的预设，科学家通常扩大假设集以包括附加似真的可能性，因为提出一个更好的问题应该是在战略上推进科学的发展。

第四，把语境分析引入科学推理过程，从而加强了推理的可靠性和确定性。从 QHS［PEL］EEp 模型来看，预设是与特定问题、问题的假设和对假设的实验检验密切相关的。也就是说，问题、假设和实验构成了预设的语境，预设的意义由这个语境决定。预设不仅影响科学家研究的问题，而且更根本地影响科学家所思考的问题。例如，在杯子/硬币的实验中，问题“杯子里有硬币吗”由假设集 H1 和 H2 精确地表达，而且这两个假设相互排除并穷尽所有可能。从语境论的观点看，H2 可以描述为 H1 的“语境否证”。H2 之所以是 H1 的一个“语境否证”，是因为 H2 保持 H1 中的预设“杯子和硬币存在”，用“感觉可靠”等附加预设保持常识语境。H2 通过断定硬币不存在而不是杯子不存在来否定 H1 的主要主张。正是这种语境特征加强了推理的可靠性和确定性。

第五，把科学的预设和实在性检验相结合，使得预设成为科学推理的必要组成部分。科学的预设不是任意和无根据的设想，它们必须接受实在性检验。在常识范围，人人都是实在论者，如没有人会否认“引火烧身是危险的”。这就是实在性检验。波兰尼（Polanyi）指出：“真实性的逻辑前提我们并不清楚，或者说，在我们建立事实前我们并不相信它们，但通过反思我们建立它们的方式，我们认识了它们。我们必须首先假定接受使经验给予我们的眼睛和耳朵的线索有意义的事实，而且支持这个产生意义的过程的前提必须随后从这个过程推出……我们不相信这些事实的存在，是因为我们先前得到的信念相信这样一个信念的任何清楚的逻辑预设。然而相反，我们相信某种清楚的关于真实性的预设，仅仅是因为我们已经发现它们蕴涵在我们相信事实存在的信念中。”② 这就是说，实在性检验中蕴涵着某些预设。比如，在本体论意义上，实在性检验预设了差别，预设了物理实在具有不相同的多种事物如各种“自然类”；在认识论意义上，实在性检验假定人能够知道一个快速运动的物体是汽车，并知道迅速躲开它。这一点预示我们的感觉器官通常提供关于外部世界的可靠信息，我们的大脑能够处理并理解这些感官输入，能够引导我们的脚有目的地移动；在逻辑的意义上，实在性检验假定了一致性。合理地断言“引火烧身是危险的”，同时要求我们不能断言

---

① Caldin E F. The Power and Limits of Science：a Philosophical Study. London：Chapman&Hall，1949：176.

② Polanyi M. Personal Knowledge：towards a Post-Critical Philosophy. University of Chicago Press，1962：162.

“引火烧身是不危险的”。也就是说，断言一个实在性检验真实的同时也断言其否定陈述真实是不可信的。实在性检验也预示了真理。一致性仅要求实在性检验及其否定不能同时被断定，但没有指明断定哪一个。真理是更要慎重选择的。实在性检验表达一个与物理实在性一致的真实信念，同时还假定了演绎、归纳和假设推理逻辑。

第五节　维特根斯坦的语用模型

语境实在论主张话语内容是通过语境环境显现的方式而产生深远的影响。维特根斯坦在《哲学研究》及其他相关文献中都谈论语境—环境（context-circumstances）及话语情境（surroundings of utterances）。那么他是一位语境论者吗？一些当代的语境论者认为他是。事实上，一些语境论者，如最著名语境论者查尔斯（Charles）主张，对于后期维特根斯坦理论的关注的理由或结果是流行内容的语境依赖。许多人相信语境依赖远远超越熟悉的指称论形式，正确的理解是与传统语义观念有分歧。而语境论对于长期存在的认识论问题展示了一种新的解决思路[①]。

一、语言游戏：一种有限论思想

“语言游戏”是维特根斯坦后期哲学中的一个核心概念，它强调了语言活动的意义，旨在通过语言的使用过程研究语义。他强调不要把语言看作孤立静止的描述符号，而要看作动态的人类活动。

在《哲学研究》的开篇，维特根斯坦就介绍了何谓语言游戏。——现在让我们想想下面这种语言用法：我委派某人去买东西。我给他一张上面写着“五个红苹果”的字条。他把这张字条带给售货员，售货员打开标有“苹果”字样的橱柜，然后在一张表上寻找“红”这个词，并在其相应的位置上找出一个色样；接着他数出系列基数数字，——假定他能背这些数字——从“一”数到“五”。他每数一个数字便从橱柜里取出一个与色样颜色相同的苹果。——人们就是以这种或者类似的方式来使用词的。——然而，他又是怎样知道要在哪里并且怎样查找“红色”一词色？他用“五”这个词做什么呢——唔，假定他的做法与我所描述的一样。解释总会在某个地方终止。——但“五”这个词的意义是什么？——这里根本不涉及这样的问题，而仅仅涉及如何使用“五”这个词。儿童学习说话时，使用的就是语言的这种原始形式。语言教授方式在这里不是解

① Bridges J. Witgenstein V S contextualism//Ahmed A. Wittgenstein's “Philosophical Investigations” A Critical Guide. New York：Cambridge University Press，2010：109.

释，而是训练。这种训练的一个重要组成部分是教师用手指着一些东西，让儿童的注意力集中于这些东西，同时口中说出一个词。例如，他用手指着石板的形状并说出："石板"这个词。我们想把这种方式称为"指物解释"或者"定义"——我说这将构成训练的重要组成部分，因为人们就是这样做的，而不是因为无法想像其他的做法。这种指物识字法可以说是要在词和物之间建立一种联系。在语言教学中，会出现以下这个过程：学习者为一些东西命名；也就是说，当老师用手指着石头时，学生说出"石头"这个词——甚至还有更简单的练习：教师先对学生说出一个词，学生跟着说出这个词。——这两者都是一些与语言相似的过程。我们还可以把使用词的整个过程看作儿童借以学习母语的种种游戏之一。我将把这些游戏称为"语言游戏"，而且有时也把原始语言说成是一种语言游戏，也可以把石头命名和重复别人的词的过程称为语言游戏。我也将把语言和那些与语言交织在一起的活动所组成的整体称为"语言游戏"①。

语境论者通常有一种思维倾向：用来阻止理论倒退的信仰可看作是一种社会事物（或是协商），而这一主题通常是与维特根斯坦理论的许多语境论思想联系在一起的②。语言游戏这个概念首次是在《蓝皮书》中提出来的，最初是指"孩子刚开始使用语词时的语言方式"，"语言的原始形式"或"原始语言"，语言的原始形式是和人类其他活动编织在一起的。在语境中学会说话，在语境中理解语句的意思，在这个基础上语句逐步脱离特定的语境，话语套着话语，一个词的意义由另一个词或一串词来解释。若把语言视作一个大领域，有一个和现实交织在一起的边缘地带，这个边缘地带就是语言游戏。在不同的语言游戏中有着不同的语境规则。例如，有人拿卒子倒着走，即使得到了同意，这种游戏也不再是象棋了。然而，同样正确的是，我们可以放弃象棋，改玩卒子确实可以倒着走的游戏。维特根斯坦在《哲学研究》中写道：可是，在那种情况下，他所猜测的东西首先是某种语境。然而，一些字词他从语境中猜测，或者他内心已经部分地知道了意思。"在他对她说完这些话之后就离开了她，就像前一天做的那样。"——那我理解这个句子吗？我对它的理解是否就如在听报告的过程中听到这句话时所理解的那样？如果把这句话单独地写出来，我要说我不知道它说了什么。但同样的，我知道这个句话可能被如何使用；我甚至可以为它创造一个语境③。

维特根斯坦认为任何语言都是不完整的。在这种意义上，所有的语言都是平

---

① 以上均引自：涂纪亮．维特根斯坦全集（第八卷）．涂纪亮译．石家庄：河北教育出版社，2003.

② Henderson D K. Epissternic competence and contextualist epistemology why contextualism is not Just the poor person's coherentism. The Journal of Philosophy，1994，(12)：634.

③ Wittgenstein L. Philosopical Investigations. 4th ed. Translated by Anscombe G E M，Hacker P M S，Schulte J. Oxford：Blackwell Publishing Ltd，2009：156，525.

等的。布鲁尔（Bloor）认为，我们可以反过来考虑这个问题，任何语言只要它满足了使用者的需求，它就是完整的。布鲁尔认为这涉及维特根斯坦的有限论，而有限论表达的恰是一种语境论思想：①词语现在的意义不能决定它将来的使用。②一种语言游戏的扩展也不是被它过去的语言形式决定的。③意义是通过使用的方式才被创造出来的，就像城镇是通过人们前行的步伐才能被开拓出来一样。意义并不能决定用法，用法才能决定意义。④词语的意义一直在语境中扩展，词语意义扩展的条件是词语必须在适当的语境中使用。语境论者主张，根据标准主题 S 必须满足于 P 是通过 S 的语境而设定的，因此，语词的用法不是通过意义来决定的，相反，意义是通过使用来决定的。使用不仅是单个人的目的或意图，而是与环境、主体、客体等语境因素相关的。

例如，小孩的语言游戏活动是通过事例、奖罚等形式形成自发行为。这些行为的形成依赖语境，其行为必须包括培训与训练的过程，父母不断地通过鼓动、惩戒等手段使小孩做出预期的反应。如果语言要成为一种交流工具，那就不仅必须有定义上的一致，而且还要有语境判断上的一致。

墨地那（Medina）认为，后期维特根斯坦的理论——集体一致性在语境论中起到关键的作用，而不仅是基础性的作用。在维特根斯坦看来，我们对语言的使用会约束我们的言语行为，并且遵守规则的行为为我们的行为及言语提供标准。维特根斯坦诉求于原始语言的做法传达了一种关于语言使用的语境论观点，即他要求一种标准的语境来说明语言的正确性，原始语言的实际使用是通过语境来提供的。在维特根斯坦的观点中，语言的图像即不代表真也不表示假，仅仅是看待事物的方式——或者说语言图像是多少有用的东西，或是对于完成当前的任务多少是有用的[①]。语言的使用和遵守规则不是在真空之中的，这些活动必须是语境依赖的。

日常语言指向了行为的协同，它以多样的语言游戏形式存在于日常生活之中。这样的观点能否推广于其他类型的语言呢？维特根斯坦肯定地指出，语言首先是日常语言，其他类型的语言，我们根据其相似性与可比性，才把它们也称之为语言。因此，任何语言类型都属于日常语言的延伸，它们的意义最终依赖于日常性的语境生活背景。原始的语言现象，往往不是为了表征实在，而是出于集体行为协同的需要。举例来说，一位建筑师向他的助手索要建筑材料，他可以向助手喊口令，递上一个书写符号，或者打一个手势，这些原始语言的意义表现出来，仅仅观察其表面的形式肯定是不行的，必须由助手做出正确的反应，通过观察助手的行为，我们才能理解。因此，语言的意义最初总是和人的行为交织在一起的，脱离了这个外在语境，单纯的符号化的语言是根本不可能被理解的。即使

① Medina J. The Unity of Wittgenstein's Philosophy, Necessity, Intelligibility, and Normativity. New York: University of New York Press, 2002: 186-188.

是抽象的科学语言，也需要以日常语言作为解释的中介，将它们的意义展现于人的行为及其后果中，所以说，想象一种语言意味着想象一种生活形式。脱离了特定的生活形式，任何语言将是空洞的，也是无法理解的①。

二、生活形式：一种社会传统

国内学者对生活形式概念的解释繁多。究竟什么是生活形式呢？维特根斯坦没有给出具体的概念界定。出现这种纷纭现象的原因，通常归咎于维特根斯坦本人没有对这个概念给出清晰明确的解释和规定。韩林合主张“所谓生活形式就是指在特定的历史背景下流行的，以特定的、历史地继承下来的风俗、习惯、制度、传统等为基础的人们的思维方式和行为方式的总体和局部”②。维特根斯坦本人曾在《哲学研究》中5次提到生活形式的概念。“想象一种语言意味着想象一种生活形式”、“语言的诉说是一种活动，或者是一种生活形式”，“那么你是否说人们的意见一致决定了什么是真，什么是假？”——人们所说的事情是真的或者是假的；人们在所使用的语言上取得意见的一致。这不是意见上的一致性，而是生活形式上的一致性。“是不是只有能讲话的人才会有希望？只有会说话的人才会使用语言？这就是说，构成希望的诸现象乃是这种复杂的生活形式的模式。”人们可以说：那种给予的所必须接受的东西，就是生活形式③。

语言游戏与生活形式这两个概念在维特根斯坦后期哲学中都有着某种“元概念”的性质，语言游戏根植于生活形式之中，而生活形式又为语言游戏提供参考。生活形式可以看成是一种语境形式。语境的重要组成部分是遵守规则者或共同体的成员在生活形式上具有一致性，或者说是共同体具有一致性。正是在生活形式的基础上，语言才成为一种公共的而不是私人的理解活动。“一个人可以自己鼓励自己、给自己下命令、服从自己、责备并惩罚自己，他也可以自问自答，甚至可以想象一些能独白的人，他们一边活动的同时一边自言自语，一个观察他们并倾听他们谈话的考察者，也许能成功地把他们的语言翻译成我们的语言。可是，是否也能想象这样一种语言：一个人用这种语言说出他的内心体验、他的感觉、他的心情等等，仅供他私人使用的语言？这种语言应当指只有说话者自己才能知道，别人对此只能推测。从某个方面说也指直接的私人感觉。理所当然，其他人是不能理解这种语言的。”“在什么意义上说我的感觉是私人的？——唔，只有我知道我是否真的疼痛，别人对此只能推测。从某个方面来说，这种语言是

---

① 赵立凡．科学语言与生活形式——维特根斯坦对科学哲学的启示．科学技术与辩证法，1999，(16)：43-48.

② 韩林合．维特根斯坦哲学之路．昆明：云南大学出版社，1996：143.

③ 以上均引自 Wittgenstein L. Philosopical Investigations. 4th ed. Translated by Anscombe G E M, Hacker P M S, Schulte J. Oxford: Blackwell Publishing Ltd, 2009.

错误的；从另一个方面来说，这是没有意思的。”考虑存在着某些行为标准，可以依据它们来判断某个人的行为。还有一些标准，可以依据它来理解某个词，并给这个词附上加某种意义，但不是最终的意义，而是语境上的意义。说“玫瑰花是红色的”中的“是”的意义不同于“二加二是四”中的“是”，这是什么意思呢？如果回答说它意味着不同的规则对这两个词是有效的，有人报告说我们这里只有一个词。——如果我们只注意语法规则，那么这些语法规则的确允许在这两种语境中使用“是”这个词。——但是在两个句子中，表明“是”这个词有不同意义的规则，正是它允许我们用等号代替第二个句子中的“是”，而禁止在第一个句子里作这样的替换①。相同符号的意义（使用）是多方面的，每一方面的意义如何使用这取决于语境，“送我一本书（book）”，“我与你约会（booking)”，“我想预订（book）一趟航班”等。它可能出现的是，意义取决于语境敏感方面。因此，某套规则似乎只对给定语境中某些社会群体有效②。

语言游戏的确定性意味着规则的存在，而规则总是出于共同体的约定和认可。在特定的情况下，人们的确可以“主动地”不遵守规则，从而可以“自由地”说一些毫无意义的话。但是在正常的对话活动中，他却不能不接受语境规则的约束，这种约束来自于生活形式。必须接受的东西，给定的东西就是人们可以这样说的生活形式。语言游戏的确定性来自生活形式的语境化。所以，生活形式这个术语在这里突出了下列事实：语言是生活形式的组成部分。正是在生活形式的基础上，语言才成为一种公共的而不是私人的理解活动。实际上这个问题换一种说法就是，一个人能偶然地去遵守规则吗？或者说是去遵守语言规则吗？那么比较确定的答案是作为交流手段的语言必须是可分享的③，也必须是语境依赖的。

三、遵守规则：一种社会实践

维特根斯坦认为，如果一个人想理解遵守规则，那么他就必须先去学习怎样遵守规则。“那么是否无论我怎么做都与规则相符？”——让我提出这样的问题：一条规则的表达——比方说一个路标——与我的行动有什么关系？这里有什么样的联系呢？——唔，也许有这种联系：我被训练为以一种特定的方式对这个符号做出反应，我现在就是这样做出反应的。遵守一条规则类似于服从一道命令。人们是被训练成这样行动；人们以一种特殊的方式对命令做出反应。但是，对于命

---

① 以上均引自 Wittgenstein L. Philosopical Investigations. 4th ed. Translated by Anscombe G E M, Hacker P M S, Schulte J. Oxford: Blackwell Publishing Ltd, 2009.

② Harré M, Tissaw M A. Wittgenstein and Psychology: A Practical Guide. Hants: Ashgate Publishing Limited, 2005: 119.

③ Pears D. Paradox and Platitude in Wittgenstein's Phiilosophy. New York: Oxford University Press, 2006: 1-63.

令和训练，如果一个人以这种方式做出反应，另一个人以另一种方式作出反应，那怎么办呢？哪一个人又做得对呢？设想你作为探险家来到一个陌生的国度，完全不懂它的语言。在什么情况下，你会说那里的人在下命令、理解命令、服从命令、抗拒命令等？人类共同的行为方式是我们借以解释陌生语言的一个参照系。当我遵守规则时，我不作选择。我盲目地遵守规则①。

遵守规则本质上是一种社会实践，即某种存在于社会群体之中的事物，我们所遵守的规则正是存在于社会群体当中的共识。当一个小孩刚开始学数数时，他可能会模仿大人怎么数，然后通过大人的手势或话语“对了”“错了”等各种口头的，或者肢体上的表达来使这个教化过程达到目的。因此，理解一个实物概念包括用实物训练来教导孩子并使孩子头脑中能产生这个概念的想象或图片，直至孩子最后完全掌握这个概念并转换成一个自发的概念。这必须用语境依赖因素来解释其标准性。规范化的标准来自于相互作用的规则遵守者之间达成的一致性，这种一致性使得标准得以客观化。集体语境决定了遵守规则的人哪些行为是不正常的、错误的、混乱的且误用了现存的规则，或者说某些人创新的遵守一种新的规则。

用一种人类学方法去想像一个与世隔绝的人是如何去遵守规则。如果没有实际去接触这个人是很难理解他的行动是如何在遵守规则的。规则不是偶然才发生的，一个人不可能去私自遵守规则。遵守规则本质上是一种以集体语境为基础的活动，这一事实意味着没有任何可以被看成“私自”遵守规则的东西，自认为在遵守规则和真正在遵守规则是两回事。例如，在苏格兰的交通规则中，机动车靠左行驶，但如果这个苏格兰人来到机动车靠右行驶的国度，他必须也靠右行驶。但如果他本人在靠右行驶的国度里继续靠左行驶——这并不是在遵守正确的交通规则。自认在遵守规则，或者私自的遵守规则是没有意义的。因此，遵守规则必须是语境依赖的，它离不开习俗、传统、制度等因素。这种强调制度与传统的理论是典型的维特根斯坦式的语境特征。

考虑到人的认知水平是受语境制约，这也与维特根斯坦的某些确定思想联系在一起。维特根斯坦认为“用法”和“遵守规则”的意义是根据语境的不同而有很大变化。首先，必须看到“用法”的概念本身就是一个多样性的概念。人们可以说怎样使用某种东西，为了什么目的使用它，什么时候适合使用它，甚至可以说用在什么事情上②。使用决定意义，我们通过培训来接受某些东西，这种模式是依靠孩子或成人一种内在的信任或是可接受的信任。产生的结果是我们继

① 以上均引自 Wittgenstein L. Philosopical Investigations. 4th ed. Translated by. Anscombe G E M, Hacker P M S, Schulte J. Oxford: Blackwell Publishing Ltd, 2009.

② Grayling A C. 维特根斯坦与哲学：英汉对照. 张金言，译. 南京：译林出版社，2008：111.

承了一种信仰的系统，确定性来自于“我们属于一个共同体”这个事实。这离不开规则、信任及学习、训练等语境关联因素。许多词虽然有用法但无意义，如人名、介词、连词等，因而意义只有在具体语境中才能体现出来。我们在如此这般的语境中说这个句子是很自然的，可是孤立地把它说出就不自然了①。

遵守规则的标准性及必要性关键在于以下四个方面：①需要转变我们看待问题的方式，需要询问不同的问题，对于不同的问题，有一些不同的解释性的行为或决定或类似的解决办法；②培训或训练是一种习俗或社会实践时，才能保证去遵守规则；③意义或用法是一种社会现象，因此个体不能随意地脱离集体；④通过培训个体才能掌握一门技术，才能对现象做出如此反应。规则的标准性是通过集体的语境来保证的，对规则必要性的约束是通过后天形成的第二本性来促成的。第二本性的获得即是一种语境依赖——是一种文化同化及文化传播的过程。行动的逻辑性及对规则的遵守是以语境结构为前提的，通过一群人实际的一致行为来保证②。

四、家族相似：一种语境化的知识

维特根斯坦主张，如果没有背景知识，我们甚至不能合理地区分什么是淡蓝和深蓝。所以概念的应用，是通过语言游戏的概念被加强的。在解释语言游戏概念时，维特根斯坦引入了“标准”一词，他认为通过阐述“标准”的概念把语言游戏的传统结构呈现出来，通过标准可以判断词语的使用和分类的合理性。标准经常体现在培训当中，理解标准的最好的方式就是把它们看成是一种语境要求③。设想某个人带着疼痛的表情指着自己的面颊说：“阿布拉卡达布拉!”——我们问：“你意指什么?”他回答说：“我意指牙疼。”——你立刻会想到怎么能用这个词意指牙疼？或者说，用那个意指牙疼，这是什么意思？不过，在另一种语境中，你会断言：意指如此这般的心理活动，这正是语言使用中最重要的东西④。

首先，激进的语境论主张，没有语境，就没有知识。而布伦德尔（Brendel）主张，许多理论的普遍之处在于，知识的真理价值是语境依赖的。语境的倾向性为解决许多认识论问题提供了解决办法。知识的真理价值是依语境的不同而转换

① Wittgenstein L. Philosopical Investigations. 4th ed. Translated by Anscombe G E M, Hacker P M S, Schulte J. Oxford: Blackwell Publishing Ltd, 2009: 595.

② Williams M. Wittgenstein, Mind and Meaning: Toward a Social Conception of Mind. New York: Routledge, 1999: 167-169.

③ Bloor D. Wittgenstein: A social theory of knowledge. London: Macmillan education ltd, 1983: 40-41.

④ Wittgenstein L. Philosopical Investigations 4th ed. Translated by. Anscombe G E M. Hacker P M S, Schulte J. Oxford: Blackwell Publishing Ltd, 2009: 665.

的。“我们可以说维特根斯坦式的语境论（Wittgensteinian contextualism）对后继者来说是非常有影响的。”①

其次，语境论者要求，语境必须依赖一系列信息。即依靠确定的事实，其事实必须是可靠的，或者说事实可推断出有用性。因此，识别一个语境是需要信息载体的，也就是说需要参与者具有共同的话语权。如果语言包含了个人的方言或符号，那么必须依赖语境来分析其意义②。任何一种分类活动都不是孤立进行的，它是镶嵌在社会语境之中，离不开社会因素的影响。每一门自然科学，都拥有一套属于自己的语境知识体系，如概念体系和数理模型等，而在对这些体系和模型的完善过程中，问题趋于越严格和精确。因此，在科学的语境中可以将理解的分歧降低到最小的限度。我们是如何给不同的事物进行分组和分类的呢？很明显我们通过我们的父母及老师的训练来进行。我们通过实物认识了什么是水，什么是酒等。因此，词语的用法是建立在“语境相似基础上的”，但水未来的应用和扩展却不受当下语境的限制，应用的人群及环境的不同，有着不同的意义。语义标准是因语境而改变的，如英语“coach”一词，在比赛的语境中意思是指教练，在交通语境中，它表示长途客运汽车，甚至是四轮大马车，如果我们想知道它是什么意思，就必须理解使用它的语境环境③。

再次，像其他任何知识一样，科学知识也是受到语境中的各种因素影响，如文化因素、社会因素、历史因素等。因此，知识的可靠性和有效性问题也必须回到知识生产的语境中来考查。语境论的策略表明：一方面，知识并非具有普通性和反映论意义上的客观性；另一方面，也表明知识并非主观、任意的，语境中的各种因素为科学知识提供了规则和约束力。即使是纯粹对事实的描述，人们往往也要借助于外在信念来处理自己的知觉，而这种描述也是受一定理论或文化制约。在巴恩斯（Barnes）看来，描述要诉诸于语言，而任何术语只有在一定的语境中才会有意义，这种语境只能是由群体共享的语境，私人语言在这里是没有价值的。因此，巴恩斯指出：“事实是被集体界定的；任何知识体系由于其制度特征，必然包含集体认可的陈述。”④ 由此可以看出，语境论是一种知识整体论的思想，科学知识是被集体界定的，脱离了特定的语境，个人的话语权是没有意义的。

---

① Brendel E, Jager C. Contextualist approaches to epistemology: problems and prospects. Erkenntnis, 2004, (61): 43, 159.

② Robert S. Context and Content: Essays on Intentionality in Speech and Thought. Oxford: University Press, 1999: 97.

③ Baker G P, Haker P M S. Wittgenstein: Understanding and Meaning. Oxford: Blackwell Publishing, 2005: 160.

④ 巴里·巴恩斯. 科学知识与社会学理论. 鲁旭东，译. 北京：东方出版社，2001：5.

最后，人们是如何把所学的知识在新的语境中进行应用呢？每个事例都具有这样或那样相同的本质。一把餐刀与叉子相似，因为它们都是吃饭的工具，而餐刀与叉子又与螺丝相似，它们都是金属并且都是尖状的，这就是家族相似性。通过对家族相似性的考察我们发现：人们看到一种错综复杂的互相重叠、交叉的关系网络。有的是总体上相似，有的是细节上相似。各种数也以同样的方式形成一个家族。为什么我们把某样东西叫做一个“数”？也许是由于它同某些一向被叫做数的东西具有一种语境的联系。“数”的家族相似性，由数字所共享的相似之处来体现数的特性，或者说是按语境论的方式来展示一种数字的特性。

语境实在论表示的观念内容是语境依赖的，但观念本身并不就是语境论。强调游戏的家族相似性特征是观念的一种连接，在一个游戏事例中是可以展示某些共享特性，这种游戏是学习者必须学会的，它将展示给学习者如何在将来的事例中运用游戏这个概念，这样才能保证术语的使用能被正确地延续下去。那么，维特根斯坦想让我们明白的是：第一，学习者对“游戏”的理解依赖于目前展现给他的有限事例，这种事例是在未来的应用中或多或少会重复出现；第二，他能成功解释并运用“游戏”概念，这种解释并不会自己产生，而依赖于解释者。这种观点是学习者通过事例来概括特征，然后在新的语境中以正确方式来应用。科学知识就如家族相似性一样都有局部相似性。而家族相似性就如格式塔转换，不同的知识背景看到了不同的图案。同理，科学知识的生产离不开生产者的背景知识、周围环境、历史积累等各种语境关联因素。因为语境的不同而产生的意义不同的事例在科学史上不胜枚举，如普里斯特利是作为氧气的发现者而名垂千古，但是氧气这种气体，普里斯特利并不认可。他认为自己发现的是脱燃素空气。孟德尔通常被认为是孟德尔遗传定律的发现者，但是科学史家认为，如果仔细地查看档案就会发现孟德尔定律并不是我们现在意义上的孟德尔定律。同样的，波义耳发现波义耳定律，但在他的著作中并没有现在的公式。

五、结 语

语言游戏的确定性来自生活形式的语境化。生活形式就是一种规则、制度、习俗。这种规则、制度、习俗的标准性是通过集体的语境来保证的，对规则必要性的约束是通过后天形成的第二本性来促成的，第二本性的获得是一种语境依赖的文化同化和文化传播的过程。科学成就本身只不过是一种生活形式的语境化知识，离不开实践、社会、文化等多维度语境因素，也离不开生产者的背景知识、周围环境、历史积累等各种语境关联要素。维特根斯坦的语言游戏、生活形式及遵守规则等兼具有语境论特征。虽然维特根斯坦自己从没明确地表明这一立场，但后世的追随者及阐释者从文本分析中都解读出了这一特征。

第七章　语境实在论的应用与实践

作为一种新的科学哲学范式，语境实在论具有一定程度的普遍性和横断性，也就是它能够被运用于不同的学科实践中。这一章我们探讨语境实在论在科学史和认知科学中的具体应用，内容包括柯瓦雷（Koyré）的语境论科学编史思想，人工智能、潜意识表征、思想实验，孪生地球的语境认知形式以及思维的自语境化与认知发展等。

第一节　语境分析方法在科学史研究中的应用

语境分析在很大程度上就是历史分析，因为语境论的根隐喻是“历史事件”。从这种意义上讲，语境分析方法特别适合于科学史研究。例如，科学史大师柯瓦雷的概念分析法的实质就是语境分析。对于科学史研究的知识文本而言，我们从语境分析出发，探讨柯瓦雷的知识主体的语境和解释知识主体的语境，揭示柯瓦雷身上体现的科学史的两种不同哲学传统之间的统一性，不仅为科学史研究提供一种语境方法，而且为科学哲学与科学史的结合提供了一个可借鉴的范例。

一、基于语境的概念分析法

概念分析方法是逻辑经验主义的逻辑分析方法在科学史中的应用。库恩的内部分析法、拉卡托斯的内因分析法、霍尔顿的基旨分析法等都是概念分析法的发展和深化。科学史大师柯瓦雷把逻辑方法与考证方法相结合，对科学理论、理论的产生、演变进行逻辑和历史的分析，他的《伽利略研究》是充分运用概念分析法的杰作①。默多克（Murdoch）认为，柯瓦雷“总是将哲学作为科学史的必要背景，这种研究科学史的方法称为‘概念分析’”②。柯瓦雷的概念分析法，其实质是一种概念语境分析法，它对科学概念进行语境分析以研究其历史思想，而他的语境主要包括哲学、宗教、社会等思想语境和产生这些思想的相关因素语境。

对于概念，布伦茨威格认为，本质上科学不能被仅仅看成是逻辑机器或者事

---

① 魏屹东．广义语境中的科学．北京：科学出版社，2004：39-40.

② Murdoch J E. Alexandre Koyré and the history of science in America：some doctrinal and personal reflections. History and Technology，1987，4：71-79.

物的秩序化，因而概念也不是科学家或哲学家对科学活动进行一种“给予”式的定义或整理，在某种程度上，概念是人类大脑对自然创造性的理解。理解自然的历史，也就是创造概念的历史，或者说是由概念形成的思想史。这表明概念是人理解自然的一种主动性创造，因而概念分析就要揭示概念背后人的思想，“揭示作者的动机、思想困境，并进一步对思想进行评价”，这就是概念分析的目的。概念分析的方法要诉诸于柯瓦雷对著名的“拯救现象”观点的认识：不是通过计算手段联系现象，那是实证主义的错误做法；应该揭示最根本的实在，揭示混乱的表面背后真正秩序化且可被理解的统一性，这样，概念分析不仅要统一原始文本中的概念，还要揭示隐藏的实在。

概念分析就是既要分析知识主体，又要解释知识主体，而两者通过语境产生关联。语境设置的必要性的本质与柯瓦雷对“人类思想的统一性”的信仰有关：哲学、宗教思想与科学思想紧密联系在一起。柯瓦雷宣称，科学史与“跨学科的思想、哲学、形而上学、宗教”有非常密切的联系。恰当理解这些相关思想当然要回到知识主体所在语境中进行概念分析，而原始文本中的概念，来自对知识的研究。这在他的《牛顿研究》中有明显体现：“……我相信，实验科学的产生和发展不是新理论的源泉，是新理论的成果，也就是说，用形而上学的方法研究自然在 17 世纪科学革命中形成，在试图解释历史事件时我们必须理解这一点。”①知识的主体是指原始文本中的概念、理论等，其创造者是人，对知识主体的解释主要是对其思想的解释，而这种解释基于语境的设置。这就需要对文本、文本的创造者、文本的思想及其产生因素进行语境分析。

二、柯瓦雷的概念语境分析

语境就其范围而言有狭义和广义之分。狭义的语境指语言语境，它是语形、语义、语用结合的基础；广义的语境是超越语言的所有领域，在它前面加上限定词，就形成“某某语境”，如社会语境、文化语境、历史语境等。本节的语境是指广义语境，按照柯瓦雷对知识的理解，可分为知识主体、人和对知识解释的思想及其产生的相关因素四类语境。柯瓦雷对概念的语境分析首先是对知识主体的分析，即文本的语境分析；其次，在此基础上进行思想分析，以哲学思想、宗教思想作为重要语境，还重视人物（重要人物与次要人物、科学共同体、史学家）的语境分析；再次，对产生思想的相关因素进行研究，如社会因素、政治因素等。文本分析是思想分析的基础，主要用逻辑分析法；对思想的分析及其相关因素的分析对文本分析产生决定影响，主要用历史—社会模式分析，它们之间是相互联系的，从而对文本、人、文本解释形成一种逻辑—历史—社会模式的整体语

① Koyré A. Newtonian Studies. NewYork：Harward University Press，1965：6.

境分析。为便于研究，我们从知识主体人和对知识的解释的思想及其产生的相关因素三个方面进行语境分析。

1. 知识主体语境

知识主体的语境是指文本语境。柯瓦雷这样强调研究文本的必要性，“没有什么能替代与资料和原始文本的直接联系”①。我们不仅要看他们的论著，还要看他们的手稿。只有这样，才能充分理解他们的思想。人的语境主要是对知识主体的创造者——人的语境分析，这些人有两类：一类是知识主体创造者，包括重要人物及次要人物等；一类是解释知识主体的人，主要是史学家。柯瓦雷认为，科学史研究不应该仅仅集中于那些大人物，如牛顿、爱因斯坦等，还应重视那些次要人物的研究。只有这样，才能全面理解这些伟人的思想。例如，要真正理解牛顿和莱布尼茨，就必须研究与他同时代的那些人物，如波莱里（Borelli）、胡克（Hooke）和洛百瓦尔（Roberval）等。1961 年，柯瓦雷在科学史大会牛津研讨会上对盖拉克（Guerlac）的评论中，区分了历史（“过去的事实”或“客观的历史”）知识的主体和对（二级历史）“史学家的阐述，他们认为这是对过去客观事实的反思”之间的差异。因此，对人的语境研究，还应考虑史学家的观点。

2. 对知识解释的思想语境

柯瓦雷论著的重要特征就是重视思想的语境，这一特征从他最初的研究开始贯穿他一生中对不同领域的研究。通常他用概念分析法所设置的语境为解释科学思想作辩护。他认为，对科学思想的解释，必须注重分析与之密切相关的哲学思想、宗教思想语境，没有对这些思想进行语境分析，任何重要的科学思想都无法理解。

（1）科学思想语境。在柯瓦雷的科学史研究中，科学思想的语境以科学概念分析为基础，包括科学思想的作用、特点、影响因素、方法论等内容。

科学思想由概念组成，对科学思想的语境分析以科学概念的分析为基础。柯瓦雷将 17 世纪科学革命的研究归结于自然数学化和空间几何化等重要概念。在这场革命中，形而上学思想对科学理论的形成具有重大的先导作用。在理论形成过程中，思辨先于数学推理和实验验证，而不是来自实验的摸索，因而科学的进步主要体现在科学理论的进步而非科学实验的发展。科学的本质是革命性而非不断演进的，因而，中世纪天文学向现代科学的转变是一场革命，而非演进的结果；这种转变不仅是天文学的剧变，更是形而上学思想的转变，这表明科学思想

① Elkana Y. Alexandre Koyré: between the history of ideas and sociology of disembodied knowledge. *History and Technology*, 1987, 4: 115-148.

具有内在动态性的特点。在科学思想不断形成的影响因素中，宗教和哲学思想与之关系最为密切，同时社会、政治、文化语境也是产生这些思想的相关因素。而且，当时的思想背景是评价重要人物的思想的重要标准，而不是以我们今天通常的学术标准进行评价。目前盛行的“科学论”（science studies）是对科学及其发展规律的研究，在其方法论上，主要有四种：来自孔德哲学传统的逻辑实证主义；启蒙运动以来的科学主义；各种各样的整体主义；形形色色的社会决定论。就柯瓦雷来说，他的科学思想的方法论的特点是：他的相对主义克服了逻辑实证主义的经验绝对论的不足，他的整体主义看到了科学之外的社会因素的作用，在某种程度上，他也具有建构主义思想，只是他认为，社会因素不起主导作用，因而科学客观事实由理性而不是社会所建构。柯瓦雷对科学方法持一种相对主义态度，如对逻辑实证主义所主张的经验决定论，他反对简单地接受归纳是产生新思想的过程，克服了狭隘经验决定论；在研究科学知识的逻辑结构时，强调哲学和宗教思想与科学思想同时考虑，而不仅是对科学的单一研究；对于科学，他崇尚理性，并没有把科学知识绝对化，在科学知识之外，他还研究宗教、人文等知识；制度方面，强调政治制度、文化传统等对科学的影响。柯瓦雷非常注重对历史的整体分析，与奎因的科学整体主义相比，柯瓦雷也强调历史事实之间的关联，但是却看到了科学之外的因素；与以邦格为代表的系统主义相比，柯瓦雷不像邦格那样，将社会分为经济、政治和文化三个子系统来研究，而是将社会作为科学思想产生历史过程的一个相关因素但不是重要因素来研究，因而也不像社会整体主义所认为的那样，语言在历史发展中逐渐社会化，思想观念和认识也社会化，将社会作为科学共同体交流的充要条件。与科学知识社会学中的社会建构主义相比，柯瓦雷认为，科学事实不是客观存在的而是被建构的，不同的是建构主体，前者认为科学事实由社会建构，柯瓦雷认为科学事实由理性建构。

（2）哲学思想语境。克拉盖特（Clagett）认为，“柯瓦雷最重要的影响在于，在哲学语境中详细分析科学概念”。霍尔顿（Holton）强调柯瓦雷的“新认识论”，即要“揭示史学家论述背后的哲学问题，使我们茅塞顿开”①。可见，在柯瓦雷的研究中，哲学思想对于科学思想的关键作用。哲学是科学革命的基础，哲学思想有助于对科学史中某一问题的理解，从而有助于科学史研究。

对于科学与哲学的相互关系，柯瓦雷曾做过精彩的概括，哲学是科学革命的基础。他认为，不仅是科学影响哲学，反过来，哲学也影响科学。天球的破碎与空间的几何化趋势，牛顿物理的世界观和反直觉的本质与亚里士多德物理学的常识性本质，从奥西安德尔（Osiander）的工具主义到现代物理学工具主义的科学

① Cohen I B. Alexandre Koyré In America：some personal reminiscences. History and Technology，1987，4：55-70.

实证主义自我解释浪潮的复兴，爱因斯坦的数学实在主义和强烈的反实证主义，所有这些哲学趋势事实上都宣告了哲学对知识的一种解释：知识的来源、目标、合法化问题。哲学思想影响科学的是关于上帝、圣父这类主题，同时还有关于知识的来源和目标的思想。笛卡儿强调知识“先天论”，认为知识源于先天，奥古斯丁的“光照派教义”强调知识的来源是上帝。柯瓦雷的研究详细解释了当时奥古斯丁与新柏拉图神秘主义思想中，笛卡儿如何被当时的先天思想所内化。这样，对一些经典的主题形成的哲学思想，并对其进行的历史相对主义解释都具有语境依赖性。

（3）宗教思想语境。柯瓦雷对思想史研究还深入到产生这些思想的宗教语境中，分析了人的知识与神的知识、人类意志与神的意志、人的自由与神的意志、人与自然、人与宇宙等之间的关系，他将这些范畴置于不同的历史时期，如对文艺复兴时期和库萨的尼古拉到牛顿之间的这段时期的分析后，得到 17 世纪科学革命的根源是空间的几何化或自然的数学化这一重要的结论。对于伽利略革命研究，他认为，在深度而不是在广度的意义上，人的知识与神的知识等同。通过比较莱布尼兹与牛顿的上帝和宇宙，他的得到的结论是神圣意志和知识事实上就是人的意志和知识。柯瓦雷探索文艺复兴时期的理性“思想”时，还得出人类意识的发展不同于自然，并在一定程度上超出自然的结论；通过对人类知识与神的知识、神的意志与人的自由、有限与无限的概念、空间、时间和运动等研究对象的分析，得出有限的、存在等级顺序的天球的崩溃和无限宇宙的概念，人从预想的有机天球的思想中解放出来，从被压抑着的在天球中孕育的思想中解放出来，自由地创造世界，从而形成中世纪等级秩序崩溃的观念和现代人的作为世界创造者的观念。

（4）社会思想语境。我们认为柯瓦雷著作中包含着深刻而重要的思想。柯瓦雷仔细研究社会意识形态对知识解释的影响，后来这成为知识主体中相关思想的选择器。他早期的哲学著作大部分是关于神学的研究，他对上帝存在的主题进行了各种本体论论证。但正是社会语境的思想使他着迷。尽管思想形式相似，但在不同的神学家或哲学家如圣·安瑟伦、玻姆，或笛卡儿那里意义不同，这种不同如何能被理解呢？这就要诉诸于社会语境的解释。柯瓦雷向社会学“倾斜”引起对他思想中逻辑需要与语境前提的认知之间张力的关注，即追寻思想内部逻辑发展的需要，和没有语境，思想意义就无法理解这一认知之间的张力。尽管柯瓦雷承认社会因素的作用，但是他并不认为社会因素起主导作用。社会因素只是对解释科学事实的必要条件，却不是充分条件。

爱尔卡纳（Elkana）认为，柯瓦雷对 16～17 世纪科学思想史的深入研究，使“科学革命”成为科学史近乎纯思想的范式，甚至有人认为这是思想产生思想，而丝毫看不到社会因素的作用。他对笛卡儿、德国神秘主义的研究，对伽利略、牛顿、从封闭世界到无限宇宙的典型研究，统统被错误地贴上“纯思想史”的标签。与黑森、克拉克、默顿所倡导的社会学派相比，柯瓦雷主要反对的是社会-经济的和制度的因素，而更强调将科学本身作为研究的主体，强调对科学思想的研究。

3. 产生思想相关因素的语境分析

对于产生思想相关因素的语境分析，柯瓦雷主要从政治与文化语境进行研究。

（1）政治语境。柯瓦雷的出身和他所处的时代，使他不得不考虑政治因素对科学思想的影响。他虽然是法国人，但他也是犹太人。第二次世界大战期间，犹太人惨遭种族屠杀，他被迫流亡到美国，尽管他崇尚理性，但是第二次世界大战中所爆发出来的仇恨、谋杀等非理性因素，曾使他转向了柏拉图研究，他渴望从柏拉图那里重新找回理性，用于第二次世界大战后的思想重建。政治因素对他产生了的深刻影响，他甚至认为，“……哲学问题和政治问题是一个问题……”①。对于第二次世界大战所引发的理性与非理性哲学问题研究，他充分意识到柏拉图的政治语境并对其进行深入研究，更期望从柏拉图的政治语境中重新寻求对理性的解读。1945 年他在哥伦比亚大学所做“柏拉图探析”的报告中，论述了早期的苏格拉底对话，前四章的主题是“对话”，而后面四章则是关于“政治”的讨论。柯瓦雷对柏拉图关于知识与道德、哲学与政治两对范畴各自内部的相关性异常感兴趣。他认为，知识推理是通往真理的唯一道路，而诡辩只是诡辩论者的工具，然而他们都卷入政治之中。

（2）文化的整体语境。柯瓦雷的文化的整体语境研究与他的出身和经历紧密联系在一起。他是犹太人，却出生在俄国，并在俄国度过童年时代，后又到当时也是世界著名的学术中心德国哥廷根市求学，他大半生的学术生涯在法国巴黎渡过，晚年他还在美国的普林斯顿大学任职。他不仅是一个学者，同时也关注政治，他还参加了两次世界大战。他对俄国、德国、法国、美国等不同文化都有深入的理解，而对他影响最深的莫过于欧洲的理性传统，他的《伽利略研究》正是这一思想的杰出体现，他认为，科学是由理性建构的，而不是源自科学实验。对于科学史研究，就是要研究由理性所建构的科学思想，从而使科学史成为一门真正独立的学科，他也因此成为科学思想史的领袖人物。通过对欧洲理性的宗教、政治、文学、科学的反思，这些涉及上帝、人类在宇宙中的地位的改变，从而论证了文化更替的复杂过程对科学思想的影响，只有在社会—政治—经济的语

① Elkana Y. Alexandre Koyré：between the history of ideas and sociology of disembodied knowledge. History and Technology，1987，4：115-148.

境中进行历史研究才能解释科学思想的来源及其广泛影响，在此意义上，形成对文化的整体语境分析。

1968 年，霍斯金（Hoskin M）出版了柯瓦雷的《形而上学与测量》文集。无可置疑的是，霍斯金在序言中对柯瓦雷的简洁陈述切中了柯瓦雷的精神实质：“……这样，伽利略能够对自然进行测量，因为作为形而上学家，他已经和当代的柏拉图主义者一样相信，自然本质上是数学的。越读这本书，就越能意识到柯瓦雷多么明确地意识到，要解释一个时代特定文化中形而上学的观点，就必须研究那种文化的整体语境。”①

20 世纪 90 年代以来，语言哲学、科学哲学、比较科学史学、科学社会学及知识社会学中纷纷使用语境概念，运用语境分析法。语言哲学和科学哲学中，弗雷格最早把语境作为一大原则，即绝不孤立地询问一个词的意义，而只是在一个命题的语境中询问词的意义。在比较科学史学中，科学史家试图把科学的思想、实践、变革放在与其同时出现的其他思想及社会、政治、文化变革的关联中。科学社会学中，社会学家试图以社会学、文化学的角度研究科学的变迁。事实上，语言哲学的语用分析、科学哲学中的科学思想及相关思想的分析，以及社会学中的社会、文化角度分析在柯瓦雷的整体语境中均有所体现。

柯瓦雷以一种包含一切人文的观点，近观细节，远观总体，从未让情感因素左右他的观点。他的方法形式多样，主要有通过相关人物研究思想背景，通过语用研究思想来源，通过区域比较研究思想特征，通过信件研究思想变化及其文化的整体分析，通过相关人物研究思想背景等。例如，通过语用研究思想来源，科恩（Cohen）和柯瓦雷一起写了一篇关于莱布尼兹与牛顿之间争论的文章，其中几乎都是柯瓦雷的观点。在著名的莱布尼兹-克拉克通信中，克拉克将原子描述为“indiscerpible”，在近来的法语和英语版本中已被改为“indiscernible”，似乎“indiscerpible”这个单词中的“p”是个印刷错误。但是柯瓦雷立即意识到，根本不是错误，是有意这样印刷。他指出，“indiscerpible”一词由莫尔（Henry-More）首创，莫尔曾经对牛顿思想产生了深刻的影响。科恩在牛顿青年时代的学生笔记中，发现了他摘录了莫尔关于原子的阐述，其中，包含有疑问的那个单词“indiscerpible”。这就找到确证柯瓦雷的观点的证据。

三、柯瓦雷概念语境分析法的意义

首先，柯瓦雷的概念语境分析为科学史提供了一种语境研究方法。这种方法强调科学客观事实的实证研究，强调对科学客观事实的历史分析，强调对科学之

---

① Elkana Y. Alexandre Koyré: between the history of ideas and sociology of disembodied knowledge. History and Technology, 1987, 4: 115-148.

外因素特别是哲学与宗教思想对科学思想的影响，但倾向于轻视社会因素的作用。可以说，柯瓦雷的相对主义弥补了逻辑实证主义经验决定论的不足，他的整体主义看到了科学事实的内部联系，而不是孤立地看待这些事实。他也看到了社会因素的作用，在某种程度上，他在20世纪初就意识到了70年代的建构主义。因而，柯瓦雷的概念语境分析法在科学史研究中存在传统方法难以比拟的诸多优势，尽管也有不足，但仍不失为一种好方法。

其次，通过探讨语境分析方法的哲学思想传统，揭示科学史与哲学传统的渊源，为当前科学史发展提供了一条与科学哲学相结合的可行性路径。纽曼（Newman J R）认为库恩的《哥白尼革命》是“科学史研究转向的标志”。相对而言，《从封闭的世界到无限宇宙》一书是“正统方法的例证”。库恩称自己“很吃惊和尴尬”，他说“相比任何其他学者而言，他的科学史方法受柯瓦雷影响最大”①。这种差异的产生不仅是由于柯瓦雷自身思想和研究的发展变化，同时还在于欧洲和美国哲学立场的不同。科学史侧重哲学还是历史反映了两种不同的科学史传统，美国的分析哲学传统强调实证研究，而欧洲哲学传统强调理性；前者重视历史方法，后者更强调逻辑方法；前者强调科学与人文的融合，而后者割裂了科学与人文的联系。在当前强调科学与人文融合的趋势下，在国内科学哲学蓬勃发展的背景下，中国的科学史发展路径何去何从，柯瓦雷为我们展示了两种哲学传统影响下的研究科学史的典范。

最后，对概念进行语境分析促进了科学史研究中外史学派的兴起，尤其是科学的社会史研究和库恩的历史主义的出现。柯瓦雷的思想是在欧洲哲学传统中孕育成长起来的，到了晚年，美国的分析哲学传统对他的思想产生了一定的影响，他充分意识到了社会因素对于科学思想的产生所发挥的重要作用，而不再持轻视态度，但是还没来得及正式修正，就遗憾地离开了我们。事实上，虽然柯瓦雷“对以社会观点来解释科学发展的学者不是很赞同”，但是在他的论著中，语境几乎渗透到所有的层面。就由社会因素决定的知识解释而言，柯瓦雷对纯思想史研究感到不满，“晚年他在病床榻上时，在一本书中阐述了要沟通这样的科学史与直到现在还相距千里的社会史，对此，他表示非常高兴”②。事实上，很多人没有看到，柯瓦雷的工作正是沟通两者的重要组成部分。

---

① Cohen I B. Alexandre Koyré In America：some personal reminiscences. History and Technology，1987，4：55-70.

② Elkana Y. Alexandre Koyré：between the history of ideas and sociology of disembodied knowledge. History and Technology，1987，4：115-148.

第二节　语境框架与人工智能

1956年夏，在美国达特茅斯大学举行了一次盛大的学术会议，会议宗旨是探讨在数学、物理学、神经学、心理学和电子工程学等方面如何用计算机模拟人的智能行为。此次大会上，美国科学家麦卡锡（McCarthy）第一次提出了人工智能（artificial intelligence，AI）概念，并认为AI就是要让机器的行为看起来像人所表现出的智能行为一样。这是弱AI的观点，它似乎忽略了强AI的可能性。在强AI看来，AI是人造机器所表现出来的智能性（包括意识、自我、思维等问题）。这两种观点构成了AI研究的两大相互争论的派别。我们认为，计算机能否造就心灵，关键在于它能否被语境化，而这一点恰恰被他们忽略了。

一、强AI：在去语境情形下计算机能够造就心灵

强AI的纲领是：心灵和计算机都是物理符号系统，计算机同样可以造就心灵。塞尔将强AI观点定义为："心与脑的关系就是程序与计算机硬件的关系。"①持这种观点的科学家和哲学家认为"计算机能够做到心灵做到的事"的假定是可以实现的，只不过是时间问题，也就是说计算机可以思维，可以拥有人类心灵的一切能力。实现强AI纲领的种种努力可以归结为以下三个阶段。

1. 强AI模型的最初构想：图灵机

1936年图灵（Turing）证明，可以设计出一种通用的机器，它能求解任何可计算的函数。这就是著名的图灵机②。科普兰（Copeland）对它作过极好的说明：图灵机的任何物质实现都是用于某数字串的一组抽象程序的物质模型。

图灵机的目的是求解任何可计算的函数，那么图灵的"可计算"是怎样的呢？他将计算定义为：应用形式规则，对符号进行形式操作。1950年，图灵在"计算机器与智能"一文中专门提出"既然这种机器可以求解任何可计算的函数，那么它能否像人一样进行思维"的问题。

针对这个问题，图灵认为，人们不应当依据通常预设的"思维"定义来考虑这个问题，而应看这种机器能否执行一种"模仿游戏"来判定，看看无论是做算法还是阅读诗歌，一台计算机能否以无法与人回答相区别的方式来回答提问

① Searle J. Minds，Brains and Programs. Cambridge：Cambridge University Press，1980：8-15.

② 图灵机是指由一条无限长的记录带组成，划成许多方格，该机有一个装置，它的读写头能读出方格中的二进制符号"比特"［bi（nary uni）t的缩写］是0还是1，这个读写头能在方格中写出或擦除0或1，且它能在记录带上左移或右移，移到任何位置，依据约20个左右的规则来指导行动，这个机器就可能执行所有的可能计算。

者的问题，这就是著名的“图灵检验”（Turing test）。这个检验包括三个问题：首先，在未来，这种机器真的能够以所设想的方式回答问题吗？其次，在这种机器中，有效过程（一种严格定义的计算过程）原则上能够生成这种性能吗？第三，这种性能又足以使计算机具备智能属性吗？图灵对以上问题的回答都是肯定的。

“图灵检验”隐含着“心灵等价于计算机”的论断，这一论断对20世纪40年代后期兴起的人工智能无疑是一种强有力的声援，自然也引起了一场大争论。

2. 强AI模型的假设：物理符号系统

纽厄尔（Newell）和西蒙（Simon）是强AI观点的坚定支持者和实践者。他们在计算机同心灵哲学的关系上，无论是抽象的任务分析，还是细致的实验观察，没有人比他们主张更不妥协的态度了。

1955年，他们在兰德公司工作时就明确得出结论：由数字计算机操作的二进制数字串能够代表任何东西，人的大脑和数字计算机尽管在结构和机制上全然不同，但可被看成同一类装置的两个不同特例，这一装置通过用形式规则操作符号来生成智能行为。正如纽厄尔论述有关AI争论历史时所指出的：“计算机的工作范围决定了计算机是操作数字的机器。拥护此观点的人认为，重要的事情是每一样东西都可以经编码成为数字，指令也不例外。反之，AI科学家把计算机看作操作符号的机器。他们认为，重要的是每一样东西都可以经编码成为符号，数字也不例外。”①

同年，纽厄尔和西蒙设计了一个名为“逻辑专家”（logic theorist）的程序，这个程序被许多人认为是第一个AI程序②。它将每个问题都表示成一个树模型，然后选择最可能得到正确结论的那一枝来求解问题。“逻辑专家”对公众和AI研究领域产生的影响使它成为AI发展中一个重要的里程碑。1961年，纽厄尔和西蒙在他们的“符号系统假设”（SSH）中给出认知计算模型的形式表达：一个符号就是一个物理模式，并以物理方式通过各种途径同另一些模式发生联系，以构成复合表达式。1972年，他们在厚厚的教科书中对这个假设进行了更加详细的说明：符号被说成是“记号”（tokens）而非“类型”（types），确定的符号指向既定的目标，而符号的特性与指定目标的特性间不存在必然联系，符号和符号结构只是物质系统的无意义状态。任何能够以物理方式存储的基底（base），都能行使符号的作用，这种因果相关是任意的，就是说任何符号完全可以指称任何事物。

---

① Newell A. Intellectual Issues in the History of Artificial Intelligence. New York: Wiley, 1983: 196.

② 也有人认为早在1953年格雷．瓦尔特（GreyWalter）便已设计出第一个AI装置——电子乌龟。

在他们看来，一个人看起来是“智能”的，并不能真正说明这个人就真的是智能的，“人认为自己是智能的，计算机没有智能”只不过是一种主观认定问题而已。这倒与我国古代庄子的“子非鱼焉知鱼之乐”有些异曲同工之处了。而且依照SSH，思维也是根据指定的符号结构对符号的排列组合，因此只要有符号，有指定的程序，计算机便可以思维，也就是“计算机可以造就心灵”，也可以说人的心灵本就是符号按照指定的程序排列而成的。至此，强AI达到了极致。

3. 强AI模型的物理实现：冯·诺伊曼构架

图灵机只是一种构想，而将这种构想付诸实施，提出能够执行抽象数字计算工作真实机械装置的基本构架的人是冯·诺伊曼，我们现在的计算机就是“冯式”机器。

根据冯·诺伊曼构架建造的图灵机的任何具体版本：数据都用寄存器的物理状态表征，计算规则用真实物质状态表征，各项规则由存在于这个机器的物质结构和物质状态中的一个真实物理过程表征。这种以冯·诺伊曼型机器技术为基础的AI又被称为好的老式人工智能（good old fashioned AI，GOFAI）。

虽然GOFAI机器的成功制造使图灵设想向现实迈进了一大步，然而这与强AI设定的“计算机不仅是用来研究人的思维的一种工具，而且只要运行适当的程序，计算机本身就是有思维的”目标相差还是很远。为什么会这样呢？我们认为，根本原因在于：完全形式化的计算机，是去语境的计算机，这种计算机不可能拥有心灵，心灵是语境化的。

二、弱AI：在去语境情形下计算机无法造就心灵

目前的计算机还无法思维，这是事实，更不必说造就心灵了，就连那些在AI可行性方面与纽厄尔和西蒙有着共同信念的人，也将符号系统这一定义批评为过分的物理主义①。近些年，强AI的研究处于一种停滞不前的状态，而主流科研集中在弱AI上，并且一般认为这一研究领域已经取得可观的成就。

弱AI观点认为不可能制造出能真正地推理和解决问题的智能机器，这些机器只不过看起来像是智能的，但是并不真正拥有智能，更不会有自主意识。例如，利用计算机解决问题时，必须知道明确的程序，而人即使在不清楚程序时，根据发现法而设法巧妙地解决了问题的情况却是常见的。计算机在没有被给予充分的合乎逻辑的正确信息时，就不能理解它的意义，而人在既是被给予不充分、不正确的信息的情况下，根据适当的补充信息，也能抓住它的意义，因为人是语

① Sloman A. What Sorts of Machines Can Understand the Symbols They Use. Proc. Aristotelian Soc, Supp, 1986, 60: 61-80.

境化的，具有在不同语境中处理各种问题的能力。自然语言就是例子。于是，弱AI认为计算机虽然可以做很多事，但有些人能够做到的简单事情计算机却很难做到，所以“计算机无法造就心灵”。以下是三个有力的论证。

第一是“哥德尔论证”。1931年哥德尔在题为“论《数学原理》及有关系统的形式不可判定命题”一文中提出：一个数学模型的真理性永远超出该模型系统的公理和衍生的定理。也就是说，公理及它所衍生的定理系统，无法“完备地”覆盖数学模型的真理性。这便是著名的“哥德尔不完备性定理”。哥德尔定理的影响并非仅限于数学领域，它的提出使人们很难抵御一种强烈的诱惑，即从该定理出发证明“人心胜过计算机”的论断。这对于AI研究领域，特别是弱AI的研究具有不可估量的启迪作用。哥德尔本人也并不反对用此定理作为证明“人心胜过计算机”这一结论的部分证据。按照这一定理，任何形式系统都是不完备的，计算机也不例外。

20世纪70年代，哥德尔曾在与王浩的讨论中说，图灵的论证再附加两个假定之后就会站得住脚：①没有与物质相分离的心；②大脑的功能基本上像一台数字计算机。这两个假设其实就是语境条件。哥德尔曾明确断言，“大脑的功能不过像一台自动计算机，而心的本质并非如此”[①]。针对哥德尔定理，人们倾向于说它不仅揭示了形式系统的局限性，同时也揭示了机器代替人思维的局限性。

第二是“皇帝新脑”论证。牛津大学的彭罗斯（Penrose）在《皇帝新脑——计算机、心智和物理定律》一书中，对强AI观点进行了猛烈的抨击，以大量笔墨从哥德尔定理出发直接论证“人心胜过计算机”，被称为“对哥德尔定理令人吃惊的强应用”。

彭罗斯的强硬论证基于两个方面：一是哥德尔不完备性定理。他对于“人类的意识是由于其在进化过程中靠了‘自然选择’实现的”有所怀疑[②]，也对物理世界背后的规律是否全包含在柏拉图世界中存有疑问，通过哥德尔定理，他排除了计算机和柏拉图理念世界交流的能力，认为不能使用计算机算法获得由人类直觉天才所取得的大多数成果。二是当代物理学里几个最深刻未解决难题的思考（EPR精神实验、“薛定锷之猫”问题和E-V炸弹检验模）[③]。这些思考导致了彭罗斯发现深入的物理学客观实体是不可计算的，由此，他联系到最新脑神经科学的结果，认为大脑在意识和思维时具有非局部性和非计算性，计算机绝不可能超越人的心智，计算机不过是强AI专家所钟爱的一副“皇帝新脑”而已，计算机根本无法造就心灵。

---

① 刘晓力．哥德尔对心-脑-计算机问题的解．自然辩证法研究，1991（4）：1-6.

② Penrose R. The Empiror’ s New Mind. Oxford：Oxford University Press，1989：429-430.

③ Penrose R. The Large，the Small and the Human Mind. Cambridge：Cambridge University Press，1997.

第三是“中文屋论证”。1980 年，美国哲学家塞尔（Searle）提出了著名“中文屋论证”，来诘难图灵检验的有效性。“中文屋论证”的提出有感于 1977 年设计的一个被称为“脚本”（scripts）的 AI 程序，它是香克（Schank）设计用来模仿人类“理解”行为的一种软件包，且好似已经通过了简化的图灵检验，但塞尔认为这个程序并非是像人那样“理解”。

塞尔论证说，假如他被关在一间充满中文字条的屋子里，通过在窗口传递中文字条与外界发生联系，并靠一本英文指令书将各种中文字条配对。由于他可以正确回答屋外中国人的提问，所以屋外人认为他懂中文。但在塞尔本人看来，自己仍然对中文一窍不通。因此，计算机不能像人那样理解。“中文屋论证”在人工智能界引起了强烈的反响。它不仅因为比喻精当而引人深思，它还包含着值得进一步探讨的问题：理解究竟是什么？计算机能够理解吗？脑在计算方面的性能是否足以生成脑产生心理状态的功能呢？

我们可以想象，如果以计算机代替中文屋中的人，即使计算机通过了图灵检验，可以正确解决或回答人提出的问题，也并不能说明它真的“理解”了人所提出的问题，因而也就没有意识。或者说，在判定某类存在物是否正以人的方式执行认知任务时，图灵检验或任何其他的比较行为的方法都是无用的。塞尔非常明确地指出，“计算机永不可能代替人心，原因很简单：计算机程序只是语法的，而心不仅仅是语法的。心是语义的，就是说，人心不仅仅是一个形式结构，它是有内容的”①。而内容的意义是依赖语境的，因为语境决定意义。

“中文屋论证”对一直坚信强 AI 的科学家和哲学家是一次沉重的打击，为弱 AI“计算机不可能造就心灵”的观点提供了有力的支持。

三、语境框架：机器具有心灵的关键

强 AI 的目标之所以难以实现，在于它必须面对语境框架问题，即语境限制问题。计算机操作完全是形式化的、去语境化的，而人的理解则完全是语境化的，即语境依赖的。计算机和人的最大不同恐怕就在于此。要使计算机能够理解，就必须设法解决语境框架问题。

1. 语境框架：AI 研究的关键点

强 AI 的研究之所以难以有所发展，这并非偶然，因为它必须面对一个难题——语境框架问题，此问题的解决是解密“计算机造就心灵”的一把钥匙。我们知道，计算机是通过规则程序进行运算操作的，不论它处的环境如何，只要运算就都是遵循指定的规则进行的，而人却能够在各种各样不完全指明的环境中

① 约翰·塞尔．心、脑与科学．杨音莱，译．上海：上海译文出版社，2006：23.

成功运用规则，计算机如果要模仿人的这项能力，便必须将所有的“不完全指明”规则编成“完全指明”的，然而这是极其困难的，这个模拟真实的人认知的难点被称为框架问题：一个人无论决定什么框架规则，一些事先预料不到的“意外”情况总有可能出现，致使这个框架不完整不适当。1988 年，博登就曾指出：我们从不处于一种无框架的情形中，为了进行任何计划，我们必须使用某些概念规则，至少用于在局部环境识别我们所感知的东西①。也就是说，人是语境化的，并且人时刻处于各种不同的语境之下，有语境便会有限制它的框架，人虽不能决定所处环境，却可以依据自身的独特性对框架进行调整。

再看计算机的框架问题。在 GOFAI 计算机中，一个普通通用的框架不可能被逐条输入其中，这需要太多数据，而且每条数据又具有本身特有的框架敏感性，所以说没有任何可能的方法使一个框架丰富得足以在内容上覆盖所有可能发生的事情，并把这些事情输入一部 GOFAI 计算机内，即使我们能够逐条地聚集这些数据②。由此可以看出，计算机所产生的框架问题，有一种不同于人的特殊性，计算机是非语境化的，它的框架并不会像人一样随着语境的变化而自发变化。在这里，我们将这种特有的框架问题称为语境框架问题。

人的认知理解或处理某事是置于某些语境下的，这些语境只要有小小的不同，人便会自动调整自己的行为方式，但计算机必须要输入新的程序，语境变化了也不会自己调整，而语境的变化是极其难以计量的，所以人为计算机输入的程序很难包含所有语境，这样计算机的操作便会出现差错。可以说，语境框架问题得不到解决，计算机就不会像人一样思维，强 AI 研究便不会成功；当计算机也像人一样，不仅可以在指定的规则内行事，当事件发生语境变化时，不必输入新的程序，也可以依据自己的“经验”“心情”或“感觉”运用一些新的规则达成目标，那时我们才能说计算机能够造就心灵。所以说，语境框架问题的解决是“计算机能够造就心灵”的关键所在。

2. 联结主义范式：语境框架的一种尝试

语境框架的解决是强 AI 实现的必经之路，然而它的解决又成为摆在认知科学家，尤其是强 AI 科学家面前的难解之题。当人们在作了各种哲学层面的思考后，发现心/物问题，即语境框架问题的最终解决还是要取决于科学的进一步发展。正如斯梅尔所说：解决人类智能的极限和人工智能的极限问题，除了与哥德尔定理有关外，还需要对大脑和计算机更精细的模型进行更深入的研究，而且还需要将学习问题求解、对策理论与实数论、逼近论、概率论和几何学知识结合在

---

① Boden M A. Artificial Intelligence in Psychology. Cambridge：MIT Press，1988：24-56.

② 罗姆·哈瑞．认知科学哲学导论．魏屹东，译．上海：上海科技教育出版社，2006：125.

一起，探索其如何对问题的解起实质性作用。在尝试调和强 AI 和弱 AI 矛盾的道路上，在试图研制一种能表现人心灵特征机器的路途上，人们一直在进行着不懈地努力。

早在两百年前，莱布尼兹和稍后的帕斯卡（Pascal）就曾作过自动计算机器的尝试，由于当时科学技术水平的限制 AI 在实践上基本没有发展。第一个模仿人智能的计算机软件是科尔比（Colby）20 世纪 60 年代中期研制成功的“心理治疗专家系统”，它虽然通过了部分图灵检验，但它对许多测试者的答复却令人困惑①。20 世纪 80 年代后，认知科学发生了一场“人工神经网络革命”，联结主义范式取代了符号主义范式，开辟了 AI 研究的新领域，使人们看到了语境框架问题解决的曙光。

联结主义是一种亚符号神经计算，联结主义革命已经触动了“认知可计算主义”的核心，使认知科学研究从“离散符号研究范式”向“亚符号研究范式”转换，因此人工神经网络的提出被看成是一次革命性的变革。事实上，从 1943 年，美国科学家麦卡洛克（McCulloch）研制出第一个称为“NP 模型”的人工神经细胞模型开始，科学家就开创了联结主义网络研究的新领域；之后科学家们相继在求解非线性感知、复杂模式识别的多层感知机，以及具有良好自适应特性的神经网络等方面都取得了长足进步。

联结主义网络最重要的特征之一是叠加的可能性，也就是说，能够在一个网络上使用相同的权重组合来执行多种工作，这是联结主义重要的优势所在。美国科学家韦（Way）对这个问题进行过深入的探讨②，他发现由于叠加是可能的，一个网络能够存储某人遇到范例的所有信息，而且这个网络并不是单一的，类似于人所能遇到的各种各样事件的集合；由于相似性问题消失，网络会逐渐调整到追踪概念之间的最佳关系；网络联合真实特征，将有可能保存所有共发属性，不需要在本质和特性间做取舍。

联结主义的叠加可能性在一定程度上破坏了计算机的框架，使计算机在一定的规则下有可能产生更多的结果，为语境框架的解决提供了一条可能途径，使强 AI 科学家看到了“计算机造就心灵”的未来前景。因为人工网络的联结强化了语境因素的关联，使智能机的认知心灵的涌现成为可能，这就是为什么说联结主义是一种可能语境框架的原因。

四、结　语

到目前为止，“计算机能否造就心灵”问题还没有确切答案，不过，可以肯

① Penrose R. The Empiror's New Mind. Oxford: Oxford University Press, 1989: 12-13.

② Way E C. Connectionism and conceptual structure. American Behavioral Scientist, 1997, (6): 725-753.

定，强 AI 如果不解决语境框架问题，实现其目标将是不可能的；弱 AI 虽然坚持人超过计算机，但是还没有充分认识到语境框架对于造就心灵的重要性。联结主义虽然可以看成是一种语境框架的尝试，但是联结主义者并没有意识到这个问题，说到底，它仍然是一种似人的语境框架，还不是真正意义上的人的语境。我们在这里也只是提出了语境框架问题，但是并没有解决这个问题，此问题的解决仍然需要无数科学家、哲学家的不懈努力。正如丹尼特所指出的：AI 尚未揭开任何古老的心灵之谜，但是它为我们提供了规范和拓宽想象力的新方法，至于对这些方法的利用，我们还只是刚刚开始①。

概言之，认知过程是语境依赖的，智能行为是语境化的。计算机能否拥有心灵，关键在于它能否被语境化。人是语境化的，计算机是非语境化的，将计算机语境化是未来人-机对话的关键。人-机之间能否通过语境框架进行沟通，如何沟通，也是未来认知科学和认知科学哲学要探索的重要方向之一。

第三节　语境与潜意识表征

知识必须是表征的吗？有没有无表征的智能？无表征智能如何情景化？德雷福斯（Dreyfus）基于意向弧思想的无表征智能理论对这些问题做了具有启发性的回答。作为对人工智能最尖锐的批评家，德雷福斯提出的无表征智能思想在人工智能领域产生了广泛而深刻的影响，对人工智能的表征主义提出了挑战。

一、无表征智能的提出

自 1965 年以来，德雷福斯对人工智能的合理性不断提出质疑。他对当时计算主义的信息加工模型进行批判，认为我们的相关感觉是整体的，并且参与到不断变化的活动中去，而符号表征则是原子的，与这样的活动完全分离。后来，人工智能研究者开始认识到，德雷福斯所说的整体性情境表征是人工智能的严重障碍。1979 年，德雷福斯在《计算机不能做什么》一书的再版序言中指出，人工智能研究者所说的常识知识问题，其实并不是一个如何表征知识的问题，相反，当我们与外部事物及人打交道时，常识背景理解使得我们能够经验到当前有关的东西，这是一种知道如何做的能力，而不仅是一种知识。

问题在于这种知道如何做的能力以及兴趣、感觉、动机和体能，所有这些构成一个人的东西都要作为知识，作为巨大复杂的信念系统来传递给计算机。在德雷福斯看来，将我们的未加表述的、前概念的背景理解表述为一种符号表征是没

① Dennet D C. When Philosophy Encounter Artificial Intelligence. Daedalus（Winter），1988，（4）：283-295.

有什么希望的[1]。

然而，20 世纪 80 年代，人工智能以及与其相关的机器人制造遇到了前所未有的困难。人们开始密切关注联结主义提出的神经网络模型，人工智能研究出现新的转机。神经网络模型表明，信息的储存根本没有必要；设计者只须训练一个模拟的知觉神经网络对特定情境做出反应，并使它对其他情境以它习惯的方式做出适当的反应。

那么，神经网络模型是否可以取代传统人工智能而成功地模拟心的活动呢？德雷福斯认为，神经网络模型也不能完全逃避表征问题。因为计算机不是人，所以它就没有人的欲望、需求和情绪。所以，计算机就需要将这些对于人是自然而然的东西用规则表征出来，而这并不比将人的知识和能力用物理符号系统表征出来更容易。

这样，人工智能的所有工作似乎都面临一个深刻的两难境地。如果要建立一个传统人工智能系统，那么就不得不把一个人所能理解的所有东西都表征在一个信念系统中，而通过将人由于有一个熟练的躯体就能理解的东西明确化，来成功地设计一个表现出常识的计算机，这是极为不可能的。

新近的机器学习研究并不要求将人理解的所有东西都表征出来。但是这样一来，就陷入了另一个困境——所需要的学习装置要与人关心同样的问题，有与人同样的结构来概括人的行为方式。而正像不大可能使一个物理符号系统具有人的属性一样，要制造一个与我们足够相似的装置来活动和学习，至少是同样不可能的。

在德雷福斯看来，人工智能之所以未能在研究上取得突破性进展，是因为它一直处在知识是可以表征的误区。鉴于此，德雷福斯提出无表征智能理论，试图引导传统人工智能研究走出困境。

二、无表征智能的情景化

在某情景中，熟练的技巧是不需要规则表征的。也就是说，熟练行为是无表征的潜意识过程，它是情景化的；而表征是基于规则的有意识过程，它是去情景化的。

1. 技能获取是情景化过程

德雷福斯认为，新手要成为专家必须经过技能接受的五个阶段[2]：①初学者

---

① Dreyfus H. What Computers Still Can't Do? Cambridge: MIT Press, 1992.

② Dreyfus H, Dreyfus S. Mind over Machine: The Power of Human Intuition and Expertise in the Era of the Computer. New York: Free Press, 1986: 21-22.

阶段（Novice）；②高级初学者阶段（Advanced Beginner）；③胜任阶段（Competence）；④熟练阶段（proficiency）；⑤专家技能阶段（Expertise）。

他试图从现象学解释新手是怎么通过指导语和规则来获取技能的，以及这种专家技能的本质是直觉的还是计算的，是可表征的还是不可表征的，是身体的还是与身体无关的。

在初学者阶段，新手要学会识别大量技能所涉及对象的客观特征，并且接受在相关事实和特征基础上进行行动的规则。这些事实和特征得到了精确而又客观的定义，使得新手即使没有语境也能理解它们。所以，这些事实和特征被称为脱离情境的要素。就像计算机执行程序一样，初学者依照给定规则来决定其行为。因此，新手的行为特征是有限的、不灵活的、受规则支配的。

在高级初学者阶段，新手通过处理真实情境获得了大量实际经验，使其技能达到一个新的水平。在已有经验的基础上，新手开始认识到情境中包含着规则中没有涉及的要素。这些新的要素即"情境要素"。新手之所以能识别出这些新的要素，在于这些要素与他已有的经验相似。这时，新手开始由精确化和客观化的文字描述世界进入到模糊化和主观化的技能世界。因为情境要素既无法用语言来表述，也无法用脱离情境的特征来定义。例如，司机通过发动机声音来判断，当发动机声音听起来就像是车在加减速，或是像被卡住一样时就该换挡。发动机声音并不能用话语来表达，因此在学会区分这些情形时，话语并不能取代具体的范例。

在胜任阶段，新手必须学会制订计划来应付复杂的局面。因为随着高级初学者与真实世界接触的日益增多，可识别的脱离情境的要素、情境元素以及要遵循的程序的数量变得非常巨大。为了解决这样的问题，新手自己学会或者被教会采取决策的等级程序。首先，通过制订一个计划把情境组织起来，然后通过检查一小部分在计划中最重要的要素来简化任务和提高绩效。例如，一个胜任的驾驶员在离开高速路进入一个匝道，在考虑速度、路况、时间等因素后，觉得自己开得太快了。因此，他必须决定是否减速，是否踩制动器。如果在急转弯时，车没有打滑，幸运通过的话，他就会感到轻松。

在第三阶段，新手的情感投入发生了重大变化。而在前两个阶段，初学者和高级初学者的态度是超然的，因为他们只是努力运用规则，错误是由他们所运用的规则和程序造成的，所以他们对行为后果不负责任。然而，进一步的提高需要一种对行动的特别投入。胜任者看待学习行动时已经考虑到目标与计划，他会根据当时的学习情境的重要特征做出选择，并把这些选择用于指导行动。一个成功的结果会让他很满意，而失败会让他很沮丧。

在以上三个阶段，决策的特点是"哈姆雷特式"的，即分裂的、迟疑的和苦恼的。在熟练阶段，熟练的操作者超越了这种哈姆雷特阶段。情境识别及其关联反应替代了规则，直觉反应替代了推理反应，"知道怎样"取代了"知道什么”，迅速、流畅的行为替代了缓慢、迟疑的行为。在这一阶段，操作者会选取一些特定的视角来组织他的任务，情境的某种特征会变得醒目起来，其他特征则会隐入背景并被忽视。熟练的操作者根据对过去类似情境的经验，来制订当前的工作计划。当他完全使用全局相似性认知，而不是使用计算程序来选择几个可能选项中的一个时，行动变得更容易而且压力也变小了。

相比前三个阶段的技能行为是有意识的这个特点，熟练阶段的技能行为开始呈现出无意识，即对于行动的最佳计划的选择已经达到在潜意识就可以做出决断的程度，对情况的总结与对计划的选择非常迅速。例如，熟练的司机在一个雨天到达道路拐弯处，此时他可能会直觉地意识到他的车开得太快，以致有危险。之后他决定是否踩刹车或只是通过加速器上的说明来减轻压力。当做出决定时，宝贵的时间可能已经丧失了，但是熟练的司机必然尽可能安全地解决这一问题，而不像胜任者一样去花费更多的时间来考虑速度、倾斜度、重力，以便决定是否超速。

在专家技能阶段，专家不进行有意识的考虑，而是完全投入到技能世界中，达到了“无我之境”。“专家技能成了他的一部分，以至于他不需要意识到技能，而只要意识到他自己的身体。”他不再以一种规则似的方式对一些特征做出反应，而是以一种灵活的方式对整个情境做出反应。仍拿开车的例子来说，熟练的司机在对一些情境做出反应时，并非以一种严格的反射作用踩刹车闸，而是他的大脑被调整到对整个车、高速路、弯道、天气、速度等情境做出反应，这是以一些有规律的但又不能用规则来描述的方式进行的，这也正是因为专家不是对特征做出反应，他的处理处于一个全新的却又相似的情境。因此，专家型司机在考虑刹车时并非把它表征为一个情境的独立成分。

在熟练阶段，熟练操作者完全投入到他的技能活动中，知道需要做什么，但还是不得不考虑该怎么做；而专家阶段，专家不仅知道需要做什么，由于他有大量的情境差异的储备，他还能迅速知道如何达到目标。能否做出更精确的情境区分就是专家和熟练操作者的区别所在。专家技能的特征就是无意识的、直觉性的情境反应。“当事情进展顺利时，专家不解决问题，也不做决定，他们就做通常该做的事情。”①

总之，以上技能获得的现象学描述可以看出，技能获取在开始通常是学习和应用一些与情境无关的规则，但是在技能发展的高级阶段，规则所起的作用越来越小，技能越来越表现为基于情境的直觉判断。对于一个完全掌握某一技能的人来说，规则可以说是完全不起作用了，而不是在无意识中起作用。人工智能所假设的存在于无意识之中的规则根本就是子虚乌有。

① Dreyfus H. On the Internet. New York：Rutledge，2001：30-31.

2. 学习无需表征

梅洛·庞蒂的意向弧思想是情景化无表征的理论基础①。对于我们对世界的知觉经验是怎么建立在过去经验的基础上这个问题，胡塞尔是通过心理表征来解释的，因为他认为所有的人类知觉和行动都是以意向内容为中介的，他解释说："类似的东西使我想起类似的东西，……这一边的东西与另一边的东西是相关联的，而且这一边的东西使我想起了另一边的东西。"②

曾在我们的经验中起作用的事件，不知何故会被记下来，然后来影响和充实我们当前的知觉。人工智能吸纳了这种心理表征思想，提出我们拥有对世界的心理表征，即在我们心中，必须存在关于世界的表征模型，而我们根据心理表征来做推理和行动。德雷福斯认为，经验主义的联想主义和理性主义哲学以及它们的当代版本——人工智能哲学，都不能提出一种有效精神模式来解释过去经验对现在经验的影响，而只有梅洛·庞蒂的意向弧思想才能对之做出合理的解释。

在梅洛·庞蒂看来，心理表征解释的困难在于：它无法解释为什么经验会召唤起与它相似的特殊记忆，即它无法解决客体的表征联结问题。"一个印象永远不会自己与另一个印象相联结。它也没有引起其他印象的力量。只有在这个印象已经根据过去经验得到理解时，这个印象才会与另一个印象相联结。"③ 为了把对这个客体的其他方面的恰当记忆与当前经验相联结，人们不得不把一个印象认为是这个客体的一方面。

对于客体的表征联结问题，德雷福斯提出的技能获取现象学对此做出了解释。新手已习得的东西按照世界呈现的方式来显现，而更重要的是，他已习得的东西不是先在心灵中得到表征然后再加入到当前经验中的。换言之，新手是这样来进行学习的：他能够区分越来越细致的情境，而这些情境要求越来越细致的反应。如果新手不明白情境所要求的反应是什么，或者说新手在情境要求下做出的反应是不好的，那么初学者就会进一步完善他区分情境的能力并提高其反应。

这个过程就是技能提高的过程。而这种由情境到人再由人回到情境的反馈回路，在梅洛·庞蒂那里被称为是身体的意向弧。他说："意识的生活——认知生活、愿望生活或知觉生活，受到一个'意向弧'的支撑，而它在我们周围投射出我们的过去、我们的未来、我们的人文环境、我们的物质环境、我们的意识形态环境、我们的心理环境。正是这个意向弧造成了感官的统一性、感官和智力的

---

① Dreyfus H. Intelligence without representation. Phenomenology and Cognitive Science, 2002, 1: 372-373.

② Husserl E. Ideas pertaining to a pure phenomenology and to a phenomenology philosophy. Second Book: Studies in the Phenomenology of Constitution. Hague: Kluwer Academic, 1989: 127.

③ Merleau-Ponty. Phenomenology of Perception. London: Routlege, 1962: 14.

统一性、感受性和运动机能的统一性。"[①] 这正是语境论的观点，即意识是情景或者语境化的。

意向弧的存在，使得学习者不只是被动地接受外界输入然后处理它，而是对事物主动地做出反应。在过去经验的基础上，人总是从某种角度来看待事物，并且把它们看成是要求人做出某种行动。人能从当前情境中得到什么，取决于他过去对那种事物的经验。意向弧观念的中心思想是反表征主义的，即对世界的最好表征就是世界本身，因为过去所有的经验都会被投射回到世界中去。

梅洛·庞蒂的意向弧思想得到了"前馈模拟神经系统网络"的支持[②]。"前馈模拟神经系统网络"提供了这样一种非心理模式，即在大脑不用储存特殊的记忆情况下，过去经验能影响当前的知觉和行动的模式。这种网络的优点是：过去的经验不需要被储存为记忆就能修正模拟神经元之间的联系。在此基础上，新的输入能够激发基于过去经验的输出，而网络不需要回溯到任何过去的特定记忆。这项研究成果为我们放弃心理机制解释提供了支持。

在更好的模拟大脑的神经网络中，输入会与输出相联结，而且在接收输入刺激时，网络中的隐藏节点总是处于特定的激活状态，并且网络的输出会依赖这种最初状态。于是，输入加上初始状态会决定输出。如果输入与当前情境的经验相持，那么当输入与专家对情境的期待和视角相符时，输入所决定的隐藏节点就被激活了，这说明了特定反应是在情境中引发的。这表明，神经网络与被动的联想主义是不同的，因而神经网络为梅洛·庞蒂的意向弧思想提供了神经学基础。

目前，神经网络的最基本困难在于学习。例如，网络是通过被给予恰当的情境——行动匹配进行学习的，还是通过亲自寻找相匹配的情境——行动来进行学习呢？如果网络要学会认出我们能恰当地对之做出识别和反应的情境，那么网络必须学会对相似的情境做出与人相似的反应。此时，网络学习就碰到了它一直难以解决的概括难题，因为每件事物都在无限多的方面与其他事物相似或者不相似。神经网络的设计者们认为，网络要具备智能就得能够进行概括。

例如，对特定的分类任务来说，如果有足够多的与一个特定的输出相联结的输入例子，那么网络就应该把更多的相同输入与相同输出相联结。但什么才是相同的类型呢？网络设计者通常会想到一种特殊的、为合理的概括所需要的典型定义。如果网络可以凭借这种定义推出这种类型中的其他例子，那么这个定义就成功了。对于相同情境，如果神经网络做出的反应与人的反应不相似，那么这种神经网络就失败了，而不能学到我们的技能，因此在我们的世界中就没有出路。

---

① Merleau-Ponty. Phenomenology of Perception. London: Routlege, 1962: 136.

② Dreyfus H. The current relevance of merleau-ponty's phenomenology of embodiment. The Electronic Journa of Analytic Philosophy, 1996, (4).

所以，要设计出成功的神经网络，就必须知道人是怎样解决概括难题和接受应付世界的技能的。究竟是什么限制了可能概括的范围的呢？答案是身体限制了可能的概括范围。前馈神经网络的局限性就在于它没有身体。德雷福斯认为，身体有三种限制概括范围的方式：大脑结构、依赖于身体的呈现次序和使身体感到满意的东西。

首先，大脑的神经结构决定了我们对于特定的输入能作出什么样的反应。这种内在结构解释了知觉恒常现象，但是单靠大脑结构还不足以限制概括空间。其次，对于概括的第二种限制是依赖于身体的呈现次序。感觉输入的次序和频率进一步限制了一个人会如何进行概括的方式，而感觉输入的次序和频率依赖于身体结构和世界结构之间的互动。第三种限制是使身体感到满意的东西。对现实世界的人来说，感觉输入和输出的配对会在让人感到满意时固定下来。

在德雷福斯看来，这三种身体结构功能解释了为什么所有人以类似的方式进行概括和进行技能化应对。由于缺乏上述三种身体限制，无身的神经网络不能很好地学习怎么应付人类世界。人类根本不可能让网络看到我们能看到的相似性，或者像我们一样来应对情境，也不可能让网络区分出对我们来说相关和不相关的东西，更不可能让无身的神经网络熟悉对我们来说是显而易见的东西。

三、无表征智能的理论支持

从以上论述我们可以得出结论：技能和学习行为无需表征。这可以运用以下两个理论得到阐明。

一是身体对情景的最大把握倾向。根据身体的意向弧思想，无身的人在行动没有产生令他满意的结果时，会自动修正他的反应，而且这种修正不依赖于表征。“生活朝向目标的极化完全是非表征的。客观思想绕过了真实的意向性，而真实意向性就在它的对象上，而不是确立了对象。”① 梅洛·庞蒂认为，非表征主义意向性才是更为基本的意向性形式，而客观思想的重构遗失了这种基本意向性。他有时称这种意向性为身体的运动意向性。“当我的知觉以不同的角度和尽可能清楚地向我呈现时，我的身体被整合进世界中，而且当我的运动意向展开时，运动意向收到了它们对世界的期待反应。”② 这种更基本的意向性的主体是身体主体。在他看来，在每个日常的应付活动中，身体主体与世界之间建立比意识主体与对象之间更为基本和牢固的关系。他提出的这种更牢固的关系就是身体的最大把握倾向，也就是说，人类总是倾向于去获得对情境的最大把握。

梅洛·庞蒂的最大把握概念源自日常知觉和操控活动。当我们看某物时，我

① Merleau-Ponty. Phenomenology of Perception. London：Routlege，1962：436.

② Merleau-Ponty. Phenomenology of Perception. London：Routlege，1962：250.

们并没有思考它，而是在作为整体的事物和它的不同部分中，倾向于找到对它最好的把握距离。当我们把握某种东西时，我们总试图用某种方式来取得最大把握。“对于每个客体，比如艺术画廊中的每幅画，存在着它所要求的最佳距离，它本身所尽可能地允许的观看方向：小于或大于这个距离时，我们只能获得模模糊糊的过渡或不足的知觉。因此，我们倾向于最高的可见性，并像调显微镜一样寻求最佳聚焦。”①

在上述思想的基础上，德雷福斯提出了反表征主义观点：在技能化应付中，人们不需要对目标的心理表征。当人们对情境做出反应时，行动被经验为稳定的技能活动流。当一个人对情境的反应偏离身体和情境之间的最佳关系时，他的活动会使他更接近身体和情境之间的最佳关系，从而减轻了偏离所带来的紧张感。“我和物体之间的距离不是一种增加或减少的东西，而是一种围绕着标准波动的紧张。”② 这时，他不需要而且也无法表达出这种最佳的关系是什么样的。他的身体完全是在情境的要求之下进入到与情境的平衡之中的。“不管动力或知觉系统是否在起作用，我们的身体不是‘我思’的客体，而是趋向其平衡的充满生命意义的组合。”③

与此相反的是，表征主义认为，在行动时，人们需要预先对目标进行表征，以便以此为参照来判断行动的成败得失。胡塞尔和塞尔就是这种行动的表征主义的支持者，而海德格尔和梅洛·庞蒂是这种思想的批评者。塞尔认为运动要成为行动，就必须具备逻辑条件和现象条件。逻辑条件指一个行动要有满意的条件。现象条件指行动者必须意识到一个目标，或者说，如果目标是无意识的，那么现象条件要求行动者至少能有意识地在往那个目标努力。反表征主义赞同逻辑条件的要求，但是反对现象条件的要求。也就是说，支配行动的意向内容（即满意的条件）不必在心灵中表征出来。

德雷福斯以打网球为例来论证行动的反表征主义解释。打网球的新手会极力盯着球，让球拍垂直于地面，然后平行地将球击出。但是，对正在进行比赛的网球手来说，一切都会变得好起来，他全身心投入比赛中。他所经验到的是手臂上升并被引向恰当的位置，球拍与球场形成最佳的角度——一个他所需要的但他又意识不到的角度，而所有这些构成了由球场、竞争对手和即将来球等构成的格式塔。当他感到他的行为以这种方式被情境所激发时，他可以减少对格式塔的偏离。问题的关键在于：最终的格式塔从来都不需要在心中被表征，而且也不是人们所能表征的东西。人们只能感觉到他是接近还是远离最佳状态。正如梅洛·庞

① Merleau-Ponty. Phenomenology of Perception. London: Routlege, 1962: 302.

② 莫里斯·梅洛-庞蒂. 知觉现象学. 姜志辉译. 北京: 商务印书馆, 2001: 383.

③ Merleau-Ponty. Phenomenology of Perception. London: Routlege, 1962: 153.

蒂所说："移动身体就是通过身体针对事物；这就是允许某人做出反应，它完全独立于任何表征。"①

为了让人们确信：有技能的行动者不需要对最终格式塔进行表征就能达到最佳格式塔型，德雷福斯还使用了肥皂泡的类比。肥皂泡的雏形是不成形的。少量的泡沫受力形成了球体，但是球形的结果在肥皂泡的产生过程中不起任何因果作用。这说明，最终格式塔型在其产生过程中不起因果作用。身体运用球拍的最佳格式塔型也属于这种情形。实际上，在运动中，人们意识不到或者说不能表征出他是怎么运用球拍的。

另外，即使一个人是有意识地去接受像打网球这样的技能，他也不是有意识地在区分越来越精细的情境，并将它们与越来越精细的反应相匹配。或者说，技能掌握不是一个有意识的过程，因为新手不知道他是怎么获得专家技能的。有意识的部分只限于他为了提高技能而投身于技能学习和实践中。身体接管了意识的表征范围之外地带。这个能力为梅洛·庞蒂的身体获得最大把握的趋向作了进一步的说明。在这一基本的感觉中，仅仅是因为有了获得最大把握的趋势才有了意向弧。

正如我们所看到的，那种技巧性的处理并不需要对目标的心理表征。然而，塞尔认为是为了得到满意条件才引起人的身体移动，他称之为意向行为。这就是人所能体会的移动身体和身体被移动之间的区别。此外，塞尔说，在行为的范例中，人的意向性内容必须有一个从心智/世界的因果关系。那就是，当身体的移动引起世界的变化时，人的意向行为才能被体验。

德雷福斯根据梅洛·庞蒂的思想，用最大程度把握概念来表达身体运动机能意义生成的非表征性。他说："梅洛·庞蒂最重要的贡献就是对于环境和行为之间动态辩证关系的一种描述。梅洛·庞蒂清楚表明，对于目标是最大程度控制的身体运动，人们不需要对于目标的表征。相反，行为被体验为一种不断回应处境的连续技巧活动。这种技巧性的应付活动运转是否良好，也是体验的重要构成。一旦人们感到偏离了最佳的身体/环境结构，人们的活动就试图减轻'张力'从而更加接近最佳身体/环境关系。"②

二是弗里曼的吸引子理论。反表征主义与表征主义孰是孰非，可以诉诸最近的生理学研究成果。如果没有一种大脑机制或活动的结构能解释行动者成功地被导向他所不知道的目标状态，那么反表征主义是让人难以置信的。德雷福斯认为，吸引子理论可以说明反表征主义思想绝非主观臆想，而是有科学依据的，因

① Merleau-Ponty. Phenomenology of Perception. London: Routlege, 1962: 139.

② Dreyfus H. Merleau-Ponty and recent cognitive science. Carman T, Hansen M B N. The Cambridge Companion to Merleau-Ponty. Cambridge: Cambridge University Press, 2005: 136-137.

为吸引子理论解释了大脑是如何产生不可表征的技能化行为。有目标的行为能够被这样一种大脑状态所控制。这种大脑状态只在最弱的意义上，能被称为是对行为所朝向的满意格式塔的表征。

在弗里曼看来，大脑是根据赫布的学习理论运行的，换言之，各个神经元之间的连接强度在经验的基础上得到增强或减弱。他的重要贡献是说明了赫布变化是更高层面的神经进程的基础。他发现，学习就是调整神经元之间的连接强度，而行动的突发会分裂出大量不同的混沌吸引子。源于感官的微弱输入的做用仅仅是限制突发，并让它跌入一个特定的吸引盆，而这个吸引盆在学习的基础上，会与引发特定输入的客体相联系。大脑就是以这种方式不对微弱输入做出反应，而对产生这种微弱输入和诸如此类东西的客体作出反应。也就是说，学习者直接指向客体，而不对客体进行表征。这印证了作为意向弧观念中心思想的反表征主义——对世界最好的表征就是这些实践不是与意向现象相分离的，而是意向现象开展的方式。世界本身，连同过去所有的经验都会被投射回到世界中去。

吸引子理论也证明了身体的最大把握倾向的合理性。比如，当一头哺乳动物如兔子在某种情况下体验到成功和失败时，它的大脑就会形成特定的神经元连接。当兔子再次处于这种情形下时，这种过去已形成的神经元连接会激发全局神经元活动，而这种激发始于特定能量情景中的某一点。这个在能量情景中的点就是让整个大脑进入到那种状态的能量总和，而位于该点周围的点则拥有更多或更少的能量。

因此，在弗里曼那里，大脑被理解为是一个具有能量波峰和波谷的动力系统。每个波峰或波谷都对应于能量的最大或最小值。与爬山相似，攀到波峰的顶点需要花大量能量，而跌到波谷的底部是很容易的。激发神经活动的当前能量状态，要么向要求更多能量的方向前进，要么向要求最小能量的方向前进。当系统处于能量最小值的范围内时，系统就像一个从山上掉下来的球一样，倾向于更加接近这个最小能量状态，而接近最小能量的状态被称为吸引盆。由于以往经验建立了神经元联系，所以当前的知觉输入让大脑进到特定能量情景中。一旦大脑再次处于那种情景中，让大脑更接近最近的吸引盆底的运动就被激发了。兔子或网球运动员，感觉到了系统的这个寻找最小能量状态的倾向，于是就朝向最佳格式塔做出最大把握。这就是最大把握的神经活动基础。

这种寻找最佳格式塔的过程当然是非表征的。因为能量情境只告诉运动员，应该更接近最佳格式塔，而不告诉他具体该怎么做。能量情景指引运动员做了那些运动，引起了大脑中趋向在当前能量情景中最低的可获得点，而不需要表征出最低点或怎么到达最低点，这就像从山顶掉落的球不需要表征出从山上下来的最佳路径，就能找到最佳路径一样。在德雷福斯看来，弗里曼理论中的吸引子只能在最弱的意义上被称为是表征，而它合并了过去的经验并且在过去经验的基础上导致了行动。因此，弗里曼的工作证明了表征主义是错误的，而反表征主义不但在现象学层面上，而且在神经生理学层面上，都能得到辩护。

四、对无表征智能理论的质疑与辩护

格拉什和麦迪克对德雷福斯的技能获取理论提出了质疑，认为表征是被理解为具有命题意向内容的可分解的心理结构。基于此，人们才能做出假设，形成计划和解决问题。德雷福斯辩护道："我在介绍技巧获取的前四个层次上，为心理表征留有余地，继而认为当我们最终成为专家时，我们对待事物和人的日常方式已经从前四个阶段指导性的目标和计划，转换到了对整个情境需要做出什么的迅速反应。我所要反驳传统表征主义的是智能行为的一些重要情形并不包含心理表征，但是反对者坚持有计划的行为需要心理表征。但是，格拉什和麦迪克不仅误解了我前四个阶段的叙述，他们似乎对第五个阶段的现象论也是盲目的。"①

有学者认为，所有智能行为能够而且必须依照意识或无意识的命题表征来解释。他们试图找到一个论据来说明心理表征在引起所有智能行为中所起到的必要作用，并坚持认为德雷福斯所描述的处理行为，如象棋和推动离合器，在赢比赛或开车回家这样整个的应用目标的活动过程中，仅仅是一个次要的活动。也就是说，仅是一个决定引起了行为，所有技巧处理必须被理解为次要的活动，并依赖于心理表征，而德雷福斯则承认表征会在某阶段被无心理过程所代替。最初由表征产生的反射弧最终不再需要表征了，它们自动地产生作用，因此德雷福斯的技能获取理论是正确的。

巴克是马萨诸塞州大学哲学系教授，他在《对德雷福斯无表征智能的评论》一文中指出："他非常赞赏德雷福斯的无表征智能理论，并且认为他对梅洛·庞蒂思想的运用给心理学哲学注入了新鲜活力。"② 其实，德雷福斯在面对心灵的可选方法上运用了许多方式。德雷福斯申称，我们的身体移动被体验为行动的充分条件是：①我能控制自身的活动，停止做正在做的事；②并且我的活动是由我和情境所形成的格式塔引起的。

巴克对于第二个条件中的"引起"一词颇有疑问，他这样说道："这个'引起'在这儿究竟是什么意思呢？它是否在某种意义上与物理学家所描述的画面是相容的呢？"物理学家基姆认为身体的移动是由大脑状态而非经验引起，德雷福斯则认为是由经验引起的，如果经验是不同于任何大脑状态的，而只是移动的部

① Dreyfus H. Refocusing the question：can there be skillful coping without propositional representations or brain representations? Phenomenology and the Cognitive Sciences，2002，（1）.

② Baker L R. Comments on hubert dreyfus "intelligence without representation". Phenomenology and the Cognitive Sciences，2002，（1）.

分原因，这样的话，岂不是会陷入二元论泥潭吗？因此，巴克怀疑德雷福斯有吸引力的观点被置于更大的形而上学之中。

五、结　语

总的看来，双方争论的焦点在于如何看待思维模型，目前大多数的人工智能研究是建立在这样一个理论基础之上的，即思维中包含着一种模型，这种模型内部又含有“物理符号”，而信息加工技术可以对这些符号进行操作和加工。也就是说，认知或智能行为就是遵循规则的内在表征操纵，并且情境也可以被表征。而对德雷福斯来说，人类思维并没有包含一个有关现实的模型，也不是一台进行信息处理的机械设备。相反，思维是在知觉与客观世界的持续交流互动的过程中突然涌现的，而这种突然涌现的思维是无法预先表征的，它是情景化的无表征结果。

第四节　语境与思想实验

在认知领域，一方面，我们可以通过观察来探索我们真实的活动范围；另一方面，我们可以通过推理在思维中设想预测的范围。一旦我们对真实事物的探究超越了对事物本身描述的范围时，就会关注对真实事物深层次的解释。思想实验作为对事物深层次描述的一种思维方式，在西方哲学史中能看到其端倪。雷舍尔（Rescher）认为，前苏格拉底的自然哲学家们设计了关于思想实验的技巧，通过推理探索真正的实在。自然哲学家们发明了思想实验作为认知的延伸，并从不同的角度应用着思想实验[①]。为了说明对空间的解释，芝诺设计的阿喀琉斯与龟、飞矢不动这样的悖论就有着思想实验的特点。即便是到了中世纪也能觅到思想实验的痕迹。英国当代哲学家肯英（King）在《中世纪的思想实验：中世纪科学的元方法论》一文中认为，中世纪科学的方法就是思想实验，他列举了数学和形而上学等方面有关思想实验的例子加以说明[②]。后来的原子论者对运动与多样性的解释，还有康德的星云假说等都体现了思想实验这种方法的特征与功能。仔细品略，可以看出，无论是在近代现代科学的发展史上还是哲学的发展史上，都能见到思想实验的影子。思想实验的构想方式、特点和功能都是值得我们进一步探讨的。

---

① Rescher N. Methodological Pragmatism. New York：New York University Press，1977：115.

② King P. Mediaeval thought-experiments：the metamethodology of mediaeval science. In Horowitz T and Massey G J eds. Thought Experiments in Science and Philosophy，1991：43-64.

一、思想实验与相关概念的辨析

人们常常把思想实验与假说、假定、预设及假设混同，因此我们需要对这些概念予以澄清，弄清它们之间的异同[①]。

按照《西方哲学英汉对照词典》解释，假说（hypothesis）是指对问题的一种试探性和推测性的说明，也就是对问题证明之前暂时的推论，它更是依据事实材料、理论知识研究对象的未知性质及其成因或规律进行的某种推测性的说明或解释。这样，假说实际上就是由一系列假设的命题构成的有待验证的前理论，如宇宙大爆炸理论。

对于一个假说的检验，既可以通过观察和实验，也可以通过论证，如果进一步的研究证明为可接受的就可上升为科学理论或定律。应用假说对于科学的发展是必不可少的，如古代原子论、拉普拉斯星云假说等。密尔认为“假说是我们（或者没有实际证据、或者基于公开声明为不充分的证据）所做出的猜测，用以努力从中演绎出与已知为真的事实一致的结果。”[②] 假说的认知过程为：现象（不确定）→提出问题或命题（真、假）→观察、推理及预测→接受或放弃→完善理论。

假定（presumption）是指被用作一种理论或说明出发点的那种假设，这种理论或说明的真实性尚未确定，它是通过考虑某些论据得出的，是暂时可接受的，但是尚缺乏最后的可接受性。要确定它为真，常常是在讨论理论或说明的最后阶段，或者不能完全单独地确定它为真。假定是有确定性的，然而它却是处于低水准的认知地位，它是知识生产的原材料。“假定是这样一个论题，它被公开承认为未知的（即未知其为真），但是有些人宣称（不管是试探性的还是不完善的）它应被看作是真的。”[③] 奎因指出：“我们关于存在的两个推论，从描述构造理论过程的出发点来看，都是一个假定，同时，从这种正在构造的理论出发点来看，它们也是真实的。”[④] 因此，我们用于解释和构造感觉经验的一切实体就是假定，因而，它们就是我们认为在感觉经验之外存在的东西，包括抽象对象和物理对象。假定的最大特点就是命题具有猜测性和可变性。例如，假定把金属放在光的照射下会怎样，假定宇宙中黑洞的存在等，其认知过程为：基于现有的理论解释→给出一种相应或相反的状况→对应产生的效果→得出新的观点和看法。

---

① 思想实验有点像科幻，虚拟性是其主要特征。假说、假定、预设与假设在英语语境中往往混用，几乎就是同义词，在汉语语境中有时也不加区别。但是在认知层面，我们认为这些概念是近义词，应该区别开来，不仅仅是一个使用习惯和修辞需要问题。

② 转引自尼古拉斯．布宁，余纪亮．西方哲学英汉对照词典．北京：人民出版社，2001：454.

③ Rescher N. Methodological Pragmatism. New York：New York University Press，1977：115.

④ Quine. Word and Object. Massacnusettes：MIT Press，1960：2.

预设（presupposition）是弗雷格 1892 年提出的，它最初是指说话者在说出某个话语或句子时所做的假设，即说话者为保证句子或语段的合适性而必须满足的前提。在哲学或科学中，预设是某一学科中的命题或论证得以成立的基本前提，如世界是物质的，物质是运动的，运动是有规律的。“所谓预设就是把毫无疑问地认为真的东西作为某个结论的前提，它是一种确定无疑的信念。预设在哲学上往往具有本体论或形而上学的命题，往往难以证明，但可以通过诉诸常识经验来选择和揭示其意义。”① 预设的认知过程为：如果 A 预设 B→B 可以从 A 推出来。不过，预设不同于演推（entailment），虽然演推也具有 A→B 的形式，但演推是有条件限定的，预设没有这个限定。预设中的 A 是永真的信念，是假设之假设，是比假设更一般的、更根本的东西。

假设（hypothetical assumption）是基于科学研究中对客观事物的一种前瞻性的说明，是一个可真可假的命题。对于一个假设的证明，一方面是基于事实，经过反复的实践证明，如果是正确的，这个假设就会成为一个可行的定律或理论；另一方面，如果假设难以进行实际的操作检验，且无须证明或论证，客观上已经被大多数人接受或认为是真实的一种存在，那么这样的假设往往会成为一种未经证明的前提或信念。假设实际上也是人类认知的一种方法。假设的认知过程为：某些事实或现象→提出几个不同的猜测性命题→论证或说明这些现象的猜测性命题的真实及可靠性→接受或否定。

从以上的分析可以得出：除了预设外，假说、假定、假设有共同之处，其命题都含有虚拟、猜想的成分，不同之处在于，假设是对事实进行猜测性的一种说明；假说含有假定的成分，是基于现有事实基础上的前假设，是一种涵盖范围更广的学说；假定的前提可真可假，而预设的前提为真，并且预设是假说、假设和假定的前提。无论假说、假定、假设还是预设，它们都是基于可观察的事实加以推演的。而对于一个思想实验来说，有着和假说、假定、假设、预设不同的表现形式和特点。首先，思想实验是一个实验，有着自身不同的操作和分析的对象及内容，与上述假定、假说、假设和预设的最大区别在于思想实验涉及不可观察的领域或观察难以把握的现象或领域，是展现在头脑中的实验。其次，思想实验在某种程度上兼有假说、假定、假设和预设的成分，只是不同的思想实验在不同的领域使用的特色及其功能不同。最后，当条件成熟时，有些思想实验可转化为真实的实验，而有些则根本不能。

二、思想实验的特征

依据索伦森（Sorensen）的看法“一个思想实验就是一个无需实施就能达到

① 魏屹东．从哲学预设到科学前提——试论科学预设的合法化．文史哲，2008，(5)：135.

其目标的实验”①。也就是说，思想实验就是实验，只不过是在思维中进行的实验，无需像真的实验那样在特定的场合借助一定的实验设备进行。当一个真正的实验在实践上无法操作时，往往会提供想象的情景来检验预测这个假设。我们把思想实验的特征概括为以下五点。

1. 非实际的可操作性

思想实验不同于真实的实验，真实的实验可以在特定的实验室中进行操作，而思想实验往往是在实践上无法操作时才会建构一个跨越了实际操作的实验模型。例如，在哲学史上，我们关于人自身超越时间与空间的概念，要求时间空间与生理的连续性。在这样的情景中，如果只有其一满足的话，这种情形也是模糊的、不确定的。洛克曾经提出过这样一个思想实验，一个王子的大脑被植入一个皮匠体内，其他人以为仍然是皮匠，除了脑以外活着的身体仍然是皮匠的。但就“人”而言，现在整合进皮匠身体内的是王子。看起来是皮匠，实际上是王子。洛克认为他关于王子和皮匠的思想实验说明，王子和他的皮匠朋友确实交换了，这是因为他们的生理特征互换了，对于生理连续性的要求来说，在现实方面是不可操作的。

在科学史上，19 世纪的物理学家麦克斯韦为了表明热力学第二定律是可能被违反而提出了一个思想实验，后人称之为“麦克斯韦妖”。这个实验是麦克斯韦在他的理论中尝试形成熵的可能递减不是如此明显的荒谬而设计的。我们可以想象连接在一起的两个隔开的容器中有两种气体，一个容器中是热气体，另一个是冷气体。在两个容器之间有一小阀门，还有一个能控制小阀门的“妖”。按照热力学第二定律，热的气体必定流向冷的气体，最终达到热平衡。然而，麦克斯韦设计的这个“妖”会在这时候发挥作用，它会让快速运动的分子从冷气体进入热的容器中并使得分子从热气体进入冷的容器里。结果会增加热容器中分子的平均速度减少冷容器中分子的平均速度。当然这种使热气体更热，冷气体更冷的做法违背了经典热力学第二定律。整个实验的意义说明：理论上看似可行的未必就是现实中合理的，可以通过思考不同的情景孕育新的观点和看法。尽管设置这样一个“妖”进行实际的操作是不可能的，但是思想实验至少给了不可实际操作的思想空间和思维实验场。

2. 非现实情景的再现性

思想实验的另一个不同寻常的表现就是呈现出非现实的情景。这种方法常常会列举一些反例或非现实的状况加以说明或论证。我们不能把思想实验建立在地

① Sorensen R A. Thought Experiments. Oxford：Oxford University Press，1992：205.

球表面的抛射物粗略地有抛物线似的轨道这样一个预设的基础上，因为它们真的粗略地拥有抛物线似的轨道。到目前为止，我们只给出了事物真的是什么的一种精确的描述，然而我们能通过非现实的假设进行思想实验：抛物体沿着弧形轨道行进；如果我们进行非现实的情景假设，空气的阻力不会干扰轻的或重的抛物体，或者如果我们思考一些与特殊的尺寸、大小以及结构有关的假想的抛物体时，我们也能在一个思想实验中整合抛物线的轨道。伽利略在《关于两大世界的对话》中讨论相对运动的情形时就运用了思想实验的方法。他说："把你自己和某位朋友关在某大船甲板下面的主船舱里，而且带上苍蝇、蝴蝶和其他一些会飞的小动物。在一个盛水的大碗里放一些鱼，倒着悬挂一个瓶子，其中的水一滴一滴地滴入它下面的广口容器内。船是静止不动，仔细观察小动物如何以相等的速度向各个船舱侧壁飞去。鱼漫不经心地游向四面八方，水滴入下面的容器；向你的朋友投掷任何东西，在距离相等的情况下，在一个方向上并不需要比向其他方向更用力；双足跳跃，你在每个方向都通过相等的距离。当你仔细地观察所有这些东西的时候（不过，毫无疑问，当船是静止时，每件事一定这样发生），让船以你喜欢的任何速度继续行进，只要运动是匀速的，而且不以这样或那样的方式起伏摇摆。不论船是静止的还是运动的，你不会发现上面提到的动物有任何变化，你也不能区别船只是运动的还是静止的。"①

这个充满想象力的思想实验是相对论的开端，用以论证运动的相对性和绝对性，展现了与事实不相符合的情景。上述的这个思想实验描述了一种与事实相反的或反事实（counterfactual）的状态。它是一种在假设推理过程中获得说明的一种尝试。对于任何事物来说，如果确切地知道了它对应方面的状况，那么就会得到有关假设结果可能的真假状况。思想实验在于从不知其真假或只是暂时的假设的预设进行推理，从而形成某种观点或解决某个问题。这样的话，就使得思想实验具有了"好像"思考的特色。因为如果思想实验不能假定这样的情景，那么，思想实验就不是思想实验，思想实验就不会是对一个真的实验或者是这样的情景进行描述和再现。

3. 情景的虚拟性

思想实验的情景往往伴有很多虚拟成分在内，某些理论的论证也常常再现虚拟的情景。在认知科学中，塞尔的"中文屋论证"就是这种虚拟情景的典型例子。该思想实验设想一种能够使一台计算机模拟"理解"的汉语程序。假定一个不会说中文但会讲英语的人，被锁在一个有两个窗口和一部英汉对照说明书的屋子里，从一个窗口递入用中文写着问题的纸条。屋子里的人根据说明书将这些

---

① 转引自罗姆·哈瑞．认知科学哲学导论．魏屹东译．上海：上海科技教育出版社，2006：29.

纸条与其他写有中文符号的纸条相匹配，并将那些纸条通过另一个窗口递出。塞尔认为计算机内部的设置基本上就是这样的，而不会说中文的人就像那个计算机，它根据一个程序来加工所接受到的所有的东西，而它的输出事实上就像它对中文问题所作的回答，尽管它通过了“图灵测验”，但仍然没有获得对中文的理解。同样，计算机是通过程序进行操作的，而不能意识到它所操作的符号的意义。由此，塞尔认为，程序不是心，程序是知识形式的或句法的，心具有语义的内容，语义学并不内在于句法学，而句法学对于语义学也是不充分的。“中文屋论证”正是对强人工智能或认知功能主义的中心论点——“心智之于大脑如同程序之于硬件”的有力反驳。通过这样的思想实验进一步说明：一种正确的认知理论应该由人类大脑来执行，并能在一部适当程序化了的计算机里运转，但这种理论只存在于程序中，而非存在于大脑或计算机之中。

普特南的“孪生地球”与“缸中之脑”思想实验也体现了情景的虚拟性。他设想在空间的另外一个地方有我们行星的一个复制品，它与我们的地球在其他方面完全相同，只是我们称之为水的东西的化学成分为 H_2O，而孪生地球上的人称之为水的东西的化学成分是 XYZ。因此，尽管孪生地球上居民的内部状态与我们一样，但当他们说“水”这一词语时，他们指的是成分为 XYZ 的物质，而我们说出“水”这一词语时，我们指的是 H_2O 的物质。如果意义取决于内部状态，那么我们的词语“水”和他们的词语“水”应当具有相同的意义。但是这两个词语不具有相同的意义。因为我们的词语指 H_2O，而他们的词语指 XYZ。因此，一种语言的语词的意义不仅“在头脑中”，而至少部分取决于外部世界的事实。上述的案例说明了思想实验不是经验的过程，它是在想象中创立的实验，而不是真的实验，它采用了虚拟推理的方法，为假设性的问题营造了似真的氛围。

4. 过程的似真性

爱因斯坦关于黑体辐射的波粒二像说的论证最能说明思想实验过程的似真性。诺顿（Norton）在《爱因斯坦工作中的思想实验》一文中指出了他认为的所有的思想实验中最难以理解的且最有价值的一个就是爱因斯坦关于黑体辐射的波粒二像说。关于黑体辐射的分析有三种不同的理论：经典的电动力学、热动力学和统计力学。最著名的关于统计力学的应用就是玻尔兹曼的气体动力学说，就有关大量快速运动分子的聚集最可能的运动问题分析气体的宏观运动。特别是在热与容器相平衡条件下的气压和气能两者会以它们的平均数波动，这些波动通常不会被肉眼观察到。黑体的辐射就是一个完整的黑体发出的热的辐射。在 20 世纪初期，这种辐射在经典力学中被看成是波现象。1905 年，爱因斯坦认为即使辐射没有组成电磁波，而是包括了能量相互独立的量子，黑体辐射有时也对热动力学起作用。直到 1909 年爱因斯坦开始认为，我们不能选择是否应该把黑体辐射看作一种波现象而后看作是粒子现象，这两种观点我们都需要。

为了论证黑体辐射的波粒二像性，爱因斯坦想象了包含理想气体、黑体辐射、一面镜子的洞，这面镜子可以在洞的表面自由地做垂直运动。在热平衡下这是一个完整的系统。气体在镜子表面施加波动的压力，与此相似的是，辐射在镜子表面也施加了压力，从一开始爱因斯坦就用热动力学的方法看待黑体辐射。所以他猜想辐射的压力也会波动。结果是镜子产生了轻微的摇动，这种运动恰好就是布朗运动形式；而镜子的动量是有关平均数的波动。如果了解的能量分布超出了黑体辐射的波长，那么，爱因斯坦就能计算这些波动的大小，特别是能计算由辐射引起的那部分。

这个思想实验一方面显示了像波似的辐射性质，另一方面显示粒子性质。因此无论是采用波的观点或是粒子的观点都能够使其中一个揭示一半的正确表征。它使得人们从要么接受粒子要么接受波现象变为可接受辐射同时拥有波粒两个特性的观点。尽管思想实验是思维中的实验，但其过程具有似真性，是基于先前的科学论证的。

5. 展现的直接性

布朗在《心灵的实验室》一书中描述了惠更斯的一个思想实验。他把这个实验看成是直接式的思想实验。实际上，惠更斯的这个思想实验更能体现思想实验过程展现的直接性特征。这个思想实验是他在研究他在岸上与船上两个人手中小球的碰撞情况时提出的。

“船沿着河堤以速度 v 运动。在甲板上两个等量体的碰撞发生了。船上的物体以速度 v 和 $-v$ 运动。当然它们返回时分别是以速度 $-v$ 和 v 运动。船上有个观察者，岸上也有一个观察者，对于第二个观察者在它们碰撞前的速度是 $2v$ 和 0，碰撞后是 0 和 $2v$。我们可以得出碰撞中的弹性体把它的速度传递给了另一个等量体。我们也能得出更强烈的结论。因为船的速度是 v'，碰撞前（岸上的）是 $v'+v$ 加 $v'-v$，碰撞后是 $v'-v$ 加 $v'+v$。因为 v'是反复无常的，等量弹性体的碰撞中会改变它们的速度。”①

惠更斯这样的一个思想实验给我们展现了实验的发生、发展的过程，给人以真正实验的印象。尽管思想实验是一个假想的实验，但它却如同真实的实验那样在想象的世界中操作，在假想的情境中直接展现了实验的过程，能够使我们更好地理解事物的本来面貌，预测事物的未来发展状况。

① Brown J R. Library of the Mind. London：Routledge，1991：43.

三、思想实验的功能

思想实验的特征预示了它的功能。我们将它的功能概括为以下四个。

1. 解释功能

思想实验的功能之一就是解释某些复杂的物理现象，著名的“薛定谔猫”就是一个典型的例子。奥地利物理学家薛定谔在1935年设想了这样一个思想实验：把一只猫关在一个匣子里，匣子里有一片放射性材料，它可以放出亚原子粒子，也可以不释放。如果它放出亚原子粒子，盖革计数器就会启动匣内的毒气装置，放出毒气，从而使猫死亡。按照量子力学，猫、毒气和装置形成了状态的迭加，是不确定的，除非进行一次测量和观察，这意味着匣子里的猫是死是活是不能确定的。这项思想实验说明用日常语言来想象量子不确定性是很困难的。这样就会有一个惊人的发现，在“薛定谔猫”的思想实验中，科学家只要放弃了他们关于微观世界怎样运作的传统直觉，他们就会接受它的不确定性。就是说量子力学与人们的直觉是不相符的。到现在有些物理学家仍在质疑这个思想实验，猫是否能够知道匣子里发生了什么，有没有粒子的存在。如果把人放进匣子里，就可以直接观察到粒子，就可以防止测不准了吗？

再如，笛卡儿为了解释心身关系，把心灵说成是通过松果腺来表达的体外实体。松果腺是位于脑中部的一个器官，它是人类独有的。笛卡儿认为，松果腺是灵魂的所在地，心灵在松果腺中产生各种运动，这些运动转而又在神经中而后在身体产生运动，给身心的相互作用指定一个地点。尽管笛卡儿关于松果腺的这种提法从今天有关脑科学的研究成果来看是错误的，但他有关心身之间关系的争论影响到后来理论的形成。在我们看来，无论是薛定谔的猫还是笛卡儿的松果腺都是在思想中构建了实验的模型，用以解释无法观测和操作的实验。大多数思想实验的构建都是为了帮助我们更好地理解事物究竟是什么，探究想象的情景，可以进一步解释某些理论存在的问题，推测未来事物及理论的进展与变化。

2. 反驳功能

建构一个思想实验的另一个主要目的就是推翻或论证原理论的错误之处，这样的话，思想实验就具有了反驳的功能。以“牛顿桶”思想实验为例。牛顿设想了一个水沿着桶壁向上运动，另一个是将一桶水用绳子提起，然后使水桶快速旋转，在水和桶之间没有相对运动，水的表面是平的；在水和桶之间有相对运动，水的表面是凹的，水相对于地球旋转。这些现象是从这个思想实验中得到的，桶和水是关于绝对空间的旋转。这个实验表明，水在静止时不管它是否与水桶有相对运动，水面都是平的；而当水旋转时，不管它是否与水桶相对静止，水面都是凹型曲面。因此与水面变形有关的加速度与水相对于桶的运动加速度无关，它必定是与绝对空间有关。根据水面的平和曲，可以判定水相对于绝对空间是静止的或旋转的，由此证明了绝对空间的存在，也证明了绝对运动的存在，水面的变形运动就是一种绝对空间中的绝对运动。

马赫采用了一个相反的思想实验来削弱“牛顿桶”思想实验的信念。马赫认为绝对空间解释了牛顿的思想实验中的现象，但却不能肯定现象本身。马赫设想了壁厚几千米的水桶，对牛顿的旋转水桶实验提出了巧妙的反驳。显然，人们永远不会去制造壁厚几千米的水桶，但这并不妨碍反驳的明确性：水的转动不是在绝对空间中转动，而是相对宇宙中的物质在旋转，如果桶中没有其他物质的话，宇宙中的水会沿着桶壁向上走，对于引起水沿着桶壁向上运动的水或桶的系统是相对运动不是绝对空间。“一切运动都是相对的”。马赫的思想实验以明确直观的形式促使人们摆脱了绝对空间和绝对运动概念的束缚，为爱因斯坦相对论的提出奠定了思想基础。

另一个著名的例子是爱因斯坦的“光匣”思想实验，这个实验是为了反驳哥本哈根学派关于通常意义下的准确性、因果性问题不复存在的观点而设想的。他假设了一个装满了辐射物质的匣子，其一侧有一个小洞，洞口有一块挡板，一个机械钟可以控制挡板的开关。当某一时刻洞门打开，放出一个光子。爱因斯坦论证说，光子跑出匣子的时间可以精确测出来，而光子的能量可以简单地通过匣子重量变化以及公式 $E = mc^2$ 而精确地测定，这样的话显然违背了测不准原理。爱因斯坦曾指出，一只钟如果沿重力方向发生位移，它的快慢会发生变化，这样，当光子跑出匣子前后，匣子重量发生了变化，从而造成了钟表快慢的变化，这样，要在测量光子能量的同时准确测量粒子跑出的时间是根本不可能的。这一反驳，实在是太妙了，结果使得爱因斯坦用来否定测不准原理的“光匣”反而变成了论证测不准原理的思想实验。实际上，当旧有的理论或者当下流行的观点有不合理的地方或是大多数人不能理解时，思想实验提供了这样一个平台，用以表明论证中的一些瑕疵，维护客观上所确立的事实，反驳某些看似合理的观点，从而形成新的认识。

3. 认知功能

一个好的思想实验就是一次探索性的认知过程，一个不合理的思想实验就可能是一次不合乎常识的论证。可见，主体对世界的认知具有明显的倾向性，或者说我们对世界的把握之前，已置身于一个特定的环境中，在我们的潜意识中已经设置了正确或不正确理论所编织的看似极为合理的境域。事实上，即便是科学的认知也远不是那么客观，我们置身的无限宇宙既不是为了我们，也不是因为我们而存在。显而易见，我们的科学理论在某种意义上是人建构的。既然理论是人建构的，那么，我们在探求某一事物的本质以及某一问题的实质时，突破常规建构的思想实验这种认知模型就体现出认知方面的价值。

在探究经验是什么、知识的来源等问题时思想实验给出的结果是令人深思的。比如，科学家玛丽是色盲这个例子。玛丽知道有关红色的一切知识，但她根本就没有色视觉，对她来说，世界就像一场黑白电影，红色对她而言到底是什么，怎样判定呢。这个例子想要说明的是作为科学家，玛丽知道有关红色的物理性质，但是她并不知道红色是什么样子的。这样就出现了认知方面的问题，我们的内心所想与这个世界的物理描述是否一致，感觉的经验和主观的心理体验与事物的实在及表象之间的差别怎样判定。玛丽的例子告诉我们：知识不完全来源于经验或经验活动。换句话说，经验给予我们的未必是真知。我们知道有些科学实验是无法进行实际操作的，这样借助思想实验可作为真实实验缺陷的必要弥补，从而体现了认知的作用，特别是对于想象世界的认知功能。

4. 预测功能

如果把思想实验作为一种论证似乎不是那么明显，对一个思想实验的分析和评价必须详细地把思想实验在哲学与科学中的应用价值，特别是使用什么样的标准来判断和评价一个思想实验就显得尤为重要。在自然科学中思想实验是很普遍的。例如，爱因斯坦沉思于如果物体沿着光速运动会是什么样的这个问题。物理学家更多地思考较小的摩擦力下滚动的物体会怎样，对于马赫形成有关声的观点中，思想实验是先于感性设计的真实实验的，至少思想实验预料到了这个结果的可能性。这样的一个思想实验的结论很明显是假定的：“如果实验得出了它的反面，在这样的状况下我们就会推断……。”① 思想实验以某种特殊的方式或其他的方式发挥作用。伽利略为了说明重量不同的两个物体下落速度是一样的，采用了思想实验。按照亚里士多德的说法，重的物体（H）比轻的物体（L）下落速度快，但是伽利略却认为如果我们用绳子把两个物体连起来，构成合成重量 $H+L$。按照亚里士多德的看法，$H+L$ 应该比轻的物体 H 下落速度快，即，$H+L>H$。然而，依照同样的逻辑也可以说合成物体比轻的物体下落速度慢，轻的物体产生的拉力，导致 $H+L<H$。伽俐略运用思想实验预测：如果在真空中，一切物体将以等速下落。在当时无法获得真空的条件下，伽俐略以思想实验与逻辑推理相结合的方法，预测了这样的结论。后来被第一个踏上月球的人阿姆斯特朗所证实。当他在月球上把锤子和羽毛在没有空气摩擦力的情况下同时放下时，它们同时落在月球表面。这无疑向全世界表明了伽利略是正确的，同时也恰好说明了思

① Norton J. Thought experiments in einstein' s work//Horowitz T, Massey G J. Thought Experiments in Science and Philosophy: Rowman & Littlefied, 1991: 129.

想实验发挥了预测的功能。

四、结　语

思想实验无论在哲学还是科学领域都存在着，我们可以把它看成一种方法，也可以看成是一种论证，甚至有时完全可以把一个思想实验分解重构形成论证的论据加以分析。在我们看来，思想实验是哲学对自然科学贡献的关键因素之一。我们不能把思想实验错误地认为是心理的重复、反复或者是恰当的物理实验的预测，因为思想实验是一个真正意义上的实验，它肯定不是关于可能的物理实验的一次心理的操练或者心理的预测。它具备了一般实验的思维逻辑，是一种有关经验的、有关实在的、可进行想象重构、想象的、转移的、虚构的一种可能性，在不同的场合用于检测假设的一种方法。正如一些思想实验的评论者认为的那样，思想实验以某种特殊的方式或其他的方式发挥作用。然而并不是所有的思想实验都如同真的实验那样以不同的方式发挥作用。例如，真的实验有时验证（捍卫或反驳）科学的猜想，有时会说明理论或模拟自然现象，有时揭示或产生新现象。思想实验的表现形式可能是多样的，它的特征及功能并不限于书中列举的那些，它的各个方面有待得到更系统地思考及挖掘。可以断言，思想实验随着认知科学和脑科学的发展将会受到更多的关注。

第五节　孪生地球与语境认知形式

普特南（Putnam）提出的“孪生地球”和“缸中之脑”假设对语言哲学和认知科学都产生了重要影响。“孪生地球”思想实验不仅引发了各种有关语词意义及其指称的争论与诠释，而且涉及有关认知科学中对认知对象的指涉问题。我们拟从分析普特南对意义及其指称问题的论证入手，探讨“孪生地球”假设的哲学内涵及其蕴涵的新的认知形式。

一、“孪生地球”假设的内涵及引发的争论

20 世纪 50 ~ 60 年代，在传统的认识论中，大多数哲学家认为，语词的内涵决定语词的外延，不同的指称指向不同的事物，语词的意义在头脑中。就连罗素也认为，名称的意义等同于该名称所指谓的那个对象。普特南是个科学实在论者，他发现，在科学理论中使用的物质名词，如“电子”“金属”“水”“引力波”等，经常发生意义上的变化，在不同的理论中，这些词可能具有不同的意义。他把这些在不同理论中表达不同意义的词分为两种情况：一是内涵相同，外延不同；二是外延相同，内涵不同。

1975年，普特南在其著名的论文《“意义”的意义》中，提出了“孪生地球”这一思想实验。他设想在空间的另外一个地方有我们行星的一个复制品，它与我们的地球在其他方面完全相同，只是我们称之为水的东西的化学成分为H_2O，而“孪生地球”上的人称之为水的东西的化学成分是XYZ。因此，尽管“孪生地球”上居民的身体内部状态与我们一样，但当他们说“水”这一词语时，他们指的是成分为XYZ的物质，而我们说出“水”这一词语时，我们指的是H_2O的物质。如果意义仅仅取决于事物的内部状态，那么我们的词语“水”和他们的词语“水”应当具有相同的意义。但是这两个词语不具有相同的意义，因为我们的词语指H_2O而他们的词语指XYZ。因此，一种语言的语词的意义不仅“在头脑中”，而且至少部分取决于外部世界的事实。正如普特南指出的那样：“一个人可能认为，水在所有世界都是H_2O（世界2中被称为‘水’的东西是水），但‘水’在世界1和世界2中具有不同的意义。如果前面关于孪生地球的情形所说的那些是对的，那么，这显然是正确的理论。”[①] 这是语境论的观点。世界不同，语境不同，水在不同语境中意义自然不同。看来普特南不仅是一个实在论者，也是一个语境论者。只是他没有用语境这个概念而已。“孪生地球”假设，是在有关个人主义的争论语境中展开的。个人主义是这样一种观点，即认为个人而不是由个人组成的整体具有中心价值和基本存在的理论和态度，而且个人能够与他所在的物质环境、社会关系和历史传统分离开来理解。个人主义表现出一种心理特征，在本质上是一种实在论观点。相反，反个人主义是对个人主义的否定。像“孪生地球”这样的例子常常激发反个人主义。1750年前，地球上和“孪生地球”上没有人能确定H_2O和XYZ之间的不同，但是现如今化学家在实验室能区分它们。

现在，我们来考察一个地球人奥斯卡和与他完全相同的复制品或孪生兄弟T—奥斯卡，在所有实在方面以及生理方面孪生兄弟完全相同，而且都把“水”作为生活的基本物质。让我们假设，每个孪生兄弟说“水对植物有益”这句话。反个人主义者可能按照下列步骤进行争论：第一，XYZ不是水，化学告诉我们水是H_2O，并且假设XYZ不是H_2O。第二，奥斯卡的词“水”指的是H_2O而不是其他。如果奥斯卡面对一杯XYZ并且说“这是水”，那他就错了。如果T-奥斯卡面对一杯XYZ并且说“这是水”，那他就是对的。因为他讲的是“孪生英语”。第三，每个孪生兄弟讲“水对植物有益”这句话表达了他的信念，两个兄弟真诚理解他们的话语和他们的所讲，所以他们所说的正是他们所相信的，但是两者所说的不同。奥斯卡说水对植物有益，并且他也相信是如此。T-奥斯卡所说的和所相信的是我们可能设想的“T-水对植物有益”，“T-水”对于XYZ是

① Putnam H. Mind, Language and Reality. Cambridge: Cambridge University Press, 1975: 273.

一个非专门词。反个人主义者举例说明一个人的信念部分取决于他的物质环境。的确，它们部分取决于他所不知道的因素，如水的基本化学成分。不同的例子试图说明词语意义与社会环境的特性也是相关的。

这里我们提供博格所设想的一种情况①。有一个人叫阿尔夫，他受到关节炎的困扰。一天，他由于大腿疼而醒来，并相信关节炎已经扩散了。他认为他的关节炎已经扩散到他的大腿。他去看病并告诉医生有关关节炎的情况。通过诊断，关节发炎了，然而他的大腿并没有患关节炎。阿尔夫经过调整并改变了他的信念。博格辩护说，当阿尔夫相信他的大腿患有关节炎时，T-阿尔夫不会这样。T-阿尔夫的词“关节炎”不包含关节炎的炎症，因此不表达关节炎的概念。博格总结到：一个概念的组成部分取决于那些共有成员所需表明的语言学的习惯用法。阿尔夫之所以接受医生的诊断，部分是因为阿尔夫被这样诊断是正确的。他的概念是一个关节炎的概念，因此仅提供关节处的炎症。对孪生兄弟T-阿尔夫来说，他使用“关节炎”概念在所有方面都不同，因此就有一个不同的概念。

个人主义者反对反个人主义者对“孪生地球”假设的建构，并提出了他们自己的不同看法。他们对“孪生地球”假设进行了回应。

第一种回应认为，在相关的事件中，孪生兄弟的概念所指的是不同的东西。例如，奥斯卡的概念指水，T-奥斯卡的概念指T-水。但是，仍需争论的是，一个概念的心理本质不总是给出它所指的东西，因此支持孪生兄弟的概念的确使相同心理类型成为可能，尽管它们所指的是不同的事物。这一回应产生的结论是以个人行为概念的方式进行支持的，孪生兄弟的概念确实是相同心理类型。

第二种回应利用了常识直觉和科学之间的一个特征。它承认人们有与孪生兄弟概念不同的直觉，但它不仅是一个心理类型的非科学的概念。因此，当产生一种直觉时，如奥斯卡的概念提供的是H_2O而不是XYZ，T-奥斯卡提供是XYZ而不是H_2O，这种直觉是错误的。事实上，两个奥斯卡的概念H_2O和XYZ所指的是同一物质。一个科学家的心理特质通过跳跃来维持直觉，因而把孪生兄弟看成是心理的、难以理解的人来对待。这一回应与语境论不同，因为语境论者认为两个奥斯卡生活在不同世界，他们所说的水是指意义不同的东西，虽然可能指的是化学成分相同的东西。这就是说，指称相同的东西，在不同语境中意义可能不同。无论是“孪生地球”假设引起的个人主义同反个人主义的争论，还是博格就关节炎的辩护，都涉及认知客观实在的不同路径或形式问题。

---

① Burge T. Individualism and the mental// French P, Uehling T, Wettstein H. Midwest Studies in Philosophy. Minneapolis: University of Minnesota Press, 1979.

二、"孪生地球"假设的哲学论证与辩护

语词的意义和指称问题，历来是语言哲学的核心问题。20世纪50年代，奎因指出，应该把意义理论和指称理论严格区分开来，意义理论涉及的是语言表达形式，而指称理论才涉及真理问题。普特南和美国逻辑学家、语言哲学家克里普克等科学实在论者突破了这种传统观点，提出了因果指称理论。他们坚持认为，意义是由指称决定的，而指称必须通过因果关系来理解。在我们看来，意义由指称决定的观点并不否定意义由语境决定的观点，因为指称由因果关系这些语境因素决定。

这一观点最初由克里普克提出。他认为对于只有一个对象的专名来说，名字和有关的摹状词之间在意义上并没有必然的联系，固定一个专名的指称，是由于通过了一种最初的命名式。比如，通过命名，给一个人起了名字，后来与其交往的人就用这个名字称呼这个人，并且可以用这样的交往方式传递给另外一些人，这样不断地传递下去就形成一个从一环到另一环传递这个名字的因果链条。顺着这个因果链条，后来使用这个名字的说话者所指称的仍然是最初被命名的那个人。所以，决定指称的是被指称的那个人和说话者之间的因果链，而不是说话者本人的知识或信念。在语境论者看来，一个指称的因果链是其语境因素，说话者的信念和知识也是语境因素，只是前者是显在的，后者是潜在的。

普特南接受了因果指称理论，并进一步发展了该理论。他认为诸如"金子"、"柠檬"、"电子"等名词的外延不是由一组预先设定的标准固定的，而是部分地由一组关于世界的客观规律固定的。例如，柠檬的样品可能是黄色、酸味、薄皮的。而另外一种同样具有黄色、酸味、薄皮的并非就是柠檬，有可能是橙子或其他什么东西。因此，决定什么是柠檬，并不是其与样品的外部性状的一致，而是它与样品具有相同的遗传基因所致。换句话说，一种物质或一个物种的指称是由一个因果-历史链条所决定的。也就是说，语词的意义是指称决定的，通过因果-历史链条，我们可以理解指称。一种事物、一种物质或一个物种的内涵（意义）就其本质而言，并不是指说话者所述的意义，而应该取决于这些实际事物本身。

普特南通过假设"孪生地球"进一步论证了上述观点。"孪生地球"上的"水"与我们所说的"水"不同，仅仅在于它的化学结构，而不在于人们日常使用这个词时所见的性质。尽管"孪生地球"上的水与我们说的水这两种物质在性质上极为相似，但它们都有着不同的指称。因此，根据事物的真实的内在属性，我们应该说，"孪生地球"上使用的XYZ所指的东西并不是我们所说的H_2O，而是另一种表面上似水的物质。例如，在确定像"原子"、"电子"、"燃素"等这些科学专有名词的指称时，因果链条起了关键性作用。

普特南把人们首次使用某个科学名词的事件称为“先导事件”，强调对外延的确定是通过恰当的因果链条把说话者同“先导事件”联系起来。他认为，人们对某个科学名词的使用，只要与“先导事件”中的使用相同，那么这些使用就与这个“先导事件”因果地联系在一起了。即使后来人们不断地使用这个词，忘记了他们最初是如何学到的，他们现在使用这个词时，指的仍是过去所指的那种物理量值，这样就把它们现在的用法与过去的用法联系了起来。他指出，每个名词都是以“先导事件”为起点，逐步发展推进形成后来的用法，这就构成了这个名词历史地、社会地传递下去的因果链。我们认为，普特南正是借助“孪生地球”假设，用以论证因果指称理论，这种假设的提出及论证孕育了语境认知形式，因为普特南所说的“先导事件”和因果链条就是词语的语境因素。寻找“先导事件”和因果链条就是寻找语境关联。

三、“孪生地球”假设对传统认知形式的批判

传统的认知形式主要有如下两种。

第一，本体认知形式。这是较早的一种认知事物的形式，更多地关注不依赖主观而存在的客观事物。这一传统可追溯到古希腊。例如，赫拉克里特的“万物常在论”、巴门尼德的“存在论”、毕达哥拉斯的“数论”、苏格拉底的“概念论”等，意在表明外在事物的存在。后来柏拉图用“理念论”来界定现实世界中的具体事物，给许多事物加上同一的名称，并赋予其一定的意义。亚里士多德又在古希腊自然哲学发展的基础上，提出了他的“实体论”，借用感觉功能来理解主观之外世界的变化和存在。这些论证都给予客观事物以形而上学的界定。然而，亚里士多德借助感觉功能认知个别事物，是用理性把握事物内在的、一般的本质。这样一来，对于我们感知外部世界，通过理性认识事物的本质，就在一定程度上保证了人类认识现实世界的本质、构成等的真实性。由此，普特南发现，这种本体论意义上的认知路径虽然给予存在物以肯定，但是却无法洞察人的感觉何以来认知事物，作为主体的人如何来感知外在事物的刺激？人对自身的认识与了解又是怎样与外部世界进行相互联系和作用的呢？为了解决这些问题，普特南提出“孪生地球”假设，目的是克服这一认知形式的不足。

第二，心智构架认知形式。从本体论意义上讲，人的心智是独立存在的。主客观的分离并不能很好地认识事物本身，因为人立于其中，不可避免地夹杂了认识的偏差。诸如，普罗泰戈拉的名言，“人是万物的尺度”，认识事物从主观出发，肯定了事物的存在，但事物的对错、是非本质也由人而定，这样往往会导致相对主义。笛卡儿的“我思故我在”，使人开始从心智的角度去思考外在世界怎样存在于人的认识之中，怎样来表征外在的世界。洛克立足于经验，使用人的心灵直觉来解释各种观念及其形成。莱布尼茨甚至认为，人的心灵中自然存在着一

些天赋的原则和观念，通过这些原则和观念把握事物的内涵和外延。贝克莱的“存在就是被感知”，同样把心智上升到一个新的高度。马赫认为心理的东西和物理的东西的吻合或差异才能确定实在。在普特南看来，这种心智构架认知形式，使得我们在认知的过程中，必须把一些意识、观念、直觉、印象等的东西加在被认知的事物之上。尽管它肯定了心智的作用，却夸大了心智的范围，从而容易导致主观与客观、心与身的对立与分离。“孪生地球”假设力图把心智与客观事物联系起来，建立一个统一于假设和语境的认知形式。

四、“孪生地球”假设蕴涵的新的认知形式

普特南在批判本体认知和心智构架认知形式的基础上，以“孪生地球”假设重构存在物的描述与确定指称方面的新的认知形式。我们认为这一假设蕴涵了不同于传统认知形式的两种新的认知形式。

第一，假想认知形式。普特南为“孪生地球”赋予了人类认知方面的假想。他认为，当我们看到或听到世界中的事件时，实际发生的是我们的思维或大脑所产生的视觉或听觉的材料，而这些感觉材料是思维和大脑从认知上加工的对象。我们感知到的桌椅和感觉材料之间存在的关系，不过是对视网膜和耳鼓所产生的因果冲击，以及从视网膜和耳鼓到达大脑的过滤器之间所传递的因果关系，与认知客体之间没有任何直接的认知关系。我们的感觉材料，似乎是我们认知过程与客观世界之间存在的界面。

这里的认知并不是认识，按照一般的哲学用法，“认知”包括通往知识的那些状况与过程。斯宾诺沙把认知划分了三个等级：第一类认知由第二手的意见、想象和从变幻不定的经验中来的认知组成。这种认知承认虚假。第二类认知是理性，它寻找现象的根本理由或原因，发现必然真理。第三类即最高级的认知是直觉认识，它从有关属性本质的恰当观念发展而来，达到对事物本质的恰当认识。从斯宾诺沙对认知的三个等级的划分可知，主体对世界的认知具有明显的倾向性，或者说我们对世界的把握之前，已置身于一个特定的环境中，在我们的潜意识中已经设置了正确或不正确理论所编织的看似极为合理的境域。

试问，思维与心灵力图揭示事物的本质方面只能是循规蹈矩的吗？显然不是这样。事实上，即便是科学认知也远不是那么客观的，在某种程度上是占统治地位的意识形态在文化中的反映。我们置身的无限宇宙既不是为了我们，也不是因为我们而存在。显而易见，我们的科学理论在某种意义上是社会建构的。既然理论是社会建构的，那么我们在探求某一事物的本质以及某一问题的实质时，突破常规，建构一种假想的模型是可行的。而“孪生地球”假设不就给我们呈现了一个远景的假想吗？由此，我们不难发现人类的认知涉及多个方面，并不是简单的对知识的掌握或对世界一般意义上的认识，认知的结构会随着外部客观世界的

变化而展现出不同的类型。认知的获得并非一成不变。换句话说，认知的模式并非单一，它可以通过假想、设想、假说、幻想及怀疑等形式去实现。尽管在一定的特殊历史时期和科学水准的局限下会出现真假难辨，但至少是一种认知探索道路上的不可或缺的一个链条。

普特南的“孪生地球”假设突破了常规思维，跳跃式地构想了一个看似科幻般的“孪生地球”，然而却改变了长期以来把语言想象成具体说话人“头脑内部”的东西这一看法。的确，后来的心理学、语言学方面的发展也证明了语言不只是说话人“头脑内部”的东西，它与外部的客观世界相联系。再如，法国近代哲学的开启者、欧洲大陆理性哲学的创始人笛卡儿设想并提出了宇宙中的旋涡运动，力图说明宇宙天体的形成。在科学史上这样的例子还有很多，像“康德—拉普拉斯星云假说”、塞尔的“中文屋”论证思想实验（用以表明软件不能使得一个计算机具有意识或具有人那样的心）、“薛定谔猫”思想实验（用以表明用日常语言来想象量子力学是多么困难）等。与此同时，从“孪生地球”假设，我们也可得出认知的组成涉及个体的心理状态以及世界语言共同体的各个方面的因素，它可以通过设想某种可能出现的语境，从中获得认知的来源。这样，假想认知形式实际上就是一种重新设置认知语境的形式，用美国哲学家罗蒂的话说就是“再语境化”，只是这种认知形式是指向未来的语境而不是现实的和过去的语境。

第二，语境认知形式。“孪生地球”假设同样也给我们暗示了一种语境认知形式。语言是一种在线的、相互作用的、具体的和特殊的人类认知的组织形式。20世纪以来有关语言的研究大多数集中于有声交流的方面，如声音、语法和意义。语言研究的范围关注语言的能力。1960年，语言学家赫哥特（Hackett）主张用限定的术语“人类语言”来纠正那些有关语言所指之物的有声的、依句法的、专门性交流的范围，抽象地表明意义是在说话之间的语境中独立确定的。此后，大量有关语言能力知觉的基础研究、句子的构造和语言的意义已同语言的心理学功能地结合在一起。因此，在控制行为方面进入了经验的格式塔，其共同目标就是理解语言怎样进行专门性的指称和构句，把“纯语言学”人类交流的行为功能的范围作为对前语言学意义的语境指向。这种语境指向就包括了大多数流畅的交流，即社会的、有利的以及主观意志有效的行为方式。这样的话，我们可以把写作技能看作是有关语言、说话及思想表达的另一种方式。

洛克指出：“语言学家忽略了语言作为社会相互作用和情感表达媒介这一规则。”① 他认为在交流中，语言所获之物，起初被处理为语言的对象，然而却汇集了一种本质的社会相互作用的框架，它限定了所要表达的语境和交流的内容。

---

① Locke J. Phases in a chilc of language. American Scientist, 1994, 82: 436-445.

认知和实用语言学家试图在实践的经验中解释表层语言，并且排斥语法同意义的分析界限。语言学家赫哥特在其论文“语言意味着什么”中认为，在语言的使用中，在语言和副语言之间、专门语言和模仿性语言之间描绘一条鲜明的界限是困难的。他鼓励语言学家把语言与交流作为一个整体来研究。如同奎因和戴维森所主张的那样，一个句子的意义是由它在整个语言中的用法确定的。语境论也主张一个文本的意义是随着其所处的不同的非逻辑语境而改变的。意义必定受特定的历史、语义学、社会和政治观点的限制。每一种语言适应一种独特的文化和社会环境，在表达上也有所不同，文化的适应性又组成语言文化的中心，语言的差异在文化方面可能是最为持久的。文化的回应表明，每一种语言都可以为另一种语言的变革提供语境。

在语境论者看来，“孪生地球”所假设的关于水的 H_2O 和 XYZ 不同组成形式之所以有不同的意义，就在于两个地球上的人有不同的语境，包括不同语言、不同地理环境和不同社会文化环境。正是有不同的语境，才使得“孪生地球”上的人有不同的水的含义。这样一来，“孪生地球”假设的实质就是设置不同语境的假设。因此，我们可以说，普特南是一个语境论者。

一些神经科学家也认为语言有认识压缩的功能，它有利于将世界分门别类，把概念结构的复杂性减低到易于处理的程度。例如，单词“螺丝刀”就代表了一种工具的多种表象，其中包括它的操作和用途的形象描述，用法的具体举例，工具的手感以及与之相应的手的运动。语言在认识上具有用一个符号就可以将许多概念揉和在一起表达出来的特性。

这样看来，人在利用语言认知的过程中，存在着简单的和复杂的认知语境。在语境的范围内有利于建立更复杂的概念，应用这些复杂的概念能在以前难以实现的水平上进行更为细致的思维。法国后现代主义哲学家索绪尔认为，言说可以呈现世界，语言符号同其内容之间有着本质的和直接的联系，能指与所指具有单一的稳定关系。从认知简单的事物到复杂的事物、从外在的表象到深层的本质，形成演绎和归纳的逻辑推理。

由此可见，以语言为媒介，通过交流，把所认知的事物置于特定的语境中，可以更好地认识事物的本质。在当代认知心理学和认知科学中，认知被看作是心灵的表征状态和过程，它不但包括思维，而且包括语言运用、符号操作和行为控制。认知是与外部客观世界相互联系、相互作用的。就像前面反个人主义对个人主义批驳的那样，个体的认知不仅与个体本身相关，而且与客观世界的各个方面相关。这也是语境论的观点。

普特南在论证了“孪生地球”假设后，得出一个基本的结论：“‘语义’确实不在头脑中!”而语义是语言的一个组成部分。从这一结论我们知道，语言参与了认知活动，外部客观世界对人的认知有着非常重要的影响。正如瑞士心理学家皮亚杰认为的那样："实际上，认识不仅发端于主体（因为知觉本身包含相当一部分组织结构），而且发端于主体与客体之间的相互作用，发端于最初由器官的自发活动和外部刺激所引起的其他相互作用。"① 语言学家乔姆斯基也认为，人类具有天赋的语言能力，这种天赋的语言能力是人类独有的本性，并深入到人类的生活、思想和交流的每一个方面。

进而言之，语言是一种认知过程中的有利手段。语言作为人的特性，被看成是人特有的、区别于其他动物的一种宽泛的交流系统。语言也被看成是人类抽象的指示或者有意影响其他个体的思想和活动。在语言的使用中，开始形成每一种几千年的文化传统。每一种语言适应一种独特的文化和社会环境，并且在表达上有所不同。奎因指出，"可以用不同的方式编撰一些把一种语言译为另一种语言的翻译手册；所有这些手册可能适合于已有的语言倾向，但它们彼此之间却不相容"。奎因提出的"翻译的不确定性"表明：人们在翻译一种语言时，总是要与自己的社会文化环境联系起来，离开了一定的社会文化，就不可能理解另一种语言，翻译者必然会受到其先前语言习惯和文化习惯的影响。由此可见，语境认知是认识论的又一个新的认知形式。我们相信，它在现在和未来的科学认知中将发挥更大的作用。

五、结　语

通过上述论述我们不难发现，"孪生地球"假设不仅向传统指称理论提出了挑战，而且蕴涵了认知过程中一些潜在的认知事物的因素和形式。尽管它的提出受到各个方面的质疑，但却给我们提供了新的认知形式。特别是其中的语境认知形式，正是现代科学特别是认知科学所需要的。因为在多数认知科学家看来，认知过程是语境化的，认知的涌现也是语境依赖和语境制约的。"孪生地球"假设其实就是"孪生语境"假设。语境不同，词语的意义自然不同。指称决定意义实质上就是语境决定意义。况且，用人脑自身去思考人脑自身怎样认知世界（包括可能世界），对于人类自身无疑是一个巨大的挑战。

第六节　自语境化与认知发展

纵观哲学史和科学史，我们发现，几千年来人们探讨"认识世界和自身"的主题几乎未变。然而，认知对象的确立并未给哲学和科学带来安宁，认知方式和认知结论的多样性给予了哲学和科学无穷的变数，如何认知和认知何如的讨论从未停息。我们将后一个问题暂且悬置，仅对前一个问题进行剖析，力图就如何

① 皮亚杰．生物学和认识．北京：商务印书馆，1989：27.

认知自然界、人类社会和人类自身建构一种方法论，这也是自然科学与哲学互动相融的问题[①]。在这一节，我们提出一种新的认知方式——自语境化认知，试图阐明这一方式的缘起、内涵、实现的条件和可能性以及它的特征。

一、自语境化认知的缘起

认知源于古老的心灵问题，主要解决的是“人类如何认识世界、认识自身”的问题。从根本上讲，认知是人类探索自然奥秘的过程，是人脑接受外界输入信息，经过头脑加工处理、转换成内在心理活动，进而支配人们行为的过程。然而，人类究竟是如何进行这种认知活动的呢？或者说，这种认知活动是如何成为现实的呢？

针对这一问题，每个阶段、每个民族，甚至每一个具体个人的答案都不尽相同。特别是到了近代，随着认知科学的兴起，这一问题牵涉的领域越来越广，观点林立，争论如潮，出现了内省主义、认知主义、联结主义、动力主义、功能主义、行为主义、建构主义、自然主义等众多流派。但是，这些观点要么将认知完全心灵化，如源于现象学的内省主义以内省方式审视意识，将认知看作是一种心智直觉；或将认知物质化，将其还原为一种大脑或神经元过程，如源于物理主义的还原主义和源于脑科学的联结主义；要么将认知行为化，否认任何心理活动，强调刺激-反应的支配作用，如源于心理学的行为主义。不可否认，这些内在主义和外在主义观点都加深了我们对认知的了解，但是它们并不是解决问题的最佳方案，而且还会导致认知问题的求解越来越单一化、片面化，远离它本质的尴尬局面。

为此，一些科学家、哲学家、人工智能学者转换思路，寻求新的研究视角。在这种寻求中，学者们越来越强烈地意识到，我们不能仅仅站在心理学、人工智能、生物学、哲学等单一角度来思考认知，而应将相关学科知识加以融合，用一个统一的基底、选取一种完善的进路对这个问题进行深入探讨，从而为认知问题的解决提供新契机。我们认为，合理的研究进路应满足两个基本要求：①普遍性，这是认知进路的涵盖范围。一个完善的认知方案应当尽量能够解释物理、精神等认知领域的所有现象，这体现了一种彻底性。虽然说世界是一个无限可能的集合体，这种彻底性永远不会完美无缺，但是，只有尽量将所有重要位置填满，尽可能多地解释世界中的现象，才能逐渐逼近对世界为真的描述。②验证性，这是认知进路的诠释目标。认知应当是有形可检的，即认知方案是可检验的和可实践的。一种好的方法论就如同一种实用的工具，需要在实践中进行检验，应当经得起详细推敲。同样，一种好的认知方案必须符合自然规律，符合我们的经验，

① 黄涛．论自然科学与哲学的互动相融．理论探索，2010，(1)：38.

它不能是一种虚妄的人为构想，必须是人类认知与现实世界的一条有效的沟通纽带，通过它我们可以解释日常现象，预测事物走向。

我们发现，符合上述两个条件的认知进路是基于语境的认知方案，如实践语境化认知方式、语境论认知方式和再语境化认知方式。实践语境化认知方式源于瓦托夫斯基的科学认识方法论，他强调人的认知模式是随着社会历史实践的发展而进化的，脱离了这种实践语境，认知是无法实现的。语境论认知方式与辩护的“回归问题”紧密相连，基础主义认为阻止辩护的唯一办法是运用“自我确证的基本信念”，但是这种信念本身还需辩护，容易陷入循环论证，而语境论方法将语境作为回归的基点，语境无需再确证①。这样，任何命题的意义都由与其相关联的语境决定，并随语境的变化而变化。人类的认知也不例外，它也应以语境为基底。再语境化认知方式是基于语境论认知方式而提出的，是对已有语境的重新设置与重新建构。这种观点是罗蒂提出的，在他看来，人们的思想、认知是信念、欲望、命题态度的语境，这种语境不断接纳新的信念、欲望、命题态度，从而不断产生新的语境。

相比内在主义和外在主义这些单一的认知方式而言，上述三种以语境分析为基础的认知方案已经有了质的飞跃，它具有一种综合概括性；而且它们将语境作为认知的基底，一方面避免了认知的循环困境，另一方面为认知提供了一种思想源泉。但是，这些认知方案也或多或少有着不完善之处，实践语境化认知方式虽然强调了实践和历史语境对认知的重要性，但忽视了语言对认知的意义②；而语境论认知方式只是强调了语境对一个命题的基底作用，并未体现出人类认知的动态化过程；再语境化认知方式完善了前两种认知方式，提出了信念、命题态度对认知的意义，但并没有说明人类认知的根源。

从以上分析我们发现，这些认知研究方式既有可取之处，又有所欠缺，无法涵盖或较为完整地解释认知的内涵、特征、过程及根源。鉴于此，我们立足上述认知方式，试图在认知主体和认知客体之间搭建一条宽阔、牢固的认知进路——自语境化认知，力图对人类认知进行一种完善、合理的诠释与剖析。

二、自语境化认知的涵义

自语境化认知是一种以语境化方式为基础，取各类认知方式之长的新型认知方式。因此，在阐述这种认知方式之前，我们需要弄清何谓语境化认知方式。

语境化认知是以语境为基底的一种探析人类认知的方法论。要了解这种认知方式，对语境的阐释就成为关键。语境源于语言学，这一概念首先是由英国民俗

---

① 魏屹东．广义语境中的科学．北京：科学出版社，2004：51.

② 魏屹东．语境论与马克思主义哲学．理论探索，2012，(5)：10.

学家马林诺斯基（Malinowski）提出的[①]。英国语言学家弗斯（J. Firth）继承并发展了马林诺斯基的语境理论，提出了意义语境理论，它是以语言交际的效果、价值、意义为出发点，以语言的“上下联系”为切入点来研究语境的[②]。而后，随着语境概念越来越被人们所熟识，含义也越来越多样化，如社会语境、文化语境、历史语境等，语境已经超越了语言层面，升华为了广义语境。郭贵春就曾指出，语境是一种具有本体论性的实在，是一切人类行为和思维活动中最具普遍性的存在，“一切都在语境之内”，“所有语境都是平等的”[③]。

从这些学者对语境的论述可以看出，语境是一个系统，它涵盖了语言学、心理学、社会学等各个领域的知识。同时，语境又是一种基底，是进行一切研究的不可还原的保障。也就是说，我们在研究某种事物、现象时，要有底线，否则就会陷入无穷倒退或无限循环中，这种底线就是语境——一种静态的实在。相对于语境这个静态实在而言，语境化更趋近于一种动态的变化，它与语境的关系就如理论与理论化、系统与系统化一样，前者指科学认知等命题研究的基底，后者则指将研究主题融入各个情境的一种动态方式。

其实，相对于语境，语境化离不开语境分析，它是了解世界、解释现象的一种手段，是指从历史、语言、情境等的关联中透视事物的方法论。语境化认知的手段就是语境分析。语境分析是当代分析哲学运动的基本诉求之一，导源于弗雷格的方法论原则[④]。福多（Fodor）就曾说过，在当代学科融合、渗透的大背景下，无论是逻辑分析还是日常语言分析的走向，都离不开语境分析方法论，这已是一种历史的必然趋势了[⑤]。在我们看来，语境化是对语境分析方法的一种继承和发展。首先，语境化继承了语境分析的方法论意义，二者都是以语境为基底进行科学研究的一种手段。其次，二者的偏重不同。语境分析侧重于对事物的关联与意义的分析，而语境化方法不仅涵盖了语境分析，还将对事物的研究融入到语境转化的动态之中，更具整合性。

我们知道，认知的根本目的是赋予世界以意义，认知过程就是表征意义的过程。在我们所能及的世界范围内，人作为具有认知能力的智能体，是世界体系中的一环，人的一切活动都离不开周围环境。因此，要弄清认知问题，就必须将“人”作为认知主体，以“人”为出发点，将人的认知系统与其环境系统综合起

---

① Malinowski B. The problem of meaning in primitive languages//Ogden C K, Richards I A. The Meaning of Meaning. London: Routledge, 1923: 146-152.

② Firth J R. Papers in Linguistics 1934－1951, London: Oxford University Press, 1951: 190-215.

③ 郭贵春．语境与后现代科学哲学的发展．北京：科学出版社，2002：1-5.

④ Frege G. The Foundations of Arithmetic: A Logico-mathematical Enquiry Into the Concept of Number. Translated by Austin J. New York: Harper & Brothers, 1953: 22-23.

⑤ Fodor J, Lepore E. Out of context. Proceedings and Addresses of American Philosophical Association, 2004, (2): 77-94.

来考察，在二者的相互作用中探索认知奥秘，这是自语境化认知方式的本体论根源。

由此可知，在人的认知过程中，包含两个重要因素：认知主体和认知客体，前者是人类，后者则包括自然界、人类社会和人类自身。现在的关键问题是：人类是通过何种方式认识自然界、人类社会和人类自身的呢？纵观人类历史，我们发现，人们会依据自身经验或所处环境对所观察的对象产生不同的认知；即使就同一种现象，不同的人也会依据各自的特殊情况而获得对这一现象的不同认知，并会依据这种认知产生相应的语言、情态、行为等回应。

我们以“闪电”为例来说明这一点。有人会将“闪电”看作自然现象，从日常经验出发，他们发现闪电与打雷下雨密切关联，因为我们总是在看到闪电后会听到雷声，而在打雷闪电后一般都会下雨。而随着科学的发展，闪电的秘密被逐渐揭开：它是云与云之间、云与地之间或云体内各部分之间的强烈放电现象。有人在将闪电与雷、雨联系的基础上，会对闪电的由来产生兴趣，他们好奇为什么天空会出现这样一道“火链”，甚至会将树木燃烧？由于没有合理的解释，他们就将其与宗教、神话传说等联系起来，认为这是“神的活动”，依据不同的环境，这种“神的活动”的称谓也有所差别：中国人认为闪电是由“电母所创”，西方人则认为是“宙斯发怒”。随着人类知识的增长，人们了解到闪电只是一种放电现象。而后通过一系列的实验，有人又创造了“闪电”——在两根电极之间加高电压，并将其慢慢靠近到一定距离时，它们之间就会产生电火花，这就是所谓的“弧光放电”。即使了解了闪电的由来，还有人会进行更深入的思考，提出这样的疑问：为什么同样看到闪电，人们的感受会如此不同呢？有人认为它很平常，有人则将其看作神迹。而依据这些经验和感受所进行的反馈活动为何又会有如此大的差异呢？有人习以为常，有人却通过探寻创造了闪电。这是为什么呢？因为人们自语境化的程度迥然，认知的结果也就大相径庭。

可以看出，依据外部语境（观察环境、所处环境和时代背景）的不同，人类对闪电的认知有差别。然而，在看到闪电到创造闪电的整个过程中，除了这些外在的环境因素，即我们强调的自然语境以外，还有没有别的因素能够引发认知结果的差异呢？答案是肯定的，它就是人类自身认知能力的差异性。人类自身的认知能力分为两种：先天禀赋和后天努力，前者被基因决定，是不可控的；后者是一种主观能动性，通过它我们可以发现或创造历史。就闪电现象而言，看到闪电、能够思考是绝大多数人都能够进行的活动，然而只有少数人强化了自身的主观能动性，将其与雷、雨联系起来，发现了有利于农耕的知识；又只有个别人进一步通过科学实验探得了闪电的本质——一种放电现象；更只有极少数人基于已有知识，自主地将这些知识融汇贯通，最终“创造了闪电”。当然，这并不是结束，还有人将这一研究重新运用、反馈于我们的现实生活，又为我们创造了新知识、新经验、新财富。从这里我们可以发现，在同样的条件下，人类对事物的认知是不同的，而之所以造成这种差异的根源就是人类自身的主观能动性，也就是我们称为“自主性”① 这种“自主融入语境”的能力，这是自语境化认知方式提出的认识论根源。

通过上述分析我们会发现，在整个认知过程中，人类是遵循一定规则进行认知的，这些规则概括起来有以下五个。

（1）自主规则。在认知过程中，认知主体和认知客体是必不可少的。认知主体不仅具备一定的感觉能力，如听觉、视觉、嗅觉、触觉等，而且还要有一定认知能力，如推理、记忆、联想、语言能力，这些能力既有先天的也有后天的。要进行认知活动，认知主体还要具备自主融入语境能力，也就是自主性，它表明了一种人类对环境的反馈能力。

（2）语境规则。认知过程是在特定语境下进行的，认知主体的认知符合所处的语境。依据时间和空间的不同，语境可以分为历史语境和所处语境，所处语境又包括情境语境、社会语境、文化语境等不同形式。这些语境是通过认知主体的自主性体现的。

（3）选择规则。自主性对环境的反馈不是单一的，而是多元的。这些反馈情形可以组成一个“行动可能候选集”。也就是说，认知主体依据自己的经验和所处的环境选取一个或几个符合自然规律、社会实践的选择项。比如，看到闪电可能将其看作是一种自然现象，也可能将其当做一种“神的活动”，这就是“可能候选集”；而后认知主体将会依据自身经验、时代背景等进行选择，最终将选择项融入语境，生成新知识，并通过实践来检验这种选择是否正确。

（4）语义规则。整个认知过程需要语言的参与，无论是环境对人类的影响还是人类自主地反馈都是需要语言表征的。语言是主体见之于客体的媒介，创造

① 在这里，我们需要将自主性与反身性（reflexivity）、意向性（intentionality）和自由意志等概念区别开来。这些概念都与人的心理活动相关，但也各有不同。通常而言，反身性是指自我反思能力，它与自主性的区别在于认知对象的差异性，前者更多的是对人类自身的一种反省和认识，而后者则是对自然界、人类社会、人类自身的一种共同认知，而且两者的主要研究领域也不尽相同，反身性是人类学与社会学在20世纪的主要成果之一，而自主性则更侧重于哲学、认知科学等领域的研究。意向性一词来源于经院哲学，它的含义是多样化的，如布伦塔诺明确地把意向性当作区分心理现象和物理现象的标准，而塞尔则认为，意向性具有某种非零的符合方向，是一种信念成真、欲望满足的心理状态。但是无论是哪种意向性，它都仅被看作是一种心理状态，而自主性则更倾向于认知和实践，它可以作为人类行为选择的一个标准，人类是依据自主性来认知、理解这个世界的，而且二者的研究领域也有差别，意向性主要集中于心理学、语言学、哲学领域。自由意志（free will）与自主性的差异较大，自由意志是一个哲学信条，指相信人类能选择自己行为的信念或哲学理论，与其相对的概念是“决定论”，主要探讨的是人类是否能够选择自己的行为；但是自主性是将自由意志作为一个前设而提出的，也就是说，在自主性观念中，人类肯定是能够自主选择行为的，但是这种自主性是通过被动性进化突现而来的。

语言就是在建构世界，就是在发现和认识未知世界①。人作为一种生命体，其存在本质就是由能说话来规定的②。语言之于解释世界的重要性就如同空气之于人的重要性。

（5）循环规则。整个认知系统不是断裂的，而是循环的，它是一种螺旋上升的循环认知体系。这个认知过程的循环不是一种无限循环，而是以语境为基底的循环。在对每一个认知对象进行研究时，都以其所处的语境为基底，从而产生了一种新知识，这样新知识就成为了新的认知对象，新的认知对象又以新语境为基底，从而对最初的认知对象形成了深入的了解。

遵循这些规则，我们就可以推出自语境化认知方式的内涵：在确定认知对象的基础上，认知主体依据自身天赋自主地融入语境，并从语境中获取相关信息，得出一组“行动可能候选集”，而后通过自身经验、科学研究、实践检验选择出最适合的行为响应，最终获得这种认知对象的螺旋上升认知。简言之，人类的认知是一个“自主融入语境”从而进行行为选择的过程③，是通过自主性将认知主体与认知客体在语境中加以融合的过程，这个过程需以语言为媒介，以自寻优、自组织、自学习、自适应、自进化方式存在。

三、自语境化认知的实现条件

事实上，在探寻人类认知进路时，类似语境方法来阐释认知已不是一个新议题了。克拉克（Clark）就从处境（情境）性出发来分析心智的认知行为④，戈尔德（T. Gelder）也认为认知系统必须将环境因素考虑在内⑤，他们都强调了语境在心灵认知过程中的重要性。而将认知作为一个循环系统加以分析的学者也不在少数。比如，拉兹洛的信息流循环式认知机制就认为，认知是适应性自稳和适应性自组交替过程的结果⑥；而皮亚杰的同化-顺应认知机制也指出，认知就是主体与环境不断同化、顺应、建构、再建构、由低级向高级的发展过程⑦。也有一些学者认识到了自主性对人类认知的作用。比如，马克思提倡意识的反作用力；

---

① 魏屹东，郭贵春．论科学与语言的关系．科学技术与辩证法，2002，(2)：34.

② 海德格尔．存在与时间．陈嘉映，王庆竹译．北京：生活·读书·新知三联书店，1987：43.

③ 许多学者对行为选择进行过研究，比如布鲁伯格（Blumberg B.）认为，动物的行为选择是在内部和外部的双重刺激下，从潜在候选集中选择出最恰当的行动行为集的过程；泰瑞尔（Tyrrell T.）也认为行为选择是（主体）及时从一组‘可能候选集’中选择出最适合的行为。

④ ClarkA. An embodied cognitive science? Trends in Cognitive Science，1999，(3)：345-351.

⑤ Gelder T. What might cognition be，if not computation？Journal of Philosophy，1992，(7)：345-381.

⑥ Laszlo E. System，Structure and Experience：Toward a Scientific Theory of Mind. New York：Routledge，1969：3-11.

⑦ Piaget J. The Principles of Genetic Epistemology. Translated by Mays W. London：Routledge & Kegan Paul，1972：5-53.

而索普拉（Thorpe）提出了学习式认知机制，这种“学习”是对固定不变的行为模式的调整和修正[①]；克瑞斯雷（Chrisley）、泽马可（Ziemke）也认为认知主体必须与环境互动[②]。但是，上述认知方案并没有将“自主性”这一关键要素提升到应有的位置。这种“自主融入语境”的“自主性”是人类认知中唯一的可控要素，只有通过它我们才能融入并影响周围环境，从而获得新的认知。现在，我们的目标是要探索一条认知新进路，即自语境化认知方式，我们就必须对其中的关键要素——“自主性”的由来有一个清晰的认识，即这种自主性是如何出现，又是何以可能的呢？如果这个问题不解决，我们就不能将自语境化认知当作是一种完善的认知方案。

在人类认知中，“自主性”并不是起始便存在的，它是“进化地突现”的结果。人类的认知起初是被动的，因为人适应环境就是被动的。人类是被大自然的规律、被周围的环境所支配而存在发展的，它是一种“被语境化”过程，相对于自语境化的“自主融入语境”，被语境化是指“被动地融入语境”，而支配被语境化行为的既可以是自然规律，也可以是人为规则。这种现象无处不在，我们仍以闪电现象为例。人类并非一开始就能够将其与雷雨联系起来，也不是一开始就能够将其运用于农耕中，这是一个从“被自然规律支配”到“自主行为选择”的过程，用哲学术语讲就是从“必然王国”到“自由王国”的过程。再如，计算机就是一种被人为规则支配的事物，它被“人类所设计的程序规则”所控制。因此，被语境化就是一种被自然规律、人为规则支配的行为响应模式；它并非一种自主认知方式，而只是行为主体与周围环境发生联系的一种行为描述而已，是自语境化认知的一个必经阶段。

但是，要从“被语境化行为”到达“自语境化认知”并不是一件简单的事情，它是一个漫长而艰辛的过程。我们认为自语境化认知要成为可能需要满足三个条件：目的性、进化和突现，它们是自语境化认知得以存在、发展、成熟的“三种土壤”。

从发生学角度来看，目的性是指发端于行为之前指导其操作方向，并预先设定了可能行动效果轮廓的一种现象，它是人类自主行为的一个前提条件。没有目标，我们就没有努力的方向和前进的动力，认知也就无从谈起；没有目标，人类就只会被环境支配，没有主观能动性。德雷福斯认为人类智能（认知）必须受到有机体中目的和有机体从当前文化中获得的目标的驱动[③]，而本格则将目的性

① Thorpe W. Learning and Instinct in Animals, London: Methuen, 1963: 3-22.

② Chrisley R. Ziemke T. Embodiment encyclopedia of cognitive science, www. cogs. susx. ac. uk/users/ronc/papers/embodiment. pdf [2006-06-05].

③ Dreyfus H. Dreyfuss. Making a mind versus modelling the brain: artificial intelligence back at a branch-point//Boden M. The Philosophy of Artificial Intelligence. London: Oxford University Press, 1994: 325-332.

作为认知发生模式的最高级别①。从这些学者的观点可以看出，在一个认知过程中，目的性是认知的出发点和归属处。

人类的自语境化认知与目的性是息息相关的。人类之所以能够自主融入语境，最初便是由生存和繁衍这两大目标驱使的，而后超越生物诉求的更高级目标出现了——理想、自由、荣誉、自身价值的体现等目标成为了人类的“新宠”。正是目标的不断更新和升华，才使得我们能够更好地认识这个世界。所以，自语境化认知源于人类的各种目标，目的性成为自语境化认知产生的一个必要条件。

从进化角度来看，进化成为自语境化认知产生的重要因素，其中时间起着不可估量的作用，而语境则成为了滋生“人类自主性”的温床。进化-涉身认知理论将认知看成是进化的产物，而且将认知与应对环境紧密联系起来②。平克（Pinker）也赞同进化心理的观点，他将人的认知行为看作是一种“瑞士军刀”式的“达尔文模块”，即人的认知是适合于解决进化问题的集合③。

但是，自语境化的认知又有其独特之处，它是从被语境化行为发展而来的一种阶段性进化认知。人作为动物性（生物性）和社会性的统一体，其行为包括三种：被语境化行为、拟语境化行为和自语境化行为，这三种行为呈现的是一种由低到高的发展态势。相应于这三种行为，人类也有三种认知状态：被语境化状态、拟语境化状态和自语境化状态。

被语境化状态的人类虽然能够进行“行为响应模式”，但却不存在自主认知行为。这时的人类行为只是依据自然规律或人为规则进行的一种“机械”行为，就如我们给钟表设定了走向，它就会一直按着我们设定的规则运行一样，钟表是不会自主认知的④。

拟语境化状态是自语境化认知状态的过渡形态。在这种状态下的人类也能够进行“行为响应模式”，但这种行为响应是以“生存、繁衍”为目标的，如单纯的生殖、繁衍，或者是饥荒年月的食人现象，战争中你死我活的行为等，这种状态下的人就好似低等动物，只会依据自己最原始的冲动做出行为选择。所以，这种状态下的人类认知只能是一种拟认知。

自语境化状态是在前两种状态的基础上发展而来的。不满足人类“生存、繁衍”的需求，也就不会有“理想、自我价值”等这样更高级的人类追求。自语

① 发生模式包括：混乱、随机、因果、协同、矛盾、有目的性。

② Anderson L, Rosenberg G. Content and action: the guidance theory of representation. The Journal of mind and Behavior, 2008, (1): 59-60.

③ Pinker S. The Language Instinct: How the Mind Creates Language. New York: William Morrow and Company, 1994: 420.

④ 这里我们必须强调一下“无意识行为”，它也是一种被语境化行为，因为这种行为不会受人类目标等因素的影响，它完全是（人类）不可控的，并非一种认知行为。

境化认知是最高级的人类认知状态，也是一种完善的认知状态，它能够自我修复、自我进化，在这种状态下的人类活动呈现的是一种上升的状态。

可以肯定，人类的认知是一个从无到有、从低级到高级的发展过程，但是这种发展并非与时间绝对成正比。也就是说，我们不能说原始社会的人类就只能进行被语境化行为，或者说当代社会中的人进行的全是自语境化行为。自语境化认知并不是一蹴而就的，也是经历了艰辛而漫长的发展过程才成为了今天“我们能时时感受到的‘自主性’选择”，它是一种进化的结果。这三种状态是随时都可能发生的，只是认知等级会有所差别。

然而，目的和进化并不能使自语境化认知成为必然，人类的自语境化认知若要出现，还有一个因素的是必不可少的，它就是“突现”（emergence）。自语境化认知是进化中“突现”的结果。

本格（Bunge）曾对突现下过明确的定义：设 x 为一具有 A 合量的 CA（ x）系统，P 为 x 的属性，则有：当且仅当 x 的每一个“A 分量”（component）都具有 P 时，P 是“A 合量”（resultant）的一个属性；否则，若 x 的任一 A 分量都不具有 P 属性，则 P 是 A 合量的突现[①]。戈德斯坦（Goldstein）也对“突现”下过类似的定义：在复杂系统的自组织过程中突然涌现出的、新的、和谐的结构、类型和功能，它是在宏观层面上出现的现象[②]。那么，相对于“进化”的缓慢演变，“突现”就是一种短期、突然的现象。这容易使人们误会进化和突现是对立的；其实，两者并不对立也不矛盾，而是相辅相成的。本格曾说过：“每一个突现都是某一进化过程中的一个阶段。”[③] 如图 7-1 所示，自语境化认知 c 是由被语境化行为 a 和拟语境化认知 b 发展而来的，每个阶段的发展、进化都离不开突现。自语境化认知产生的整个过程是一种宏观现象和整体变化，我们无法将其割裂开来，就如同我们不能说从 a－b 或从 b－c 是在哪年哪月或者在哪个地方发生的一样，这种阶段性的变化在微观层面上是不可预见的。

复杂自适应系统理论（CAS）对突现的阐释很好地解释了自语境化认知的出现过程。在这一理论中，突现是一种“介于秩序和混沌间的整体适应度”[④]。这种“秩序和混沌”体现在两个方面：一是时间方面，从宏观来看，从 a－c 是一

① Bunge M. Scientific Materialism. London：D. Reidel Publishing Company，1981：29-31. 在《突现与会聚：质的新颖性与知识的统一》（2003）一书中，本格的突现定义有所修改，他使用了复杂性科学的术语“全局性质”来定义突现：“所谓P是K类系统的一种突现性质，简言之就是，P是K系统中分量所不具有的全局性质”。但是，这里的突现仅强调了突现的空间性（“部分与整体”性质），并未强调突现的时间性、历史性，所以笔者还是采用了他早年的突现定义。

② Goldstein J. Emergence as a construct：history and issues. Emergence，1999，(11)：287.

③ Bunge M. Scientific Materialism. London：D. Reidel Publishing Company，1981：42-44.

④ 沃尔德罗．复杂——诞生于秩序与混沌边缘的科学．陈玲译，北京：生活·读书·新知三联书店，1997：126-159.

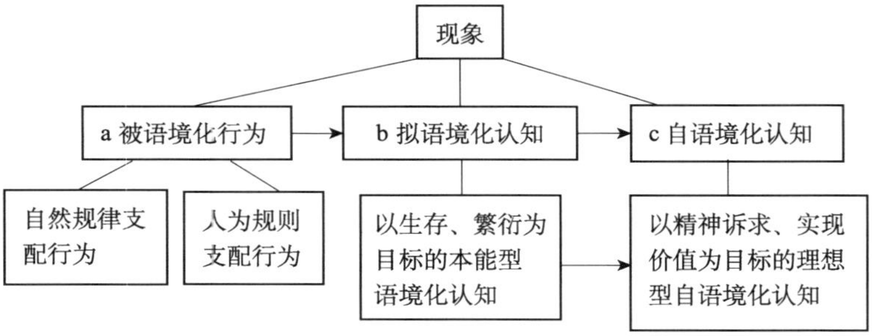

图 7-1　现象语境化的三种状态

个依照时间顺序发生的过程，是“时间有序的”；但从微观来看，我们又无法具体确定每一个阶段的发生时间，它又具有“时间无序性”。二是逻辑方面，从宏观来看，图中的三个阶段是一个从无到有、由低级到高级的过程，是“逻辑有序的”；但从微观来看，a－b 是不可能出现的，因为逻辑上讲究“无不能生有”，它又是“逻辑无序的”。而正是“突现”将这种“逻辑有序”和“逻辑无序”“时间有序”和“时间无序”协调、统一起来的，突现在自语境化认知的产生过程中起到了不可估量的作用。因此，人类的自语境化认知是目的性、进化和突现共同作用的结果。

四、自语境化认知的特征

作为反映人类认识世界和自身的一种新方式，自语境化认知有其不同于其他认知方式的特质和优势。它一方面延续了语境化认知的五种特征：本体论性、认识论性、方法论性、终极性和综合性①，因为无论是自语境化认知还是语境化认知，它们的认知主体（人类）与认知客体（自然界、人类社会、人类自身）都是客观实在的，而且主客体间的认知关系也是客观实在的，这是本体论性的体现。其次，二者所表现的都是人类认识世界与自身的一种方式，这是二者的认识论性特征；同时，二者采用的都是内在主义与外在主义相结合的双透视认知进路，具体运用经验—理性的认知方式，这是方法论性的体现。这两种认知方式区别于别种认知方法的最根本特征是其终极性，它们是源于语境又止于语境的两种认知进路，人类的任何认知都不会超过其所认知的环境，这一特征可避免使认知陷入无限循环的困境；而且，这两种认知方式涵盖了日常认知现象的整个范围，具有一种综合性和普遍性特征。同时，它们都还有语言性和历史性。因为人类是生活在特定语言世界中的人类，其认知也就无法离开语言。人们要认识物理现

① 魏屹东．广义语境中的科学．北京：科学出版社，2004：172-174.

象，需要物理语言，认识数学现象，需要数学语言，不同国家、不同人种的人交流也是以语言为媒介进行的。所以，人类如果要自主地融入各种语境中，就需要各种不同的语言，正如伽达默尔所言，“语言是理解本身得以实现的普遍媒介……一切理解都是解释，一切解释都通过语言媒介发生作用，同时这种语言又会成为解释自己的平台”①。语言是我们存在于世界的基本方式，是世界构成的无所不在的形式，是我们自主认知世界的必备工具。然而，这种必需的能力也不是一蹴而就的，而是通过时间和实践的洗礼一步步发展而来的。比如，制造工具防御野兽、种粮食抵抗饥饿这些能力都不是大自然直接给予我们的，它们是在自然给予我们“自主性”能力的基础上发展而来的。自语境化认知方式的形成如同自主性能力的增长一样都是需要时间的，从被语境化行动到拟语境化认知再到自语境化认知是一个漫长的过程。而通过这种方式对客体进行认知也是需要时间的，首先要确定认知客体，而后通过自身经验做出反应，回馈于认知对象，最后通过实践检验自身认知的正确性，这个过程有可能用时很少，有可能用时很长，时间是其中不可或缺的支撑力量。海德格认为认知具有时间性或历史性，提出了“前有”“前见”和“前设”；而伽达默尔则将“历史性”看成构成我们全部体验力的最初直接性②。

另一方面，自语境化认知又具有一些不同于语境化认知的新特征。

（1）自主性。康德认为，“应该蕴涵能够”（ought implies can）——理性的个人，想要成为一个有道德的人，就必须具有一种有意识的选择自由，这是所谓的康德法则。在他看来，自主性能力是大自然赐予的，大自然只是如后母般地为我们准备了达到我们的目的所必需的能力③。在自语境化认知中，环境被设想为不断变化并积极影响人类思维的一种基底，而人类的“自主性”又成为人与环境相互关系中唯一的可控要素，自主性因此就成为自语境化认知的最根本特征。塞尔始终坚信自主意愿在认知活动中的重要性，“正是对于意愿性行为的体验，才给予了我们对于自己自主认知的坚定信念”④。这种意愿性就是人类的自主性。通过它，我们可以把认知客体的状态告知认知主体，从而对认知主体和客体都产生一定程度的影响；通过它，我们的认知能力才能够由低级向高级发展，最终认识世界、认识自身。

（2）目的性。自语境化认知中的“自主性”并不是盲目的，它是依据一定的目标而产生的“自主融入语境性”。例如，“在我们需要与其他人沟通时，语

① Gadamer H. Truth and Method. Translated by Weinsheimer J. Donald G M. London: Continuum, 2003: 441.

② Gadamer H. Truth and Method. Translated by Weinsheimer J, Donald G M. London: Continuum, 2003: 299.

③ 康德. 实践理性批判. 邓晓芒译，北京：人民出版社，2003：200.

④ Searle J. Mind: A Brief Introduction. Oxford: Oxford University Press, 2004: 99.

言产生了"，在这里，语言是基于某种目的——与人沟通——而产生的。目的性认知其实就是对事物意义的探索，胡塞尔也认为，"一个有可能界定事物意识的规则本质上是一种预先刻划了类型的规则"①，他十分重视目标导向（目的性）在人类智能和认知中的重要作用。所以，目的性是自语境化认知的前提及保障，是它的根本特征之一。

（3）渐突性。自语境化认知的渐突性有两种含义：一种是向前、上升的连续发展性，另一种是发展过程中的中断阶段性。从自语境化认知的内涵和过程可以看出，人类认知是从无到有、从低级到高级的进化，这是一种连续发展性；而其中被语境化行为、拟语境化认知和自语境化认知是认知的三个阶段，每一阶段的发展都是"突现"的结果，这是认知的中断阶段性，二者综合就是自语境化认知过程的"连续-中断二象性"——渐突性，类似于光性质的"波粒二象性"。

（4）实践性。这是自语境化认知最重要、最实用的特性，也是合理认知方式——可检验——的重要体现。认知最根本的目的就是要应用于现实生活，进而指导人类的思想和行为；自语境化认知也不例外，我们需要用它来指导我们的日常生活和科学研究等。比如，通过自语境化认知我们能够更深入地了解人类与环境的关系，了解认知在这一关系中的作用，即人类的认知是环境和人类自主性双重作用的结果。

自语境化认知的优势表现为以下四点。

首先，它体现了认知主体与客体的统一。自语境化认知的两大要素是认知主体-人类和认知客体-环境，人既然是世界等级体系中的一环，那么人肯定离不开其所处的环境，认知过程同样也离不开其环境。也就是说，人类这种认知体与其环境是相统一的，自语境化认知中主体与客体是相统一的。认知主体与认知客体在自语境化认知中的集中体现是人类的自主性与语境的基底性。这也是它与其他认知方式的区别之处：在外在主义认知中，环境是认知的基础，人类的意识性只是环境作用的产物而已；在内在主义认知中，人类的自主性又成为了凌驾于环境的更高层次的事物；而语境分析方式则更加强调语境之于认知的重要性，这三类认知方式都有局限性。自语境化认知将将人类的自主性提高到与环境相一致的地位上来，使得这二者达到有机、合理地融合。

其次，它体现了认知过程与意义的统一。人这种认知体不仅生活在物质世界中，更生活在意义世界中。人类认知的目的是对意义的探索，包括世界的意义和人类自身的意义，在这个探索过程中，人的自主性起到了极其重要的作用。自语境化认知强调的正是人和人的自主性在整个认知过程、意义呈现过程中的重要作用，它通过"人"将认知过程和意义表征统一起来。

---

① Husserl E. Cartesian Meditations. Translated by Cairns D. The Hague: Nijhoff, 1960: 45.

再次，它体现了理性与非理性的统一。人类心智不仅具有理性特征，更具有非理性特征，如意志、情绪、动机等。忽视非理性因素成为物理主义、功能主义、行为主义等外在主义理论的共同点；而将非理性特征无限夸大，认为它是私人的、不可传递、不可认识的又是唯心主义的主要观点，这两种认知方式都是不可取的。自语境化认知方式既重视心智的理性特征，如逻辑推理、言语表述等因素，又重视人的自主性、意愿性等非理性因素对认知的作用。

最后，它体现了事实陈述与价值判断的统一。自语境化认知将认知与自然视为一体，力图对自然界进行一种为真的事实陈述；但是，这种事实陈述不是中立的，它体现着一种价值取向。自语境化认知中的认知是受到自然约束的认知，我们不能为满足自身的各种需求而随意去描述自然，也就是说，我们要对认知建立起“善”的行为规范，与自然和谐相处，不应该自私地利用自然。这就是自语境化认知中事实陈述（自然规律）与价值判断（尊崇自然）间的统一。

第七节　观察者依赖论证的语境重塑

塞尔的中文屋论证（Chinese room argument，CRA）通过一个思想实验证明：语法不足以产生语义，计算不足以产生心灵，以此来诘难图灵测试的有效性。而后，针对强人工智能者的非难，塞尔及其拥护者们又提出了各种各样的修正思想实验。然而，这些论证只是对 CRA 的一种局部修正，并未从根本上完善它，对于“计算机的作用就是计算，计算本就存在于计算机中”这一 CRA 的预设前提我们从未产生过怀疑。但是，观察者依赖论证的出现使我们的思想发生了颠覆式的变化，它采用了一种近乎“暴力破坏”的方式撕裂了中文屋预设这一看似可靠的外衣，让我们从一种全新的角度来思考这一问题：假如计算机中并不存在“固有的计算”之皮，那么“由它（计算）而产生的心灵”之毛又将附于何处呢？可以说，它是以中文屋方式来驳斥强人工智能的一个分水岭，前者承认“计算机中的计算属性”，而后者则认为“计算机的计算属性是依赖于外界观察者的”，这是一种质的差别。无怪乎塞尔会说，“它不同与 CRA，但更加深刻”①。

一、观察者依赖论证的颠覆式证明

1980 年，塞尔提出了一个巧妙的思想实验来诘难图灵测试的有效性，即通过一个在中文屋中进行“正确配对输出中文”的塞尔却并不理解中文来证明：只具有正确计算编程的计算机并不足以产生心灵。毫无疑问，在这个论证中已经

① Searle J R. The Mystery of Consciousness. New York：NYREV，1997：18.

预设了一个前提：整个中文屋（计算机）是具有语法和计算属性的[①]，只是单纯的计算并不能产生心灵。这样，计算就成为了证明计算机能否思维的一张“表皮”，而心灵则成为了依附其上的“毛发”，只不过这只动物（单纯编程的计算机）的表皮上不能产出毛发而已。

这个论证自产生之日起就引起了人工智能界和认知科学界的激烈讨论。海斯（Hayes）甚至将认知科学定义为是“为了证明塞尔的 CRA 错误性的一个研究项目”[②]。而后，各种驳斥纷至沓来。然而，无论是塞尔还是 CRA 的拥护者，为了驳斥强人工智能或化解 CRA 内部固有的缺陷，都对这一思想实验进行了一定程度的修正，但都是局部的，它的论证思路还是沿着“语法无法产生语义，计算不足以产生心灵”这个角度展开的。

如此之多的修正论证使得强人工智能者有些疲倦甚至厌烦了。在丹尼特看来，塞尔“从来就没有细致地回应过那些具有破坏力的批判，他只会一次又一次地将那个基本的思想实验拿出来”[③]。其实这种批评有失偏颇，塞尔在他的著作中还提出过一个不同于中文屋的论证——观察者依赖论证（observer-dependent argument，ODA），它以一种“破坏式”的方式闯入了学者们的视野，令我们设想了这样一种情形：假如计算机这只“动物”身上并不存在“固有的计算属性”这张表皮，那么“（CRA 要证明的）由它而产生的心灵”之毛又将附于何处呢？

ODA 何以能达到这种效果呢？我们还需要从其内涵和实质入手分析。

ODA 的中心思想是“依赖于观察者”（observer-dependent），在理解它时，需与另一个术语“独立于观察者”（observer-independent）联系起来[④]：“独立于观察者”是指一些不会因为人们有意识地想到它而存在的事物，自然科学的典型特征就是“独立于观察者”的，如光合作用、质量、有丝分裂等。与“独立于观察者”相对应的便是“依赖于观察者”，它是指一些依赖于人们如何看待它、使用它的现象，社会科学所涉及的大都是“依赖于观察者”现象，如婚姻、金钱、计算机等。

ODA 就是基于“依赖于观察者”概念阐发的一种论证，它也是 CRA 的修正版本，但在驳斥强人工智能方面却表现出更强的力道。用塞尔的话说，“CRA 还获得了一种更深入的发展，虽然它所受关注较少，但这个修正版本却更加有

① Searle J R. Mind: A Brief Introduction . Oxford: Oxford University Press, 2004: 65.

② Stevan H. Minds, machines, and searle 2: what's right and wrong about the Chinese room argument// Preston J, Bishop M. Views into the Chinese Room: New Essays on Searle and Artificial Intelligence. Oxford: Oxford University Press, 2002: 294-307.

③ Searle J R. The Mystery of Consciousness. New York : NYREV, 1997: 16.

④ Searle J R. Twenty-one years in the Chinese room//Preston J, Bishop M. Views into the Chinese Room: New Essays on Searle and Artificial Intelligence. Oxford: Oxford University Press, 2002: 54-60.

力”[①]。这是因为，它的论证思路较之以往发生了颠覆式的变化。

(1) 源初 CRA 的前提：既然“中文屋中的计算无法产生心灵”，那么计算一定固存于中文屋中。

(2)“依赖于观察者”的含义：“语法和计算都是依赖于有意识的观察者才会存在的。”[②]

结合 (1) 和 (2)，既然“计算只能依赖于有意识的观察者才会存在”，而“计算本身就固存于中文屋中”，那么，中文屋就是那个能被计算所依赖的有意识的观察者，进而得出了结论 (3)。

(3) 中文屋是有意识的。

很明显，结论 (3) 是违背 CRA 原意的，更无法起到驳斥强人工智能的目的，因此它的前提 (1) 和 (2) 中一定有一个是不正确的。在塞尔看来，“依赖于观察者”概念是符合我们的日常经验的，是正确的。那么，出错的就是 CRA 的前提，也就是说中文屋本身并不存在什么固有的语法和计算属性，“这些活动只是在旁观者眼中才出现的现象”。这就是 ODA 要证明的内容：计算属性并不固属于中文屋或计算机，它是依赖于外界观察者的。

据上可知，CRA 或其局部修正思想实验是希望证明：计算机有计算之皮而无心灵之毛，即计算不足以产生心灵；而 ODA 则是直接否定了计算之皮的存在——中文屋的语法和计算属性。根据 ODA，计算机不仅没有心灵，它也没有计算，因为计算也是要依赖于有意识的观察者的。因此，从对强人工智能的责难方面来说，ODA 较 CRA 更加彻底。

二、观察者依赖论证的困境及语境解释

相对于 CRA，ODA 从产生伊始便不受重视。这种不受关注性与其自身的困境不无关系，无论是论证前提、论证思路，还是论证过程，ODA 都存在着令人疑惑之处，我们将从语境角度解释并加以完善。

1. 论证前提困境及语境解释

ODA 的前提是“计算是依赖于观察者的”，但是，这个前提究竟是否为真呢？在一些学者看来，计算是独立于观察者的[③]，而且自然界中确实存在一些独立于观察者的计算，如康德所说的数学命题。如果论证的前提不准确，那么整个论证就将陷入一种被动的局面中。

---

① Searle J R. Mind: A Brief Introduction. Oxford: Oxford University Press, 2004: 65.

② Searle J R. Mind: A Brief Introduction. Oxford: Oxford University Press, 2004: 65.

③ Piccinini G. Computational explanation in neuroscience. Synthese, 2006, (153): 343-353.

计算是依赖于观察者，还是独立于观察者，要依据语境而定。这个语境是指“计算实存于能动者心灵之中时，计算的存在状态而定的”。用塞尔的话来说，“语句的意义并不依据其在现实世界中的表征而定，而是依赖于当表征世界（the world of representation）实存于行为能动者的心灵之中时，此事物的存在状态而定的”①。也就是说，当我做“2 + 2 = 4”时，这个计算活动就是独立于观察者的，因为这时的我只是遵循了一个加法法则，心中并无对这个计算的真正认知，而且这个计算也不会因为我想着它而存在，或者因为我不想它就消逝。而如果我心中做了这样一个算式“我左手有两个苹果，右手有两个苹果，那么我就有四个苹果”，从计算角度来看，它也是“2 + 2 = 4”，但是这时的算式是有意义的，是我心中在真正地计算，所以，这时的计算是依赖于观察者的。社会科学中的许多事物或现象也都存在类似的情形，要判定这些事物是依赖于观察者的还是独立于观察者的，要视观察者当事的“心理语境”而定。

2. 论证思路困境及语境解释

塞尔提出 ODA 是为了弥补 CRA 的缺陷，具体论证思路是通过否定中文屋的预设——整个中文屋是具有语法和计算属性的，来说明“计算和心灵都不固属于计算机”，从而更加彻底地诘难强人工智能的有效性。但是，源初的中文屋真的没有语法和计算属性么？

回想源初的中文屋思想实验，它由屋子、塞尔、中文字条、英文指令书和窗口组成。在这些内容中，除了塞尔，其余部分都不具有心灵，这点恐怕连最强硬的人工智能者也无法否认。鉴于塞尔的特殊意义，我们将中文屋简化为两部分：中文屋（CR）和塞尔（P）。

塞尔认为，语法和计算都是依赖于有意识的观察者才会存在的。毫无疑问，塞尔 P 是一个有意识的观察者，那么，他为什么不能成为这个中文屋中“语法和计算”的“观察者”呢？从这里可以看出，源初的中文屋中是具有语法和计算属性的，它就是那些依赖于有意识的观察者塞尔 P 所进行的形式操作。这样，ODA 依据“整个中文屋是具有语法和计算属性的”来证明其结论的思路就出现了偏差。

通过对塞尔和其他学者相关方面的研究，我们设想了一个新语境 CR′：它是基于对源初中文屋语境 CR 加以修正得到的，是一个真正没有计算操作的中文屋。

将“屋中塞尔 P”改造成这样一个“怪人塞尔 P′”：假设将塞尔的双眼换作受外界支配的摄像头，由 T1 控制；在他的双臂里安装一个接收器对塞尔手臂的

① Searle J R. Mind：A Brief Introduction. Oxford：Oxford University Press，2004：125.

行为能力负责，由 T2 控制。这样的怪人塞尔 P′也进行着和原来塞尔 P 同样的配对输出操作，屋外的人（并不知道 T1 和 T2 的存在）看到了正确的输出，就认为这些活动是屋中的怪人塞尔 P′进行的活动，也会认为他理解中文。但是，怪人塞尔 P′会说："我既没有进行计算操作，也不懂中文。"这样就构成了一个中文屋新语境 CR′。

在这个中文屋新语境 CR′中，屋中的怪人塞尔 P′虽然同样也是在进行"中英文的配对和输出"，但是这种行为完全是相对于屋外的观察者或执行者 T1 和 T2 的。因此，CR’确实是一个没有语法和计算属性的新语境，这样，也就完善了塞尔 ODA 的思路。

3. 论证过程困境及语境解释

ODA 是依据"计算是依赖于观察者的"来驳斥强人工智能"带有正确编程的计算机本身就是心灵[①]"观点的。针对这一论证过程，沙格里厄（Shagrir）提出质疑，"计算是依赖于观察者的"这一观点只是在为计算的解释性作辩护而已，并没有对强人工智能起到驳斥作用[②]。在他看来：强人工智能的观点是"正确的计算编程能够产生心灵"，而通过"计算是依赖于观察者（心灵）"并不能否认这一观点（计算产生心灵）。这就如同，我们不能因为某项事物 *A* 是依赖于另外一项事物 *B* 而生的，就说 *A* 事物无法产生 *B* 事物，这种逻辑是行不通的。

我们承认，沙格里厄的观点有一定道理，人们确实不能通过"事物 *A* 是依赖于另外一项事物 *B* 而生的"导出"*A* 事物无法产生 *B* 事物"。比如，人类是依赖水的，但是通过氢气和氧气，人同样可以制造出水。但是，沙格里厄的这一论证犯了脱离语境的错误，他将前提（计算是依赖于观察者的）和结论（计算无法产生心灵）都进行了泛化：计算用 *A* 表示，心灵用 *B* 表示，并通过"不能因为某项事物 *A* 是依赖于另外一项事物 *B* 而生的，就说 *A* 事物无法产生 *B* 事物"得出"'计算 *A* 是依赖于观察者（心灵）*B* 的'并不能否认'计算 *A* 产生心灵 *B*'"，这种脱离了 *ODA* 的语境去证明"*ODA* 错误"的做法是不明智的。而如果重回依赖于观察者思想实验，它确实通过"计算（配对输出）是依赖于外界观察者（T1 和 T2）的"说明了"正确的计算编程并不属于计算机（修正中文屋 CR’）"，从而证明出：想要通过编程来产生心灵的计算机就是一种"无中生有"，这样就驳斥了"带有正确编程的计算机本身就是心灵"这一强人工智能观点。

① Searle J R. Minds, Brians, and Programs. Behavioral and Brian Sciences, 1980, (3): 417.

② Shagrir O. Content, computation and externalism. Mind, 2001, (438): 369-400.

三、观察者依赖论证的语境模型建构

ODA 在证明计算机思维方面具有一种革新式的作用，从计算机本就不存在计算属性（皮）这一视角来证明计算机不可能具有心灵（毛），即皮不存，毛焉附？那么，我们就不禁要问，心灵究竟附于何处？塞尔对这类问题的研究更倾向于一个语境论者。基于 ODA 的困境和塞尔对心灵问题的解释，我们将心灵的归属总结为空间语境和时间语境两个方面，它们和心灵存在的判定标准（意向语境）一起构成了 ODA 的语境模型。

1. 空间语境：心灵产生的物质基础

查尔莫斯和卡普兰德（Copeland）对 ODA 的结论存疑：计算如果无法产生心灵，那么心灵究竟是如何产生的？在他们看来，心灵产生的方式是多种多样的，不能排除计算产生心灵的可能性①。史密斯也认为，我们不能否认计算对心灵产生的作用②。

塞尔认可计算与计算机对心灵的研究作用，但是，在他看来，计算或计算机对心灵产生的作用仅止于“模拟”，而非复制③。也就是说，计算无法成为心灵产生的原因，心灵的产生是因脑系统的生物学特征而实存的④。塞尔曾明确表示，他的主要目的就是使意识作为一种生物现象重回科学研究领域⑤。所以，生物特征是空间语境的第一个因素。

但是，仅有了生物特征，心灵并不能成其为心灵。比如，“狼人”，他与人类有着同样的生物特征，但是却没有人类的心理特征，因为狼人和人生活的社会环境不同。因此，除了生物特征，社会语境也是心灵产生的重要因素之一，塞尔将其称为“背景情境”（background situation）⑥。它和生物特征一起构成了心灵产生的空间语境。

2. 时间语境：心灵产生的推动力量

如果空间语境是滋生心灵的温床，那么时间语境必然是其中的催化剂。就连

---

① Chalmers D J. Does a rock implement every finite-state automaton? Synthese, 1996, (108): 310-333; Copeland B J. What is computation? Synthese, 1996, (108): 224-359.

② Smith B C. The foundations of computing//Scheutz M. Computationalism: New Directions. Cambridge: MIT Press, 2002: 23-58.

③ Searle J R. Minds, Brains, and Science. Harvard University Press, 1984: 37.

④ Searle J R. Mind: A Brief Introduction . Oxford: Oxford University Press, 2004: 80.

⑤ Searle J R. The Rediscover of the Mind. The MIT Press, 1992: 85.

⑥ Searle J R. Mind: A Brief Introduction . Oxford: Oxford University Press, 2004: 99.

塞尔也承认，人类心灵的产生因归功于“强大的进化论优势”①。那么，时间在心灵产生过程中是如何发挥作用的呢？

在解释这个问题之前，我们需要澄清人们对 CRA 或 ODA 的一个误解，即许多学者用“突现”理论来驳斥 CRA 或 ODA。在他们看来，源初的中文屋 CR 是可能思维的，因为中文屋中的塞尔 P 有可能通过语法的积累“突现”地“理解中文”（达到语义），这样整个中文屋就理解中文了，计算机也就具备理解能力了；中文屋 CR′也有可能具有计算属性，因为当塞尔 P′进行“配对输出”的量活动达到一定的积累，就会达到质的飞跃，形成中文屋 CR’ 自身的计算属性。之所以说这是对 CRA 或 ODA 的一种误解，是因为“强人工智能所涉及的并不是计算机硬件所具有的产生突现性质的特殊能力……而是执行任何硬件中的正确程序都会导致心灵的产生”②。所以，CRA 并不否认计算机有可能在时间的发酵下“突现”出心灵，它否认的是“任何正确的程序都会产生心灵”；而 ODA 也不否认计算机在时间的磨合中“突现”出计算属性，它否认的是“计算属性固存于计算机之中”。

那么，为什么会有那么多学者运用“突现”理论来为强人工智能辩护呢？归根结底是由于，人们都认可“进化”、“突现”等时间因素在心灵产生过程中的重要作用。克里克曾明确提出：“我们所有的意识经验都是由神经元的行为来解释的，它们是神经元系统突现的结果。③”进化-涉身认知理论（theory of evolutionary-embodied cognition）也强调时间在心灵产生中的不可估量的作用④。而皮亚杰的同化-顺应式认知机制更是将时间同环境联系起来，心智就是主体与环境不断同化、顺应、建构、再建构、由低级向高级的发展过程⑤。

从这些理论和经验我们可以发现，时间语境是心灵产生必不可少的重要因素，一切都是在时间中进行的。心灵是一个从无到有、从低级到高级的发展过程，但是，需要注意的是，这种发展并非与时间成绝对正比，些许的倒退和反复是经常出现的，但总体思路是不会变的：心灵是一个在时间语境中“进化突现”的结果。

3. 意向语境：心灵产生的检验标准

心灵的产生离不开空间语境和时间语境，那么，我们如何检验一个事物是否

① Searle J R. Mind：A Brief Introduction. Oxford：Oxford University Press，2004：135.

② Searle J R. The Mystery of Consciousness. New York ：NYREV，1997：13.

③ Crick F. The Astonishing Hypothesis：The Scientific Search for the Soul［M］. New York：Charles Scribner's Sons，1994：11.

④ Anderson L，Rosenberg G. Content and action：the guidance theory of representation. The Journal of mind and Behavior，Winter & Spring，2008，（1）：59-60.

⑤ Piaget J. The Principles of Genetic Epistemology，Translated from the French by Wolfe Mays. London：Routledge&Kegan Paul，1972：5-53.

具有心灵呢？它的依据或标准是什么？塞尔说“计算机中本无固有的计算属性，计算是依赖于观察者的”，这个“观察者”又是如何界定的呢？人类就一定是这个观察者吗？波特查克（Potschka）也提出了类似的疑问：“根据 ODA，计算机的计算是依赖于观察者——人类的，但是，人类的计算或理解等属性也是依赖自身的生理结构的，那么人类也没有计算或理解属性么？人类的这些属性是属于‘神经传递系统’或‘蛋白质’的吗?”①

其实，对“观察者”的界定也就是对心灵何以检验的一种判定。ODA 中的观察者指的并不是人类，而是一种“意向地融入语境的心理状态”，这里简称为“意向语境”。它是基于塞尔的“意向性”观念而扩展的一种新的心灵判定方式，具体是指：认知主体依据自身情况意向地融入语境，从而进行行为选择的过程。意向语境必须具备两个要件：①是否具有相应的意向性；②是否能够依据这种意向性进行相应的行为选择，即融入语境。

认知主体只有在两个条件都满足的情况下，我们才能说他心中真正具备了这种意识。因此，“意向语境”也成为了心灵是否存在的一个检验标准。

以 ODA 为例，中文屋 CR′中的塞尔毫无疑问是一个人类，但是这个人类并不是“配对输出”和“理解中文”这两种行为的观察者，因为他不具有执行这两种行为的“意向语境”：从表面上看，他执行了这两种行为，但是他心中根本没有要执行这两种行为的“意向性”，即不具备要件（1）。而屋外的 T1 的心灵中却有“我要将中英文进行配对”这种意向语境：因为他不仅具有了“要配对输出”的意向性［要件（2）］，而且“依据这一意向性进行相应的行为反馈”［要件（2）］，所以，他成为了“配对输出”的观察者。但是，他的心中并没有“我要理解中文”这样的意向性［要件（1）］，因此，他并不是“理解中文”的观察者。

据此，我们可以回答波特查克所提出的问题：“神经传递系统”虽然在进行“神经传递”，但是在它并不具备产生这种“（神经传递）计算或理解”的意向性，因此，人类的计算或理解属性的观察者并不是“神经传递系统”或“蛋白质”。

ODA 的语境模型包含了三方面的内容：空间语境、时间语境和意向语境。其中，时空语境是“心灵依附”的物质基础，而意向语境是“心灵依附”的存在标准，没有前者，心灵不会产生；而没有后者，我们就无法判定心灵的产生。因此，时空语境和意向语境成为了心灵之毛的依附之地。

① Potschka M. Innate and Social Characteristics of Language Capacity: Chomsky, Searle and beyond. Vienna, 2003, (11): 7-9, and published in the electronic proceedings. http: //homepage. univie. ac. at/martin. potschka/NYRB_ Chomsky. pdf

四、结 语

在我们看来，海斯将认知科学定义为“为了证明塞尔的CRA错误性的一个研究项目”是没有道理的。因为无论是CRA还是ODA，其出现并不是要成为认知科学的发展阻力，也不是要科学家们停止对机器人的探索，而是为认知科学发展提供一种新思路，希望人工智能学者换一种角度来思考认知和思维问题。也就是说，对“计算不足以产生心灵”还是“计算机中本无计算属性”的证明并非塞尔的最终目的，对心灵的研究才是塞尔提出各种论证的根本缘由，他只是希望通过这些实验来说明“心灵究竟依附于何处”这一严肃的认知科学问题。然而，塞尔的这种思想超越性却没有相应严密的论证来与之配搭，使得ODA备受冷遇，因此，对它的着重强调和重新完善是十分必要的。

参 考 文 献

巴德费尔德．1988. 近代科学的起源．张丽萍，郭贵春译．北京：华夏出版社．

保罗·利科．2004. 活的隐喻．汪堂家译．上海：上海译文出版社．

波普．2003. 客观的知识．舒炜光，卓如飞，周柏乔，曾聪明译．北京：中国美术学院出版社．

成素梅，郭贵春．2004. 语境实在论．科学技术与辩证法，(3)．

成素梅，郭贵春．2004. 量子测量的玻姆解释语境．自然辩证法研究，(4)．

成素梅，郭贵春 2004. 关于语境问题的哲学解释．科学技术与辩证法，(3)．

陈健．1997. 科学划界．北京：东方出版社．

陈嘉明．2003. 知识与确证——当代知识论引论．上海：上海人民出版社．

弗雷格．1988. 算术基础．王路译．北京：商务印书馆．

郭贵春．1995. 后现代科学实在论．北京：知识出版社．

郭贵春．1998. 后现代科学哲学．长沙：湖南教育出版社．

郭贵春．2002. 科学实在论的语境重建．自然辩证法通讯，(5)．

郭贵春．2004. 科学隐喻的方法论意义．中国社会科学，(2)．

郭贵春，贺天平．2001. 测量语境的特征．社会科学研究，(5)．

郭贵春，贺天平．2003. 隐变量理论与语境选择——一个语境分析方法的案例．自然辩证法研究，(8)．

郭贵春，程瑞．2005. 量子引力时空语境分析．中国社会科学，(5)．

郭贵春，康仕慧．2006. 当代数学哲学的语境选择及其意义．哲学研究，(3)．

郭贵春．2006. "语境"研究纲领与科学哲学的发展．中国社会科学，(5)．

海德格尔．1999. 在通向语言的途中．孙周兴译．商务印书馆．

胡壮麟．2004. 认知隐喻学．北京：北京大学出版社．

卡尔-奥托·阿佩尔．1997. 哲学的改造．孙周兴，等译．上海：上海译文出版社．

卡林·诺尔-塞蒂纳．2001. 制造知识：建构主义与科学的与境性．王善博，等译．上海：东方出版社．

科恩．1998. 科学中的革命．鲁旭东，等译．北京：商务印书馆．

科恩．1999. 牛顿革命．颜锋译．南昌：江西教育出版社．

李约瑟．1990. 中国科学技术史（第 2 卷）．北京：科学技术出版社．

罗姆·哈瑞．2006. 认知科学哲学导论．魏屹东译．上海：上海科技教育出版社．

马尔切洛·佩拉．2006. 科学的话语．成素梅，李宏强译．上海：上海科技教育出版社．

马克思，恩格斯．1995. 马克思恩格斯选集（第 1 卷）．北京：人民出版社．

梅洛-庞蒂．2001. 知觉现象学．姜志辉译．北京：商务印书馆．

尼古拉斯·1997. 布宁，余纪亮．2001. 西方哲学英汉对照词典．北京：人民出版社．

皮亚杰 . 1997. 发生认识论原理 . 北京：商务印书馆 .

皮亚杰 . 1989. 生物学和认识 . 北京：商务印书馆 .

齐曼 . 1988. 元科学导论 . 刘珺珺，等译 . 长沙：湖南人民出版社 .

乔治・萨顿 . 1987. 科学的生命 . 刘珺珺译 . 北京：商务印书馆 .

史蒂文・夏平 . 2004. 科学革命 . 徐国强，袁江洋，孙小淳译 . 上海：上海科技教育出版社 .

石里克 . 2005. 普通认识论 . 北京：商务印书馆 .

涂纪亮 . 1987. 分析哲学及其在美国的发展（上）. 北京：中国社会科学出版社 .

托马斯・库恩 . 2003. 科学革命的结构 . 金吾伦，胡新和，译 . 北京：北京大学出版社 .

王路 . 2002. 弗雷格：世纪转折处的哲学巨匠 . 北京：社会科学文献出版社 .

维特根斯坦 . 1992. 逻辑哲学导论 . 郭英译 . 北京：商务印书馆 .

魏屹东 . 2004. 广义语境中的科学 . 北京：科学出版社 .

魏屹东 . 2012. 语境论语科学哲学的重建 . 北京：北京师范大学出版社 .

魏屹东 . 2003. 计算——表征认知理论的认知语境分析 . 自然辩证法通讯，(1) .

魏屹东 . 2003. 科学发展的文化语境解释 . 山西大学学报，(3) .

魏屹东 . 2004. 概念变化、科学革命与再语境化 . 科学技术与辩证法，(2) .

魏屹东 . 2006. 作为世界假设的语境论 . 自然辩证法通讯，(3) .

魏屹东，薛平 . 2007. “孪生地球”假设的哲学内涵与语境认知形式 . 洛阳师范学院学报，(1) .

魏屹东，常照强 . 2007. 语用模型表征：一种基于语境的认知推理 . 科学技术与辩证法，(4) .

魏屹东，苏玉娟 . 2009. 科学革命发生的语境解释及其现实意义 . 自然科学史研究，(3) .

魏屹东，裴利芳 . 2009. 论情境化潜意识表征 . 科学技术与辩证法，(2) .

魏屹东，杨小爱 . 2009. 语境框架：计算机能否造就心灵的核心问题 . 洛阳师范学院学报，(1) .

魏屹东 . 2009. 语境论的科学研究纲领方法论 . 人文杂志，(4) .

魏屹东 . 2009. 语境的表征计算、意义变换与认知推理 . 山西大学学报，(5) .

魏屹东，薛平 . 2010. 认知语境与语境认知模型 . 哲学动态，(6) .

约翰・塞尔 . 2006. 心、脑与科学 . 杨音莱译 . 上海：上海译文出版社 .

伊・拉卡托斯 . 科学研究纲领方法论 . 兰征译，上海译文出版社，1986 年 .

殷杰，董佳蓉 . 2009. 论智能机器人研究的语境论范式 . 自然辩证法研究，(2) .

殷杰 . 2006. 语境论世界观的特征 . 哲学研究，(5) .

殷杰 . 2005. 语境分析方法的起源 . 科学技术与辩证法，(4) .

朱克曼 . 1979. 科学界的精英 . 周叶谦，冯世则译 . 北京：商务印书馆 .

Alberto C J. 1991. The Semantic Tradition from Kant to Carnap. Cambridge：Cambridge University Press.

Boden M A. 1988. Artificial Intelligence in Psychology. Cambridge：MIT Press.

Brown J R. 1991. Library of the Mind. London：Routledge.

Brown T L. 2003. Making Truth: Metaphor in Science. University of Illinois Press.

Caldin E F. 1949. The Power and Limits of Science: A Philosophical Study. London: Chapman & Hall.

Carman T, Hansen M B N. 2005. The Cambridge Companion to Merleau-Ponty. Cambridge: Cambridge University Press.

Cohen I B. 1990. Benjamin Franklin's Science. Harvard: Harvard University Press.

Cohen I B. 1999. The Principia: Mathematical Principles of Natural Philosophy.

Cohen I B. 1995. Science and the Founding Father-Science in the Political Thought of Jefferson, Franklin, Adams, and Madison. Westport: Praeger.

Davis W A. 1986. An Introduction to Logic. Englewood Cliffs: Prentice-Hall.

Dewey J. 1931. Context and Thought. Berkeley University of California Press.

Dretske F. 1981. Knowledge and the Flow of Information. Cambridge: The MIT Press.

Dreyfus H, Dreyfus S. 1986. Mind over Machine: the Power of Human Intuition and Expertise in the Era of the Computer. New York: Free Press: 21-22.

Dreyfus H. 1992. What Computers Still Can't Do? Cambridge: The MIT Press.

Dreyfus H. 2001. On the Internet. New York: Rutledge.

Dreyfus H. 2002. Intelligence without Representation. Phenomenology and Cognitive Science, 1.

Dummett M. 1991. Frege, Philosophy of Mathematics. London: Harvard univeristy press.

Duranti A, Goodwin, C. 1992. Rethinking Context. Cambridge: Cambridge University Press.

Durbin P T. 1980. A Guide to the Culture of Science, Technology, and Medicine. Toronto: The Free Press.

Goldman A. 1992. Liaisons: Philosophy Meets the Cognitive and Social Sciences. Cambridge: MIT Press.

Grandy R, Warner R. 1986. Philosophical Grounds of Rationality. Oxford: Oxford University Press.

Gregory R L. 1981. Mind in Science. Cambridge: Cambridge University Press.

Hallyn F. 2000. Metaphor and Analogy in the Sciences. Berlin: Kluwer Academic Publishers.

Harre R. 2002. Cognitive science: a philosophical introduction. London: SAGE.

Hartley D. 1749. Observations on Man. Bath: Leake & Frederick.

Hayes S C, et al. 1993. Varieties of scientific contextualism. Context Press.

Hollis M, Lukes S. 1983. Rationality and Relativism. Cambridge: MIT Press.

Hume D. 1963. Enquiries Concerning the Human Understanding and Concerning the Principles of Morals, Oxford: Clarendon Press.

Jones R S. 1982. Physics as Metaphor. University of Minnesota Press.

Kant I. 1787 [1999]. Critique of Pure Reason, trans. WS. Pluhar, Indianapolis IN Hackett. Cambridge: cambridge University Press.

Knorr-Cetina K D. 1981. The Manufacture of Knowledge: An Essay on the Constructivist and Contextual Nature of Science. New York: Pergamon.

Latour B, Woolgar S. 1979. Laboratory Life: The [Social] Construction of Scientific Facts. Princeton: Princeton University Press.

Laudan L. 1966. Beyond Positivism and Relativism. Colorado: Westview Press.

Lindzey G, Aronson E. 1985. Hand book of Social Psychology. 3rd ed. New York: Random House.

Magnani L, Nersessian N Thagard P (eds.) . 1999. Model-Based Reasoning in Scientific Discovery. New York: Kluwer Academic/Plenum Publishers.

McLaughlin B. P. Dretske and His Critics. Cambridge: Blackwell.

Merleau-Ponty. 1962. Phenomenology of Perception. London: Routlege.

Niels B. 1934. Atomic Theory and the Description of Nature. Cambridge: Cambridge University Press.

Ogden C K& Richards I A. 1930. The Meaning of Meaning. London: Routledge & Kegan Paul.

Penrose R. 1989. The Empiror' s New Mind. Oxford: Oxford University Press.

Penrose R. 1997. The Large, the Small and the Human Mind. Cambridge: Cambridge University Press.

Pepper S. 1942. World hypotheses: A study in evidence. Berkeley: University of California Press.

Pepper S. 1967. Concept and Quality: A World Hypothesis. LaSalle: Open Court.

Pollock J L. 1986. Contemporary Theories of Knowledge, Savage. Maryland: Rowman & Littlefield.

Preyer G, Peter G. 2005. Contextualism in Philosophy: Knowledge, Meaning, and Truth. Oxford: Clarendon Press.

Pulaczewska H. 1999. Aspects of Metaphor in Physics. Tübingen: Max Niemsyer Verlag Gmblt.

Putnam H. 1975. Mind, Language and Reality. Cambridge: Cambridge University Press.

Quine. 1960. Word and Object. MIT Press.

Raiph L, 1986. Contextualism and Understanding in Behavioral Science. NewYork: Praeger Publishers.

Rescher. 1977. Methodological Pragmatism. New York: New York University Press.

Rorty R. 1979. Philosophy and the Mirror of Nature. Princeton : Princeton University Press.

Roy D. 1999. The Problem of Context, Berghahn Books.

Schlagel, Richard H. 1986. Contextual Realism. New York: Paragon House Publishers.

Searle J. 1980. Minds, Brains and Programs. Cambridge: CambridgeUniversity Press.

Selinger E, Crease R P. 2006. The Philosophy of Experise. New York: Columbia University Press.

Sorensen R A. 1992. Thought Experiments. Oxford: Oxford University Press.

Thagard P. 1992. Conceptual Changes. Princeton: Princeton University Press.

van Franassen B. 1980. The Scientific Image. Oxford: Clarendon Press.

Watzlawick. P. 1984. The Iinvented Reality: How do We Know What We Believe We Know? Contributions to Constructivism. New York: Norton.

Williams M. 1991. Unnatural Doubts: Epistemological Realism and the Basis of Skepticism. Cambridge: Blackwell.

Wilson R A. Keil F C. 1999. The MIT Encyclopedia of the Cognitive Science. MIT Press.

Wolf A. 1940. A History of Science, Technology, and Philosophy in the Eighteenth Century. New York: Macmillan.

Yourgrau W, & Breck A. 1970. Physics, Logics and History. New york: Plenum Press.

后　　记

《语境实在论》是教育部人文社会科学重点研究基地重大项目（2007JJD20043）的最终成果，是全体课题组成员经过5年的努力共同完成的，对此要感谢每一位研究人员，感谢山西大学科学技术哲学研究中心的大力支持。本书的写作分工如下：

第一章　第一节和第六节　魏屹东；
第二节　殷杰；
第三节和第四节　成素梅；
第五节　张帆，成素梅；
第二章　第一节、第二节和第四节　魏屹东；
第三节　王姝彦；
第五节　安晖，魏屹东；
第三章　第一节　殷杰；
第二节　程瑞；
第三节和第四节　魏屹东；
第五节　魏屹东，安晖；
第四章　第一节和第四节　魏屹东，苏玉娟；
第二节　苏玉娟，魏屹东；
第三节和第五节　苏玉娟；
第五章　第一节至第三节　安军；
第四节　魏屹东；
第五节　魏屹东，安晖；
第六章　第一节和第二节　魏屹东，常照强；
第三节　魏屹东，薛平；
第四节　魏屹东；
第五节　樊岳红、魏屹东；
第七章　第一节　范莉，魏屹东；
第二节，第六节和第七节　魏屹东，杨小爱；
第三节　裴利芳，魏屹东；
第四节和第五节　魏屹东，薛平；